KB192575

예비교사 및 현직교사를 위한

교육행정 및 교육경영

김혜숙 · 강호수 · 권도희 · 김민아 · 김유원 · 김진원

모영민 · 심연식 · 유동훈 · 이동엽 · 이혜미 · 전수빈 공저

EDUCATIONAL ADMINISTRATION
AND MANAGEMENT

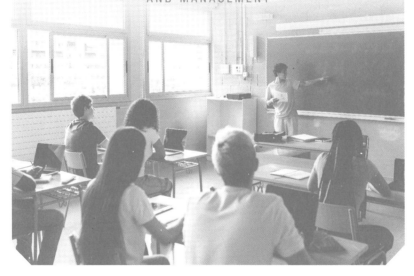

학지사

머리말

　이 책은 지금까지의 '교육행정 및 교육경영' 교재가 학교 현장과의 연계성 측면에서 미흡한 부분이 있다는 한계점을 인지하고, 이를 보완하기 위한 목적으로 예비교사와 현직교사가 교육행정을 이해하고, 관련 이론들을 학교 현장에서 직접적으로 활용할 수 있도록 교육행정의 이론적 측면과 실제적 측면을 학교 현장과 최대한 연계하는 방향으로 기술하는 데 목적을 두고 집필하였다.

　이를 위해 이 책은 기존에 출판된 '교육행정 및 교육경영'과 차별화하기 위해 다음과 같이 노력하였다. 첫째, 각 장마다 핵심 질문을 제시하고, 이에 답하는 형식으로 집필하였다. 이와 더불어 교재 앞부분에 각 장마다 핵심 질문과 그에 대한 답이 수록된 페이지를 함께 기재하였다. 이는 예비교사와 현직교사가 교육행정에 대한 핵심 내용을 찾고, 그 내용을 쉽게 이해하는 데 도움을 주기 위함이다. 둘째, 예비교사가 교원임용시험에 대비할 수 있도록 2014년부터 지금까지 시행되고 있는 교원임용시험 1차 교육학 서술형 시험에 출제된 교육행정학 문제를 각 장의 서술형 문제에 모두 수록하였다. 셋째, 교육행정과 관련된 최근 개정된 법, 제도, 정책 등을 제시하였고, 최신 이론들도 추가하였다. 넷째, 교육행정 강의를 담당하는 교수자들이 수업에 활용할 수 있도록 각 장의 주요 내용과 관련하여 학생들과 함께 이야기 나눠 볼 수 있는 주제들을 토론 문제에 제시하였다.

　이 책은 제1부 교육행정의 기초, 제2부 교육행정의 이론적 접근, 제3부 교육행정의 실제적 접근 총 3부로 구성하였다. 먼저, 제1부는 교육행정의 기초로 교육행정의 개념과 성격(제1장), 교육행정의 발달과정(제2장)으로 구성하였다. 제2부는 교육행정의 이론적 접근으로, 조직(제3장), 리더십(제4장), 동기(제5장), 의사소통과 의사결정(제6장)으로 구성하였다. 마지막으로 제3부는 교육행정의 실제적 접근으로 교육법(제7장), 교육정책(제8장), 지방교육자치제도(제9장), 교원인사행정(제10장), 교육재정(제11장), 장학(제12장)으로 구성하였다.

　이 책은 본래 연세대학교 교육학과 교수님이신 김혜숙 교수님의 2021년 여름 정년 퇴임을 기념하여 교수님으로부터 지도받은 교육행정 전공 제자들이 교수님께 헌정의 의미를 담아 전공 서적 출판을 결정하면서 집필하게 되었고, 출판의 단계에 이르렀다. 먼저, 김혜숙 교수님께서 제1장 교육행정의 개념을 집필하셨고, 제2장부터 제12장까지는 김혜숙 교수님의 제자들이 집필하였다. 구체적인 집필진은 이혜미(제2장 교육행정의 발달과정), 강호수(제3장 조직), 전수빈(제4장 리더십), 김유원(제5장 동기), 김진원(제6장 의사소통과 의사결정), 심연식(제7장 교육법), 모영민(제8장 교육정책), 유동훈(제9장 지방교육자치제도), 이동엽(제10장 교원인사행정), 권도희(제11장 교육재정), 김민아(제12장 장학)이다. 이 책의 저자들은 현재 공립 및 사립 초·중등교사, 대학교수, 국내 교육 연구기관의 연구원에 이르기까지 교육행정과 관련된 다양한 기관에서 근무하고 있다. 저자들은 각자가 다양한 경험을 바탕으로 지금까지 '교육행정 및 교육경영' 교재의 지속적인 문제로 지적되어 온 교육행정 이론과 학교 현장과의 괴리를 최대한 좁히기 위해 노력하였다.

　이 책이 교육행정을 궁금해하는 예비교원과 현직교원들에게 실질적인 도움이 되길 간절히 바란다. 마지막으로 지금까지 교육행정을 깊이 있게 가르쳐 주신 김혜숙 교수님께 감사의 말씀을 전하며 서문을 마무리하고자 한다.

2024년
연세대학교 교육행정 전공 모임 저자 일동

교육행정 및 교육경영 핵심 질문

차례

예비교사 및 현직교사를 위한 **교육행정 및 교육경영**

제2부 　교육행정의 이론적 접근

제3부 **교육행정의 실제적 접근**

제 **1** 부

교육행정의 기초

예비교사 및 현직교사를 위한
교육행정 및 교육경영

제 **1** 장

교육행정의 개념과 성격

교육행정은 예비교사와 현직교사들이 알아야 할 교육에 관한 주요 내용 중 하나이다. 교사가 교육행정이 무엇인가를 알고 소양을 갖추어야 하는 이유는 모든 교사가 당장은 학급경영자의 임무를 수행하고 있으며 장차 단위 학교의 행정을 책임질 학교행정가 후보들이기 때문이다. 교사가 가르치는 교과목에 대한 깊은 지식과 함께 그것을 어떻게 잘 가르칠 것인가에 대해 아는 것은 물론 중요하다. 그러나 모든 교사는 교직 수행의 과정에서 학급을 운영해야 하므로 학급경영에 대해서도 잘 알고 대처할 수 있어야 한다. 학급경영을 포함한 교육경영은 교육행정 관련 유사 개념 중 하나로서 교육행정의 이론과 실제적 지식 대부분이 그대로 적용되는 활동이다. 또한 교장, 교감, 부장교사 등 단위 학교의 교육행정가들이 어떤 배경을 가지고 어떻게 교육행정 업무를 수행하는가, 특히 교장이 어떤 리더십을 발휘하는가는 학생들의 학업성취 수준이나 학교 문화에 크게 영향을 미친다는 점에서 그 역할의 중요성은 아무리 강조해도 지나치지 않을 것이다.

나아가 일정 기간의 경력을 갖춘 교사 중 일부에서는 교육부, 교육청, 교육지원청 등에서 장학사, 교육연구사 등의 교육전문직 자격으로 지방 및 국가 수준의 교육행정 업무를 수행하게 될 가능성도 있다. 교육행정기관은 교육정책 등을 통해 공교육 기관인 유치원, 초등학교, 중학교, 고등학교의 교육 양태와 실제에 지대한 영향을 미친다. 그러므로 교육전문직의 역할 또한 중요하다고 하지 않을 수 없다. 우리 교육의 현실을 보면 교육정책의 의미나 교원 잡무에 대한 의견 등 크고 작은 사안에서 학교와 교육행정기관 사이에, 특히 평교사, 학교행정가, 교육전문직 간에 인식의 차이가 큰 편인데 불필요한 갈등 발생을 줄이는 것도 필요하다. 그러므로 교육행정에 대한 올바른 이해는 교직 발달 단계와 관계없이 필요하고 유용하다고 할 수 있다.

교육행정에 대해 포괄적으로 소개하는 이 장에서는 먼저 우리나라의 교육행정 현상이 교육구성원에게 어떤 모습으로 비치는가에 대해 살펴보고 교육행정이 대두된 역사적 배경을 검토한다. 이어서 교육행정의 개념에 대한 다양한 관점과 본질에 대해 살펴본 다음 교육행정이 가진 주요 성격과 원리, 하위 분야들에 대해 알아본다.

교육행정이 무엇이며 어떤 성격을 갖는가와 관련된 핵심 질문 여덟 가지는 다음과 같다.

핵심 질문 1. 교육행정은 신뢰받고 있는가?
핵심 질문 2. 교육행정은 언제부터 어떤 배경으로 시작되었는가?
핵심 질문 3. 교육행정은 도대체 무엇인가? 하나의 확실한 정의가 존재하는가?

핵심 질문 4. 교육행정의 본질은 한마디로 무엇인가?

핵심 질문 5. 교육행정과 교육경영은 왜 함께 붙어 있는가? 양자는 어떻게 다르며, 다른 유사 개념도 있는가?

핵심 질문 6. 교육행정이 일반 행정과 달라야 하는 근거로서의 교육의 특수성이란 무엇인가?

핵심 질문 7. 교육행정의 실제에서 중요하게 지켜져야 할 원리는 무엇인가?

핵심 질문 8. 교육행정에는 다양한 하위 분야가 있다는데 구체적으로 어떤 것들인가?

이제부터 각 질문에 대한 답을 차례대로 살펴보고자 한다.

제1절 • 교육행정 현상과 대두 배경

학생, 학부모, 교사는 일상에서 만나는 교육행정에 별로 관심이 없거나 부정적인 모습으로 생각하는 경우가 적지 않다. 우리나라 교육행정에 대한 부정적 이미지에 대해 살펴보고 그 필요성을 충분히 인정받고 있는 외국과 차이 나는 부분을 짚어 본다. 이어서 현상으로서의 교육행정이 대두된 역사적 배경, 즉 산업혁명 이후 사회의 변화 속에서 현실적 필요에 따라 공교육이 시작되고 그것의 수행 주체로서 교육행정이 출현하게 된 배경에 대해 알아본다.

? 핵심 질문 1) 교육행정은 신뢰받고 있는가?

1. 일상에서 만나는 교육행정의 모습

교육행정은 단위 학교의 교육행정과 교육청, 교육지원청이 담당하는 지방교육행정, 그리고 교육부가 담당하는 중앙교육행정으로 나누어 볼 수 있다. 먼저, 단위 학교행정의 경우 학교행정가인 교장, 교감, 그리고 보직교사 업무의 일부, 그리고 예산, 시설관리 등을 담당하는 학교행정실의 업무가 주가 된다. 학생이나 학부모는 특별한 사정이 생기지 않는 한 학교행정에 대해 별다른 관심을 두지 않는다. 교사의 경우 교장, 교감, 학교행정실 등의 행정 업무가 가르치는 본래의 직무에 실질적 도움을 주기보다 불필요한 규제를 한다고 인식하는 경향이 있다. 만약 단위 학교 수준에서 교육행정의 역할이 없다면 어떤 상황이 발생할 것인가에 대한 구성원의 인식이 부족한 것이다.

학교행정은 교육행정의 핵심이다. 교육행정이 출현하게 된 역사적 배경이나 교육행정의 개념, 교육행정 담당자의 숫자 등을 통해 볼 때 그러하다. 학교 단위에서 행정이 수행되는 경로는 크게 두 가지이다. 하나는 보직교사(교무부장 등)-교감-교장으로 이어지는 교원 중심의 경로이다. 다른 하나는 자격 조건상 교육과는 관계없는 일반직으로 구성된 학교행정실 업무를 통해서인데 행정실장이 실무를 관장하지만, 최종 책임자는 교장이다. 학교행정을 책임지고 있는 교장을 생각해 보자.

우리나라에서는 대체로 교장직을 선망하고 낙타가 바늘구멍 들어가기만큼 어렵다는 과장된 표현이 있을 정도로 오랜 시간에 걸쳐 어려운 과정을 통과하여 교장으로 임명된다. 그러나 교장이 학교 교육의 성공을 위해 필수 불가결한 임무를 수행한다는 인식이 부족한 편이다. 많은 경우 '외로운 성주'로 표현될 만큼 교사나 학생과 괴리된 모습으로 그려지곤 한다. 승진제도에 의한 교장 임명의 문제를 줄인다는 취지에서 교장 공모제가 함께 시행되고 있으나 직무 양태는 크게 다르지 않다. 이러한 현상이 나타나게 된 이유 중 하나는 교육행정의 전문성을 보는 시각이다. 교육행정이 그 자체로 전문성을 가진 활동인가, 그리고 전문성 배양을 위한 체계적 양성이 이루어졌는가의 문제와 관련이 있다. 현재 우리나라에서는 교장 후보자를 먼저 선발한 다음 짧은 연수과정을 통해 교장 자격을 부여한다. 그런데 이 자격연수가 교장 역할의 전문성을 보장하는가에 대해, 연수의 효과성에 대해 자주 의문이 제기되곤 한다. 그러다 보니 심지어 교장 자격과 관계없이 교사 중에서 민주적 과정을 거쳐 선출하면 된다는 '교장 선출보직제' 주장조차 있는 것이 현실이다. 이는 기본적으로 교육행정이 전문성을 가지고 이루어져야 한다는 전제가 미흡하여서 나타난 현상이다.

반면에 우리나라와 다른 개념의 교육행정이 이루어지고 있는 미국, 영국 등 선진 교육행정 국가에서는 교장의 업무가 가르치는 교사의 업무와 다르다는 점을 인식하고 교육행정 전문성을 강조한다. 그에 따라 우리나라처럼 짧은 기간의 연수 형식이 아니라 대학원 수준의 체계적 과정을 통해 학교행정가가 양성된다. 미국의 경우 최소 3년 이상의 경력을 가진 교사가 교육대학원에 진학하여 교육행정 전공으로 수학한 후 국가 수준 자격시험을 통과하고 석사학위를 받아야 학교행정가 자격증을 받을 수 있다. 애초부터 의사소통 능력, 문제해결 능력 등 교육행정가의 적성과 소양이 우수한 사람이 교육대학원에 진학한다. 또 자격증 취득 후에는 작은 학교의 인턴 교감으로부터 시작하여 점차 큰 규모 학교로 옮겨 가며 5~10년간 전문성을 확장하는 다양한 경험을 쌓게 된다. 그 이후에야 단위 학교의 행정을 책임지는 교장이 될 수 있다. 교단 교사 경력을 기본으로 하고 문제해결 능력 등 행정가로서의 적성, 교육행정의 이론과 실제에 대한 대학원 수준의 체계적 양성 교육, 자격시험, 인턴부터 시작하는 경험의 누적 등이 모두 합쳐져 학교행정가의 전문성을 확보하는 시스템이다. 그 결과 학교 구성원은 교장이 학교행정 전문성을 가지고 효과적인 교수-학습 활동을 적절하게 지원한다고 신뢰하기 때문에 학교행정가 직무에 대한 경원시나 논란을 찾아보기 어렵다.[1]

다음으로 교육행정기관인 교육부나 교육청이 하는 일과 관련한 교육행정 현상을 살펴보자. 중요한 교육정책이 발표될 때마다 교육 현장에 큰 변화를 가져오는 것을 경험함으로써 교육구성원들의 관심이 크다. 예를 들어, 대학입시 정책은 학생과 학부모 개인뿐 아니라 교사, 학교의 미래에도 큰 영향을 미치기 때문에 중대한 관심 사안이다. 자주 바뀌는 입시정책에 어떻게 대처할까 두려워하는 가운데 이를 주도하는 교육행정은 필요하고 고마운 존재이기보다 불편하고 신뢰할 수 없는 모습으로 다가오는 경우가 허다하다. 그 밖에도 고교평준화, 자립형 사립고등학교, 고교학점제 등 학교제도의 근간을 바꾸거나 교육의 내용과 방법을 바꾸는 정책들이 시계추 흔들리듯 왔다 갔다 하며 논란이 될 때마다 교육행정을 원망스럽게 느낄 때가 많은 것이 우리 현실이다.

더구나 2010년 이래 시행된 교육감 직선제하에서 교육의 자주성이나 정치적 중립성이 필요하다고 하면서도 교육감의 진보-보수 이념 성향이 해당 시·도 교육정책에 과도한 영향을 미치는 상황을 목도하고 있다. 무상급식, 학생인권조례, 학력 전수평가, 교원능력개발평가 등 그 사례는 무수하다. 지방교육행정기관인 교육청과 교육지원청은 유치원, 초등학교, 중·고등학교에서 이루어지는 공교육, 그리고 평생교육기관에 대한 교육행정의 일차적 주체이다. 그러므로 지방교육행정이 합목적적이고 합리적으로 이루어지는 것은 교육의 성공을 위해 매우 중요하다. 과거 교육부가 유·초·중등 교육에 대한 대부분의 권한을 가지고 있을 때는 교육부가 함부로 칼을 휘두른다는 부정적 시각이 컸고 '교육부가 없어져야 우리나라 교육이 산다'라는 일부의 주장까지도 있었다. 그런데 유·초·중등 교육에 대한 권한이 교육감과 교육청으로 대폭 위임된 지금, 선거와 함께 교육감의 정책이 이념 성향에 따라 달라짐으로써 교육 현장이 크게 흔들리고 있는 상황에 있다. 누리과정 예산 부담을 둘러싼 논란 등에서 보는 바와 같이 교육감-교육부, 교육감-시·도지사 등 행정 주체 간 갈등이 교

---

1) 이들 국가에서는 우리나라처럼 수당 방식이 아니라 별도의 교육행정가 보수 트랙을 가지고 일반 교사보다 상당히 높은 수준의 보수를 제공하지만, 교장의 직무가 복잡하고 고도의 전문성을 요구한다고 보기 때문에 애써서 교장이 되고자 하지 않는 정반대의 문제가 나타나기도 한다.

육 발전의 저해 요인이 되는 현실은 우려가 큰, 해결되어야 할 과제이다.

교육부, 교육청, 교육지원청에서 이루어지는 교육행정도 단위 학교에서와 같이 두 그룹의 담당자들이 담당한다. 하나는 일반직 공무원인데 이들은 정책을 수립하고 집행하는 일반 행정의 한 분야로 교육행정을 바라본다. 교육 전반에 대해서나 교육의 특수성에 대한 소양을 충분히 가지고 있을 가능성이 작다고 볼 수 있다. 다른 그룹은 교사로서의 경험을 가지고 전직한 교육전문직이다. 이들은 교육에 대한 이해와 전문성이 높은 반면, 효율성 추구 같은 일반 행정의 속성에 대응하는 데 상대적으로 불리한 측면이 있다. 교육행정기관에서 다른 속성을 가진 두 집단이 함께 업무를 수행한다는 사실은 그만큼 교육과 행정 두 업무가 융합적으로 이루어져야 할 필요성을 반증하는 것이다. 현실에서는 이러한 제도 마련에도 불구하고 양 시각과 인력의 적절한 협동보다 어느 한쪽이 현저하게 강한 영향력을 갖거나 갈등관계에 놓이는 경우가 종종 발생한다. 결과적으로 교육행정의 역할에 대한 교육구성원과 사회의 신뢰를 얻는 데 별다른 효과를 보지 못하고 있는 셈이다.

한편, 학문으로서의 교육행정학은 전 세계적으로 실제로서의 교육행정보다 수십 년의 시차를 두고 1950년대에 늦게 시작되었다. 실무로서 존재하고 있던 교육행정에 당시 출현한 행동과학론을 접목하여 현상을 과학적으로 설명하려는 노력을 하게 된 것이다. 교육행정학은 학문으로서 비교적 짧은 역사를 가지고 있음에도 불구하고 미국의 경우 학과 수준으로 발전하는 등 빠른 속도로 교육학 분야의 주요 영역으로 자리 잡게 되었다. 우리나라의 경우 현상으로서의 교육행정이 1945년 해방 이후 공교육과 함께 본격 시작되어 서구에 비해 역사가 짧은 것과 달리 교육행정학은 1967년 '교육행정학연구회' 발족을 계기로 미국과 큰 시차 없이 시작되었다. 1972년에 출범한 국가 수준 교육정책 연구기관인 '한국교육개발원'은 학문으로서의 교육행정학 확장에 기여한 바가 크다. 현재는 '한국교육행정학회'를 중심으로 재정, 정치, 법, 교원 등의 하부 영역이 각기 전문 학회 수준에서 활동할 만큼 교육행정학이 확장·발전하고 있다고 볼 수 있다.

❓➔ 핵심 질문 2) 교육행정은 언제부터 어떤 배경으로 시작되었는가?

2. 교육행정의 대두 배경

교육행정이 대두된 배경에는 18세기 중반에 영국에서 시작된 산업혁명이 있다. 문명사적 대전환을 가져온 산업혁명은 국가마다 출발 시기와 상황에서 차이가 있지만 대략 20세기에 이르게 되면 대부분 국가에서 보편적으로 전개된 현상이었다. 산업혁명이 일어나면서 이전까지의 안정적 농경사회는 대격변을 겪게 된다. 사람들은 일자리를 찾아 도시로 몰려들기 시작했고, 공장에서 종일 일해야 하는 부모들을 대신하여 아이들을 보호하면서 동시에 읽고 쓸 줄 아는 산업사회의 인력으로 길러 내야 할 필요성이 사회적 과제로 부상하게 된다. 그에 따라 도시의 지역사회는 긴급하게, 어떤 형태로든 학교 건물을 짓고 가르칠 교사들을 공급하며 가르쳐야 할 내용을 정하는 일에 나서게 되는데 이것이 바로 교육행정 활동이다. 교육행정은 이러한 배경하에 서서히 진행되었기 때문에 교육 자체의 역사가 유구한 것과 달리 비교적 짧은 역사를 가지고 있다.

한편, 산업혁명과 비슷한 시기인 18세기 후반기에 발생한 프랑스의 시민혁명은 산업혁명 이후의 사회와 교육에서 평등의 가치를 강조함으로써 변화를 촉진하였다. 시민혁명 이후 시민사회가 발전하고 평등의 가치가 확산함에 따라 일부 계층이 아닌 학령기의 모든 아동에게 국가가 책임지고 교육 기회를 제공하게 되는데 이는 교육을 공적인 책임으로 운영한다는 의미의 공교육(public education)을 가리킨다. 공교육의 출발과 함께 공적 주체인 국가가 그 임무 수행을 위해 일정한 정도의 교육행정 활동을 수행하게 된 것이다. 그리고 이를 뒷받침하기 위해 단위 학교에서의 교육행정도 등장하게 된다. 즉, 오늘날 전 세계적으로 보편화된 공교육 제도의 출발과 궤를 같이하는 것이 교육행정이다.

한마디로 공교육과 교육행정의 출현은 산업혁명 이후 산업사회, 시민사회로의 전환이라는 급변한 환경 속에서 피할 수 없는 시대적·사회적 요구였다고 할 수 있다(Campbell, Cunningham, Nystrand, & Usdan, 1985). 이러한 변화 속에서 주목할 점은 산업사회, 시민사회의 발달과 함께 교육이 이전까지와 달리 사회적이고 공공적이며 조직적인 새로운 성격을 갖게 된 것이다.[2] 이전까지의 교육이 품성의 도야, 가치관 형성 등을 목적으로 개인적이고 사적인 차원에서 이루어졌던 것과는 완전히 다른 차원으로 바뀌게 된 것이다(이형행, 고전, 2006).

먼저, 교육이 갖게 된 사회적 성격은 교육의 근간, 즉 목적, 내용, 방법 등이 사회적으로 형성되고 규정된다는 의미이다. 과거 교육에서 많은 부분이 가르치는 교사 차원에서 결정되던 방식이었다면 이제는 사회나 국가 차원에서, 즉 중앙 정부나 지방 정부의 주도하에 교

---

2) 공교육 제도는 거의 모든 국가의 유치원~고등학교 단계에서 운영된다. 대학의 경우 공교육에 속하지 않으므로 사회적 성격, 공공적 성격은 상대적으로 덜 강조된다. 그러나 조직적 성격의 경우는 대학의 수많은 학과와 교실에서 교수-학습 활동이 원활히 이루어지기 위해 필수적이라고 할 수 있다.

육의 근간이 사회적으로 결정되는 시대가 된 것이다. 현대 교육에서 국가마다 교육의 모습이 매우 다른 양상을 띠는 것은 교육의 사회적 성격에 따른 필연적 귀결이다. 우리나라와 북한의 교육이 목적, 가르치는 내용과 방법에서 현저하게 다른 현실을 생각해 보라. 타국에서 교육받는 모든 유학생이 새로운 배움을 얻는 한편으로 언어상의 불편을 넘어 목적, 내용, 방법에서 혼란과 어려움을 겪는 것도 교육의 사회적 성격과 관련이 있다. 교육의 사회적 성격을 염두에 둔다면, 예컨대 조기 해외 유학을 신중하게 검토해야 할 필요성이 분명해진다. 선진국의 교육방법이 좋을 것이라는 기대를 가지고 조기 해외 유학을 보내지만 해당국가의 교육목적과 교육내용으로 교육받게 된다는 점을 간과하지 말아야 하는 것이다.

교육의 공공적 성격이라 함은 교육 기회의 제공과 그 운영이 교육행정의 공적인 책임으로 인식되고 집행됨을 가리킨다. 교육의 공공적 성격에 부응하는 국가의 노력은 다음 예시를 통해 분명하게 드러난다. 예를 들어, 대단위 아파트 단지가 들어서면 유입될 학생들에게 교육기회를 제공해야 하는 국가의 책임이 있으므로 법으로 일정 규모의 학교 부지가 사전에 마련되고 학교가 신축된다. 또 작은 섬이나 농산어촌 지역이라도 극소 규모의 분교 운영이나 통학 교통편 제공을 통해 한 명의 학생도 예외 없이 교육기회를 갖도록 국가의 책임으로 공교육을 운영하고 있다. 그런가 하면 의무교육 시기에 있는 자녀를 학교에 보내지 않는 학부모에 대해서는 국가의 책임으로 처벌하도록 하고 있는데 이것도 교육이 갖는 공공적 성격에 기인하는 것이다.

현대 교육이 가지고 있는 조직적 성격은 교육의 운영이 합목적적이며 계획적 · 협동적으로 이루어지게 됨을 의미한다. 우선 교육의 목적을 달성할 수 있는 학교제도와 적절한 내용 및 방법을 포함하는 교육과정이 본래의 목적에 적합하게 마련되어야 한다. 학교제도와 교육과정은 우연적이 아니라 계획적인 과정을 통해 준비되며 관련 주체들 간의 협동적 활동이 필수적이다. 각급 학교교육의 연한, 학교 건물과 시설, 자격을 갖춘 교사의 공급, 주기적으로 개편되는 적절한 내용의 교육과정, 교과서와 활용 매체 등이 합목적적, 계획적, 협동적인 속성을 갖추어야만 성공적인 공교육이 가능할 것이다. 고등학교 교무실의 상황표에서 보듯 빽빽하게 진행되는 수업들이 조직적 성격에 맞게 운영됨으로써 무리 없는 교육 운영이 가능한 것이다.

제2절 • 교육행정의 개념과 본질

'교육'과 '행정'의 어디에 방점을 두는가에 따라 교육행정이 무엇인가에 대한 개념이 달라진다. 다양한 관점이 존재하는데 그중 대표적 다섯 가지 개념에 대해 살펴본다. 이어서 교육행정이 갖는 지원적 본질에 대해 구체적으로 검토한다. 그리고 '교육경영' 등 유사 개념에 대해서도 알아본다.

? 핵심 질문 3) 교육행정은 도대체 무엇인가? 하나의 명확한 정의가 존재하는가?

1. 교육행정의 개념

교육행정의 개념은 다양한 관점의 정의가 공존하고 있는 데서 알 수 있듯이 단순하지 않다. 교육행정이 실행되는 조건과 특성의 어느 측면에 초점을 맞추는가에 따라, 주장하는 학자나 학문 분야에 따라, 국가마다의 교육행정 실제에 따라 다양한 정의가 존재한다. 대표적인 정의로는 조건정비적 정의, 법규해석적 정의, 정책실현설, 행정행위설, 행정관리론의 다섯 가지를 들 수 있다(이형행, 고전, 2006; 박성식, 2011; 주삼환 외, 2018; 김혜숙, 2018; 연세대학교 교육학과 교수진, 2019).

1) 조건정비적 정의

조건정비적 관점에서 보는 교육행정이란 교수-학습 활동이 잘 이루어질 수 있도록 인적·물적·재정적 조건을 마련하고 확립하며 운용하는 지원활동을 말한다. 교육의 목적을 달성하기 위해서는 교수-학습 활동이 제대로 이루어져야 하는데 이를 위해 필요한 여러 조건을 정비하는 임무를 수행하는 것이 교육행정이다. 조건정비적 관점의 교육행정은 인적 조건인 교원, 물적 조건인 교실, 교육과정, 교과서, 재정 등 여러 조건의 실제적 필요에 부응하기 위한 수단적 활동으로 간주된다. 교육행정은 교사와 학생을 돕기 위해 존재하는 것이며 교육행정가는 교수-학습을 지원하는 봉사자이다. 이러한 점에서 이 정의는 교육과 학교를 바라보는 구조기능론적 시각에 바탕을 두고 있다고 볼 수 있다. 조건정비적 정의의 핵심은 교육행정이 '교육을 위한 행정'이라는 것이다.

조건정비적 정의는 미국 교육행정의 전통적·실제적 모습에 가깝다고 할 수 있는데 주창한 대표적 학자로는 몰맨(Moehlman), 리더(Reeder), 캠벨(Campbell) 등을 들 수 있다. 이 정의에서는 권력적 요소가 완전히 배제되는 것은 아니나 국가 권력이나 공권력을 기반으로 하는 행정의 일반적 행태와는 차이가 있다. 이러한 의미의 교육행정은 존재 의의가 분명하고 지방분권적 성격과 자율적 특성을 강하게 나타낸다. 그렇기 때문에 교육행정이 필요한 가에 대한 의문이 제기되는 일은 거의 없고 어떻게 하면 더 효과적인 교육행정을 펴 나갈수 있는가에 관심이 집중된다. 우리나라 교육행정에 대해 부정적 인식이 적지 않은 데에는 조건정비적 속성이 상대적으로 취약한 현실이 영향을 미쳤다고 할 수 있다.

2) 법규해석적 정의

법규해석적 관점에서 교육행정이란 국가의 통치작용의 하나인 행정 중 교육 부문에 관한 행정으로서 교육에 대한 각종 법규를 해석하고 그것을 집행해 나가는 역할을 가리킨다. 법규해석적 정의는 국가의 통치작용에 대한 구분에서부터 출발한다. 즉, 국가에는 입법, 사법, 행정이라는 통치작용이 존재하고 행정에는 외무, 내무, 재무, 국방, 복지, 교육 등 여러 분야가 있는데 그중 교육 부문에 대한 행정이 교육행정이라는 것이다. 행정 영역 구분론에 입각해 '교육에 관한 행정'으로 바라보는 입장이다.

이러한 정의에서는 교육행정이 일반 행정의 한 유형일 뿐이므로 '행정'으로서의 속성이 '교육' 속성보다 강조된다. 교육행정의 실제에서 교육의 특수성, 전문성, 독자성은 매몰되는 경향이 있고 중앙집권적, 권력적, 강제적, 통제적 속성이 강하게 나타나게 된다. 단위 학교의 행정실, 교육지원청, 교육청, 교육부의 업무 담당자 상당수가 제도적으로 교육적 소양을 갖추는 것과 관련이 없는 일반직 공무원인 점은 법규해석적 관점의 교육행정이 우리의 실제에 자리 잡고 있음을 보여 주는 것이다. 교육계 종사자나 일반인들이 일선에서 빈번히 조우하는 교육행정의 모습은 관련 법규를 해석해 주고 강제하거나 통제하는 법규해석적 성격을 보여 주는 경우가 많다. 결과적으로 우리나라에서 교육행정에 대한 부정적 이미지 형성에 영향을 미친 측면도 있다고 할 수 있다.

3) 정책실현설

정책실현설의 관점에서 보는 교육행정은 교육부, 교육청 같은 교육행정기관이 교육정책을 결정하고 집행하는 과정을 통해 교육목표를 실현해 나가는 과정을 말한다. 국가는 교육

목표 달성의 임무가 있으므로 교육에 관한 기본 방침이 되는 교육정책을 수립·집행하는 임무를 수행하게 되며 그러한 정책실현의 과정이 교육행정이라는 것이다. 이 입장은 국가가 교육정책을 결정하고 집행하는 측면에 초점을 두는 만큼 법규해석적 정의와 마찬가지로 공권력의 사용을 전제하는 공권력 작용론에 해당한다. 그리고 입법부, 행정부 간 정치-행정 이원론의 입장에서 일반 행정이 정책의 집행에 초점을 두는 것과 달리 정책실현설에서 말하는 교육행정은 교육정책의 결정과 집행을 동시에 담당한다는 점에서 정치-행정 일원론에 가깝다.

정책실현설 시각의 교육행정 모습이 잘 관찰되는 곳은 교육청이나 교육부의 중간급 이상 관료들의 역할 수행이다. 이들은 교육부장관, 교육감 등의 교육정책 결정에서뿐만 아니라 입법부의 교육정책 수립 과정에서도 관련 정보를 제공하거나 전문적 조언을 하거나 때에 따라서는 실제 정책 결정에 일정 부분 참여하기도 한다. 또한 수립된 정책의 집행을 담당하므로 교육정책의 실현에 실질적인 역할을 담당한다고 볼 수 있다. 이처럼 교육행정에 관한 정책실현설 정의는 현재 우리나라 교육청, 교육부의 중간급 이상 관료들의 직무 실제에 가장 근접한 입장이라고 할 수 있다.

4) 행정행위설

행정행위설 관점에서의 교육행정이란 교육조직의 공동 목표를 달성하기 위한 합리적 협동행위를 말한다. 여기에서는 행정의 일반적 정의, 즉 '조직의 공동목표를 달성하기 위한 합리적 협동행위'를 그대로 학교와 같은 교육조직에 적용한다. 조직은 그 정의 자체가 '공동의 목표 달성을 위한 인간들의 집합체'인데 교육조직 역시 다른 조직과 마찬가지로 공동의 교육목표 달성을 위해 존재한다고 본다. 또 '합리적 협동행위'란 시간, 노력, 비용을 최소화하면서 두 사람 이상의 조직 구성원 간 협동하고 조정하는 행위를 의미한다. 행정행위설에서는 학교, 공공기관, 정부 같은 조직들이 모두 합리적 협동행위를 통해 공동의 목표를 달성해야 할 행정 대상이므로 각 조직의 특수성에는 별다른 관심을 두지 않는다. 이 점에서 법규해석적 정의와 비슷한 측면이 있다.

이 정의의 주창자들은 교육조직이 다른 모든 유형의 조직들과 다르지 않으므로 교육행정이 공동의 목표 달성을 위해 합리적이고 협동적인 행위를 과학적이고 효과적으로 수행해야 하는데 실제가 그렇지 못하다는 비판적 시각을 드러내곤 한다. 교육행정이 지나치게 교육의 특수성을 내세우면서 행정이 가져야 할 합리적 협동행위로서의 성격을 간과한다는 것이 이 관점을 강조하는 일반 행정학자들의 주장이다. 교육행정이 더욱 합리적으로 이루어져야 하고 협동행위 측면이 더 강화될 필요가 있는 것은 사실이다. 그러나 목표 달성의 효과가 일반 행정과 비교할 수 없을 정도로 장기적이며 성과의 평가가 지극히 어렵고 제한적인 점, 직접 관련되는 집단의 이질성과 조정의 곤란성, 재정 투입에서의 비긴요성·비긴급성 등 교육의 특수성에 대한 고려가 배제되는 부분은 행정행위설만으로 교육행정을 바라볼 수 없는 이유라고 할 수 있다.

5) 행정관리론

행정관리론에서 말하는 교육행정은 행정관리를 위한 과정에서 이루어지는 기획, 조직, 명령, 조정, 통제 등의 연속적인 활동이 바로 교육행정이라는 것이다. 이 정의는 행정의 과정에 초점을 맞춘다는 점에서 '행정과정론'으로 불리기도 한다. 대표적으로 페이욜(Fayol)은 조직의 목적을 달성하기 위한 행정의 과정을 기획(Planning)-조직하기(Organizing)-명령(Commanding)-조정(Coordinating)-통제(Controlling)로 구분하였다. 행정이 어떤 과정을 통해 전개되는가는 일반 행정학의 주요 관심사이고 행정관리론은 행정학의 주요 영역 중 하나이다. 페이욜(Fayol) 이후, 행정의 과정이 어떠한가에 대하여 의사결정, 예산, 평가 등 새로운 요소를 포함하거나 대체하는 등 지속적인 이론 발달이 이루어지고 있다.

행정관리론 관점의 정의는 행정에서 필요한 활동 요소나 진행과정에 관한 것이기 때문에 교육행정에도 무리없이 적용될 수 있다. 실제로 교육행정 담당자가 하는 일은 기획하기, 조직하기 등 일련의 과정으로 구성된다. 그런데 행정행위설과 마찬가지로 교육행정에서 교육의 특수성이 반영될 여지가 별로 없다는 점에서 행정관리론만으로 교육행정을 정의하는 데는 한계가 있다고 할 수 있다.

6) 교육행정 정의 종합

앞에서 교육행정에 대한 다양한 관점의 정의를 살펴보았다. 그런데 각각의 정의는 교육의 특수성에 초점을 맞추는가 일반 행정과의 공통점에 초점을 두는가, 그리고 어느 정도의 공권력 개입을 가정하는가 등에 따라 다른 관점에서 접근한다. 먼저, '교육'과 '행정'이 결합된 형태의 '교육행정'이라는 용어에서 보는 바와 같이 교육행정의 실제에는 교육의 특수한 측면과 행정으로서의 공통적 측면이 모두 존재한다. 결과적으로 다섯 유형의 정의가 부분적으로 모두 적용된다고 할 수 있다. 그중에서 조건정비적 정의와 정책실현설은 교육의 특수성이 드러나는 정의라고 할 수 있으며 특히 조건정비적 정의는 교육의 특수성을 전면에 내세우는 관점이다. 우리나라에서는 정책실현설이 교육부, 교육청의 상부 활동을 중심으로 비교적 자리 잡고 있는 반면에 교육행정의 모든 단계에서, 특히 단위학교 행정실이나 하위 수준의 교육행정 일선에서 요구되는 조건정비적 관점의 교육행정은 매우 미흡한 현실을 주목할 필요가 있다.

한편, 법규해석적 정의, 행정행위설, 행정관리론의 관점은 공권력과 통제에 기반하는 행정으로서의 공통점을 강조하면서 교육의 특수성에는 별다른 관심을 두지 않는다. 그중에서도 법규해석적 정의가 단위학교나 교육청의 행정 일선에서 강하게 작용하고 있는 편이다. 법규해석적 관점의 교육행정 역시 필요한 측면이 있으나 조건정비적 정의가 취약한 상황에서 법규해석적 성격이 드러나는 상황이다 보니 교육행정이 권위주의적·관료적이라는 부정적 인식이 확산되는 데 영향을 미친 측면도 있다. 교육행정 자체가 공교육이 빠르게 확대되는 가운데 교수-학습을 지원할 현실적 필요에서 출발하였으며 이러한 조건정비적 관점이 주도하는 국가들에서 교육행정의 역할이 긍정적으로 인식되고 교육행정이 발달한 사실을 주목할 필요가 있다. 현재 우리나라 교육행정에서는 가장 취약한 조건정비적 성격을 적극적으로 강화해 나가는 것이 교육행정 앞에 놓인 중요한 과제라고 할 만하다. 교육행정에 관한 다섯 관점의 정의를 요약하면 [그림 1-1]과 같다.

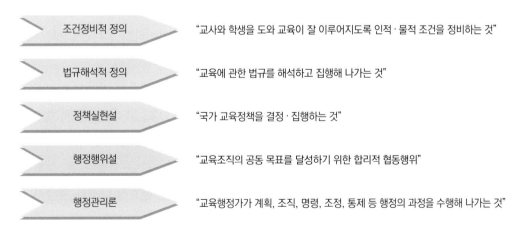

조건정비적 정의	"교사와 학생을 도와 교육이 잘 이루어지도록 인적·물적 조건을 정비하는 것"
법규해석적 정의	"교육에 관한 법규를 해석하고 집행해 나가는 것"
정책실현설	"국가 교육정책을 결정·집행하는 것"
행정행위설	"교육조직의 공동 목표를 달성하기 위한 합리적 협동행위"
행정관리론	"교육행정가가 계획, 조직, 명령, 조정, 통제 등 행정의 과정을 수행해 나가는 것"

[그림 1-1] 교육행정의 주요 정의

출처: 연세대학교 교육학과 교수진(2019), p. 192.

? 핵심 질문 4) 교육행정의 본질은 한마디로 무엇인가?

2. 교육행정의 지원적 본질

앞에서 교육행정의 다양한 정의를 살펴보았지만, 교육행정의 본질은 한마디로 지원적 성격이다. '교육행정'의 영어 'educational administration'에서 'administration'의 어원은 'to minister'인데 이 단어에는 '봉사하다, 섬기다, 뒷바라지하다'의 의미가 들어 있다. 조건정비적 정의에서의 교육행정은 교수-학습을 지원하는 구체적 활동을 말하므로 지원적 성격이 명확하고 직접적이다. 교육의 특수성을 염두에 두지 않는 다른 정의들에서는 지원적 측면을 직접적으로 내세우지 않으나 이를 배제한다기보다 간접적으로 내포한다고 볼 수 있다. 즉, 교육 관련 법규의 해석을 통해서, 교육정책을 결정하고 집행하는 활동을 통해, 조직 목표의 달성을 위한 합리적 협동행위를 통해, 그리고 일련의 행정과정을 통해 교육목표의 달성을 돕고자 하는 것이다.

교육행정의 지원적 본질이 확연하게 드러나는 조건정비적 정의의 경우 우리나라에서 특히 취약하여 교육행정의 부정적 이미지 형성에 영향을 미쳤다고 하였는데 이 정의는 사실 교육 자체의 정의와 밀접하게 관련되어 있기도 하다. 교육이 무엇인가에 대한 대표적 정의의 하나인 피터스(Peters)의 정의에 따르면 교육이란 의도적이고도 도덕적으로 온당한 방식을 통해 전인성을 지닌 인재를 기르는 것이다(Peters, 1970; 성태제 외, 2018). 오기형의 정의 역시 교육을 가르치는 사람과 배우는 사람 사이의 인간적인 교호작용(交互作用)을 통해 배우는 사람의 인간 형성을 촉진하고 문화를 전승·발전시키는 것이라고 본다(오기형, 1981; 연세대학교 교육학과 교수진, 2019).

교육에 대한 이러한 정의를 통해 볼 때 세상에 교육이 존재하는 이유는 전인성을 지닌 인재의 인간 형성과 문화의 전승·발전 같은 교육목적을 위해서이고, 그것을 실현하기 위한 핵심 요소는 교수-학습 활동이다. 즉, 교수-학습 활동을 통한 교육목적의 달성, 이것이 교육의 뼈대에 해당한다고 할 수 있다. 그런데 여기서 주목할 것은 교수-학습 활동, 특히 공교육이 보편화된 시대에 대규모로 이루어지는 교수-학습 활동은 반드시 다양한 형태의 지원이 필수적으로 이루어져야 한다는 점이다. 여러 유형의 인적 지원, 물적·제도적 지원, 재정적 지원이 없이는 교수-학습 활동이 정상적으로 또는 효과적으로 이루어질 수 없다고 해도 과언이 아니다. 이 지원 역할이 바로 교육행정이다. 교육행정을 통한 지원이 제대로 이루어지지 못하면 교수-학습 활동에 문제가 생기고 결국 교육목적 달성이 어렵게 되는 것이다. 그런 의미에서 교육행정은 교육의 뼈대 그 자체는 아니지만, 교육의 본령을 성취하기 위한 핵심 활동이라고 할 수 있다. [그림 1-2]는 이러한 교육의 지원적 본질을 보여 준다.[3]

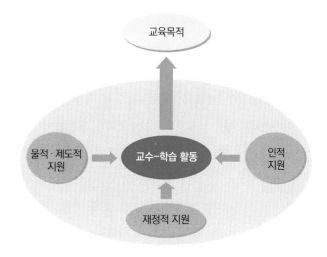

[그림 1-2] 교육행정의 지원적 본질

출처: 김혜숙(2018), p. 418 일부 보완.

교수-학습 활동 지원은 다양한 부문에서 이루어지는데 크게 보아 인적 지원, 물적·제도적 지원, 재정적 지원으로 구분하여 볼 수 있다. 인적 지원에서 우선으로 필요한 것은 자격을 갖춘 교원을 양성하여 적기에 공급하고 그들이 사명감을 가지고 가르치며 끊임없이 전문성을 신장시켜 나가도록 환경을 만드는 것이다. 교육행정에 대한 전문성을 갖춘 교육행정가들이 단위 학교와 교육청에서 이러한 본연의 지원 역할을 효과적으로 수행하는 것이 필요하다.

물적·제도적 지원은 눈에 보이는 물질적 지원과 눈에 보이지 않는 제도적 지원으로 나누어 볼 수 있다. 우선 학교 운영을 위한 각종 시설, 설비, 비품, 교과서, 교재 등이 교수-학습 활동에 필수적인 것은 두말할 필요가 없다. 2020년에 시작되었던 코로나19 팬데믹 상황에서 교육행정을 통해 각급 학교가 급박하게 원격 교육을 위한 물적·제도적 시스템을 갖추어 나갔던 경험은 물적·제도적 지원의 필요성을 대변하는 사례라고 할 수 있다. 또한 수

---

3) 교육사, 교육철학 분야가 교육목적에, 교육심리, 교육과정, 교육평가 등이 교수-학습 활동에 관심을 둔다면 교육행정은 인적·물적·제도적·재정적 지원에 대하여 다룬다.

업 시수 등 미시적 규정에서부터 6-3-3-4 학제, 고교평준화제도 등 거시적 학교제도에 이르기까지 다양한 형태의 제도적 지원이 필요하다. 정책, 규정, 법을 통한 제도적 지원이 적절하게 이루어지지 못하면 교육 현장에 큰 혼란이 발생하게 된다. 예컨대, 교사의 교권과 학생의 인권을 신장하는 데 있어 제도적 지원이 적절하지 못하거나 미흡할 경우 교사-학생 간에 불필요한 갈등이 발생할 수 있다.

재정적 지원은 인적 지원, 물적 지원을 현실화하기 위한 필수 조건이다. 필요한 교육재정을 확보하고 이를 적절히 배분하는 시스템이 효과적으로 작동되어야만 교수-학습 활동에 지장이 발생하지 않는다. 우리나라는 「지방교육재정교부금법」 등에 의해 GDP 5% 수준의 교육재정을 확보하고 있는데 이는 복지 부문을 제외하면 정부 부처 중 가장 많은 예산 규모이다. 교육재정의 대략 70% 정도는 경직성 경비인 교직원 인건비이므로 인적 지원의 기반이기도 하다. 쾌적한 학교시설, 필요한 교육 프로그램 운영 경비 등의 재정 지원도 성공적 교수-학습 활동을 위해 중요하다. 그 밖에도 논란 대상이 되었던 무상급식, 유아-유치원 단계 누리과정 운영비 확보 등 여러 쟁점 사안들은 재정적 지원과 관련된 것이다.

> **?** 핵심 질문 5) 교육행정과 교육경영은 왜 함께 붙어 있는가? 양자는 어떻게 다르며, 다른 유사 개념도 있는가?

3. 교육경영 및 유사 개념

교육행정에는 관련되거나 유사한 몇 가지 개념이 있다. 먼저, 이 책의 제목이기도 한 '교육행정 및 교육경영'은 예비교사의 교사 자격 부여를 위한 교직과목의 이름으로 교육행정과 교육경영이 병렬적으로 사용된 경우이다. 얼핏 '교육행정(educational administration)'과 '교육경영(educational management)'이 별개처럼 보이지만 이 둘은 비슷한 속성을 가지며 기본적으로는 같은 것이라고 할 수 있다. 차이점이라면 교육행정이 공권력과 그에 따른 강제적 요소를 내포하고 있는 반면에 교육경영은 공권력 요소를 최대한 배제한 개념이다. 행정학에서는 정치·행정 일원론과 정치·행정 이원론의 입장이 공존하는데 이원론은 정치가 결정한 것을 집행하는 것이 행정이라고 보기 때문에 행정의 정치적·권력적 속성을 약하게 본다. 교육행정과 굳이 구분할 때의 교육경영 개념이 이와 비슷하다.

교육행정과 교육경영을 구분하여 볼 경우 교육행정은 교육부장관을 수장으로 하는 교육부나 교육감을 수장으로 하는 교육청이 하는 일, 가르치는 일과 별개로 수행되는 단위 학교행정실의 업무를 가리킨다. 반면에 사립학교의 법인 이사회는 공권력과 관계가 없다는 점에서 대표적인 교육경영의 주체로 인식된다. 그런데 교장의 경우는 통상 학교행정가로 일컬어지지만, 교육부나 교육청에 비해 상대적으로 공권력의 속성이 약하기 때문인지 종종 학교 경영자로 불리기도 한다. 학급 교사 역할의 경우 교육경영의 연장선에서 '학급경영'이 보편적으로 사용된다. 교육행정에서 정치적·권력적 속성이 불필요하다고 주장하는 입장에서는 '행정'과 '경영'의 이러한 차이에 주목하면서 교직과목의 명칭에서와 같이 두 용어를 병렬적으로 사용하는 경향이 있다.

그러나 현대 교육행정에서는 교육에 대한 정책실현설 개념에서 보듯 교육정책의 중요성과 함께 정치·행정 일원론의 입장에서 정치적·정책적 측면을 강조하는 추세이다. 따라서 교육경영 개념만으로는 현상을 모두 포괄할 수 없는 한계가 있다. 교육행정과 교육경영이 약간의 차이를 갖는다고 해도 양자의 병렬적 사용이 적합한가에 대해서는 비판적 시각이 존재한다. 일반적으로 교육행정이 양자를 포괄하는 용어로 사용되고 있기 때문이다.

또 교육행정의 대표적 유사 개념으로 '학교행정(school administration)'이 있다. 이 둘의 구분은 학교교육 밖의 교육을 포함하는가 여부이다. 학교행정이 학교교육만을 대상으로 하는 반면에 교육행정은 사교육, 평생교육, 취학전교육 등에 대한 행정까지 포함한다는 점에서 보다 포괄적인 개념이라고 할 수 있다. 외국과 달리 사교육이 발달하고 관련 사안이 자주 사회적 쟁점이 되는 우리나라에서는 학교행정을 넘어 사교육에 대해 교육행정이 일정한 역할을 할 수밖에 없는 것이 현실이다. 평생교육, 취학 전 교육 부분도 서서히 자리를 잡아 온 외국과 달리 우리의 경우 국가가 적극적으로 정책적 노력을 기울이고 있다. 외국에서는 학교행정이 중심이고 학교 밖 교육행정에 대한 중요도가 상대적으로 낮으므로 보통 학교행정과 교육행정을 구분 없이 사용한다. 실제로 '학교행정'이라는 제목의 책이라도 내용에서는 학교 밖 교육까지 포함하는 것을 종종 보게 된다.

한편, 학교행정과 관련된 우리말 용어 중 '관리'가 있는데 '학교관리(school management)'의 범주 안에 '인사관리,' '재무관리,' '문서관리,' '시설관리' 등이 포함되어 있어 하위 개념으로 사용되는 경우가 많다. 경영학에서 보통 administration을 '경영'으로, management를 '관리'로 번역하므로(김윤태, 1994) 기본적으로 '학교행정', '학교경영', '학교관리'는 호환적으로 사용될 수 있는 개념이다. 그런데 실제에서 '교육관리'라는 용어 자체는 사용되지 않는다는 점에서 이 개념은 단위학교 수준에서의 행정, 경영 및 그 하위 부문에 사용된다고 할 수 있다. 예를 들어, 우리나라 학교장은 통상 학교행정가로 지칭되지만, 공립학교의 경우 학교관리자로 불리는 경우도 많다. 그런가 하면 학교경영의 경우 학교 법인과 이사장만 학교경영자인가, 학교장도 학교경영자인가 등 모호한 부분도 있다. 외국의 교육행정에서 educational administration, school administration, 그리고 school management가 별다른 차이 없이 혼용되는 것과 달리 우리나라 교육행정에서 사용되는 용어와 개념에는 어느 정도의 구분과 함께 약간의 모호성이 존재한다.

제3절 • 교육행정의 성격

교육행정의 성격에 대해 여러 논의가 가능하지만 먼저 교육행정이 일반 행정과 다르게 수행되어야 할 근거가 되는 교육의 네 가지 특수성에 대해 알아본다. 다음으로 교육행정의 원리에 대해 한국의 교육행정을 중심으로 강조되어야 할 원리와 교육행정 단위와 관계없이 유용하게 적용될 수 있는 몰트(Mort)의 원리를 소개한다. 그리고 교육행정은 인사, 재정, 법 등 다른 속성을 가진 다양한 분야를 포괄하는 영역적 특성을 가지고 있는 바, 그 내용을 살펴본다.

> **? ▶ 핵심 질문 6) 교육행정이 일반 행정과 달라야 하는 근거로서의 교육의 특수성 이란 무엇인가?**

1. 교육의 특수성에 기반한 교육행정

교육행정은 앞의 법규해석적 정의, 행정행위설, 행정관리론에서 본 바와 같이 '행정'으로 서의 일반적 성격과 조건정비적 정의, 정책실현설에서처럼 '교육'을 강조하는 성격을 동시에 가지고 있다. 행정의 일반적 성격이 있기에 공동의 목적을 달성하는 합리적 협동행위여야 하고 법규를 해석하며, 인사, 조직, 재정, 시설 등에 대한 지도·감독의 기능을 담당한다. 또 교육을 강조하는 측면에서 수단적·기술적 성격, 민주적 성격, 조성적·봉사적 성격, 중립적 성격, 전문적 성격 등을 언급하기도 한다(김혜숙, 2018).

그러나 교육행정의 성격으로 가장 강조되어야 할 점은 교육만이 가지고 있는 특수성에 근거하여 교육행정이 이루어져야 한다는 것이다. 대표적 특수성으로 효과 발생의 장기성, 성과 평가의 곤란성, 재정 투입에서의 비긴요성·비긴급성, 관련 집단의 이질성 및 그에 따른 조정의 곤란성 등을 들 수 있다. 물론 일반 행정의 관점에서는 교육행정이 이러한 교육의 특수성을 지나치게 내세운다고 비판하기도 한다. 그러나 교육 자체의 특수성이 일반 행정과 배타적으로 존재하는 것이 분명한데 이를 간과하는 것은 합리적이라고 보기 어렵다.

　첫째, 교육 효과의 장기성은 교육활동으로 나타나게 될 효과가 그 어떤 분야와 비교할 수 없을 정도로 장기적이라는 것이다. 대부분의 학생은 초·중등교육과 대학교육까지 16년 이상의 공식적 교육을 받는데 오랜 기간 교육의 진정한 효과는 어떤 가치관과 태도, 능력을 지닌 인간으로 성장했는가이며 개인과 사회 구성원 전체의 평생을 통해 발현되는 것이다. 대학입학이나 취업 결과만으로 그 효과가 확인된다고 볼 수 없다. 이러한 속성 때문에 백년을 생각하며 교육의 모든 것이 결정되고 추진되어야 한다는 사회적 공감대가 존재하는 것이다. 다른 분야에서처럼 월별, 분기별, 연도별, 길어야 5개년 계획 정도를 기준으로 목표가 설정되고 점검과 평가가 이루어지는 방식이 적용되기는 어렵다.

　둘째, 성과 평가의 곤란성이란 다양한 영역에 걸쳐 있는 교육목적에 대한 성과를 측정하는 것이 지극히 곤란하다는 속성을 말한다. 객관성과 공정성을 유지해야 하는 사회적 요구로 인해 성적 부여, 대학입시, 취업 등의 과정에서 이루어지는 교육성과에 대한 평가는 제한된 내용과 방식만 사용하게 된다. 예를 들어, 정직, 존중, 공감 등의 정의적 영역이나 체력, 건강 같은 심리운동 영역의 교육목표도 중요하게 다루어져야 하지만 객관적 기준의 설정과 평가가 어렵기 때문에 실제 평가에서 제외된다. 결과적으로 인지적 영역의 목표에 한정하고 그것도 종합능력, 평가능력 같은 고등정신기능보다 지식, 적용 등 하위정신기능에 국한한 평가가 대부분인 것이 현실이다. 교육의 이러한 특성을 도외시한 채 교육정책이 만들어지고 교육행정이 이루어진다면 현상의 왜곡이나 교육발전의 저해가 나타날 수 있다.

　셋째, 재정 투입에서의 비긴요성, 비긴급성도 교육이 갖는 특수한 성격에 해당한다. 어느 나라에서나 교육에는 상당한 재정이 투입된다. 이는 교육의 중요성에 대한 사회적 합의를 전제로 한다(정일환 외 공역, 2016). 우리나라도 교육의 중요성에 대한 사회적 공감대가 크기 때문에 대략 GDP 5% 정도의 공교육비가 투입되고 사교육비까지 합치면 전 세계적으로 가장 많은 수준의 교육비를 사용하고 있다고 할 수 있다. 그런데 특이한 점은 평상시에는 교육재정의 투입에 문제가 없다가도 경제 불황, 세수 부족 등 여건이 나빠지면 교육에 투입되는 재정은 긴요하지도, 긴급하지도 않은 것으로 간주되기 쉽다는 것이다. 교육 부문은 다리가 무너지고 기상 재해가 발생할 때와 같은 긴요성, 긴급성이 약하기 때문에 여타 부문에 밀리기가 십상이다. 다행히 우리나라는 다른 나라들과 달리 「지방교육재정교부금법」이라는 법적 뒷받침을 통해 내국세의 일정 비율(2024년 기준 20.79%)을 유·초·중등교육에 사용하도록 함으로써 이러한 문제를 어느 정도 예방하고 있다.

넷째, 교육에는 매우 이질적인 집단들이 관련되어 있으며 그에 따라 집단 간 의사소통이나 이해관계를 조정하는 과업이 지극히 어렵다는 특성이 있다. 교사, 학생, 학부모의 시각과 요구가 다른 것은 물론이지만 학교급, 지역, 학업성취도 수준, 사회경제적 배경 등에 따라 선호하는 정책, 필요한 정책이 달라진다. 동일 집단 내에서도 상황과 이해관계에 따라 첨예하게 부딪칠 소지를 안고 있다. 전 국민이 교육 관련 구성원이라고 할 만큼 직간접적 관련 집단과 요구가 다양하기 때문에 교육행정에서 원활한 의사소통이나 일사분란한 조정은 결코 쉽게 달성할 수 있는 목표가 아닌 것이다. 그런데 이러한 측면을 지나치게 의식하여 다수결의 민주성 원칙만을 내세우는 교육행정 방식도 바람직하다고 보기 어렵다. 예컨대, 고교평준화 관련 여론조사를 하면 자녀의 학업성취도가 상위 10~30% 우수 집단이라고 생각하는 학부모를 제외하고 대체로 찬성 비율이 높게 나오곤 하는데 그 결과만을 준거로 정책을 결정하게 된다면 타당성이 결여될 가능성이 있다.

❓ 핵심 질문 7) 교육행정의 실제에서 중요하게 지켜져야 할 원리는 무엇인가?

2. 교육행정의 운영 원리

교육행정이 어떤 원리에 따라 이루어지는가에 대해서 여러 논의가 가능하다. 우선 교육 조직을 대상으로 하는 만큼 조직론 관점의 원리가 우선적으로 적용될 수 있을 것이다(제3장, 조직 참조). 대표적으로 한국의 교육행정에 초점을 둔 김종철(1982)의 교육행정 원리, 즉 민주성의 원리, 효율성의 원리, 합법성의 원리, 자주성·자율성의 원리, 기회균등의 원리, 적도집권(適度集權, 권한의 적정 집중)의 원리는 대부분 교과서에 소개되는 주요 원리이다. 그중 특히 세 가지는 한국의 교육행정 상황을 전제로 한 것이다. 우선 자주성·자율성의 원리는 교육행정이 일반 행정, 정당, 정파로부터 독립된 상태에서 교육내용 등의 결정이 자율적으로 이루어져야 한다는 의미이다. 기회균등의 원리는 「헌법」 제31조 제1항 "모든 국민은 능력에 따라 균등하게 교육을 받을 권리를 가진다." 등의 법 규정을 전제로 능력에 따른 차이를 인정하되 최대한 기회균등을 추구해야 함을 말한다. 적도집권의 원리는 권한의 집권과 분권이 균형을 이루어야 한다는 것인데 과거에는 중앙집권이 과도했으나 1990년대 이후 지방교육자치가 시행되면서 상당한 분권이 이루어졌다고 할 수 있다. 다만 앞으로 단위 학교와 학급으로의 분권이 좀 더 강화될 필요가 있다.

그리고 이러한 조직론 기반의 원리 외에 교육재정, 교육인사행정, 장학 등 교육행정의 하부 영역마다 각각의 내용에 적합한 구체적 원리가 있을 수 있다. 여기에서는 특별히, 몰트(Mort)가 제안한 교육행정 운영에서 중시되어야 할 원리를 살펴본다. 그것은 타당성의 원리, 민주성의 원리, 능률성의 원리, 적응성의 원리, 안정성의 원리, 균형성의 원리 여섯 가지이다. 조직 원리를 원용한 몰트(Mort)의 원리는 우리나라 교육행정의 실제에서 학급, 학교, 교육청, 교육부를 막론하고 유용하게 적용될 수 있을 것으로 보인다.

먼저, 타당성의 원리는 교육행정이 본래의 목적에 맞게 운영되어야 함을 말한다. 새로운 정책이 수립·집행되는 일에서든 필요한 재정의 투입에서든 목적에 비추어 타당한 것인가를 우선으로 고려해야 하는 것이다. 민주성의 원리는 모든 조직 운영에서 중요하게 여겨지지만, 특히 교육과 같이 관련 집단이 많고 이질성이 강한 경우 민주적 절차를 중시하고 최대한의 민주성을 확보하는 일은 성공적 교육행정을 위해 중요하다고 할 수 있다. 능률성의 원리 혹은 효율성의 원리는 자원이 늘 한정되어 있음을 전제로 단위 투입당 효과가 최대가 되도록 해야 한다는 원리이다. 물론 교육 부문에서는 목적을 얼마나 잘 달성하였는가를 의미하는 효과성을 더 중시하는 것이 사실이다. 그럼에도 투입할 수 있는 인적·물적 자원이 무한한 경우란 거의 없으므로 효율성의 문제를 간과할 수 없다.

다음으로, 적응성의 원리는 교육행정이 외부 환경이나 상황의 변화에 부응하여 적절하게 적응하며 수행되어야 한다는 의미이다. 예컨대, 코로나19 팬데믹 상황이나 오픈 AI가 등장한 상황에서 교육행정은 필요한 정책 등을 통해 적응력 있게 대처해야 하는 것이다. 그런가 하면 교육행정에서는 교육백년지대계(教育百年之大計)라는 말이 있듯이 안정성의 원리가 반대 측면에서 요구되기도 한다. 우리나라의 교육행정은 대학입시 정책 등에서 안정성보다 적응성이 강하게 나타나는 경향이 있다. 교육행정이 상황 변화를 지나치게 의식하여 큰 변동성을 보이면, 즉 적응성만을 내세우면 득보다는 실이 많다고 할 수 있다. 끝으로 균형성의 원리는 어떤 정책이나 원리이든 교육행정의 많은 사안은 균형적으로 추진되어야 한다는 것으로 과유불급(過猶不及)의 의미도 담고 있다. 균형성은 산술적 평균이나 무조건적 중간 지점을 가리키는 것이 아니다. 균형을 가져오는 적정 지점(optimal point)이 어디인가를 아는 것이 쉽지 않지만, 교육행정이 이것을 주요 원리로 삼아야 하는 것은 분명하다.

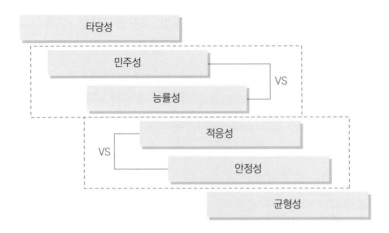

[그림 1-3] 몰트의 교육행정 운영 원리

출처: 김혜숙(2018), p. 429.

홍미로운 것은 이들 각각의 원리가 모두 중요한 가운데에서 특히 민주성의 원리와 능률성의 원리, 적응성의 원리와 안정성의 원리는 각각 한쪽이 높아지면 다른 쪽이 낮아지는 상호 배타성을 가지고 있는 점이다. 예를 들어, 민주성을 높이기 위해 위원회 조직을 오랫동안 운영하거나 많은 시간과 노력을 들여 공론화 과정을 거치게 된다면 능률성은 떨어질 수밖에 없다. 또 대학입시의 경우, 예컨대 수시 전형에서 문제가 발생했다고 하여 즉각 정시 전형 비율을 높이는 방식으로 교육행정이 대응한다면 예상치 못한 또 다른 문제가 야기될 수 있다. 따라서 이들 원리의 적용에서도 균형성의 원리는 중요하게 작동되어야 한다.

> **?** **핵심 질문 8)** 교육행정에는 다양한 하위 분야가 있다는데 구체적으로 어떤 것들인가?

3. 교육행정의 영역적 특성

교육행정이 갖는 중요한 성격 중 하나는 그 하위 영역이 많고 각각의 속성과 내용이 다양하다는 것이다. 교육행정의 지원적 본질을 수행하는 데 인사, 재정, 법, 정책, 시설 등 속성이 다른 여러 분야가 관련되어 있기 때문인데 일상적 용어로 '짬뽕과 같다'라는 표현이 가능할 정도이다. 보통 10개 이상 다양하게 열거되곤 하는 하위 영역은 시대와 상황에 따라 달라질 수 있는데 각각은 하나의 교과목에 해당하는 이론과 실제에 관한 내용을 담고 있다.

[그림 1-4]는 교육행정 분야를 구성하는 대표적 하위 영역들의 예시이다(김혜숙, 2018; 연세대학교 교육학과 교수진, 2019).

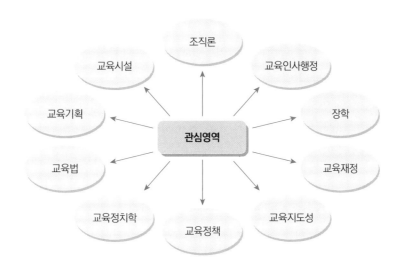

[그림 1-4] 교육행정의 다양한 하위 영역

출처: 연세대학교 교육학과 교수진(2019), p. 209.

먼저 조직론은 학교가 조직이며 구성원이 조직에서 어떻게 행동하는가를 이해하는 것이 교육행정의 목적 달성을 위해 중요하다는 점에서 교육행정의 기초 영역이 되었다. 학교조직은 다른 조직과 비교해 어떻게 다르며 추구하는 공동 목적은 무엇인가, 구성원인 학생, 교원, 학부모가 어떤 동기와 의사소통 체계를 가지고 있는가, 교원이 최선을 다해 가르치고 학생이 열심히 공부할 수 있도록 동기를 유발하는 메커니즘은 무엇인가 등 조직론의 관심사는 교육행정의 역할 수행과 직결되어 있다고 할 수 있다. 조직론적 사고와 관련 지식은 교육행정의 실제에 적용되었고 학문으로서의 교육행정학 성립에도 큰 영향을 미쳤다. 조직론은 교육행정의 다른 하위 영역들과 직간접적으로 관련되어 있는데 교육인사행정, 장학, 교육리더십은 대표적인 연계 영역이라고 볼 수 있다.

다음으로 교육행정이 전통적으로 관심을 가져 온 하위 영역은 사람, 전문성, 돈에 대한 것으로 교육인사행정, 장학, 교육재정 분야이다. 교육인사행정의 일차적 목표는 자격을 갖춘 교원을 적기에 공급하는 것이다. 이를 위해 교원을 어떻게 양성하여 자격 부여, 임용을 할 것인가, 교직에 입직한 이후에는 승진, 평가, 연수, 보수체계 등을 통해 어떻게 교원의 자질, 전문성, 사기를 높일 것인가가 교육행정의 과제이다. 교육인사행정에는 교육직원, 학생에 대한 행정도 포함되지만 '교육의 질이 교사의 질을 넘어설 수 없다'라는 명제가 말하듯 교원이 일차적 관심사이기 때문에 교원에 대한 인사행정이 우선하여 다루어진다.

　장학은 일선 학교의 교원이 전문성을 신장하여 수준 높은 교수 활동을 수행할 수 있도록 전문적으로 돕는 지도활동을 말한다. 그 역할을 담당하는 장학사는 일정 기간의 교사 경험을 가진 교원 중에서 선발되어 교육청 등에서 근무하면서 지도·조언 역할을 담당한다. 장학은 교육인사행정의 연장선에 있으며 교육행정의 실질적 핵심이라고 볼 수도 있다. 교육행정이 발달하고 긍정적 평가를 받는 국가의 경우 장학의 전문성이 충분히 계발된 가운데 교육행정의 중심 활동으로 자리 잡고 있다. 반면에 우리나라에서는 장학사의 학교 방문을 '청소하는 날' 정도로 인식하는 등 장학의 전문성에 대한 이해와 인정에서 취약한 편이다. 교육행정에서 장학이 갖는 중요성을 고려할 때 이러한 현실은 개선이 요구된다.

　교육재정은 교육에 소요되는 재정을 확보하고 배분하는 것을 다루는 분야이다. 재정이 마련되지 않으면 교사를 채용하거나 학교와 교육 프로그램의 운영을 할 수 없다. 앞에서 언급한 바와 같이 우리나라는 다른 국가들과 비슷하게 GDP의 약 5%를 교육에 사용하고 있어 교육 예산의 규모가 매우 큰 편이다. 그리고 내국세의 일정 비율을 유·초·중등교육에 사용하도록 「지방교육재정교부금법」을 운영하고 있는데 이는 교육재정의 안정적 확보는 물론 지역 간, 학교 간 재정 투입의 형평성을 제고한다는 점에서 세계적 모범 사례라고 할 만하다. 그러나 무상급식, 누리과정 예산 등을 두고 발생했던 논란에서 보듯 재정 배분의 우선순위 문제는 해결이 쉽지 않은 과제이다. 특히 국가가 책임을 지는 의무교육이 아닌 학교급 단계, 즉 유아교육과 고등교육의 재정 지원 문제에 어떻게 접근할 것인가, 인건비, 시설비, 프로그램 운영비 등 부문별 배분에서의 적정 지점은 어디인가 등에 대한 사회적 논란은 불가피하게 지속될 것이다.

　2000년대 이후 근래에 들어 교육행정 하위 영역 중 주목받으며 중요성이 확장되고 있는 분야는 교육리더십(교육지도성)과 교육정책이다(Guthrie & Reed, 1991; 김혜숙 외 공역, 2012). 이 두 분야의 급부상은 지난 20여 년간 미국 대학의 교육행정학과(Department of Educational Administration) 명칭이 교육리더십(educational leadership)이나 교육정책(educational policy)을 포함하거나 심지어 그것들로 대체된 사실이 잘 보여 준다. 교육리더십은 단위학교의 교사, 교장에서부터 교육감, 교육부장관에 이르는 교육 분야의 모든 지도자가 구성원에게 영향을 미치는 과정에서 좋은 리더십을 발휘할 때 교육조직의 목적이 효과적으로 달성된다는 사실에 주목한다. 그래서 교육지도자들의 리더십을 어떻게 기르고 발휘하도록 할 것인가를 교육행정의 핵심 요소로 본다. 조직론과의 접점 속에서 부상하기 시작한 교육리더십 분야는 이제 교육행정의 중심축 중 하나가 되었다. 미국교육행정학회(University Council for Educational Administration)의 활동도 리더십 준비 프로그램(leader preparation program)에 점점 더 치중하는 경향을 보인다.

교육정책이란 교육에 관한 기본 방침을 말한다. 교육행정 개념 중에는 교육정책을 수립하고 집행하는 것을 교육행정으로 정의하는 정책실현설이 있다. 교육정책이 어떤 배경에서 어떤 형성과정을 거쳐 만들어지는가, 집행은 어떻게 이루어지는가, 정책의 효과와 문제는 무엇인가 등이 주요 관심사이다. 그동안 대학입시정책, 고교평준화정책, 자립형 사립고등학교 정책, 특수목적고등학교 정책, 의무교육정책, 유아교육의 공교육화정책, 대학구조조정정책, 무상급식정책 등 헤아릴 수 없을 만큼 많은 정책이 발표·추진되었다. 각각의 정책은 학생, 학부모, 교사, 학교행정가 등 교육의 전체 구성원에게 엄청난 영향을 미친다. 우리나라 주요 교육 문제의 대부분이 교육정책과 관련되어 있다고 해도 과언이 아닐 정도여서 교육행정이 합리적이고 효과적인 교육정책을 통해 교육 발전을 견인할 필요성은 더욱 커졌다고 할 수 있다.

교육법은 교육의 기회균등 원리를 천명하고 있는 「헌법」 제31조 제1항을 필두로 「교육기본법」, 「초·중등교육법」 등 각종의 법, 법률, 시행령, 조례, 규칙 등을 통해 교육에 관한 기본 방침을 확고히 하고 안정적으로 구현되도록 지원한다. 교육행정에 대한 법규해석적 정의는 이 부분을 강조하는 것이다. 성문법뿐만 아니라 교육활동에는 다양한 법적 측면이 존재한다. 학교 내 사고 발생 시 교사의 법적 책임은 어디까지인가, 교사의 교육권과 학생의 학습권 간 갈등이 발생할 때 어떻게 해결해야 하는가 등과 같은 것이다. 그런데 근래 교육 전반을 둘러싼 갈등과 분쟁이 확산하면서 헌법 소원 제기, 소송 등이 증가하는 추세이다. 그에 따라 교육적 판단이나 행정적 판단이 자율적으로 이루어지기보다 사법적 판단으로 귀결되는 경향을 보이는 점은 우려되는 측면이다.

그 밖에 교육정치학은 교육정책과 밀접한 관계를 갖는 분야로 교육정책의 수립과 집행과정, 여러 유형의 교육조직 및 그 구성원, 둘러싼 환경에서 권력관계와 영향력 행사가 발생하고 있음에 주목하면서 그것을 규명하고자 한다. 교육이 정치적으로 중립이라는 헌법 조항이 있지만 그것은 신화에 불과하다고 비판하면서 현실 교육에 존재하는 권력관계와 영향력의 행사에 관심을 갖는다. 교육기획은 교육조직의 미래 목표를 설정하고 그것을 달성하기 위한 전략과 구체적 활동 계획을 체계적으로 수립하는 것을 말한다. 교육행정 개념 중 행정관리론은 계획으로부터 시작한다. 우리나라에서 2000년대 이전, 교육이 급팽창하던 시기에는 교육기획이 교육행정의 중요한 요소였으나 어느 정도 안정기에 접어든 현재는 교육기획에 대한 강조나 요구가 약화됐다고 할 수 있다. 교육시설은 교육행정 활동에서 눈에 보이는 중요 요소임에 틀림없다. 국가가 책임지고 교수-학습 활동이 제대로 이루어질 수 있도록 건물, 운동장, 각종 시설, 설비, 비품 등 물적 환경을 조성해야 하기 때문이다. 우리나라에서 교육시설의 현대화, 쾌적화, 첨단화는 비교적 원만하게 추진되어 왔다고 할 수 있다.

교육행정의 이러한 영역적 특성은 관련 학회의 구성과 활동을 통해서도 드러난다. '한국교육행정학회'가 모 학회로 존재하는 가운데 정치학(정책), 재정, 교원, 법 등의 분야가 별도의 전문 학회를 구성하여 활동하고 있다. 이 책의 구성도 이러한 영역적 특징을 보여 준다. 즉, 이 책의 제1부는 교육행정의 개념과 성격, 교육행정 이론의 발달과정을 통해 전반적인 기초를 다룬다. 제2부 이론적 접근에서는 조직, 리더십, 동기, 의사소통과 의사결정 분야를 소개한다. 제3부는 실제적 접근에 대한 것으로 교육법, 교육정책, 지방교육자치제도, 교원인사행정, 교육재정, 장학의 내용을 담고 있다. 그런데 이론적 접근과 실제적 접근의 범주는 이론, 실제 비중의 문제로서, 예컨대 실제적 접근 범주에 포함된 주제라고 해서 이론이 전혀 없는 것은 아니다. 그리고 교육행정의 하위 영역에 통상 포함되지 않는 지방교육자치제도가 별도 장으로 구성된 것은 우리나라 유·초·중등 교육행정의 요체로서 고유의 교육행정 실제를 보여 주기 때문이다. 지방교육자치제도에는 조직론을 포함해 교육행정의 하위 분야 대부분이 사실상 관련되어 있다고 할 수 있다.

제4절 • 요약 및 적용

1. 요약

- 우리가 만나는 교육행정의 모습은 신뢰받고 있다고 보기 어렵다. 이는 다른 나라에서와 달리 교육행정 전문성에 대한 인식이 부족하고 자격 부여 과정에서의 체계적 교육과 교육 현장에서의 효과적 발휘가 미흡한 데에 일부 기인한다.
- 교육행정의 대두 배경은 18세기 중반 산업혁명 이후 산업사회, 시민사회로의 전환이라는 급변한 환경 속에서 공교육 제도를 뒷받침할 활동이 필요해졌기 때문이다. 구체적으로 교육이 사회적 성격, 공공적 성격, 조직적 성격을 갖게 됨으로써 교육행정이 대두

되었다고 할 수 있다.

- 교육행정의 개념은 다양하고 복잡하다. 대표적 정의로 조건정비적 정의, 법규해석적 정의, 정책실현설, 행정행위설, 행정관리론의 다섯 가지를 들 수 있다. 우리나라의 교육행정에서는 법규해석적 관점과 정책실현설이 자주 관찰되는 반면에 조건정비적 관점의 교육행정이 취약하여 교육행정에 대한 부정적 인식에 영향을 미친 측면도 있다.

- 교육행정의 본질을 한마디로 말한다면 지원적 역할이다. 교육의 정의를 통해 보는 바와 같이 교수–학습 활동을 통해 교육목적을 달성하게 되는데 교수–학습 활동이 제대로 이루어질 수 있도록 인적, 물적·제도적, 재정적 지원을 하는 것이 필수적이며 그 역할을 담당하는 것이 교육행정이기 때문이다.

- 교육행정과 유사한 개념으로 교육경영, 학교행정, 학교관리 등이 있는데 약간의 차이가 있으면서 호환적으로 사용되기도 한다. 교육행정과 교육경영의 차이는 공권력의 개입 여부이고 교육행정과 학교행정의 차이는 학교 밖 교육도 포함하는가이다. 학교관리는 문서, 시설 등 하위 부문에 주로 사용된다.

- 교육의 특수성은 교육행정이 일반 행정과 달라야 하는 중요한 근거라고 할 수 있다. 그 것은 효과 발생의 장기성, 성과 평가의 곤란성, 재정 투입에서의 비긴요성·비긴급성, 관련 집단의 이질성 및 그에 따른 조정의 곤란성 등이다.

- 교육행정의 운영 원리에 대한 다양한 시각 중에서 몰트(Mort)가 말한 여섯 가지의 원리는 학급에서 교육부에 이르는 다양한 조직에 유용하게 적용될 수 있다. 그것은 타당성의 원리, 민주성의 원리, 능률성의 원리, 적응성의 원리, 안정성의 원리, 그리고 균형성의 원리이다.

- 교육행정은 그 지원적 본질에 따라 속성을 달리하는 다양한 하위 영역들로 구성되는 특성이 있다. 교육행정의 기초 이론인 조직론, 전통적 관심사인 인사행정, 장학, 교육재정, 근래에 주목을 받는 교육지도성, 교육정책, 그 밖에 교육법, 교육정치학, 교육기획, 교육시설 등이 그것이다.

2. 적용

1) 서술형 문제

- 교육행정이 대두된 배경에 관해 설명하시오.

- 교육의 사회적 성격, 공공적 성격, 조직적 성격의 구체적 의미가 무엇인지 설명하시오.
- 교육행정의 대표적 다섯 가지 개념을 열거하고 간략히 설명하시오.
- 교육행정의 지원적 본질은 무엇을 말하는가? 교육에 관한 정의와 연계하여 서술하시오.
- 교육행정과 교육경영, 교육행정과 학교행정의 차이점에 관해 기술하시오.
- 교육행정이 일반 행정과 다를 수밖에 없는 근거가 되는 교육의 네 가지 특수성을 열거하고 각각에 대해 간략히 설명하시오.
- 몰트(Mort)가 말하는 교육행정 운영의 여섯 가지 원리를 열거하고 각각의 내용을 설명하시오.
- 최근 주목을 받는 교육행정의 하위 영역 두 가지가 무엇이며 어떤 점에서 중요한지 논의하시오.
- 교육기획의 개념과 그 효용성을 두 가지 제시하시오. (교원임용시험 기출문제)

2) 토론 문제

- 우리나라의 교육행정 현실에 대해 나름대로 평가하고 문제점을 이야기해 보시오.
- 한국과 미국의 교장이 자격과 역할 수행에서 보이는 차이점에 대해 어떻게 생각하는가? 한국에 미국식 교장제도가 도입되려면 어떤 조건이 필요할지 논의해 보시오.
- 교육행정이 일반 행정과 다른 성격을 가져야 한다는 근거로서 교육 자체의 특수성이 의미가 있다고 보는지 논의해 보시오.
- 민주성의 원리와 능률성의 원리, 적응성의 원리와 안정성의 원리가 서로 배타적이라는 데 동의하는지 이야기해 보시오.
- 교육행정을 구성하는 하위 영역 중 각자의 관점에서 중요하다고 생각하는 순서대로 세 가지를 선택하고 그 이유를 말해 보시오.

제 **2** 장

교육행정의 발달과정

교육행정의 이론은 교육 조직 내 다양한 구성원들의 행위를 체계적으로 설명하면서, 조직에서 발생하는 다양한 문제점을 발견하고 이에 대한 해결방안을 제시해 줄 수 있다. 더욱이 시대를 반영하여 발달한 교육행정의 이론은 교육학자들이 교육 조직을 이해하는 데 큰 도움을 주었기에, 각 시대에 따른 교육행정 이론의 발달 단계를 살펴보는 것은 중요하다. 일반적으로 교육행정 이론의 발달 단계는 다음과 같이 구분할 수 있다.

- 고전이론(1910년대~1930년대)
- 인간관계론(1930년대~1950년대)
- 행동과학론(1950년대~1970년대)
- 체제론(1950년대~1970년대)

이 장에서는 교육행정의 발달과정에 따라 각 이론의 주요 내용, 공헌 및 한계점을 제시한 후, 각 이론이 교육행정에 어떻게 적용되었고 어떠한 영향을 미쳤는지 살펴본다. 교육행정의 발달과정을 살펴봄으로써 학교를 비롯한 교육 현장을 더욱 잘 이해할 수 있게 될 것이다.

교육행정의 발달과정과 관련된 핵심 질문 일곱 가지는 다음과 같다.

핵심 질문 1. 고전이론 중 과학적 관리론의 주요 내용은 무엇이며, 교육행정에 어떠한 영향을 미쳤는가?

핵심 질문 2. 고전이론 중 행정관리론의 주요 내용은 무엇이며, 교육행정에 어떠한 영향을 미쳤는가?

핵심 질문 3. 고전이론 중 관료제론의 주요 내용은 무엇이며, 교육행정에 어떠한 영향을 미쳤는가?

핵심 질문 4. 인간관계론 중 조직심리연구의 주요 내용은 무엇이며, 교육행정에 어떠한 영향을 미쳤는가?

핵심 질문 5. 인간관계론 중 호손실험의 주요 내용은 무엇이며, 교육행정에 어떠한 영향을 미쳤는가?

핵심 질문 6. 행동과학론의 주요 내용은 무엇이며, 교육행정에 어떠한 영향을 미쳤는가?

핵심 질문 7. 체제론의 주요 내용은 무엇이며, 교육행정에 어떠한 영향을 미쳤는가?

이제부터 각 질문에 대한 답을 차례대로 살펴보고자 한다.

제1절 • 고전이론

20세기 초 세계의 경제 공황 속에서 효율적인 조직구조와 합리적인 기술 개발에 관심이 집중되었다. 이러한 사회적 배경에서 1900년대부터 1930년대까지 발달한 이론은 고전이론이다. 조직의 구조적이고 물리적인 부분에 관심을 기울여 행정의 합리성을 추구한 이 이론에는 과학적 관리론, 행정관리론, 관료제론 등이 포함된다.

> **? 핵심 질문 1)** 고전이론 중 과학적 관리론의 주요 내용은 무엇이며, 교육행정에 어떠한 영향을 미쳤는가?

1. 과학적 관리론

19세기 말부터 20세기 초까지 이어진 경제 공황으로 미국은 큰 위기에 직면하였다. 경제 공황 위기를 극복하고자 행정 및 경제 분야에서 생산과 능률을 높이기 위한 다양한 노력이 이루어졌다. 이러한 사회 및 경제적 배경에서 테일러(Taylor, 1911)는 『과학적 관리의 원리』라는 저서를 통해 과학적 관리론을 주창하였다.

1) 주요 내용

미국 펜실베이니아주의 한 철강 회사 기술자인 테일러(Taylor)는 노동자의 업무 대부분이 주먹구구식으로 이루어지고 있어 많은 시간과 동작이 낭비되고 있음을 발견하였다. 이러한 비효율성의 문제를 해결하기 위해서 업무 과정을 분석하고 과학화하는 연구가 필요하다고 주장하였다. 업무 과정의 분석 및 과학화가 능률과 생산성의 극대화로 이어져 관리자와 노동자의 최대 번영(maximum prosperity)이 가능해질 것이라고 가정한 것이다.

테일러(Taylor)가 제시한 과학적 관리론의 네 가지 원칙은 다음과 같다.

- 과업 요소의 과학화: 경험을 통해 이루어졌던 노동자의 기존 과업 요소를 과학화해야 한다.
- 과학적 선발 및 교육·훈련: 과학적 기준에 근거하여 노동자를 선발, 교육, 훈련해야 한다.
- 과학적 원리를 바탕으로 한 노동자 간의 진정한 협동: 지속해서 발전된 과학적 원리에 따라 노동자들이 진정으로 협동하여 업무를 해야 한다.
- 관리자와 노동자 간의 분업: 관리자와 노동자가 거의 같은 수준의 분업과 책임감을 느껴야 한다.

이러한 원칙을 기반으로 테일러(Taylor)가 얻은 과학적 원리는 다음과 같다.

- 표준화된 조건(standardization of tools): 노동자들에게 주어진 과업을 성공적으로 수행할 수 있는 표준화된 작업 환경 및 방법을 제시한다.
- 최대 1일 작업량(task management): 표준화된 조건에서 노동자들이 진행할 수 있는 최대의 하루 작업량을 설정한다. 최대 1일 작업량은 차별적 성과급제의 시행에 기반이 된다.
- 과업의 전문화/과업 수행의 고숙련: 최대 1일 작업량으로 설정한 과업은 일류 노동자만이 달성할 수 있을 정도의 어려운 것이어야 한다.
- 차별적 성과급제도(differential piece-rate system): 노동자들이 정해진 과업을 달성하였을 경우 보상을 제공해 주는 반면, 과업을 달성하지 못하였을 경우 책임으로 손실을 감수한다.

이 외에도 근로자가 능률적으로 근무할 수 있게 각각의 작업현장에 근로자를 지휘하고 시범을 보일 수 있는 현장 책임자를 배치해야 한다고 주장하였다.

2) 공헌 및 비판

오늘날까지도 많은 조직에서 유용하게 활용 중인 과학적 관리론의 공헌은 다음과 같다. 첫째, 주먹구구식으로 운영되던 기존 관리방식을 탈피하여 조직 및 인적자원 관리의 과학화를 시도하였다. 이를 통해 얻은 기술과 지식은 최소의 노동 및 비용으로 최대의 효과를 나타내어 생산성 향상에 크게 공헌하였다. 둘째, 분업화 및 전문화를 강조하면서 조직의 구조를 체계적으로 설계하는 데 큰 공헌을 하였다. 분업화 및 전문화는 향후 베버(Weber)에 의해 더욱 강조되어 현대의 다양한 조직에서도 공통으로 적용되고 있다. 셋째, 성과급제도를 언급하여 개개인의 실적에 따라 임금이 달라질 수 있는 실적주의 보상제도의 기초가 되었다.

그러나 이러한 공헌에도 불구하고 과학적 관리론은 몇 가지 한계점을 지니고 있다. 첫째, 생산 과정에서 인간을 기계처럼 취급하면서 인간 개개인의 개성, 창의력, 잠재력 등을 고려하지 않았다. 개인마다 업무를 잘 수행할 수 있는 환경 및 방법과 업무량 등이 다름에도 불구하고 이를 고려하지 않은 것이다. 둘째, 인간의 상호작용 및 조직 구성원의 심리적 요인 등을 무시하여 조직 구성원의 사기 저하를 유발하였다. 이 한계점은 향후 인간을 강조한 인간관계론이 탄생하는 데 기초가 되었다.

3) 교육행정과 과학적 관리론

20세기 초에 등장한 과학적 관리론은 교육학에도 큰 영향을 미쳤다. 학교조직의 비효율적인 부분을 최소화하고 효율을 극대화하기 위하여 과학적 관리론을 적극적으로 수용해야 한다는 주장이 제기되었다. 교육행정에 과학적 관리론을 수용하자는 주장한 대표적인 학자는 보빗(Bobbitt)이다. 그는 도시의 급격한 성장으로 재정적 어려움을 겪고 있는 학교구의 문제를 해결하기 위해서 교육조직에 과학적 관리론 원칙의 적용을 제안하였다. 보빗(Bobbitt, 1912)이 주장한 과학적 관리의 원리 네 가지는 다음과 같다.

- 가능한 모든 시간에 교육 시설을 활용한다.
- 교직원의 작업능률을 최대로 유지하며, 교직원의 수를 최소로 감축한다.
- 교육에서의 낭비를 최대한 제거한다.
- 교사들에게 학교행정을 맡기기보다 학생들을 가르치는 데 전념하게 해야 한다.

그러나 교육행정에 과학적 관리론을 적용하자는 이들의 주장은 학교에서 이루어지는 교육과정을 공장에서 이루어지는 제품생산 과정과 동일시했다는 점에서 비판받았다. 그루엔버그(Gruenberg, 1912)는 교육은 유기체(organism)이며 인성을 지닌 인간을 대상으로 이루어지기 때문에 교육과 규격화된 제품 생산 과정과 동일하지 않다고 하였다. 교육의 능률성은 인간의 재능, 감성 및 이해력의 향상도로 파악해야 한다고 주장하였다.

> **?** **핵심 질문 2)** 고전이론 중 행정관리론의 주요 내용은 무엇이며, 교육행정에 어떠한 영향을 미쳤는가?

2. 행정관리론[1]

조직의 최대 이익을 위해 노동자에 집중하였던 과학적 관리론과 달리 경영자의 경영원리에 관심을 기울이는 행정관리론이 등장하였다.

1) 주요 내용

페이욜(Fayol), 굴릭(Gulick)과 어윅(Urwick)은 조직이 최고의 성과를 달성하기 위하여 조직의 관리자 또는 최고 경영자가 지켜야 하는 원리를 제시하였다.

(1) 페이욜의 행정관리론

과학적 관리론이 유행하던 시기에 과학적 관리론과 다른 관점에서 조직의 효율성을 주목한 학자는 페이욜(Fayol)이다. 그는 『산업관리 및 일반관리』라는 저서에서 행정의 과학화를 주장하였다(Fayol, 1949). 그는 조직의 효율성을 위해서 행정을 과학적으로 체계화하는 것이 중요하다고 인식하고, 관리자가 행정과정에서 준수해야 할 다섯 가지 요소를 다음과 같이 제시하였다.

- 기획(Planning): 미래를 예측하고 행동 계획을 수립하는 것
- 조직(Organizing): 인적 및 물적 자원을 조직하고 체계화하는 것
- 명령(Commanding): 구성원이 과업을 수행하도록 유도하는 것
- 조정(Coordinating): 조직의 목표 달성을 위한 모든 활동을 통합하는 것
- 통제(Controlling): 정해진 규칙과 명령에 따라 모든 일이 수행되고 있는지를 확인하는 것

또한 그는 경영을 위한 14가지의 원리도 제시하였다. ① 분업(division of work), ② 권위

---

1) 학자들마다 행정관리론을 행정과정론, 행정관리론 등으로 다양하게 부르고 있다.

(authority), ③ 규율(discipline), ④ 명령의 통일(unity of command), ⑤ 지휘의 통일(unity of direction), ⑥ 조직의 이익 우선(subordination of individual interest), ⑦ 보상(remuneration), ⑧ 집중(centralization), ⑨ 명령의 계층(scalar chain), ⑩ 질서(order), ⑪ 형평성(equity), ⑫ 안정성(stability), ⑬ 주도성(initiative), ⑭ 단체정신(esprit de corps)이 페이욜(Fayol)이 제시한 원리로서, 이 원리를 준수할 때 경영 능률이 향상될 것이라 가정한 것이다.

(2) 굴릭과 어윅의 행정관리론

굴릭(Gulick)과 어윅(Urwick)은 공공행정분야에서 행정관리론을 발전시켰다. 그들은 미국 루스벨트 대통령의 업무를 기능적으로 분석하여 1937년 『행정학논총』이라는 저서를 출간하였다(Gulick & Urwick, 1937). 이 저서에서 굴릭(Gulick)은 페이욜(Fayol)의 행정과정 5요소를 확장 발전하여 POSDCoRB로 표현되는 행정과정을 제시하였다(Gulick, 1937). 이는 계획(P), 조직(O), 인사(S), 지시(D), 조정(Co), 보고(R), 예산편성(B)의 앞글자를 종합한 것이다. POSDCoRB는 다음과 같다.

- 기획(Planning): 조직의 목적을 달성하기 위하여 필요한 행동의 대상과 방법을 개괄적으로 정하는 것
- 조직(Organizing): 조직의 목적을 달성하기 위하여 공식적인 권한 구조를 설정하고 직무 내용을 배분 및 규정하는 것
- 인사(Staffing): 설정된 구조와 직위에 적합한 근로자를 채용 및 배치하고 작업하는 데 적합한 근무조건을 유지해 주는 것
- 지시(Directing): 조직의 장이 의사결정하고 결정된 사항을 각 부서에 명령과 지시하여 구체화하는 것
- 조정(Coordinating): 각 부서별 업무를 상호연계하고, 이를 원만하게 통합 및 조절하는 것
- 보고(Reporting): 업무의 진척상황을 기록, 조사, 연구, 감독하여 조직의 장이 하위 구성원들에게 정보를 제공하는 것
- 예산편성(Budgeting): 조직의 목표를 달성하는 데 필요한 예산을 편성하고 회계, 재정통제, 결산 등을 하는 것

또한 굴릭과 어윅(Gulick & Urwick)은 통솔 범위를 명백히 설정하였는데, 한 명의 상위 관리자가 관리할 수 있는 하위자들이 5명 또는 6명을 초과할 수 없다고 하였다. 이 외에도 참

모 등을 포함한 막료조직의 활용, 권한과 책임의 위임, 목적·과정·사람·장소 등을 기준으로 한 부서화 등의 중요성도 제시하였다.

2) 공헌 및 비판

조직의 효율성을 높이기 위하여 노동자가 아닌 조직의 경영자에 관심을 기울인 행정관리론의 공헌은 다음과 같다. 첫째, 이들은 과학적 관리론과 동일하게 조직에 관심을 가지고 조직의 능률을 향상하고자 노력하였다. 테일러(Taylor)는 연구대상을 노동자로 한정하였고 행정관리론의 학자들은 최고 경영자에 한정하였지만, 두 그룹의 학자들 모두 산업조직이 어떻게 능률적으로 운영될 수 있는가를 연구하였다. 둘째, 행정에 대한 과정적 정의를 내렸다. 행정관리론은 행정이 이루어지는 절차를 체계화하고 분석하여서 결과적으로 경영자가 수행해야 할 업무가 무엇인지 제시한 것이다.

이러한 공헌에도 불구하고 행정관리론은 제한점을 가지고 있다. 첫째, 조직을 구성하는 개인의 특성을 전혀 고려하지 않았다. 경영자도 인간이므로 인간으로서의 특성이 있는데 이에 대한 고려가 없었다. 또한 공식적 조직에만 관심을 두어 비공식적 조직의 중요성을 간과하였다. 둘째, 사회의 역동성에 관심을 기울이지 않았다. 사회 속에서 조직은 홀로 존재하는 것이 아니라 다른 조직과 상호작용하는데 이에 대한 고려가 미흡하였다.

3) 교육행정과 행정관리론

관리자가 행해야 할 적절한 조직관리 방법을 제시해 준다는 점에서 교육 조직에서 많이 활용되는 행정관리론을 교육행정에 처음으로 적용한 학자는 시어스(Sears)이다. 그는 페이욜(Fayol)의 행정과정 다섯 가지 요소를 활용하여 교육행정 과정을 기획(Planning), 조직(Organizing), 지시(Directing), 조정(Coordinating), 통제(Controlling)의 5단계로 구분·제시하였다(Sears, 1950). 이는 명령을 지시로만 바꾸고 나머지는 그대로 사용한 것이다.

그리고 그레그(Gregg, 1957)는 교육행정의 과정을 의사결정(Decision-making), 기획(Planning), 조직(Organizing), 의사소통(Communicating), 영향(Influencing), 조정(Coordinating), 평가(Evaluating)라는 7단계로 구분하였다. 그레그(Gregg)의 7단계는 페이욜(Fayol)의 5단계에 없는 의사결정과 의사소통의 두 요소가 포함되어 있으며, 명령이나 지시 등의 용어가 아니라 의사소통 및 영향 등의 용어를 사용하고 있다. 이것은 산업조직보다 인간관계를 강조하는 교육 조직의 특징을 반영한 것이라 볼 수 있다.

그러나 행정관리론을 교육행정에 반영한 학자들의 연구는 교육 조직 지도자의 과업을 체계적으로 분류한 것일 뿐 교육행정 현상을 기술하고 미래를 예언하기 위한 교육행정 이론으로 볼 수 없다는 의견이 있다(이형행, 1988). 결과적으로 행정관리론은 교육 행정이론으로서 큰 발전을 이루지 못했다.

> **? 핵심 질문 3)** 고전이론 중 관료제론의 주요 내용은 무엇이며, 교육행정에 어떠한 영향을 미쳤는가?

3. 관료제론

19세기 후반부터 시작된 산업화는 기존의 소규모 가내 수공업 사회를 대규모 산업사회로 탈바꿈시켰다. 이로 인해 거대한 산업조직이 탄생하였고, 이는 정부 조직 및 기타 사회 조직의 대규모화로 이어졌다. 이러한 사회 · 경제적 배경에서 거대 조직을 보다 합리적이고 효율적으로 관리해야 한다는 필요성이 대두되면서 독일의 사회학자 베버(Weber)는 관료제를 제시하였다.

1) 주요 내용

관료제(Bureaucracy)라는 용어는 이전에도 존재하였으나, 이를 학문적으로 체계화한 학자는 베버(Weber)이다. 그는 '관료주의' 등에 내포된 부정적인 의미를 배제하고, 관료제를 하나의 이상적이고 순수한 형태의 특정한 조직의 형태 혹은 구조로 보았다(Weber, 1947). 베버(Weber)는 관료제가 대규모 조직을 합리적이고 효율적으로 운영할 수 있다고 가정한 것이다.

베버(Weber)는 권위를 '어떤 특정한 명령이 일정한 집단의 구성원들에 의해 준수될 가능성'이라고 정의하였다. 조직의 구성원들이 조직 내에서 행동할 때 따라야 하는 규칙이 있고, 이 규칙에 대한 복종을 권위라고 본 것이다. 조직이 정상적으로 운영되기 위해서는 권위가 필수적이기 때문에, 권위를 이해하면 조직의 상하 관계가 어떻게 형성되고 운영되는지를 파악할 수 있다고 보았다. 베버(Weber)는 정당화되는 방법에 따라 권위의 유형을 세 가지로 구분하였다.

- 전통적 권위(traditional authority): 권위의 근거가 전통에서 도출되었다고 보는 관점이다. 지도자의 명령이 '전통적으로 그렇게 해 왔다'는 근거로 정당화된다. 혈연에 의한 관계 또는 왕조와 같은 조직에서 주로 나타난다.
- 카리스마적 권위(charismatic authority): 권위의 근거가 조직 지도자의 비범한 능력 또는 자질에 있다. 지도자의 인품 및 매력이나 영웅성에 의해 정당화되기 때문에 비논리적이며 비합리적인 경향이 있다. 종교, 정치, 군사 분야의 조직에서 주로 나타나는 경향이 있다.
- 합법적 권위(legal authority): 법 규정을 권위의 근거로 보아 법적 지위에 의해서만 권위가 부여되고 행사될 수 있다. 법적 지위를 상실하거나 합법적으로 행사되지 않으면 그 권위는 인정되지 않는다. 합법적 권위를 지닌 지도자들은 법적 절차에 의해 임명·선출되는 경향이 있다. 현대 조직의 대부분이 합법적 권위를 바탕으로 운영되고 있다.

베버(Weber)는 세 가지의 권위는 각각 따로 존재하는 것이 아니라 혼합된 형태로 나타난다고 하였다. 그러나 합법적 권위에 따라 조직이 운영되어야 한다고 하였다.

호이와 미스켈(Hoy & Miskel, 2005)은 베버의 관료제가 교육 조직구조를 분석하고 이해하는 데 큰 도움이 된다고 하면서, 관료제의 주요 특징을 다음과 같이 제시하였다.

- 분업과 전문화(division of labor and specialization): 조직의 목적을 달성하기 위한 직무와 권한의 배분이 법규에 따라 공식적으로 이루어진다. 조직의 각 구성원에게 공식적으로 배분된 업무가 있으며, 이 업무를 전문화하여 궁극적으로는 조직의 효율성을 높인다. 시험이나 자격증을 활용하여 전문화를 확인하고 구성원의 선발 및 임용에도 이를 활용한다.
- 몰인정성(impersonal orientation): 조직은 감정이나 분위기에 의해 운영되지 않으며, 조직의 구성원 역시 개인적인 감정을 드러내지 않고 문서 등을 활용하여 형식적으로 업무를 수행한다. 개인의 감정에 의해 조직이 운영되는 것이 아니므로 지도자는 합리성을 바탕으로 구성원들을 차별 없이 균등하게 대우할 수 있다.
- 권위의 위계(hierarchy of authority): 조직의 구조가 수직적으로 배치되어서 상위부서는 하위부서를 통제하고 감독한다. 이 원리는 조직뿐만 아니라, 구성원에게도 적용되어 하위 구성원은 상위 구성원의 통제와 지시를 받는다.
- 규정과 규칙(rules and regulations): 의도적으로 확립된 규정과 규칙은 조직 구성원들의 직무를 일관성 있게 규제한다. 규정과 규칙으로 인하여 인사이동 등의 변화에도 불구하

고 조직은 계속 운영될 수 있다. 그러나 규정과 규칙이 일률적으로 적용될 경우 비인간적이거나 비인격적인 경향을 보일 수 있다.

- 경력 지향성(career orientation): 경력에 따라 승진이나 보수가 결정된다. 보통은 경력이 많은 사람이 상위 구성원이 되며, 경력이 낮은 사람이 하위 구성원이 된다. 이러한 직위는 승진제도 및 보수에도 영향을 미친다.

2) 공헌 및 비판

조직이 능률적으로 운영되는 데 크게 이바지한 관료제론의 공헌은 다음과 같다. 첫째, 조직 구조의 분업화와 전문화를 유도하여 조직 내 구성원들의 전문성이 향상될 수 있게 하였다. 둘째, 개인의 사적 감정이 배제된 조직 운영은 합리적인 의사결정을 도출할 수 있게 해 주었다. 셋째, 명확한 위계질서는 하위계급 구성원들의 순응을 유도하여 조직 내 의견충돌 시 원활한 조정이 가능하게 해 주었다. 넷째, 규정 및 규칙으로 조직의 안정성과 통일성을 확보할 수 있었다. 다섯째, 경력을 기반으로 한 조직 운영은 구성원이 조직에 장기간 근무하여 조직에 충성하도록 유인하였다.

그러나 이러한 공헌에도 불구하고 관료제 특징의 극대화는 관료제의 역기능으로 작용할 수 있다. 첫째, 분업과 전문화를 강조하면 조직 내 구성원은 본인의 업무에만 관심을 두게 되고 이는 권태감을 유발하며, 타 분야에 대한 이해 및 능력 부족으로 이어질 수 있다. 둘째, 개인의 사적 감정이 무시된 조직 운영은 조직 구성원 개인의 사기 저하로 이어질 수 있으며, 문서를 활용한 조직 운영은 업무의 중요성과 관련 없이 문서만 생산해 낼 수 있다. 셋째, 위계가 명확한 조직 운영으로 상위 근로자와 하위 근로자의 의사소통이 쉽지 않을 수 있으며, 하위 근로자는 상위 근로자의 명령과 지시를 무조건 순응하려 할 수 있다. 넷째, 규정과 규칙의 지나친 준수는 유연한 조직 운영을 방해하며, 조직의 목표 달성이 아닌 규정과 규칙의 준수가 조직 구성원의 목표가 될 수 있다. 마지막으로, 구성원의 경력을 강조하다 보니 경력이 낮으나 우수한 실력을 지닌 구성원이 그에 맞는 보상을 받지 못하는 경우가 발생할 수 있다.

호이와 미스켈(Hoy & Miskel, 2005)은 이러한 관료제의 순기능 및 역기능을 〈표 2-1〉과 같이 제시하였다.

〈표 2-1〉 관료제의 순기능과 역기능

관료제의 특징	순기능	역기능
분업과 전문화	전문성 향상	권태감
몰인정성	합리성 증진	사기 저하
권위의 위계	순응과 원활한 조정	의사소통 저해
규정과 규칙	계속성과 통일성 확보	경직과 목표 전도
경력 지향성	동기의 유발	실적과 연공의 갈등

3) 교육행정학과 관료제론

관료제는 현대의 대규모이며 복합적인 거의 모든 조직에 적용될 수 있으므로 교육체계 및 학교조직에도 예외 없이 적용되고 있다. 학교조직의 관료제적 특징은 다음과 같다. 첫째, 학교조직은 분업화 및 전문화되어 있다. 학교조직은 교무부, 학생부, 연구부, 생활지도부 등으로 업무가 분업화되어 있다. 그리고 유치원, 초등학교, 그리고 중·고등학교로 구분되어 각 학교급에서 교수-학습 활동이 이루어진다. 또한 국어, 영어, 수학, 음악, 체육 등 교과목에 따라 교사를 임용하여 각 분야에 전문화된 교사를 선발 및 임용하고 있다. 둘째, 학교조직의 운영에도 개인의 사적 감정은 배제된다. 교사의 임용, 선발 및 배치 등의 학교조직 내 활동에 학교장의 사적 감정은 제외되고 공문 등의 다양한 문서를 활용한다. 셋째, 학교조직에도 권위의 위계질서가 존재한다. 비록 대규모 조직과 비교하면 그 층이 많지는 않지만, 교장-교감-부장교사-교사로 이어지는 위계가 존재하여 학교행정의 업무를 수행할 때 교사는 교장과 교감의 지시를 따라야 하며 이들의 감독을 받는다. 넷째, 학교조직을 위한 다양한 규정과 규칙이 존재한다. 학교조직은 「교육기본법」, 「초·중등교육법」, 「고등교육법」과 각각의 시행령, 「교육공무원법」, 「사립학교법」 등 다양한 교육 관련 법률을 기반으로 하여 운영된다. 마지막으로 교사 경력에 따라 승진 및 보수가 결정된다. 교사가 교감으로, 교감이 교장으로 승진하기 위해서는 일정 정도 경력이 필요하다. 또한 기본적으로 교원의 경력이 증가할수록 교원의 보수도 증가한다.

그러나 학교가 관료제적 성격을 지니고 있으나, 정부나 기업 조직처럼 관료제의 특징을 엄격하게 적용하기 어렵다는 의견이 있다. 교사는 학교조직 구조(교장-교감-교사)상 하위에 있지만, 전문적 교육을 받은 전문가이며 일정 단계의 선발 과정을 거쳐서 자신의 업무를 담당하고 있다. 교사의 주된 업무는 학교조직 내 행정 업무가 아니라 교실이라는 독립된 공간에서 이루어지는 교수-학습 활동이다. 교사는 많은 재량권을 바탕으로 교수-학습 활동을 진행하면서 교장이나 교감의 감독을 적게 받고 그로 인해 획일적 기준으로 평가받기도 쉽지 않다. 이러한 이유로 비드웰(Bidwell)은 학교가 관료제적 특성을 보유하고 있으나, 그 수준이 미미하므로 관료제보다는 구조적으로 느슨하게 결합되어 있는 특수한 조직으로 볼 수 있다고 하였다(Bidwell, 1965).

제2절 • **인간관계론**

과학적 관리론과 관료제론이 주축이 된 고전이론은 조직을 보다 합리적이고 효율적으로 운영할 수 있는 기본 토대를 마련해 주었다. 그러나 물리적 조건으로 생산량이 증가한다는 고전이론의 기본 가정이 무너지면서 새로운 시각이 필요하다는 인식이 팽배해졌다. 또한 사회가 민주화되고 조직 구성원의 교육 수준과 생활 수준이 높아지면서 인간으로서의 권리가 요구되었다. 이러한 사회적 배경에서 조직 구성원인 '인간'에 초점을 맞춘 인간관계론이 대두되었다.

> **? 핵심 질문 4)** 인간관계론 중 조직심리연구의 주요 내용은 무엇이며, 교육행정에 어떠한 영향을 미쳤는가?

1. 조직심리연구

행정 분야에서 인간관계론 관점의 시각을 제시한 학자는 폴렛(Follet)이다. 그녀는 고전이론의 합리성 원리가 강조되던 조직을 심리학적 관점에서 바라보았다(Follet, 1930). 우선 그녀는 고전이론에서 부정적으로 인식하였던 갈등을 다른 시각으로 보았다. 갈등이 해로운 것이 아니라 가치 있는 견해차라고 인식하고, 많은 사람이 관심을 가지는 특정 사안에서 발생하며 특정 사람들이 자신의 발전을 위해서 일으키는 과정이라고 생각하였다.

갈등을 해소하는 방법으로 지배, 타협, 통합을 고려하였다. 지배는 한쪽의 당사자가 상대편에 대해서 완전한 승리를 하는 것이고, 타협은 당사자들이 자기의 주장을 일부 양보하는 것이다. 그리고 통합은 어느 쪽도 일방적인 희생 없이 양쪽 당사자의 요구를 모두 충족하는 것이다. 세 갈등 해소 방법 중에서 통합 방식이 가장 좋다고 강조하였다.

통합이 이루어지는 구체적인 행위를 조정이라고 하면서 바람직한 조정의 네 가지 방법을 제시하였는데 그 내용은 다음과 같다(Metcalf & Urwick, 1957).

- 책임 있는 관계자의 직접적인 접촉에 의한 조정: 조정이 이루어질 때, 최고 경영자가 위에서 아래로 조정해 주는 대신에 각 실무 책임자 간의 조정이 이루어진다.
- 초기 단계에서의 조정: 직접적인 접촉은 행정의 초기 단계에서 시작되어야 한다. 특히 이 것은 정책 수립 과정에서 효과적인데, 각 실무 책임자가 정책 수립 과정에 참여하여 문 제점에 관해서 이야기한다면 성공적인 조정을 할 수 있다.
- 상황 속의 모든 요소를 상호 관련시키는 조정: 조직 내에서 문제가 발생했을 경우, 이와 관 련 있는 구성원이 상호 연계하는 조정이 필요하다. 상호 관련성은 그 자체로서 중요하 게 여겨져야 한다.
- 계속적 과정으로서의 조정: 행정상의 결정은 일련의 과정에서 하나의 순간이며, 많은 사 람이 결정에 참여하고 있으므로 최종 또는 궁극적 책임의 개념은 환상에 불과하다. 그 러므로 조정이 효율적으로 이루어지기 위해서는 미래에 발생할 문제를 대비할 수 있는 지침 및 원칙을 설정하는 조직이 필요하다.

조직과 조직 내 구성원을 함께 강조한 폴렛(Follet)의 주장은 구성원을 등한시하면서 조직 의 합리성 및 효율성만을 추구하였던 과학적 관리론 및 관료제론 등으로 대표되는 고전이 론과 대조적이라고 볼 수 있다. 조직 구성원 간의 통합과 수평적 조정을 중시한 그녀의 연 구결과는 추후 인간관계론의 발달에 영향을 미쳤다.

> **?** 핵심 질문 5) **인간관계론 중 호손실험의 주요 내용은 무엇이며, 교육행정에 어떠한 영향을 미쳤는가?**

2. 호손실험

폴렛(Follet)의 조직심리연구에도 불구하고 인간관계론의 기초를 세운 것은 메이요와 뢰 스리버거(Mayo & Roethlisberger)의 호손(Hawthorne)실험이다. 그들은 1924년부터 1932년 까지 8년간 미국 시카고에 있는 서부전기회사(Western Electric Company)의 호손공장에서 과학적 관리론이 주장하는 물리적 환경과 생산성과의 관계를 밝히는 연구를 시행하였다.

그러나 결과적으로 조직 구성원의 심리적 조건이 생산성 향상에 중요한 요인임을 밝히면서 그들의 연구는 인간관계론의 토대가 되었다.

1) 주요 내용

호손실험은 조명실험, 전화계전기 조립 실험, 건반배선 조립 관찰실험으로 이어지면서 인간관계론의 주요 특징들을 도출하였다(Roethlisberger & Dickson, 1939).

(1) 조명실험

조명실험(illumination test)은 작업현장의 조명도와 작업능률과의 관계를 분석하기 위한 실험이다. 작업현장이 밝으면 작업능률이 높아지고 어두우면 작업능률이 낮을 것이라는 가정을 검증하기 위해 3단계의 실험을 시행하였다.

- 1단계: 3개의 부서 작업현장의 조명도를 일정한 간격으로 높여 밝기와 생산량의 차이를 조사하였다. 실험 결과 작업현장의 밝기와 생산량의 증가 사이에는 유의미한 상관관계가 없었다.
- 2단계: 여성 근로자를 통제집단과 실험집단으로 나눈 후, 통제집단의 작업현장은 일정한 조명도를 유지하였고, 실험집단의 작업현장은 일정한 간격으로 조명도를 높여서 밝게 하였다. 실험 결과 두 집단 모두 생산량이 같은 수준으로 증가하여 작업현장의 밝기에 따른 생산량의 차이는 발생하지 않았다.
- 3단계: 통제집단과 실험집단으로 나눈 후, 통제집단의 조명도는 일정하게 유지하는 반면 실험집단의 조명도는 낮추어서 작업현장을 어둡게 한 후 두 집단의 생산량 변화를 살펴보았다. 실험 결과 두 집단의 생산량이 모두 증가하였다. 특히 실험집단은 작업하기 어려울 정도로 어두운 현장에서도 생산량이 증가하였다.

3단계의 조명실험 결과 작업현장의 조명도와 생산량과는 유의미한 관계가 없었다. 연구자들은 작업현장의 조명도 이외에 생산량을 높이는 요인이 무엇인지를 밝히기 위하여 추가 연구를 진행하였다.

(2) 전화계전기 조립 실험

전화계전기 조립 실험(telephone relay assembly test)은 조명도 이외에 생산성을 높이는 요인을 파악하기 위한 실험으로 2단계로 진행되었다.

- 1단계: 우선 2명의 여성 근로자를 선발한 후 그들과 친분이 있는 4명의 근로자를 추가로 선정하여 하나의 작업팀으로 구성하고 그들을 위한 별도의 공간을 마련하여 그곳에서 자유롭게 근무하게 하였다. 2년 동안 다양한 작업조건(휴식시간의 횟수 및 기간, 간식 제공, 근무시간 등)을 변화시키면서 근로자들의 생산량을 측정하였는데, 생산성이 향상하였다.
- 2단계: 1단계 실험이 진행되는 동안 다른 다섯 명의 근로자로 집단을 구성하여 집단 임금제도가 생산성에 영향을 미치는지 관찰하였다.

전화계전기 조립 실험의 결과 생산량에 영향을 미치는 것은 휴식시간 횟수 및 기간, 간식 제공 여부, 근무시간, 임금 인상 등의 물리적 근무환경보다는 심리적 만족도 및 집단의 참여 등 인간적·사회적 조건이라는 사실을 도출하였다. 선발된 여성 근로자들의 생산성이 높았던 것은 그들이 선택받은 사람들이고 별도의 작업현장에서 일한다는 자부심, 친분이 있는 사람들끼리 일할 수 있다는 즐거움, 감독자 없이 자율적으로 일할 수 있다는 자율성 때문이라는 것이다.

(3) 건반 배선 조립 관찰실험

호손실험의 마지막 실험은 건반 배선 조립 관찰실험(bank wiring observation room test)이다. 별도의 공간을 마련하여 그곳에서 14명의 남성 근로자들이 전화교환기에 사용되는 건반 배선을 조립하는 행동을 관찰하였다. 이 관찰실험은 남성 근로자들의 감정, 태도, 상호관계 등에 인위적 조작을 가하지 않고 관찰 및 분석하였다는 특징이 있다.

실험이 진행되는 동안 이들에게 두 개의 비공식 집단이 생성되었고, 이 비공식 집단을 유지하기 위한 비공식적인 규범이 만들어졌다. 이 비공식적 규범들은 공식적인 역할 규정에 반하는 것이었지만, 근로자들은 이 비공식적 규범들을 준수하면서 행동하였다. 예를 들어, 너무 많은 일을 한 근로자나 일을 적게 한 근로자 모두 비공식적인 제재를 받았다. 근로자들은 공식적으로 정해진 직무 이외에 다른 근로자의 업무를 대신하거나 서로의 업무를 도우며 상호 협력하였다. 또한 관리자가 기대하는 것보다 낮지만 허용 가능한 수준보다는 높은 정도의 생산량을 하루 생산량으로 비공식적으로 설정하고 이를 맞추고자 하였다. 더 많은 생산량을 산출하면 더 많은 임금을 받을 수 있음에도 불구하고, 비공식적인 규범에 따라 생산 수준을 유지한 것이다.

2) 공헌 및 비판

인간은 생산 과정 속의 기계가 아니라 살아 움직이는 감정이 있는 '인간'임을 밝힌 호손실험의 공헌은 다음과 같다. 첫째, 비경제적인 사회적·심리적 요인도 근로자의 생산성을 높일 수 있음을 발견하였다. 기존의 고전이론에서는 경제적 요인만이 근로자의 생산성을 높일 수 있다고 가정하였으나, 호손실험을 통해 자부심, 자율성, 일하는 즐거움 등 비경제적인 요소가 근로자의 생산성을 높일 수 있음이 밝혀졌다. 둘째, 비공식조직의 중요성을 처음으로 인식하였다. 호손실험을 통해 비공식조직의 존재를 확인하였고, 더불어 비공식조직의 규범 및 지도자의 중요성을 인정하게 되었다.

호손실험은 인간 개인의 특성 및 심리적 요인, 조직과 구성원의 상호작용, 비공식조직의 중요성을 발견하였으나, 몇 가지 한계점이 있다. 첫째, 조직 내의 인간적인 부분에 초점을 맞추다 보니 조직이 달성해야 할 목표(생산성 등)는 소홀히 여겼다. 둘째, 조직 구성원의 원만한 관계를 중요하게 여겨 조직 구성원 간의 경쟁 및 갈등의 긍정적인 부분을 간과하였다. 셋째, 조직을 폐쇄체제로 가정하고 실험을 진행하여 조직과 환경 간의 상호작용을 깊이 있게 다루지 못하였다. 넷째, 호손실험은 실험으로 출발하였기 때문에, 결과를 도출하는 과정에서 연구자들의 편견이 결과에 영향을 미쳤을 가능성이 크다.

3. 교육행정학과 인간관계론

조직 내에서 인간의 중요성을 강조한 인간관계론은 교육학에도 큰 영향을 미쳐 학교행정의 민주화 및 인간화에 이바지하였다. 특히 학교조직 내에 근무하는 교사와 학교장을 강조하면서 교사 간, 교사와 교장 간의 상호작용, 협동, 의사소통을 강조하게 되었다. 또한 학생을 전인적인 존재로 인식하면서 이전보다 훨씬 더 인격적으로 대우하였다.

교육행정에 인간관계론을 적극적으로 수용한 대표적인 학자는 쿠프만(Koopman)으로서, 그는 학교행정을 민주화해야 한다고 주장하였다(Koopman, Miel, & Misner, 1943). 학교행정의 민주화를 위해서 ① 교육에 대한 사회적 책임 규명, ② 민주적 리더십의 개념 개발, ③ 민주적인 조직 형태 수립, ④ 모든 구성원의 적극적 참여, ⑤ 교사의 역할 규명 등이 필요하다고 주장하였다.

또 다른 학자는 몰맨(Moehlman)이다. 그는 학교의 조직 구성과 운영의 원리를 제시하고 이를 바탕으로 민주적인 교육행정의 관점을 체계화하였다(Moehlman, 1951). 그는 교수학습활동을 위하여 교육행정이 생성된 것이므로, 교수-학습 활동의 목표를 달성하기 위하여 교육행정이 필요하다고 보았다. 교육행정은 교육과정의 목표를 효과적으로 달성하기 위한 봉사활동이라고 여긴 것이다.

그리피스(Griffiths)도 학교행정의 인간관계론 적용을 주장하였다(Griffiths, 1956). 특히 그는 인간관계에 주목하였다. 교사들이 인간적 욕구에 민감한 사회적 인간임을 학교장이 인지하고 교사들과 상호존중하며 호의와 인간의 권위와 가치에 대해 굳은 신념을 가질 때, 좋은 인간관계가 수립된다고 주장하였다. 좋은 인간관계의 수립을 위해서는 ① 동기유발, ② 객관적인 상황 파악, ③ 정확하고 신속한 의사소통, ④ 민주적인 권력 구조, ⑤ 합리적인 권위, ⑥ 사기, ⑦ 역동적이고 효과적인 집단과정, ⑧ 민주적이고 합리적인 의사결정, ⑨ 민주적 리더십 등에 관한 관심이 필요하다고 하였다.

제3절 • 행동과학론

? 핵심 질문 6) 행동과학론의 주요 내용은 무엇이며, 교육행정에 어떠한 영향을 미쳤는가?

조직의 합리성과 효율성을 강조하였던 고전이론과 조직 내 구성원에 관한 관심과 배려를 강조한 인간관계론은 각각 1910년대와 1930년대 교육행정학의 주요 흐름이었다. 두 이론은 상반되는 성격을 보이지만, 고전이론은 경제적 유인을 통해 인간관계론은 인간에 관한 관심과 배려를 통해 조직의 목표달성에 헌신하도록 유도하였다는 점에서 조직의 목표달성을 위해 인간을 목적이 아닌 수단으로 여겼다는 공통의 한계점을 지니고 있다. 정반대 성격의 두 이론의 장점을 극대화하고 단점을 극복하여 조직의 효과성과 개인의 효율성을 모두 중요시해야 한다는 필요성이 대두되면서 1950년대에 행동과학론이 제시되었다.

1. 버나드와 사이먼의 행정이론

초기 행동과학론을 정립하는 데 큰 업적을 남긴 학자는 버나드(Barnard)와 사이먼(Simon)이다. 이들은 조직과 구성원 모두에게 합리적인 길을 제시함으로써 행동과학론의 기초를 제공하였다.

1) 주요 내용

미국 뉴저지주에 있는 벨(Bell) 전화회사 사장을 역임한 버나드(Barnard)는 조직관리 경험을 토대로 『행정가의 기능』이라는 책을 저술하였다. 이 책에서 그는 "조직은 ① 공동의 목적을 달성하기 위한, ② 행동에 공헌할 의지가 있는, ③ 다른 사람들과 의사소통할 수 있는 사람들이 존재할 때 출현한다."고 보았다(Barnard, 1962). 그는 조직의 요소를 의사소통, 봉사하고자 하는 자발적 의지, 공통의 목적으로 본 것이다.

버나드(Barnard)는 비공식조직의 중요성에 대해서도 언급하였다. 비공식조직은 공식조직의 의사소통, 결합, 개인의 성실성을 보호하는 수단으로서 공식조직의 운영에 필요하므로, 조직의 공식적이고 구조적인 측면과 함께 비구조적이며 비공식적인 측면에도 관심을 기울여야 한다고 주장하였다.

또한 그는 조직구조를 구조적 개념과 동태적 개념으로 구분하고 개인, 협동체제, 공식조직, 복합적 공식조직, 비공식조직 등이 구조적 개념에 포함된다고 주장하였다. 그리고 동태적 개념의 조직에는 자유의지, 협동, 의사소통, 권위, 의사결정, 동태적 균형이 속한다고 하였다(Barnard, 1940).

특히 버나드(Barnard)는 효과성과 효율성을 구분하였다. 그는 조직의 명시적인 목표에 도달한 경우를 효과성이라고 하였고, 조직 구성원의 동기를 충족시킨 정도를 효율성이라고 하였다. 조직의 목표를 최고로 달성하기 위해서는 효과성과 효율성이 서로 균형을 이루어야 한다고 하였다.

행정과학론을 주창한 또 다른 학자는 사이먼(Simon)이다. 그는 자신의 박사학위 논문을 기초로 『행정행위』를 출간하였는데, 여기서 균형론(평등한 인간관계), 의사결정, 의사소통, 권력과 권위(권한 이론) 등 버나드(Barnard)의 이론을 확대 발전시켰다(Simon, 1947).

사이먼(Simon)은 무엇보다 의사결정을 중요시하였다. 의사결정 과정에 따라 인간을 경제적 인간(economic man)과 행정적 인간(administrative man)으로 구분하였다. 경제적 인간은 의사결정 과정에서 활용한 모든 대안 중에서 가장 최선의 대안을 선택하는 최적의 합리성을 추구한다. 반면, 행정적 인간은 만족스러운 범위 내에서 제한된 합리성을 추구하는 특성을 보인다. 두 인간형 중에서 객관적이고 효과적인 의사결정을 위해서 행정적 인간형이 필요하다고 주장하였다. 의사결정을 위해서 모든 대안을 고려해야 하지만 실제로는 모든 대안 중 몇 개만 생각해 낼 수 있다. 설사 모든 대안을 생각한다고 하더라도 각 대안이 어떤 결과를 도출할 것인지를 예측할 때 필요한 지식과 가치가 불완전하므로, 각 대안의 결과를 완벽히 예측하는 것이 불가능하다. 행정가가 접할 수 있는 정보의 한정성 등을 이유로 행정적 인간형을 강조한 것이다.

또한 사이먼(Simon)은 '조직의 내적 균형(internal equilibrium)'이라는 개념을 활용하여 과업 동기를 설명하였다. 근로자들은 자신이 한 업무보다 더 많은 대가를 받고 있다고 생각하는 한 조직에 머물러 있다고 주장하였다. 그는 작업량과 대가가 상호 교환되는 체제로 조직을 바라본 것이다.

2) 공헌 및 비판

행동과학론은 몇 가지 공헌이 있다. 첫째, 기존의 고전이론과 인간관계론을 통합하였다. 고전이론은 조직의 합리성과 능률성에 관심을 기울였고, 인간관계론은 조직 내 구성원의 관심과 특성에 집중하였다. 두 이론은 조직 또는 조직 구성원 한쪽만 강조하였다는 한계를 지니고 있는데, 행동과학론은 조직과 조직 구성원 모두에 관심을 기울이면서 모두에게 합리적인 성공을 지향할 수 있게 해 주었다. 둘째, 행정 이론화운동의 기초를 제공하였다. 행동과학론은 조직 및 조직 내 구성원에 관심을 가지면서 조직 구성원의 행동을 분석하고자 하였고 이러한 분석은 행정이론 연구의 지침을 제공하면서 행정의 과학화로 이어졌다.

그러나 이러한 공헌에도 불구하고 행정과학론은 한계점을 지니고 있다. 행정과학론은 조직 내의 변인에만 관심을 기울여서 조직을 둘러싸고 있는 외부 환경에 대한 고려가 적었다. 조직은 조직 홀로 존재하는 것이 아니라 외부 환경의 영향을 끊임없이 받기 마련인데 이에 대한 고려가 미흡하였다.

2. 교육행정학과 행동과학론

조직과 조직 내 개인을 동시에 강조하면서 조직 구성원의 행동을 분석한 행동과학론은 교육행정 분야에서 1950년대와 1960년대에 걸쳐 이루어진 '이론화운동(theory movement)'을 촉발하는 데 큰 공헌을 하였다. 처방 중심으로 이루어졌던 교육행정학을 다른 사회과학처럼 이론 중심의 학문으로 발전시키려는 노력이 이루어진 것이다.

컬버트슨(Culbertson)은 이론화운동의 핵심 내용을 다음과 같이 여섯 가지로 요약하여 제시하였다(Culbertson, 1983).

- 행정과 조직에 대한 규범적 진술은 과학적 이론에 포함될 수 없다.
- 과학적 이론은 있는 그대로의 현상을 다룬다.
- 연구는 이론에 기반을 두고 이론에 의해 진행되어야 한다.
- 가설 연역적 체제가 이론을 개발하는 가장 좋은 모델이다.
- 이론 개발과 교육을 위해 사회과학을 적극적으로 활용해야 한다.
- 행정은 어떤 조직형태에서나 적용할 수 있는 일반적인 개념으로 이해해야 한다.

또한 핼핀(Halpin)도 이론화운동을 '새로운 운동(new movement)'으로 언급하면서 이 운동을 주창하는 학자들이 강조하는 세 가지를 다음과 같이 제시하였다(Halpin, 1970).

- 교육행정을 연구하는 데 이론의 역할이 중요함을 인정하고, 이론에 근거한 가설 연역적(hypothetico-deductive) 연구방법을 위하여 적나라한 경험적 연구(nakedly empirical research)를 거부해야 한다.
- 교육행정을 일반행정이나 기업경영 등 다른 유형의 행정과 다르게 보는 편협한 관점을 버리고 행정 앞의 형용사와는 관계없이 행정을 행정 자체로 연구해야 한다.
- 교육은 사회체제로서 가장 잘 이해될 수 있으므로 교육행정 연구는 행동과학적 접근방법을 근거로 한 통찰력을 기반으로 최대한 설명해야만 한다.

이론화운동을 통해 다소 느슨하게 정의되었던 과학의 개념이 정교화되었으며, 과학적 방법을 활용한 양적 연구가 강조되었다. 교육 현장에서 이루어지는 현상을 관찰하여 교육행정 이론을 개발하려는 노력이 이루어지기도 하였다. 즉, 이론화운동은 실제적 기술 수준에 머물러 있던 교육행정학을 이론적 학문 수준으로 끌어올리는 데 결정적 공헌을 하였다고 평가받는다(Culbertson, 1988). 실제, 교육행정학의 정의 중 '행정행위설'의 내용이 이론화운동의 소산이라고 볼 수 있다(주삼환 외, 2018).

그러나 교육행정학을 양적 질적으로 크게 발전시켰던 이론화운동은 연구방법에 치중하여 논리적 분석 및 연구를 추구하면서 철학적 윤리적 접근을 소홀했다는 평가를 받기도 한다. 또한 연구방법의 정확성 및 신뢰성을 중요시하다 보니 연구방법에 근거하여 연구대상 및 주제를 선정한다는 비판을 받았다(김규태, 강유정, 강성복, 2015).

제4절 • 체제론

? ▶ 핵심 질문 7) 체제론의 주요 내용은 무엇이며, 교육행정에 어떠한 영향을 미쳤는가?

1950년대 이론화운동을 거치면서 교육행정의 이론은 더욱 발달하였다. 특히 교육행정 분야에서 학교조직을 이해하는 방법으로 체제론이 활용되기 시작하여 현재까지 교육의 관리 및 운영을 계획하고 이해하는 데 유용하게 활용되고 있다.

1. 체제이론

생물학에서 처음 제기된 체제이론은 1960년대와 1970년대에 학교조직을 이해하는 방법으로 활용되면서 교육학에서 널리 사용되었다. 특히 개인들의 집합으로 이루어진 사회적 단위인 사회체제 속에서 인간이 어떠한 행동을 하느냐를 본격적으로 연구하는 사회체제이론은 교육 현장의 상황을 설명하기 위한 이론적 모형을 제공하는 데 큰 공헌을 하였다.

1) 주요 내용

체제라는 용어는 생물학자 버타란피(Von Bertalanffy)가 처음 제시하였지만, 겟젤스와 구바(Getzels & Guba)가 본격적으로 사회체제를 연구하면서 사회체제 속에서 인간의 행동을 살펴보는 데 많은 도움을 주었다.

(1) 버타란피의 일반체제이론
체제이론의 체제는 버타란피(Bertalanffy)가 처음 사용한 용어로서, '여러 부분으로 이루어진 전체 혹은 여러 요소의 총제'를 뜻한다(Von Bertalanffy, 1950). 그는 일반체제이론(general

system theory)을 주창하면서 환경과의 상호작용 여부에 따라 개방체제(open system)와 폐쇄체제(closed system)를 구분하였다. 체제이론에서 모든 체제는 다른 체제가 존재한다고 가정하고 본래 체제를 제외한 다른 체제를 통칭하여 환경이라고 한다. 하나의 체제가 환경과 자유롭게 상호작용하는 것을 개방체제라 하며, 상호작용이 이루어지지 못하면 폐쇄체제라고 한다. 일반적으로 학교는 정치, 경제, 사회, 문화 등 다른 체제와 적극적으로 상호작용하므로 개방체제라고 볼 수 있다.

이 외에도 버타란피(Bertalanffy)는 다른 시작점에서 출발하더라도, 다른 경로를 거치더라도 동일한 도착지점에 도달할 수 있다는 것을 의미하는 이인동과성(equifinality)의 개념을 제시하였다. 등종국성(等終局性)이라고도 불리는 이인동과성은 환경과 상호작용하는 개방체제에서만 드러나는데, 환경과 상호작용하면서 체제가 안정적인 상태를 유지할 수 있으므로 이인동과성이 발생할 수 있다고 본 것이다. 또한 자연스레 소멸하려는 엔트로피(entropy) 개념을 체제에 적용하여 설명하였다. 폐쇄체제는 환경으로부터 에너지를 투입받지 못하기 때문에 소멸하거나 무질서로 가려는 경향이 있지만, 개방체제에서는 엔트로피 작용을 방지하기 위해 외부 환경으로부터 다양한 에너지를 받는다고 하였다.

개방체제에 필수적인 요소는 투입, 과정, 산출 및 환경으로서 이들을 그림으로 나타내면 [그림 2-1]과 같다. 우선, 투입(input)은 체제 밖에서 안으로 들어가는 모든 요소를 말한다. 자원 및 정보 등이 있으며, 투입 요소들은 체제가 유지되고 산출할 수 있게 해 준다. 과정(process)은 체제가 목적을 달성하기 위하여 투입된 여러 자원과 정보를 활용하여 산출하는 과정이다. 산출(output)은 환경이나 인접한 체제로 내보내는 자원과 정보를 일컫는데, 이들은 체제 내부의 과정을 통해 얻은 결과물이다. 이 결과물들은 의도적일 수도 있고 의도적이지 않을 수도 있다. 환경(environment)은 체제와 접촉을 유지하고 체제에 영향을 미치는 체제 경계 밖의 조건이나 상태를 의미한다. 환경에는 체제 이외의 다른 모든 체제가 포함될 수 있다. 환경은 투입, 과정, 산출 모든 것에 영향을 미칠 수 있다.

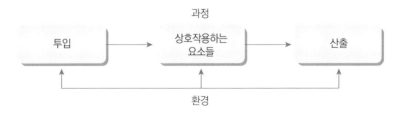

[그림 2-1] 체제이론 모형

(2) 겟젤스와 구바의 사회과정모델

생물학에서 발전한 체제이론은 사회 조직에 적용되면서 사회체제이론으로 발전하였다. 특히 겟젤스와 구바(Getzels & Guba)는 레빈(Levin)의 집단역동이론[2]에 착안하여 사회과정 모델을 주장하였다(Getzels & Guba, 1957). 사회과정모델에서 인간의 행동은 규범적 차원과 개인적 차원 간의 상호작용 결과로 나타난다. 여기서 규범적 차원이란 개인으로 구성된 체제의 차원을 의미하는 것으로 체제의 목적을 달성하기 위한 제도, 제도 속의 역할, 그리고 그 역할에 따른 기대 등이 포함된다. 그리고 개인적 차원에는 개인, 개인의 고유한 인성, 욕구 성향 등이 포함되어 있다.

사회체제 속 개인의 행동을 이해하기 위해서는 규범적 차원과 개인적 차원을 모두 고려해야 한다. 개인은 고유한 인성 및 욕구 성향을 지니고 있지만, 체제 속의 개인은 그들에게 부여된 역할과 그에 따른 역할기대를 동시에 지니고 있다. 따라서 사회체제 속 구성원인 개인은 개인의 인성 및 욕구 성향과 그들에게 부여된 역할 및 역할기대 속에서 상호작용하며 행동하게 마련이다. 이를 간단하게 공식으로 표현하면, B=f(P·R)이 된다. 인간의 행동(Behavior)은 개인 고유의 특성인 인성(Personality)과 개인에게 부여된 역할(Role)의 상호작용으로 결정된다고 보는 것이다. 이러한 겟젤스와 구바(Getzels & Guba)의 주장을 그림으로 나타내면 [그림 2-2]와 같다. 향후 겟젤스와 텔렌(Getzels & Thelen)은 이 모형을 더욱 발전시켜 기존의 규범적 차원과 개인적 차원 이외에 조직풍토 차원, 인류학적 차원, 생물학적

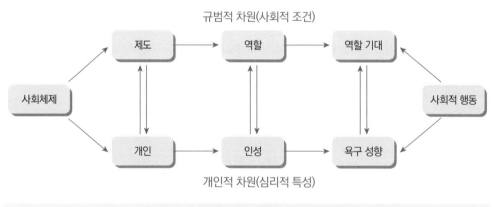

[그림 2-2] 겟젤스와 구바의 사회과정 모델

---

2) 레빈(Lewin)의 집단역동이론이란 인간의 행동(Behavior)은 인간 고유의 특성인 인성(Personality)과 인간이 살아가는 환경(Environment)의 상호작용으로 달라진다는 것으로, B=f(P·E)라는 공식으로 표현할 수 있다 (Lewin, Adams, & Zener, 1935).

차원을 추가하여 다섯 개 차원의 상호작용으로 체제 내 개인의 행동이 결정된다고 보았다
(Getzels & Thelen, 1960).

게젤스와 구바(Getzels & Guba)는 역할과 인성의 상호작용을 [그림 2-3]을 통해 추가로 설
명하였다. 역할과 인성의 상호작용으로 나타나는 개인의 행동은 개인이 어느 집단에 속해
있느냐에 따라 큰 차이가 난다. 군대와 같은 관료적 성격이 강한 조직에서 인간의 행동은
개인적 인성보다는 개인이 속한 집단 내에 제도적으로 규정된 역할의 영향을 더 많이 받는
다. 그러나 반대로 예술가 조직처럼 전문적 성향이 강한 조직에서는 집단에서 부여한 역할
보다는 개인이 본래 지닌 인성에 따라 개인의 행동이 달라질 수 있다.

학교는 관료적 성격과 전문적 성격을 모두 지니고 있다. 교무부, 학생부 등으로 분업화되
어 있으며, 규정과 규칙이 존재하고 권위의 위계질서가 존재한다는 면에서 학교는 군대조
직처럼 관료제의 성격을 지니고 있다. 그러나 높은 전문성을 바탕으로 독립된 교실에서 자
율적으로 교수-학습 활동을 행하는 교사는 예술가 조직과 같은 전문적 성향도 지니고 있
다. 그러므로 학교조직은 군대조직과 예술가 조직의 중간쯤에 위치한다고 볼 수 있으며, 학
교 내 개인의 행동은 개인의 인성과 역할의 영향을 골고루 받는다고 예상할 수 있다.

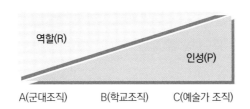

[그림 2-3] 겟젤스와 구바의 역할과 인성의 상호작용 모형

2) 공헌 및 비판

하나의 체제와 다른 체제를 포함한 환경과의 상호작용을 중요시한 체제론의 공헌은 다음
과 같다. 첫째, 여러 행정 현상을 체계적으로 분석하고 설명할 수 있게 해 주었다. 특히 투
입, 과정, 산출이라는 개념으로 행정 현상을 분석하고 설명함으로써, 여러 단위의 체제를
비교하고 분석하는 데 공동의 기준을 마련해 주었다고 볼 수 있다. 둘째, 이전의 이론에서
간과하였던 환경의 중요성에 관심을 기울였다. 고전이론, 인간관계론, 행정이론 등 이전의
이론에서는 체제 내의 요소에만 관심을 기울였으나, 체체론에서는 체제를 둘러싸고 있는

환경의 중요성에 주목하였다. 환경의 영향을 받고 환경에 영향을 미치면서 환경과 체제가 상호의존하면서 지속해서 발전하는 모습을 주목한 것이다.

그러나 체제론은 다음과 같은 몇 가지 한계점이 있다(김규태 외, 2014). 첫째, 체제론은 체제의 변화 및 발전을 충분히 설명하기에 부족하다는 한계점이 있다. 일반적으로 체제론은 균형이론을 강조하여 체제의 유지와 통합에 많은 관심을 가지다 보니, 체제가 변화하고 발전하는 데 필수적인 힘이나 갈등 관계를 설명하는 것은 부족하였다. 둘째, 체제론은 체제 전체를 바라보는 경향이 있어, 체제 내의 구체적 행정 현상인 리더십, 권력, 개성, 능률성 등에 대해서는 관심을 덜 기울였다. 특히 체제론에서 중요시하는 종합적이고 체계적인 사고가 자칫 기계적 합리성으로 이어져 융통성과 탄력성을 소홀히 할 수 있다. 셋째, 체제론은 본래 생물학적 관점에서 출발한 개념이기 때문에 사회현상을 자연현상과 동일시하여, 인간적 차원이나 인간적 요인에 의한 변화과정이 경시될 가능성이 크다.

2. 교육행정학과 체제론

교육 현장의 문제를 체계적으로 분석하고 이에 대한 해결 방안을 종합적으로 모색하는 데 큰 영향을 미친 체제론에서 학교는 환경과 끊임없이 영향을 주고받는 개방체제이다. 개방체제로서 학교조직의 특징은 다음과 같다(Hoy & Miskel, 2005).

- 학교는 여러 요소가 상호작용하여 외부로부터 투입물을 획득하고 투입된 것을 변형시키며, 환경에 산출물을 내놓는다. 교실, 책, 컴퓨터, 교수학습자료, 학생은 학교에서 중요한 투입 요소라 할 수 있다. 이상적으로 학교 시스템은 학생들을 더욱 넓은 환경이나 사회에 공헌할 수 있는 교육받은 졸업생으로 변화시킨다.
- 체제의 피드백(feedback)은 '투입-변형-산출'의 반복적이고 순환적인 패턴을 촉진한다. 피드백은 체제 자체가 스스로 교정할 수 있게 해 주는 체제의 정보 역할을 한다. 학교에 피드백을 제공해 주기 위해 학교 내외에는 학교운영위원회와 다양한 자문위원회 등 공식적 의사소통 구조와 정치적 성격을 지닌 비공식적인 활동이 있다.
- 체제는 경계(boundary)가 있는데, 체제는 경계를 통해 환경과 구별된다. 개방체제는 폐쇄체제처럼 경계가 분명하지는 않지만 그렇다고 없는 것은 아니다. 학교는 학부모 교사 모임, 지역사회 프로젝트, 성인교육 프로그램 등의 활동을 통해 학교조직의 경계영역을 넘나들면서 조직 내외부의 지식을 연결하고자 상당한 에너지를 사용한다.

- 환경(environment)은 체제를 구성하는 내적 요소들에 영향을 주거나 사회체제 그 자체에 의해 변화되는 체제 밖의 어떤 것이다. 예를 들면, 교육청의 정책, 교육청에 근무하는 교육행정가, 다른 학교, 지역사회 등이 학교 제체의 환경이 될 수 있다.
- 체제를 구성하는 요소 간에 평형을 유지하기 위하여 일단의 조절장치가 작동하는 과정을 항상성(homeostasis)이라고 한다. 전반적인 안정을 유지하기 위해서 학교에서는 중요한 요소와 활동은 보호된다.
- 체제가 소멸하는 경향을 엔트로피(entropy)라 한다. 개방체제는 환경에서 에너지를 유입하여 엔트로피를 극복할 수 있다. 예를 들면, 조직은 변화하는 환경의 요구에 적응하면서 환경에 대해 호의적인 태도를 유지하려고 노력한다. 새로운 교육프로그램을 개설하라는 상부 기관의 압력에 대해서 이를 위해 더 많은 세금과 자원이 필요하더라도 수용하기 마련이다.
- 이인동과성(equifinality)의 원리는 서로 다른 지점에서 시작하고, 서로 다른 경로를 거치더라도 체제는 동일한 결과에 도달할 수 있다는 것을 의미한다. 따라서 조직을 구성하는 데 유일한 최선의 방식이란 있을 수 없고, 마찬가지로 동일한 결과에 도달하는 데 한 가지 방법만 있는 것은 아니다. 예를 들면, 학교는 학생들의 비판적 사고방식을 증진하기 위해 다양한 방법(발견학습, 개별과제, 상호작용 기술 등)을 선택할 수 있다.

제5절 • 요약 및 적용

1. 요약

- 교육행정 이론은 1910~1930년대의 고전이론, 1930~1950년대의 인간관계론, 1950~1970년대의 행동과학론과 체제론으로 발전하였다.
- 노동자의 작업 시간 및 동작을 분석하여 효율화를 강조한 과학적 관리론, 관리자의 효율적인 관리방식을 강조한 행정관리론, 합리적인 권위를 바탕으로 대규모 조직의 효과성을 극대화하려는 관료제론은 고전이론으로서 조직을 보다 합리적이고 효율적으로 운영할 수 있는 기본 토대를 마련해 주었다.
- 과학적 관리론은 교육행정에서 관리직과 교수직의 구분, 교사 직무의 표준화, 교원성과급제 등에 영향을 미쳤다. 학교행정을 위한 규칙과 규정, 경력과 업적에 따른 승진

및 보상 등은 학교가 관료제적 성격을 지니고 있음을 나타낸다.

- 인간관계론은 조직보다는 조직 내 구성원을 강조한 이론으로서 구성원의 심리적 측면 및 구성원 간의 인간관계, 비공식적 조직에 관심을 기울였다는 점에서 기존의 고전이 론과 차이가 있다.
- 인간관계론은 교육행정 및 장학의 민주화에 이바지하였고, 교육 조직의 의사결정에 구 성원의 참여 및 민주적 리더십을 강조하였다.
- 행동과학론은 고전이론과 인간관계론의 장점을 통합하고 단점을 극복하여 조직의 효 과성과 개인의 효율성을 모두 중요시하였다. 특히 행동과학론은 논리실증주의 철학에 근거하여 교육행정의 이론화에 이바지하였다.
- 체제론은 조직과 조직을 둘러싼 환경의 상호작용을 강조하였으며, 특히 사회체제이론 은 개인의 집합으로 이루어진 사회체제 속에서 조직적 차원과 개인적 차원이 상호작용 하면서 발현되는 개인의 행동을 연구하였다.
- 학교 체제 내에서 학생이 교사와 함께 교수-학습 활동을 하는 과정에서 학부모, 지역사 회, 상위 교육기관과 상호작용하는 모습은 학교가 개방체제의 특성이 있음을 보여 준다.

2. 적용

1) 서술형 문제

- 과학적 관리론에 근거하여 교원능력개발평가 또는 교장 공모제에 대해서 논하시오.
- 현재 교육 현장에 적용되고 있는 인간관계론의 원리는 무엇인지 서술하시오.
- 인간관계론을 바탕으로 교사연수의 효과적 운영방안을 제시하시오.
- 행동과학론의 장단점을 서술하시오.
- 체제론에 근거하여 학교조직의 투입, 과정, 산출, 환경요인이 무엇인지 제시하고, 학교 체제가 어떻게 작동되는지 설명하시오.

2) 토론 문제

- 고교학점제 정책 시행에서 외부 전문가를 초빙하는 것에 대한 자신의 의견을 설정하고 이에 대한 근거를 교육행정 이론에 근거하여 제시하시오.

- 과학적 관리론에서 차별적 성과급제를 제시하였는데, 교원을 대상으로 한 차별적 성과급제에 대한 본인의 생각을 설명하시오.
- 학생이나 학부모의 학교 참여에 대한 본인의 주장을 제시하시오.
- 체제론의 환경요인이 학교체제에 영향을 미치는 과정을 예시를 들어 설명하시오.
- 학생들의 학업성취도를 향상하는 방법을 이인동과성의 원리를 적용하여 설명하시오.

제**2**부

교육행정의 이론적 접근

예비교사 및 현직교사를 위한
교육행정 및 교육경영

제 **3** 장

조직

　　지금까지의 중등교원 임용시험에서 교육행정의 다양한 분야 중 학교조직에 관련된 문제가 가장 많이 출제되었을 정도로 조직은 중요하게 여겨진다. 이 장에서는 조직을 종합적으로 이해하기 위하여 세 부분, 즉 첫째 조직의 개념 및 특징, 둘째, 대표적인 조직 이론, 셋째, 학교조직에 대해서 구체적으로 살펴보고자 한다.

　　조직과 관련된 핵심 질문 열 가지는 다음과 같다.

　　핵심 질문 1. 조직이란 무엇이고, 어떤 속성을 가지고 있는가?
　　핵심 질문 2. 조직을 효과적으로 운영하기 위해 요구되는 원리에는 어떠한 것이 있는가?
　　핵심 질문 3. 조직은 어떠한 구조로 되어 있는가?
　　핵심 질문 4. 조직은 어떻게 분류할 수 있는가?
　　핵심 질문 5. 조직의 문화를 이해하는 데 도움이 되는 이론은 무엇인가?
　　핵심 질문 6. 조직의 풍토를 이해하는 데 도움이 되는 이론은 무엇인가?
　　핵심 질문 7. 조직의 갈등을 이해하는 데 도움이 되는 이론은 무엇인가?
　　핵심 질문 8. 조직의 성장 및 발전을 이해하는 데 도움이 되는 이론은 무엇인가?
　　핵심 질문 9. 학교조직은 어떠한 성격을 지니고 있는가?
　　핵심 질문 10. 학습조직으로서의 학교는 어떠한 특징을 가지고 있는가?

　　이제부터 각 질문에 대한 답을 차례대로 살펴보고자 한다.

제1절 • 조직의 개념 및 특징

❓ 핵심 질문 1) 조직이란 무엇이고, 어떤 속성을 가지고 있는가?

　　교육행정에서 가장 중요하고 가장 많이 등장하는 개념 중 하나가 조직이다. 학교 역시 하나의 조직이고, 학교 구성원들은 학교조직 안에서 생활한다. 따라서 학교 구성원들은 각자가 속한 조직에 대해서 종합적으로 이해하고 있어야 개인의 욕구를 충족할 수 있고 조직의 발전에 기여할 수 있다.

1. 조직의 정의

조직을 이해하기 위해서는 먼저 조직이 무엇인지 정의를 내릴 수 있어야 한다. 조직을 정의하기 위해서는 먼저 조직의 속성이 무엇인지를 살펴보아야 한다. 조직의 대표적인 속성은 세 가지로 정리해 볼 수 있다. 첫째, 조직은 달성하고자 하는 공동의 목표를 갖고 있는 집합체라는 것이다. 둘째, 조직은 조직 구성원들의 행동을 조정 통제하는 규칙과 규정을 가지고 있다는 것이다. 셋째, 조직에서는 구성원들이 주어진 역할의 범위 안에서 상호 협력적인 관계를 유지해야 한다는 것이다. 이러한 세 가지 조직의 속성을 토대로 조직은 '공동의 목표를 달성하기 위해 둘 이상의 구성원들이 규칙과 규정에 따라 서로 역할을 분담하여 상호 협력하는 체제'로 정의할 수 있다(주삼환 외, 2018).

> **？ 핵심 질문 2) 조직을 효과적으로 운영하기 위해 요구되는 원리에는 어떠한 것이 있는가?**

2. 조직의 원리

조직이 무엇인지 그 개념에 대해 이해했다면 다음으로 조직의 원리가 무엇인지 살펴볼 필요가 있다. 조직의 원리는 크게 여섯 가지, 즉 계층의 원리, 기능적 분업의 원리, 조정의 원리, 적도집권의 원리, 통솔범위의 원리, 명령통일의 원리로 구분해 볼 수 있다(김윤태, 1994; 김종철, 1982; 윤정일 외, 2021; 정진환, 1986). 각각의 원리는 다음과 같다.

1) 계층의 원리

먼저, 계층의 원리(Principle of hierarchy)란 조직구조의 상하관계와 형태를 조직하는 데 요구되는 원리를 말한다. 계층의 원리를 이해하기 위해서는 계층을 이루고 있는 세 가지 요인이 무엇인지 알아야 한다. 첫째, 지도력 또는 통솔력이다. 이는 조직에서 통솔의 권한이 어디에 있느냐는 것이다. 둘째, 권한과 책임의 위임이다. 이는 조직에서 상급자가 하급자에게 권한을 위임하여 일정한 책임을 감수하도록 하는 것을 말한다. 셋째, 기능과 직무의 규정이다. 이는 조직에서 계층의 상하층별로 배열된 직위의 체제를 말하는 것으로 계층의 사슬을 완결하는 하나의 매듭이라고 할 수 있다.

2) 기능적 분업의 원리

기능계층의 원리란 조직의 업무를 직능 또는 성질별로 구분, 업무를 분담시키는 것을 말한다. 기능적 분업의 원리(Principle of division of work)를 이해하기 위해서는 분업화의 목적과 장점 및 단점을 이해할 필요가 있다. 먼저, 분업화의 목적은 행정조직이 추구해야 할 공동과업 수행에 있어서 3S를 촉진하는 것이다. 여기서 말하는 3S란 표준화(standardization), 단순화(simplification), 전문화(specialization)를 의미한다. 다음으로 분업화의 장점과 단점을 살펴보면, 먼저 분업화의 장점은 분업화를 통해 작업능률이 향상되고, 도구 및 기계 발달이 촉진되며, 신속한 업무처리가 가능하다는 점을 들 수 있다. 반면, 분업화의 단점은 조직 구성원의 흥미와 창의성이 상실될 우려가 있고, 정해진 일만 하다 보면 시야가 협소화될 수 있으며, 분업화가 적절하게 되지 않을 경우 구성원 간 업무가 중복될 수 있고, 맡은 일 이외의 부분에서는 책임회피가 일어날 수 있고, 한 번 분업이 이루어지면 조정이 어렵다는 점 등이 있다. 따라서 조직이 제대로 운영되기 위해서는 분업의 장·단점을 사전에 인지하여 상황에 맞는 방법을 적용해야 한다.

3) 조정의 원리

조정의 원리(Principle of coordination)란 조직에서 업무의 수행을 조절하고 조화로운 인간관계를 유지함으로써 협동의 효과를 최대로 거두려는 것을 의미한다. 조직에서 조정의 원리가 제대로 작동하기 위해서는 조정을 위한 효과적인 방법을 사용할 필요가 있는데, 대표적인 방법으로 첫째, 위계질서에 의한 권한과 책임의 명료화, 둘째, 위원회 및 참모 조직의 활용, 셋째, 상위 통괄기구의 설치, 규율 및 징계제도의 활용 등을 들 수 있다. 따라서 조직이 제대로 운영되기 위해서는 이와 같은 다양한 조정의 방법을 적용해야 한다.

4) 적도집권의 원리

적도집권의 원리(Principle of optimum centralization)란 중앙집권제와 분권제 사이에서 적정한 균형을 도모하려는 것을 말한다. 중앙집권제와 분권제는 각각의 장점과 단점이 있다. 먼저, 중앙집권제는 중앙부서에 권한을 집중시켜 능률화를 가져올 수 있다는 장점이 있는 반면, 획일주의와 전제주의를 초래할 수 있다는 단점이 있다. 이와는 대조적으로 분권제는 지방부서나 하부기관에 권한을 위임하여 지방의 특수성과 자율성을 촉진할 수 있다는 장점이 있는 반면, 비능률성을 초래할 수 있다는 단점이 있다. 따라서 조직이 제대로 운영되기 위해서는 중앙집권제와 분권제의 장·단점을 면밀히 검토하여 적용해야 한다.

5) 통솔범위의 원리

통솔범위의 원리(Principle of span of control)란 한 지도자가 직접 통솔할 수 있는 부하의 수에는 한계가 있다는 것을 말한다. 조직에서 한 지도자는 일정 수의 부하만을 통솔 가능하다는 것이다. 과연 한 지도자가 통솔 가능한 인원이 어느 정도인가에 대해서는 학자마다 다양한 견해들을 제시하고 있다. 예를 들어, 페이욜(Fayol)은 5~6명이 적당하다고 보았고, 홀데인(Haldane)은 10명이 이상적이고 많아도 12명을 초과하면 안 된다고 보았다. 적절한 통솔인원을 상위층과 하위층으로 나누어 구분한 학자들도 있는데, 어윅(Urwick)은 상위층은 4명, 하위층은 8~12명으로 보았고, 그라쿠나스(Graicunas)는 상부층은 5~6명, 말단은 20명으로 보았다. 따라서 조직이 제대로 운영되기 위해서는 통솔범위를 사전에 고려해야만 한다.

6) 명령통일의 원리

명령통일의 원리(Principle of unity of command)란 조직 구성원이 한 명의 지도자로부터 명령과 지시를 받고 그에게만 보고하도록 해야 한다는 원리를 말한다. 조직 구성원이 여러 지도자로부터 명령을 받을 경우, 혼돈을 일으킬 수 있고, 비능률적으로 되며, 무책임하게 행동할 우려가 있다는 문제점이 있다. 반면, 조직 구성원이 한 명의 지도자로부터 명령을 받을 경우, 조직적이면서 능률적으로 일하고, 책임감 있게 일할 수 있다는 장점이 있다. 다시 말하면 한 명의 지도자로부터 명령을 받는 조직 구성원은 명령의 중복을 피할 수 있고, 계층의 질서가 확립되며, 업무처리의 능률을 가져올 뿐만 아니라, 책임 소재를 분명히 하는 데 도움이 된다. 따라서 조직이 제대로 운영되기 위해서는 지도자의 적정 수를 신중하게 고려해야만 한다.

3. 조직의 구조

지금까지 조직의 정의와 원리를 알아보았고, 이제 조직의 구조에 대해 알아보자. 조직의 구조는 크게 세 가지, 즉 공식조직과 비공식조직, 계선조직과 참모조직, 집권화조직과 분권화조직으로 나누어 볼 수 있다(주삼환 외, 2018). 구체적인 조직의 구조는 다음과 같다.

1) 공식조직과 비공식조직

조직은 공식조직과 비공식조직으로 구분할 수 있다. 각각의 특징은 다음과 같다. 먼저, 공식조직은 인위적으로 발생하고, 조직의 체계적 측면을 중시한다. 또한 공식조직은 공적 성격이 강하다. 마지막으로 공식조직은 일반적으로 합리성에 근거하여 대규모 형태로 구성된다. 반면, 비공식조직은 자연적으로 발생하고, 사회심리적 측면을 중요시한다. 또한 비공식조직은 사적 성격이 강하다. 마지막으로 비공식조직은 일반적으로 인간관계를 기반으로 소규모 형태로 구성된다. 비공식조직의 경우, 관심이 비슷한 구성원들이 자발적으로 구성하여 서로의 욕구 불만을 해소시켜 주는 역할을 함으로써 심리적 안정감을 제공하고, 구성원의 자유로운 의사소통에 기반한 경험과 지식 등의 공유를 통해 직무를 효과적으로 수행하는 데 기여한다는 순기능이 있다. 그러나 파벌 조성의 계기가 될 수 있고, 공식 조직과 다를 경우 비전이나 규범이 조직의 목표 달성에 어려움을 겪을 수 있다는 역기능이 있다.

2) 계선조직과 참모조직

조직은 계선조직과 참모조직으로도 구분할 수 있다. 각각의 특징은 다음과 같다. 먼저, 계선조직은 계층조직 구조 또는 수직적 조직의 형태를 띤다. 또한 계선조직은 조직에서 실제 집행하는 기능을 하며, 능력 면에서 일에 대한 권한과 책임이 중요하다. 이러한 계선조직은 현실적, 실제적, 보수적인 태도를 보인다. 계선조직의 특징을 보여 주는 핵심용어로 결정, 명령, 지휘, 집행, 실시 등이 있다. 반면, 참모조직은 횡적 지원을 하는 수평적 조직의 형태를 띤다. 또한 참모조직은 조직에서 지원 및 보조하는 기능을 하며, 능력의 측면에서 지식, 기술, 경험 등의 전문성 등이 중요하다. 이러한 참모조직은 이상적, 이론적, 비판, 개혁적 태도를 보인다. 참모조직의 특징을 보여 주는 핵심용어로 권고, 조언, 지원, 보조 등이 있다.

? 핵심 질문 4) 조직은 어떻게 분류할 수 있는가?

4. 조직의 유형

조직의 정의, 원리, 구조에 이어 조직의 유형에 대해 알아보자. 조직의 유형은 특정한 기준에 따라 다양하게 분류할 수 있다. 조직의 유형을 분류하는 대표적인 기준으로 조직의 수혜자, 조직의 본질적 기능, 조직이 사용하는 권력과 개인이 조직에 참여 형태, 조직의 고객선택권과 개인의 참여선택권 여부 등을 들 수 있다. 이 기준들을 근거로 한 조직의 유형은 다음과 같다.

1) 조직의 수혜자

먼저 블라우와 스캇(Blau & Scott, 1962)은 조직의 수혜자가 누구인가를 기준으로 조직의 유형을 크게 네 가지로 분류하였다. 첫째, 호혜 조직이다. 이 조직에서는 조직 구성원이 혜택을 받는다. 호혜 조직의 예시로 조합이나 정당을 들 수 있다. 둘째, 사업 조직이다. 이 조직에서는 조직의 소유자가 혜택을 받는다. 사업 조직의 예시로 회사를 들 수 있다. 셋째, 봉사 조직이다. 이 조직에서는 고객이 혜택을 받는다. 봉사 조직의 대표적인 예시로 병원과 학교를 들 수 있다. 넷째, 공공복리 조직이다. 이 조직에서는 일반대중이 혜택을 받는다. 공공복리 조직의 예시로 군대와 경찰을 들 수 있다.

2) 조직의 본질적 기능

다음으로, 카츠와 칸(Katz & Kahn, 1978)은 조직의 본질적 기능이 무엇인가를 기준으로 조직의 유형을 크게 네 가지로 분류하였다. 첫째, 생산적 또는 경제적 조직이다. 이 조직의 본질적 기능은 재화와 용역을 생산하는 것이다. 생산적 또는 경제적 조직의 예시로 회사를 들 수 있다. 둘째, 유지 조직이다. 이 조직의 본질적 기능은 사회 유지를 위해 구성원을 사회화하는 것이다. 유지 조직의 예시로 학교를 들 수 있다. 셋째, 적응 조직이다. 이 조직의 본질적 기능은 지식과 이론을 창출하는 것이다. 적응 조직의 예시로 대학과 연구소를 들 수 있다. 넷째, 관리적 또는 정치적 조직이다. 이 조직의 본질적 기능은 사람 및 자원을 조정하고 통제하는 것이다. 관리적 또는 정치적 조직의 예시로 정부의 각 기관이나 정당 등을 들 수 있다.

3) 조직이 사용하는 권력과 개인이 조직에 참여 형태

이 외에도 에치오니(Etzioni, 1961)는 조직이 사용하는 권력과 개인이 조직에 참여하는 형태가 어떠한가를 기준으로 조직의 유형을 크게 세 가지로 분류하였다. 첫째, 강제적 조직이다. 이 조직에서 조직은 강제적 권력, 즉 물리적 힘을 통한 권력을 사용한다. 반면, 개인은 소외적 참여, 즉 부정적 적대감을 가지고 조직에 참여한다. 강제적 조직의 예시로 군대를 들 수 있다. 둘째, 공리적 조직이다. 이 조직에서 조직은 공리적 권력, 즉 보상에 따른 권력을 사용하고, 개인은 타산적 참여, 즉 물질적 보상을 기대하며 참여한다. 공리적 조직의 예시로 회사를 들 수 있다. 셋째, 규범적 조직이다. 이 조직에서 조직은 규범에 바탕을 둔 규범적 권력을 사용하고, 개인은 도덕적 차원에서 참여한다. 공리적 조직의 예시로 학교를 들 수 있다.

4) 조직의 고객선택권과 개인의 참여선택권 여부

마지막으로 칼슨(Carlson, 1964)은 조직이 고객을 선발할 수 있는지와 고객이 조직에 참여할 선택권이 있는지를 기준으로 조직의 유형을 크게 네 가지로 분류하였다. 첫째, 유형 I은 조직이 고객을 선발할 수 있고, 고객 역시 조직에 참여할 선택권이 있는 조직이다. 이 조직은 조직과 고객 모두 선택의 자유가 있기 때문에 경쟁이 발생한다는 점에서 야생조직이라고도 한다. 유형 I에 해당하는 조직의 예시로 대학을 들 수 있다. 둘째, 유형 II는 조직이 고객을 선발할 수 있는 반면, 고객은 조직에 참여할 선택권이 없는 조직이다. 이 조직은 조직이 일방적으로 고객을 선발한다. 유형 II에 해당하는 조직의 예시로 군대를 들 수 있다. 셋째, 유형 III은 조직이 고객을 선발할 수 없지만, 고객은 조직에 참여할 선택권이 있는 조직이다. 이 조직은 개인이 조직의 의사와 상관없이 조직을 선택할 수 있다. 유형 III에 해당하는 조직의 예시로 지역 출신의 고등학생을 일정 비율로 의무적으로 받게 되어 있는 미국의 주립대학을 들 수 있다. 넷째, 유형 IV는 조직이 고객을 선발할 수 없고, 고객 역시 조직에 참여할 선택권이 없는 조직이다. 이 조직은 주로 법에 의해 조직은 고객을 의무적으로 받아야 하고, 고객 역시 의무적으로 조직에 참여해야 한다. 유형 I과는 반대로 경쟁이 존재하지 않기 때문에, 온상조직이라고도 한다. 유형 IV에 해당하는 조직의 예시로 국가 주도로 의무교육을 시행하고 있는 학교를 들 수 있다.

제2절 • 조직 이론

조직 이론은 종류가 다양하다. 이 절에서는 다양한 조직 이론 중에서 학교조직과 관련이 깊은 이론으로 네 가지 이론, 즉 조직문화론, 조직풍토론, 조직갈등론, 조직성장발전론을 제시하고 있다(윤정일 외, 2021). 각각의 이론은 다음과 같다.

? 핵심 질문 5) 조직의 문화를 이해하는 데 도움이 되는 이론은 무엇인가?

1. 조직문화론

조직문화란 조직 구성원들이 내외적인 문제를 해결하는 과정에서 반복된 경험을 통해 무의식적으로 당연하게 공유하게 된 기본가정, 신념, 가치, 행동규범의 결합체를 의미한다(주삼환 외, 2020). 이러한 조직문화는 크게 세 가지 속성을 지니고 있다(이석열, 1997). 첫째, 조직문화는 오랜 시간이 흐르면서 형성된다. 둘째, 조직문화를 통해 조직 구성원 간의 일체감이 형성된다. 셋째, 조직 구성원들은 조직문화를 무의식적으로 당연하게 받아들인다.

지금까지 학계에서는 조직문화와 관련된 대표적인 이론으로 맥그리거(McGregor)의 X-Y 이론, 오우치(Ouchi)의 Z이론, 아지리스(Argyris)의 미성숙-성숙 이론, 세티아와 글리노(Sethia & Glinow)의 문화유형론, 슈타인호프와 오웬스(Steinhoff & Owens)의 학교문화유형론을 들고 있다(윤정일 외, 2021). 이 절에서는 이 다섯 가지 이론을 소개하고, 추가적으로 미국의 대표적인 조직학자인 볼만과 딜(Bolman & Deal)의 조직 프레임 이론을 설명하고자 한다. 각각의 이론은 다음과 같다.

1) 맥그리거의 X-Y이론

맥그리거(McGregor, 1960)는 인간 본성을 두 가지 기본 가정에 기초하여 X이론과 Y이론으로 구분하였다. 먼저, X이론은 세 가지의 기본가정을 전제하고 있다. 첫째, 보통의 인간은 선천적으로 일하기를 싫어하며, 가능한 한 일을 회피하려고 한다. 둘째, 일하기를 싫어하는 인간 특성으로 인해 조직 목표를 달성하기 위해서는 조직 구성원에게 벌을 주고 강압, 통제, 지시, 위협을 가해야 한다. 셋째, 인간은 지시받기를 좋아하고, 책임을 회피하려 하고, 야망이 없으며, 안전하기를 원한다. 이러한 기본가정 아래 X이론은 세 가지의 경영전략을 강조한다. 첫째, 경영은 경제적 목적을 위해 생산요소인 인력, 자금, 자재, 장비를 조직해야 한다. 둘째, 경영은 조직의 목적에 부합하도록 구성원에게 행동을 지시하고, 동기를 부여하며, 그들의 행동을 통제 및 수정하는 과정이다. 셋째, 경영자는 조직 구성원을 설득하고, 보상을 주고, 처벌 및 통제해야 한다. X이론의 기본가정과 경영전략에 따라, X이론 행정가는 조직의 적극적 개입이 없으면 조직 구성원들은 조직에 저항하거나 수동적이 된다고 믿는다. 따라서 X이론 행정가는 조직문화를 개선하기 위해서 권위적이고 강압적 리더십을 행사하는 적극적 방법을 활용하거나 민주적이고 온정적인 행정을 통해 설득하는 소극적 방법을 활용한다. 결론적으로 X이론적 문화는 외적 통제에 대한 믿음에 근거하고 있다고 볼 수 있다.

이에 반해, Y이론은 다섯 가지의 기본가정을 전제하고 있다. 첫째, 일과 관련하여 신체적 · 정신적 노력을 하는 것은 자연스러운 것이다. 둘째, 조직 목표 달성을 위한 수단이 외적 통제와 벌을 가하는 것만 있는 것은 아니다. 인간은 자기 지시와 통제를 스스로 할 수 있다. 셋째, 목표에 대한 헌신의 정도는 성취에 대한 보상과 관련이 있다. 넷째, 적절한 조건이 주어진다면 인간은 책임을 수용하고 책임지는 것을 배운다. 다섯째, 조직의 문제를 해결하기 위해 필요한 상상력, 독창성, 창의성은 모든 사람에게 광범위하게 배분되어 있다. 이러한 기본가정 아래 Y이론은 네 가지의 경영전략을 강조한다. 첫째, 경영은 경제적 목적을 위해 생산요소인 인력, 자금, 자재, 장비를 조직해야 한다. 둘째, 조직의 구성원이 조직이 요구한 사항에 대해 수동적이고 저항적으로 행동하는 것은 조직 내에서 습득한 경험의 소산이다. 셋째, 조직 구성원이 가지고 있는 잠재력, 작업 동기, 책임 수행 능력 등을 발전시키는 것은 경영의 책임이다. 넷째, 경영자는 조직의 제반 여건과 운영 방법을 개선하여 조직의 구성원이 스스로 조직 목표 달성을 위해 노력하도록 유도해야 한다. Y이론의 기본가정과 경영전략에 따라, Y이론 행정가는 인간은 본질적으로 수동적이거나 게으르지 않다고 믿는다. 따라서 Y이론 행정가는 모든 사람은 일에 대한 동기와 잠재력, 책임감, 목표 성취 의지가 있다고 보고 조직문화를 개선하기 위해서 자율적 통제를 시행한다. 결론적으로 Y이론적 문화는 자율통제와 자기지향에 대한 가정에 근거하고 있다고 볼 수 있다.

2) 오우치의 Z이론

오우치(Ouchi, 1981)는 생산력이 높은 기업들은 어떠한 특징이 있는지를 알아보기 위해 미국과 일본 기업들을 비교 연구하여 Z이론을 도출하였다. 이 이론은 맥그리거(McGregor)의 X-Y이론의 연장선 위에 있다고 볼 수 있다. 다만, 맥그리거(McGregor)의 X-Y이론이 X이론 경영자와 Y이론 경영자의 리더십 유형의 차이를 강조했다면, 오우치(Ouchi)의 Z이론은 조직 전체의 문화를 강조했다는 점에서 차이가 있다. 구체적으로 오우치(Ouchi)는 성공한 Z조직은 조직문화에 있어서 다섯 가지의 특성이 있다고 보았다. 그리고 이 다섯 가지의 특성을 전제로 각각의 핵심적 가치를 제시하였다.

첫째, 장기간의 고용을 보장한다. 장기간의 고용은 조직 구성원들로 하여금 안정감을 갖게 해 준다는 점에서 이러한 문화의 핵심적 가치는 조직에 대한 헌신이라고 할 수 있다.

둘째, 완만한 승진을 지향한다. 완만한 승진은 조직 구성원들로 하여금 다양한 기능과 역할을 할 수 있도록 유도하여 다양한 경력을 쌓을 수 있도록 해 준다는 점에서 이러한 문화의 핵심적 가치는 경력지향성이라고 할 수 있다.

셋째, 참여적 의사결정이 이루어진다. 참여적 의사결정은 조직 구성원들로 하여금 주인의식을 갖게 해 줌으로써 조직 구성원 간 친밀감을 강화시켜 준다는 점에서 이러한 문화의 핵심적 가치는 협동심과 팀워크라고 할 수 있다.

넷째, 집단결정에 대한 개인 책임을 강조한다. 집단결정에 대한 개인 책임은 조직 구성원들로 하여금 서로를 신뢰하고 상호 지원의 분위기를 유도한다는 점에서 이러한 문화의 핵심적 가치는 신뢰와 집단충성이라고 할 수 있다.

다섯째, 조직 전체를 지향한다. 전제 지향은 조직 구성원들로 하여금 평등한 조직 분위기를 만들도록 유도한다는 점에서 이러한 문화의 핵심적 가치는 평등주의라고 할 수 있다.

결론적으로, 오우치(Ouchi)의 Z이론은 조직문화에 있어서 기술보다 인간 관리의 중요성을 강조한 이론이라고 볼 수 있다.

3) 아지리스의 미성숙-성숙 이론

아지리스(Argyris, 1962)는 대부분의 조직에서 X이론을 전제로 한 관료적 가치체제와 Y이론을 전제로 한 인간적 가치체제가 동시에 적용되고 있다고 보고, 이 두 가지 체계를 비교하여 미성숙-성숙 이론을 도출하였다. 아지리스(Argyris)는 교사는 성숙한 인간으로 대우받고 싶어 하지만 대부분의 조직은 관적 가치체계를 따르고 있기 때문에 그들의 잠재력을 개발하는 데 한계가 있다고 보았다. 따라서 학교조직의 관리자는 교사를 성숙한 인간으로 전제하고 조직문화를 조성해야 한다고 주장하였다.

구체적으로 아지리스(Argyris)는 미성숙한 인간, 미성숙한 조직의 특성과 성숙한 인간, 성숙한 조직의 특성을 연속선상에서 비교하여 일곱 가지로 각각 제시하였다. 첫째, 미성숙한 인간과 미성숙한 조직은 피동적인 태도를 보이지만, 성숙한 인간과 성숙한 조직은 능동적인 태도를 보인다. 둘째, 미성숙한 인간과 미성숙한 조직은 의존적인 성향을 보이지만, 성숙한 인간과 성숙한 조직은 독립적인 성향을 보인다. 셋째, 미성숙한 인간과 미성숙한 조직은 단순한 행동을 하지만, 성숙한 인간과 성숙한 조직은 다양한 행동을 한다. 넷째, 미성숙한 인간과 미성숙한 조직은 얕고 산만한 관심을 보이지만, 성숙한 인간과 성숙한 조직은 깊고 강한 관심을 보인다. 다섯째, 미성숙한 인간과 미성숙한 조직은 단기적 비전을 세우지만, 성숙한 인간과 성숙한 조직은 장기적 비전을 세운다. 여섯째, 미성숙한 인간과 미성숙한 조직은 종속적 지위에 만족하지만, 성숙한 인간과 성숙한 조직은 평등적 지위를 지향한다. 일곱째, 미성숙한 인간과 미성숙한 조직은 자의식이 결여된 모습을 보이지만, 성숙한 인간과 성숙한 조직은 주체적 자의식을 가지고 있다.

4) 세티아와 글리노의 문화유형론

세티아와 글리노(Sethia & Glinow, 1985)는 인간에 대한 관심과 성과에 대한 관심 두 가지 요인을 기준으로 하여 문화를 분류하는 과정을 통해 문화유형론을 도출하였다. 먼저, 인간에 대한 관심은 조직 구성원의 만족과 복지를 위해 노력하는 것을 말하며, 성과에 대한 관심은 조직 구성원이 최선을 다해 직무를 수행할 수 있도록 노력하는 것을 의미한다.

구체적으로 세티아와 글리노(Sethia & Glinow)는 조직문화의 유형을 다음과 같이 네 가지로 분류하였다. 첫째, 통합문화이다. 이 문화에서는 조직이 인간에 대한 관심이 높고, 성과에 대한 관심도 높다. 통합문화를 가진 조직은 인간을 존엄적 존재로 인식한다. 통합문화에서 중시되는 기본적 가치는 협동, 창의성, 모험, 자율 등이다.

둘째, 실적문화이다. 이 문화에서는 조직이 인간에 대한 관심은 낮지만, 성과에 대한 관심은 높다. 실적문화를 가진 조직은 조직 구성원들의 복지에 대해서는 관심이 적지만, 부여한 업무에 대해서는 높은 성과를 요구한다. 실적문화에서 중시되는 기본적 가치는 성공, 경쟁, 모험, 혁신, 적극성 등이다.

셋째, 보호문화이다. 이 문화에서는 조직이 인간에 대한 관심은 높지만, 성과에 대한 관심은 낮다. 보호문화를 가진 조직은 조직 구성원들의 복지에 대해 관심이 많지만, 부여한 업무에 대해서는 높은 성과를 요구하지 않는다. 이러한 문화를 가진 조직은 경영자의 온정주의에 의해 운영될 가능성이 높다. 보호문화에서 중시되는 기본적 가치는 팀워크, 협동, 상사에 대한 복종 등이다.

넷째, 냉담문화이다. 이 문화에서는 조직이 인간에 대한 관심이 낮고, 성과에 대한 관심도 낮다. 냉담문화를 가진 조직은 조직 구성원의 복지와 조직의 성과 모두에 대하여 무관심하다. 이러한 문화를 가진 조직은 조직 구성원들의 사기가 낮고, 경영자는 방임적인 리더십을 보일 가능성이 높다. 냉담문화에서 주로 보여지는 현상은 음모, 파당, 분열, 불신, 혼란 등이다.

5) 슈타인호프와 오웬스의 학교문화유형론

슈타인호프와 오웬스(Steinhoff & Owens, 1976)는 미국 초등학교와 중학교의 교사, 교장, 행정가 등을 대상으로 연구를 진행하여, 초·중등 공립학교에서 발견된 독특한 문화적 특징을 토대로 학교문화유형론을 도출하였다. 구체적으로 슈타인호프와 오웬스(Steinhoff & Owens)는 학교문화를 다음과 같이 네 가지 유형으로 분류하였다. 첫째, 가족문화이다. 이러한 문화를 가진 학교는 '가정이나 팀'으로 비유할 수 있다. 가족문화를 가진 학교는 애정 어리고 우정이 넘치며, 협동적이고 보호적인 분위기가 조성되어 있다. 둘째, 기계문화이다. 이러한 문화를 가진 학교는 '기계'로 비유할 수 있다. 기계문화를 가진 학교는 목표 달성을 위해 교사를 이용하곤 한다. 셋째, 공연문화이다. 이러한 문화를 가진 학교는 '공연장'으로 비유할 수 있다. 공연문화를 가진 학교는 훌륭한 교장의 지도 아래 탁월하고 멋진 가르침을 추구하고자 노력한다. 넷째, 공포문화이다. 이러한 문화를 가진 학교는 '전쟁터'로 비유할 수 있다. 공포문화를 가진 학교는 서로를 비난하고 적의를 가지고 있어 냉랭하고 적대적인 분위기가 조성되어 있다.

참고로, 슈타인호프와 오웬스(Steinhoff & Owens)는 연구대상 학교를 분석한 결과, 가족문화(33%), 기계문화(33%), 공연문화(10%), 공포문화(8%) 순으로 학교문화 유형의 빈도수가 높게 나왔다고 보고하였다. 실제로 우리나라의 경우는 학교에서 대학입시에 관심이 많다 보니 교사들이 학생들을 소위 명문 대학에 진학시키는 데 많은 에너지를 쓰는 문화가 나타나곤 하는데 이는 슈타인호프와 오웬스(Steinhoff & Owens)의 학교문화유형론 중 기계문화에 해당한다고 볼 수 있다. 이를 개선하기 위해서는 사랑에 기반한 따뜻한 인간관계를 중시하는 가족문화나 교장이 리더십을 발휘하여 학생들의 요구를 경청함으로써 궁극적으로 학교 구성원이 조화를 이루는 공연문화로의 전환이 필요하다.

6) 볼만과 딜의 조직 프레임 이론

미국의 대표적인 조직학자 볼만과 딜(Bolman & Deal, 2013)은 조직을 구조적 프레임, 인간자원적 프레임, 정치적 프레임, 상징적 프레임으로 분석할 수 있다고 보는 조직 프레임 이론을 주장하였다. 이들은 네 가지 프레임에 근거한다면 각 조직문화의 특징을 종합적으로 분석할 수 있고, 당면한 문제에 효과적으로 대응하기 위한 구체적인 시나리오를 작성할 수 있다고 보았다. 네 가지 프레임은 다음과 같다.

첫째, 구조적 관점(Structural frame)이다. 이 관점에서는 조직을 다음과 같이 가정한다. ① 조직은 설정된 조직목적과 목표를 달성하기 위해 존재한다. ② 조직은 전문화와 명확한 분업체계가 갖춰질 때 능률과 성과를 증대시킬 수 있다. ③ 적절한 형태의 조정과 통제는 개인과 집단의 다양한 노력이 잘 조화되도록 해 준다. ④ 조직은 합리성을 토대로 개인적 이해관계와 외부로부터의 압력을 차단할 수 있을 때 효과적으로 기능을 발휘한다. ⑤ 조직구조는 목적, 기술, 구성원, 환경 등 조직상황에 적합하도록 설계되어야 한다. ⑥ 조직의 문제와 성과 부진은 구조상의 결함 때문에 발생한다.

둘째, 인간자원적 관점(Human resource frame)이다. 이 관점에서는 조직을 다음과 같이 가정한다. ① 인간이 조직의 필요를 채워 주기 위해 존재하는 것이 아니라, 조직이 인간욕구를 충족시키기 위해 존재한다. ② 조직과 인간은 서로를 필요로 한다. 조직은 사람의 아이디어, 힘, 재능을 필요로 하며, 사람은 조직이 제공해 주는 경력, 보수, 일의 기회를 필요로 한다. ③ 개인과 시스템 간의 적합 관계가 어긋날 경우에는 개인이나 시스템 어느 한쪽, 혹은 양쪽이 고통을 받는다. 즉, 조직이 개인을 착취하거나, 역으로 개인이 조직을 이기적 목적으로 악용하거나, 혹은 개인과 조직 모두 희생양이 된다. ④ 적합관계가 온전할 경우 양쪽 모두에게 이롭다. 개인은 만족감을 느낄 수 있는 의미 있는 일을 얻게 되며, 조직은 목표달성에 필요한 재능과 힘을 얻는다(Bolman & Deal, 2013, pp. 117-118).

셋째, 정치적 관점(Political frame)이다. 이 관점에서는 조직을 다음과 같이 가정한다. ① 조직은 다양한 개인과 이익집단으로 구성된 담합집단이다. ② 담합집단의 성원들은 가치관, 신념, 정보, 관심사, 현실인식에 있어 이해대립이 상존한다. ③ 조직에서 이루어지는 대부분의 주요 의사결정은 희소자원의 배분, 즉 누가 무엇을 얻을지에 대한 결정을 포함하고 있다. ④ 희소자원과 이해대립의 상존으로 인해 갈등은 조직역학의 중심을 이루며, 권력이 가장 중요한 자원으로서 강조된다. ⑤ 조직의 목표와 의사결정은 서로 경쟁하는 이해관계자 간의 협상, 교섭, 그리고 유리한 고지를 선점하기 위한 경쟁 등을 통해 이루어진다(Bolman & Deal, 2013, pp. 188-189).

넷째, 상징적 관점(Symbolic frame)이다. 이 관점에서는 조직을 다음과 같이 가정한다. ① 어떤 사건에서 가장 중요한 것은 무엇이 일어났는가가 아니라, 그 의미가 무엇인가이다. ② 행위와 그 의미가 항상 일치하지는 않는다. 즉, 경험의 해석에 있어 사람마다 차이가 있기 때문에 동일한 사건이라도 매우 다른 의미를 가질 수 있다. ③ 불확실성과 모호성에 직면할 때 사람들은 혼란을 수습하고, 예측가능성을 높이며, 방향감각을 회복하고, 희망과 믿음을 견고히 하기 위해 상징을 창조해 낸다. ④ 많은 사건과 과정들은 그것이 무엇을 산출해 내는가보다는 무엇을 나타내는가라는 이유에서 더 중요하다. 사건과 과정들은 각 개인이 사생활이나 직장생활을 영위해 나가는 가운데서 목적의식과 열정을 지니도록 세속의 신화, 영웅, 의례, 의식, 그리고 무용담 등의 문화적 산물을 만들어 낸다. ⑤ 문화는 조직을 통합해 주고 사람들이 공유가치와 신념을 중심으로 하나로 뭉치도록 해 주는 결속수단의 역할을 한다(Bolman & Deal, 2013, pp. 247-248).

결론적으로 볼만과 딜(Bolman & Deal)은 조직에서 문제가 발생하였을 때 이 네 가지 프레임(구조적 프레임, 인간자원적 프레임, 정치적 프레임, 상징적 프레임)을 활용한 다차원적 분석을 통해 종합적인 해결책을 찾아야 할 것을 주장하였다.

> **?** ▶ **핵심 질문 6)** 조직의 풍토를 이해하는 데 도움이 되는 이론은 무엇인가?

2. 조직풍토론

조직풍토란 조직 구성원이 조직 내에서 경험하는 총체적 조직 환경의 질을 의미한다

(Tagiuri & Litwin, 1968). 이러한 조직풍토를 학교에 대입해 보면 학교풍토는 학교 구성원이 학교 안에서 경험하는 학교조직 환경의 질이라고 볼 수 있다. 학계에서는 조직풍토와 관련된 대표적인 이론으로 핼핀과 크로프트(Halpin & Croft)의 학교풍토론, 개정된 초등학교용 OCDQ, 마일즈(Miles)의 조직건강론, 윌로우어(Willower) 등의 학교풍토론을 들고 있다(윤정일 외, 2021). 각각의 이론은 다음과 같다.

1) 핼핀과 크로프트의 학교풍토론

핼핀과 크로프트(Halpin & Croft, 1962)는 직접 개발한 조직풍토기술척도(Organizational Climate Description Questionnaire: OCDQ)를 활용하여 학교풍토론을 도출하였다. 조직풍토기술척도(OCDQ)란 교사 집단의 특징과 교장의 행동에 대하여 교사들이 어떻게 지각하고 있는가를 조사하여 학교풍토를 기술한 것이다. 조직풍토기술척도는 교사 행동 특성 네 변인과 교장 행동 특성 네 변인, 총 여덟 개의 변인으로 구성되어 있다. 각 변인은 여덟 개의 하위 문항으로 구성되어 있어 총 질문 문항은 64개이다.

각 변인을 살펴보면, 먼저 네 가지의 교사 행동 특성은 다음과 같다. 첫째, 장애이다. 이는 교사들이 교장을 방해하는 사람으로 지각하는 정도를 말한다. 둘째, 친밀이다. 이는 업무 외에 다른 교사들과 우호적인 인간관계를 유지하면서 사회적 욕구를 충족시키는 정도를 의미한다. 셋째, 방임이다. 이는 학교 일에 대한 교사의 무관심 정도를 말한다. 넷째, 사기이다. 이는 교사들이 과업 수행에서 욕구 충족과 성취감을 느끼는 정도를 의미한다. 다음으로, 네 가지의 교장 행동 특성은 다음과 같다. 첫째, 과업이다. 이는 업무를 강조하는 정도를 말한다. 둘째, 냉담이다. 이는 공식적이고 엄정한 행동을 나타내는 정도, 큰 사건에서도 의연한 정도를 의미하는 초연성을 의미한다. 셋째, 인화이다. 이는 따뜻하고 친절한 행동을 보이는 정도를 말한다. 넷째, 추진이다. 이는 교장이 역동적으로 학교를 잘 운영해 나가는 정도를 의미한다.

핼핀과 크로프트(Halpin & Croft)는 이 여덟 개의 변인에 대한 검사 점수를 근거로 학교풍토를 여섯 가지로 구분하였다. 첫째, 개방적 풍토이다. 이는 교장이 학교 목표를 향해 적극적으로 활동하고, 교사들의 사회적 욕구를 충족시켜 주는 활기차고 생기 있는 학교풍토를 말한다. 둘째, 자율적 풍토이다. 이는 교장이 교사 스스로가 활동할 수 있도록 학교 분위기를 조성하고 교사의 사회적 욕구 충족을 위한 방법을 찾도록 지원하는 학교풍토를 말한다. 셋째, 친교적 풍토이다. 이는 교장과 교사 간 우호적 관계가 형성되고, 교사의 사회적 욕구도 잘 충족되지만, 학교의 목적 달성을 위한 집단 활동이 부족한 학교풍토를 말한다. 넷째, 통제적 풍토이다. 이는 교장이 과업 수행을 강조하고, 교사들의 사회적 욕구 충족을 소홀히 하는 학교풍토를 말한다. 다섯째, 간섭적 풍토이다. 이는 교장이 공정성이 결여된 채 과업만을 강조하여, 결과적으로 교사의 과업 성취와 욕구 충족에 모두 부적합한 학교풍토를 말한다. 여섯째, 폐쇄적 풍토이다. 이는 교장이 불필요한 일을 강조하는 반면, 교사들은 만족감을 느끼지 못하는 비효율적인 학교풍토를 말한다.

2) 개정된 초등학교용 OCDQ

호이와 클로버(Hoy & Clover, 1986)는 핼핀과 크로프트(Halpin & Croft)가 개발한 조직풍토기술척도(OCDQ)의 논리가 불명확하고 정밀함이 부족하다는 한계를 극복하기 위한 목적으로 개정된 풍토 측정도구(OCDQ-RE)를 제안하였다. 개정된 풍토 측정도구는 초등학교 교사들과 학교장의 행동에 대한 6개 하위 검사, 42개의 문항으로 구성되는데, 구체적으로 교사 행동 특성 세 변인과 교장 행동 특성 세 변인, 총 여섯 개의 변인으로 구성되어 있다. 각 변인을 살펴보면, 먼저 세 가지의 교사 행동 특성은 다음과 같다. 첫째, 우호성이다. 이는 교사들 간 이루어지는 지원적이고 전문적인 상호작용 정도를 말한다. 둘째, 친밀함이다. 이는 학교 안팎에서 교사들 간 형성된 긴밀한 개인적 관계 정도를 의미한다. 셋째, 일탈이다. 이는 교사들 간 조성된 소외감과 격리감 정도를 의미한다.

세 가지의 교장 행동 특성은 다음과 같다. 첫째, 지원이다. 이는 교장이 교사들에게 관심을 가지고 지원하는 정도를 말한다. 둘째, 지시이다. 이는 교장이 교사들에게 과업을 엄격하게 지시하는 정도를 의미한다. 셋째, 제한이다. 이는 교사들이 업무를 수행할 때 장애를 주는 정도를 말한다.

핼핀과 크로프트(Halpin & Croft)는 이 여섯 개의 변인에 대한 검사 점수를 근거로 학교풍토를 네 가지로 구분하였다. 첫째, 개방 풍토이다. 이는 학교장의 행동이 개방적이고, 교사의 행동 역시 개방적인 학교풍토를 말한다. 둘째, 몰입 풍토이다. 이는 학교장의 행동은 폐쇄적이지만, 교사의 행동은 개방적인 학교풍토를 말한다. 셋째, 일탈 풍토이다. 이는 학교장의 행동은 개방적이지만, 교사의 행동은 폐쇄적인 학교풍토를 말한다. 넷째, 폐쇄 풍토이다. 이는 학교장의 행동이 폐쇄적이고, 교사의 행동 역시 폐쇄적인 학교풍토를 말한다.

3) 마일즈의 조직건강론

마일즈(Miles, 1965)는 건강한 조직은 기능을 효과적으로 수행하고, 성장하기 위하여 지속적으로 노력해야 한다고 보고 조직건강론을 주장하였다. 구체적으로 마일즈(Miles)는 학교조직 건강을 측정하기 위한 변인을 과업달성 변인, 조직유지 변인, 성장발전 변인 세 가지로 제시하였다.

첫째, 조직건강 과업달성 변인으로는 목표에 대한 관심, 의사소통의 적절성, 권력의 적정한 분산 등이 있다. 목표에 대한 관심이란 건강한 조직은 조직의 목표가 합리적이고 명료하며 조직 구성원들에게 잘 수용되어야 한다는 점을 반영한 변인이다. 의사소통의 적절성은 건강한 조직은 조직 내 정보의 원활한 흐름이 중요하다는 것을 반영한 변인이다. 권력의 적정한 분산은 건강한 조직은 영향력의 배분이 비교적 공정하다는 것을 반영한 변인이다.

둘째, 조직유지 변인으로는 자원의 활용, 응집력, 사기 등이 있다. 먼저, 자원의 활용은 건강한 조직은 조직 구성원들을 효과적으로 활용한다는 점을 반영한 변인이다. 응집력은 건강한 조직은 조직 구성원들이 그들이 속해 있는 조직을 잘 알고 선호하기 때문에 애착을 가지고 있다는 점을 반영한 변인이다. 사기는 건강한 조직은 조직 구성원의 행복과 만족감을 준다는 점을 반영한 변인이다.

셋째, 성장발전 변인으로는 혁신성, 자율성, 적응력, 문제해결력 등이 있다. 먼저, 혁신성은 건강한 조직은 기존의 관습에 순응하기보다는 끊임없이 변화하면서 성장과 발전을 도모한다는 점을 반영한 변인이다. 자율성은 건강한 조직은 조직 외부로부터의 요구에 수동적으로 반응하지 않고 환경의 요구에 주체적으로 반응한다는 점을 반영한 변인이다. 적응력은 건강한 조직은 조직 내부의 자원만으로 환경의 요구에 대응할 수 없을 때 스스로 조직의 구조를 조정하며, 환경에 적응해 나간다는 점을 반영한 변인이다. 마지막으로, 문제해결력은 건강한 조직은 문제가 발생했을 때, 가능한 해결책을 강구하면서, 효과적으로 대처해나간다는 점을 반영한 변인이다.

4) 윌로우어 등의 학교풍토론

윌로우어 등(Willower et al., 1967)은 학교에서 학생을 어떻게 통제하느냐에 따라 학교풍토가 어떻게 조성되는지를 연구하였다. 이들은 학교의 학생 통제방식을 인간적 방식과 보호적 방식의 연속선으로 가정하고, 학교풍토의 유형을 인간주의적 학교와 보호지향적 학교로 분류하였다.

먼저, 인간주의적 학교는 학생들이 협동적인 상호작용과 경험을 통해 배우는 교육공동체를 말한다. 이 유형에 속한 학교는 학생의 학습과 행동을 심리적이고, 사회적인 것으로 간주하여, 학생 스스로의 자제를 중시한다. 이 학교에 속한 학생들은 자신의 의지에 따라 행동하고 행동에 대한 책임을 지려는 성향이 강하고, 교사들 또한 민주적 통제 방식을 추구한다.

반면, 보호지향적 학교는 학교의 질서를 유지하기 위하여 엄격하고 고도로 통제된 상황을 조장하는 학교를 말한다. 이 유형에 속한 학교는 학생과 교사의 지위 체계가 잘 정비된 권위적인 조직일 가능성이 높다. 또한 이 유형의 학교 교사들은 학생들을 무책임하고 훈련되지 않은 존재라고 여기고, 엄격한 규율과 체벌로 통제하려는 경향이 강하며, 학생들의 행동을 이해하려고 하기보다는 도덕적 차원에서 판단하는 게 일반적이다.

? 핵심 질문 7) 조직의 갈등을 이해하는 데 도움이 되는 이론은 무엇인가?

3. 조직갈등론

1) 갈등의 정의 및 종류

조직 내부에서 발생하는 갈등이란 조직 구성원 간 대립적 혹은 적대적 상호관계를 의미한다(윤정일 외, 2021). 갈등은 갈등 상황, 즉 갈등이 야기될 수 있는 조직 내의 상황, 조건에 의해 영향을 받아 발생한다(오석홍, 2005). 갈등은 다양한 종류가 있다. 구체적으로, 개인이 심리적으로 겪는 개인 갈등, 사람 사이에 발생하는 대인 갈등, 집단 간 발생하는 집단 간 갈등, 문화 간 충돌로 발생하는 문화 갈등, 조직 내 상반된 역할 부여에 따른 심리적 부담으로 발생하는 역할 갈등, 의사결정 상황에서 발생하는 의사결정 갈등 등이 있다(윤정일 외, 2021).

2) 갈등의 순기능과 역기능

갈등은 순기능과 역기능을 모두 가지고 있다(오석홍, 2005). 먼저, 갈등의 순기능은 다음과 같다. 우선, 갈등은 조직의 생존과 성공에 필요한 쇄신적 변동을 유도하는 원동력으로 작용할 수 있다. 또한 갈등은 조직 구성원들이 정체성을 갖는 데 도움을 줄 수도 있다. 이 외에도 갈등은 자기반성의 기회를 제공하는 역할을 하기도 한다. 다음으로, 갈등의 역기능은 다음과 같다. 갈등은 조직의 목표를 성취하는 데 필요한 협동적 노력을 좌절시킬 수 있다. 또한 갈등으로 인해 조직 구성원들의 사기를 떨어뜨릴 수 있다. 갈등이 극심할 경우 조직이 와해될 수도 있다.

3) 갈등의 과정

갈등의 과정은 일반적으로 여섯 가지 단계로 진행된다(오석홍, 2005). 첫째, 갈등을 유발할 수 있는 잠재적 조건이 형성되는 단계이다. 둘째, 행동주체들이 갈등상황을 지각하고 그 의미를 확인하는 단계이다. 셋째, 행동주체들이 긴장, 불만, 적개심 등을 느끼고 갈등의 의도를 형성하는 단계이다. 넷째, 행동주체들이 대립적 내지 적대적 행동을 표면화하는 단계이다. 다섯째, 갈등이 해소되거나 억압되는 단계이다. 여섯째, 갈등의 영향 또는 여파가 남는 단계이다. 이 단계는 갈등이 잘 해결되어 미래의 갈등 발생 가능성이 감소할 수도 있지만, 반대로 갈등의 원인이 효과적으로 해결되지 못해 미래의 갈등 발생 가능성이 오히려 증가할 수도 있다. 물론 이러한 갈등의 여섯 가지 단계가 모든 갈등 상황에 일률적으로 적용되는 것은 아니다. 예를 들어, 여섯 단계 중 어느 한 단계에서 갈등이 마무리될 수도 있다.

4) 갈등관리전략

앞에서 살펴본 것처럼 갈등은 순기능과 역기능이 모두 존재한다. 따라서 조직을 효과적으로 운영하기 위해서는 갈등은 순기능과 역기능을 적절하게 활용하여 대처해야 한다. 구체적으로, 갈등관리전략은 갈등의 역기능에 기반한 것과 갈등의 순기능에 기반한 갈등조성전략으로 나누어 살펴볼 수 있다(오석홍, 2005).

먼저, 갈등해소전략은 11가지로 정리할 수 있다. 첫째, 문제해결이다. 이는 당사자들이 직접 접촉하여 갈등의 원인과 문제를 공동으로 해결하는 전략이다. 둘째, 상위목표의 제시이다. 이는 이해 당사자들이 함께 추구해야 할 상위목표를 제시하는 전략이다. 셋째, 공동의 적 제시이다. 이는 당사자들에게 공공의 적을 확인시켜 주는 전략이다. 넷째, 자원의 증대이다. 이는 희소자원의 획득을 위한 경쟁에서 촉발되는 갈등 해소에 효과적인 전략이다. 다섯째, 회피이다. 이는 단기적으로 갈등을 완화하기 위한 전략이다. 여섯째, 완화 혹은 수용이다. 이는 당사자들의 차이점을 호도하고, 유사점이나 공동의 이익을 강조하는 전략이다. 일곱째, 타협이다. 이는 당사자들이 대립되는 주장을 부분적으로 양보하는 전략이다. 여덟째, 협상이다. 이는 당사자들이 다른 선호체계를 가지고 있을 때 활용할 수 있는 방법으로, 분배적 협상과 통합적 협상으로 구분할 수 있다. 분배적 협상은 이해당사자들이 승패를 판가름하기 위해 각기 자기 몫을 주장하는 전략이고, 통합적 협상은 이해당사자들이 모두 승리자가 될 수 있도록 공동의 이익 또는 효용을 키우는 방향을 탐색하는 전략이다. 아홉째, 상관의 명령이다. 이는 공식적 권한에 근거한 전략이다. 열 번째, 갈등당사자의 태도 변화이다. 이는 시간과 비용이 과다 소요될 수 있는 전략이다. 마지막으로, 구조적 요인의 개편이다. 이는 인사교류를 시행하고, 보상체제를 개편하는 전략이다.

다음으로, 갈등조성전략은 여섯 가지로 정리할 수 있다. 첫째, 변경이다. 이는 표준화된 공식적 또는 비공식적 의사전달통로를 변경하는 전략이다. 둘째, 정보전달 억제 또는 정보 과다 조성이다. 이는 조직 구성원들의 정체된 행태를 활성화하는 전략이다. 셋째, 구조적 분화이다. 이는 조직 내의 계층 수, 기능적 조직단위 수를 늘려 견제 역할을 수행하는 전략이다. 넷째, 구성원의 재배치와 직위 간 관계의 재설정이다. 이는 동질성을 와해시키고 의사결정권을 재분배하는 전략이다. 다섯째, 리더십 스타일의 변경이다. 이는 리더십 유형을 적절히 교체하는 전략이다. 여섯째, 구성원의 태도 변화이다. 이는 간접적으로 갈등을 조성하는 전략이다.

> **? 핵심 질문 8) 조직의 성장 및 발전을 이해하는 데 도움이 되는 이론은 무엇인가?**

4. 조직성장발전론

조직은 끊임없이 성장하고 발전한다. 학계에서는 조직풍토와 관련된 대표적인 이론으로 그레이너(Greiner)의 조직성장론과 오웬스와 슈타인호프(Owens & Steinhoff)의 조직발전론을 제시하고 있다(윤정일 외, 2021). 각각의 이론은 다음과 같다.

1) 그레이너의 조직성장론

그레이너(Greiner, 1972)는 조직은 구성될 때부터 성장을 위해 5단계의 진화과정을 거친다고 주장하였다. 제1단계는 창의성에 의해 성장하는 단계이다. 이 단계는 조직을 만든 창설자에 의해 성장이 주도된다. 이 단계에서는 창설자가 경영자라기보다는 기술자에 가깝다. 제2단계는 지시에 의해 성장하는 단계이다. 이 단계는 새로운 경영자와 상위 간부들이 기관 비전에 대해 책임을 지고, 하위 간부들이 기능적 전문가의 역할을 하는 단계이다. 제3단계는 위임을 통해 성장하는 단계이다. 이 단계에서는 조직이 분권화를 추진하여, 조직의 하위층의 의욕을 높이고자 하는 노력을 한다. 제4단계는 조정을 통해 성장하는 단계이다. 이 단계는 조직의 광범위한 조정을 위해 공식적인 체제를 활용한다. 제5단계는 협동을 통해 성장하는 단계이다. 이 단계에서는 조직의 팀워크를 통해 성장을 도모한다.

2) 오웬스와 슈타인호프의 조직발전론

조직발전론이란 사회가 급속하게 변화함에 따라 조직의 변화가 필수적으로 요구되면서 조직 구성원의 문제 발견과 해결 능력 및 사회 변화에 효과적으로 적응하는 관리능력을 증진하기 위한 계획적이고 체계적인 조직 관리 기법을 의미한다(김윤태, 1994). 이와 관련하여 오웬스와 슈타인호프(Owens & Steinhoff, 1976)는 조직발전이야말로 학교혁신의 가장 핵심적인 과정이라고 주장하면서 조직발전을 위한 10가지 핵심 개념을 제시하였다.

첫째, 발전 목표이다. 이는 조직이 발전하기 위해서는 발전 목표가 있어야 하는데, 주된 발전 목표는 조직 자체의 기능을 개선하기 위한 것이어야 함을 의미한다. 둘째, 체제의 혁신이다. 이는 조직이 결국 소멸할 것이라는 부정적 사고를 배격하고, 언제나 자체적으로 혁신이 가능하다는 긍정적인 견해를 가지고 조직 자체의 능력을 증대시켜야 함을 의미한다. 셋째, 체제적 접근이다. 이는 조직이 문제가 생겼을 때, 복잡한 사회체제로 인식하고 바라보고 분석하여 해결책을 찾아야 한다는 것을 의미한다. 넷째, 인간중심주의이다. 이는 조직발전의 핵심이 과업이나 기술이 아니라, 조직 구성원에게 있다는 것을 의미하는 것으로, 조직이 발전하기 위해서는 인간의 태도, 가치관, 감정, 개방적인 의사소통에 관심을 두어야 함을 강조하는 말이다. 다섯째, 교육을 통한 혁신이다. 이는 조직이 발전하려면 교육을 통하여 조직 구성원들의 행동을 의미 있는 방향으로 변화시켜야 하고, 이를 통해 조직이 스스로 혁신할 수 있다는 것을 의미한다. 여섯째, 경험을 통한 학습이다. 이는 조직이 발전하기 위해서는 실천학습이 중요하다는 것으로, 구체적으로 실천학습을 통해 조직 구성원들로 하여금 서로 공통적으로 경험한 바를 공유하는 과정을 통해 새로운 것을 학습해야 함을 강조하는 말이다. 일곱째, 실제적인 문제 취급이다. 이는 조직이 발전하기 위해서는 교육과정에 포함된 일반적인 문제가 아니라, 현존하는 조직의 긴급한 문제를 조직의 문제로 취급하여 해결하려는 노력을 보여야 한다는 것을 말한다. 여덟째, 체계적인 계획이다. 이는 조직이 발전하려면 조직 개선을 위한 노력이 체계적으로 계획된 것이어야 한다는 것이다. 예를 들어, 여기에서 말하는 계획에는 목표집단을 설정하고, 시간 계획을 수립하며, 이를 달성하기 위한 구체적인 자원 조달 계획 등이 모두 포함될 수 있다. 아홉째, 변혁 주도자의 참여이다. 이는 조직발전의 초기 단계에서는 변혁 주도자에 의해 조직발전이 좌우된다는 것을 말한다. 변혁 주도자는 조직 내부에서 임명될 수도 있고, 조직 외부에서 초빙될 수도 있다. 열 번째, 최고 의사결정자의 참여이다. 이는 조직이 발전하려면 궁극적으로 최고 행정가가 조직발전에 관심을 가지고 헌신해야 한다는 것을 말한다. 즉, 최고 행정가가 헌신적으로 조직발전을 위해 조직 업무에 참여할 때, 조직 구성원들이 직무동기가 높아질 수 있다는 것이다.

제3절 • 학교조직

> **? 핵심 질문 9)** 학교조직은 어떠한 성격을 지니고 있는가?

1. 학교조직의 성격

학교조직은 다른 조직과는 다른 독특한 성격을 지닌다. 구체적으로 관료적 성격과 전문직적 성격, 두 가지의 이중적 성격으로 구분되는데 각각에 대해서 살펴보고자 한다. 이 외에도 학교조직은 조직화된 무정부, 이완결합체제라고 불리기도 하는데, 이에 대해서도 함께 알아보고자 한다.

1) 이중적 성격

먼저, 학교조직은 관료적인 성격이 있다. 이것은 베버(Weber, 1946)의 관료제에 근거하고 있다. 베버는 관료제가 인간적이고 비합리적인 감정적인 요소를 극소화한 인간이 고안한 가장 효과적인 조직 형태라고 주장하였다. 호이와 미스켈(Hoy & Miskel, 2005)은 관료제의 특징을 크게 다섯 가지로 설명하였다. 첫째, 분업과 전문화(Division of labor and specialization)이다. 이는 조직이 효율적으로 과업을 달성하기 위해서는 구성원들에게 업무를 적정하게 배분하는 것이 중요하고, 동시에 업무를 배분할 때 구성원 개인이 전문성을 고려해야 한다는 점을 강조하는 말이다. 분업과 전문화가 효과적으로 이루어지는 조직은 구성원들이 숙련된 기술을 갖게 된다는 장점이 있지만, 같은 일을 반복하는 과정에서 구성원들에게 권태감이 올 수 있다는 단점이 있다. 둘째, 몰인정지향성(Impersonal orientation)이다. 이는 조직에서 개인적인 감정에 치우치지 않고 정해진 원칙에 따라 일을 처리해야 한다는 점을 강조하는 말이다. 몰인정지향성에 따라 운영되는 조직은 합리적으로 운영된다는 장점이 있지만, 조직 구성원 개인의 사정이 고려되지 못하기 때문에 사기 저하가 올 수 있다는 단점이 있다. 셋째, 권위의 계층(Hierarchy of authority)이다. 이는 조직이 공식적인 명령 계통을 중심으로 서열에 따라 운영되어야 한다는 점을 강조하는 말이다. 권위의 계층에 따라 운영되는 조직은 상사의 지휘에 따라 조직 구성원의 활동을 효과적으로 조정하고 통제할 수 있지만, 권위의 계층이 지나치게 강조되면 조직 구성원 간 의사소통이 단절된다는 단점이 있다. 넷째, 규칙과 규정(Rules and regulations)이다. 이는 조직에서 규칙과 규정을 중요하게 여겨야 한다는 점을 강조하는 말이다. 규칙과 규정에 따라 운영되는 조직은 학교 내외부에서 변화가 있더라도 조직의 계속성과 안정성이 확보된다는 장점이 있고, 규칙과 규정에 근거하여 업무를 처리하기 때문에 통일성을 유지하면서 과업이 효율적으로 처리될 수 있다는 장점이 있다. 그러나 규칙과 규정이 지나치게 우선시되면 조직이 경직된다는 단점이 있다. 다섯째, 경력지향성(Career orientation)이다. 이는 조직 구성원들의 직무경력을 중요하게 여긴다는 점을 강조하는 말이다. 경력지향성을 적극적으로 반영하여 운영되는 조직은 조직 구성원들을 한 조직에 장기간 근무할 수 있게 유도할 수 있다는 장점이 있지만, 조직 구성원 개인의 실적이 반영되기 어렵다는 점에서 업적과 연공제 간 갈등을 유발한다는 단점이 있다.

　관료적 성격과 더불어, 학교조직은 전문직적 성격 또한 가지고 있다. 전문직적 성격은 크게 일곱 가지로 구분할 수 있다(김성열, 1987). 첫째, 장기간의 직전교육과 현직교육이 존재한다. 전문직이 되기 위해서는 오랜 기간 동안 전문성을 갖추기 위한 교육을 받아야 한다. 교사가 되기 위해서는 교사가 되기 전에 교원양성기관에서 전문지식을 배워야 하고, 교사가 된 다음에는 연수 등을 통해 전문성을 지속적으로 키워야 한다. 둘째, 자격증을 받기 위한 제도 혹은 시험이 존재한다. 교사가 되기 위해서는 교원양성기관에 재학하여 정해진 학점을 이수하는 과정을 통해 발급되는 교원자격증을 취득해야 한다. 셋째, 지식 혹은 이론체계가 존재한다. 교사가 되기 위해서는 교육과정에 근거하여 여러 교과목이 존재하고, 교과목마다 전문지식 및 이론체계가 있다. 따라서 교사가 되기 위해서는 가르치고자 하는 과목의 전문지식 및 이론체계를 종합적으로 습득해야 한다. 넷째, 자율성과 책임이 기반이 되어야 한다. 전문직은 직무를 수행하는 데 외부의 간섭을 받지 않고, 스스로 판단하고 결정하는 대신 그에 대한 책임 역시 스스로 진다는 특징이 있다. 교사의 경우, 자신이 맡은 수업에서 자율성을 기반으로 행동할 수 있고, 그에 대한 책임 역시 교사 개인에게 있다. 다섯째, 윤리강령이 있다. 전문직은 직무를 수행하는 데 있어서 윤리강령이 있다. 교직의 경우 학생들을 교육하는 역할을 한다는 점에서 높은 도덕성 등의 강령을 반드시 준수해야 한다. 여섯째, 전문직적 단체가 있다. 전문직은 그들의 권익을 보호하기 위해 전문직 단체를 구성한다. 교사 역시 권익을 위해 한국교원단체총연합회, 전국교원노조연합회 등의 단체를 결성하여 운영하고 있다. 일곱째, 봉사를 해야 한다. 전문직은 전문적 지식을 바탕으로 타인에게 봉사해야 한다. 교직의 경우, 학생들을 대상으로 하는 직업이기 때문에, 학생들에게 봉사하는 것이 중요한 임무라고 할 수 있다.

정리하면, 학교조직은 다른 조직과는 달리, 관료적 성격과 전문적 성격을 동시에 가지고 있는 이중구조라고 볼 수 있다. 예를 들어, 교사들이 학교에서 정한 교무 분장에 의해 자신의 맡은 업무를 수행하고, 연공서열, 호봉제, 연금 등에 의한 경력지향성을 중요시한다는 한다는 점에서는 관료적 성격이 강하지만, 본인이 담당하는 수업에서 자율성을 가지고 실행하고, 책임을 진다는 점에서는 전문적 성격이 강하다고 볼 수 있다.

2) 조직화된 무정부

학교조직을 조직화된 무정부(Organized anarchy)라고도 부른다. 여기서 말하는 조직화된 무정부란 학교의 경우 조직화는 되어 있지만, 그 조직이 구조화되어 있거나 합리적, 과학적, 논리적, 분석적으로 파악될 수 없는 측면이 있다는 점을 강조한 것이라고 볼 수 있다. 다른 말로 하면 조직화된 무정부로서의 학교란 조직을 움직이는 목표나 기술 그리고 구성원들 간의 관계가 전통적 조직 이론에서 주장하는 것처럼 명백하게 기능하기 어렵다는 것이다. 구체적으로 조직화된 무정부로서의 학교는 세 가지 특성을 가지고 있다(Cohen, March, & Olsen, 1972). 첫째, 목표가 모호하다. 예를 들어, 교육의 질이 높여야 한다고 할 때, 교육의 질이 무엇인지에 대한 의미가 불분명하다. 둘째, 불분명한 과학적 기법을 적용한다. 교사가 교실에서 수업을 할 때 교사가 활용하는 수업 방법은 교사의 과거의 경험에 따라, 그리고 학생들이 어떤지에 따라 달라질 수밖에 없다. 이는 정해진 방법과 절차에 따라 만들어지는 자동차 조립공정과는 완전히 다르다. 셋째, 참여자가 유동적이다. 이는 학교의 정책을 결정하는 교사, 학생, 학부모, 지역사회 인사가 주기적으로 바뀐다는 것을 말한다. 이로 인해 학교 정책은 일관성을 갖고 운영되기 어렵다는 한계점이 존재한다.

3) 이완결합체제

학교조직을 나타내는 또 다른 표현으로 이완결합체제(Loosely coupled system)가 있다(Weick, 1976). 이는 부서들 간에 서로 관련은 있으나 각 부서의 자주성, 전문성 및 개별성을 유지하고 있는 형태를 말하는 것이다. 다른 말로 하면, 학교조직은 서로 연결은 되어 있으나 각각의 독자성을 유지한 채 어느 정도 분리되어 있는 모습을 비유적으로 표현한 말이다. 이러한 해석에 따르면 학교조직에서 교사는 자율성과 자유재량권을 가지고 있고, 교장의 경우 교사에게 형식적인 지시와 통제를 할 수 있다. 실제로 학교조직은 같은 교과와 같은 학년을 담당하고 있어도 구성원의 자율성과 전문성을 존중하여 수업의 방법이 다양하고, 한 부서의 업무가 다른 부서와 직접적으로 직결되지 않고 독립적으로 운영된다는 점에서 이완결합체제의 특징을 살펴볼 수 있다. 따라서 이렇게 느슨하게 결합된 학교조직이 효과적으로 운영되기 위해서는 구성원 간 신뢰의 논리가 무엇보다 중요하다(Meyer & Rowan, 1977).

> **? 핵심 질문 10) 학습조직으로서의 학교는 어떠한 특징을 가지고 있는가?**

2. 학습조직으로서의 학교

학교는 조직의 여러 유형 중 학습조직이라고 볼 수 있다. 여기에서는 학습조직의 개념과 학습조직의 원리에 대해 구체적으로 살펴보고자 한다.

1) 학습조직의 개념

학습조직이라는 개념은 셍게(Senge)에 의해 주장된 개념이다. 셍게(Senge)는 학습조직을 '적응하고 변화하는 능력을 계속하여 개발하고, 새롭고 발전적인 사고 패턴이 촉진되며, 조직 안의 모든 단계에서 지속적으로 학습이 일어나 결과적으로 성장을 이끌어 내는 조직'이라고 정의하였다(Senge, 2006). 이를 학교에 적용하면 학습조직은 '학교 내외적으로 정보를 교사들이 공유하고, 협력적인 학습 활동을 전개하여 지속적으로 새로운 지식을 창출하여 학교의 환경변화에 적응해 나가는 조직'이라고 정의할 수 있다(주삼환 외, 2018).

2) 학습조직의 원리와 적용

학습조직의 개념을 학교라는 학습조직에 적용해 보면 학습조직의 구축 원리를 다섯 가지로 설명할 수 있다(Senge et al., 2000).

첫째, 개인적 숙련(Personal mastery)이다. 개인적 숙련이란 개인이 추구하는 지식, 기술, 태도를 형성하기 위해, 개인적 역량을 지속적으로 넓혀 가고 심화시켜 가는 행위를 말한다. 개인적 숙련은 먼저 미래에 자신이 원하는 모습을 상상해 보고, 현재의 자신의 모습을 인식한 뒤, 두 모습의 차이를 확인하는 것에서 시작할 수 있다. 개인적 숙련은 교사가 가장 하고 싶은 것이 무엇인지를 생각하여, 그것을 선택한 뒤, 실제로 행동을 취하게 도와준다.

둘째, 정신 모델(Mental model)이다. 정신 모델이란 주변에서 발생하는 현상들을 이해하는 인식체계를 의미한다. 정신 모델의 훈련을 위해서는 두 가지 연습이 필요하다. 하나는 '성찰'이다. 성찰은 개개인의 신념체계나 교직에 대한 가정이 어떻게 형성되었는지 인식하고 반문해 보는 과정이다. 다른 하나는 '탐구'이다. 탐구란 자신의 세계관과 기본가정 및 신념 체계를 다른 사람과 공유하고 다른 사람의 관점과 사고를 수용하면서 새로운 통찰력을 얻는 과정을 의미한다.

셋째, 공유된 비전(Shared vision)이다. 공유된 비전은 조직에서 비전을 공유하는 것으로, 조직이 추구하는 방향이 무엇이며, 그것이 왜 중요한지 구성원들이 공감대를 형성하는 것을 말한다. 여기에서는 비전이 누구에 의해서 만들어지는지가 중요하다. 따라서 교사들이 학교에서 목표를 설정하고, 구체적인 행동을 하는 데 적극적으로 참여하는 것이 중요하다.

넷째, 팀 학습(Team learning)이다. 팀 학습이란 구성원들이 팀을 이루어 학습하는 것을 말한다. 팀 학습을 통해 구체적으로 조직 구성원들은 개인 수준에서 학습을 증진하고, 조직학습에 참여하게 된다. 학교조직에서 팀 학습은 교사 연수와 관련이 깊다. 학교 내에서 이루어지는 전문적 학습공동체가 구체적인 팀 학습의 형태라고 볼 수 있다. 이러한 공식적인 모임 이외에도 교사 간 비공식적 모임을 통해서도 팀 학습이 가능하다. 효과적인 팀 학습을 위해서는 구성원의 자발적 참여가 중요하다.

다섯째, 시스템 사고(System thinking)이다. 시스템 사고란 조직에서 일어나는 여러 가지 사건을 부분적으로 이해하고 해결하기보다 전체적으로 인지하여 이해하고 사고하는 접근

방식을 의미한다. 시스템이란 체제이론을 참고하면 이해하기 쉽다. 체제란 투입, 과정, 산출로 구성되고, 이러한 체제와 일정한 접촉을 유지하면서 영향을 주고받는 주변 조건이나 상태인 환경이 존재한다. 따라서 시스템 사고가 가능한 조직 구성원이라면 투입, 과정, 산출, 환경으로 구성된 체제를 인식하여 학교조직을 종합적으로 전체적 관점에서 바라보고 분석할 줄 알아야 한다.

제4절 • **요약 및 적용**

1. 요약

- 조직이란 공동의 목표를 달성하기 위해 둘 이상의 구성원들이 규칙과 규정에 따라 서로 역할을 분담하여 상호 협력하는 체제를 말한다.
- 조직의 대표적인 여섯 가지 원리는 계층의 원리, 기능적 분업의 원리, 조정의 원리, 적도집권의 원리, 통솔범위의 원리, 명령통일의 원리이다.
- 조직의 구조는 공식조직과 비공식조직, 계선조직과 참모조직으로 나눌 수 있다.
- 조직의 유형은, 첫째, 조직의 수혜자가 누구냐에 따라 호혜 조직, 사업 조직, 봉사 조직, 공공복리 조직으로 나눌 수 있다. 둘째, 조직의 본질적 기능이 무엇이냐에 따라 생산적 또는 경제적 조직, 유지 조직, 적응 조직, 관리적 또는 정치적 조직으로 나눌 수 있다. 셋째, 조직이 사용하는 권력과 개인이 조직에 참여 형태에 따라 강제적 조직, 공리적 조직, 규범적 조직으로 구분할 수 있다. 넷째, 조직의 고객선택권과 개인의 참여선택권 여부에 따라 네 가지 유형으로도 구분할 수 있다.
- 조직문화란 조직 구성원들이 내외적인 문제를 해결하는 과정에서 반복된 경험을 통해 무의식적으로 당연하게 공유하게 된 기본가정, 신념, 가치, 행동규범의 결합체를 의미한다. 조직문화는 오랜 시간이 흐르면서 형성되고, 조직 구성원 간 일체감을 형성시켜 주며, 조직 구성원이 무의식적으로 당연하게 받아들이는 속성이 있다. 대표적인 조직문화이론으로 맥그리거(McGregor)의 X-Y이론, 오우치(Ouchi)의 Z이론, 아지리스(Argyris)의 미성숙-성숙 이론, 세티아와 글리노(Sethia & Glinow)의 문화유형론, 슈타인호프와 오웬스(Steinhoff & Owens)의 학교문화유형론을 들 수 있다.
- 조직풍토란 조직 구성원이 조직 내에서 경험하는 총체적 조직 환경의 질을 말한다. 이

를 근거로 학교풍토는 학교 구성원인 학생, 교사, 행정가들이 공유하는 가치관, 신념, 행동표준 등 내적 특성이라고 정의할 수 있다. 대표적인 조직문화이론으로 핼핀과 크로프트(Halpin & Croft)의 학교풍토론, 개정된 초등학교용 OCDQ, 마일즈(Miles)의 조직건강론, 윌로우어(Willower) 등의 학교풍토론을 들 수 있다.

- 조직에서 발생하는 갈등이란 행동 주체 간의 대립적 내지 적대적 상호관계(작용)를 말한다. 갈등은 순기능과 역기능을 모두 가지고 있다. 갈등은 여러 가지 과정을 거쳐 진행된다. 갈등관리전략은 갈등해소전략과 순기능적 측면에서 갈등조성전략으로 구분할 수 있다.

- 조직성장발전론은 조직성장론과 조직발전론으로 구분할 수 있다. 이와 관련된 대표적인 이론으로 그레이너(Greiner)의 조직성장론과 오웬스와 슈타인호프(Owens & Steinhoff)의 조직발전론을 들 수 있다.

- 학교조직은 관료적 성격과 전문직적 성격을 모두 가지고 있는 이중구조로 되어 있다. 또한 학교조직은 조직화는 되어 있지만, 그 조직이 구조화되어 있거나 합리적, 과학적, 논리적, 분석적으로 파악될 수 없는 점에서 조직화된 무정부라고도 불린다. 이 외에도 서로 연결은 되어 있으나 각각의 독자성을 유지하고 어느 정도 분리되어 있는 학교의 모습을 비유적으로 이완결합체제라고도 한다.

- 학습조직이란 학교 내외적으로 정보를 교사들이 공유하고, 협력적인 학습 활동을 전개하여 지속적으로 새로운 지식을 창출하여 학교의 환경변화에 적응해 나가는 조직을 말한다. 학습조직의 대표적인 원리로 개인적 숙련, 정신 모델, 공유된 비전, 팀 학습, 시스템 사고를 들 수 있다.

2. 적용

1) 서술형 문제

- 조직의 주요 원리를 서술해 보시오.
- 비공식조직의 순기능과 역기능은 무엇인지 서술해 보시오. (교원임용시험 기출문제)
- 슈타인호프와 오웬스(Steinhoff & Owens)의 학교조직문화 유형이 무엇인지 서술해 보시오. (교원임용시험 기출문제)
- 학교조직의 관료제적 특성 및 이완결합체제의 특성을 서술해 보시오. (교원임용시험 기

출문제)

• 관료제 이론의 특징 중 '규칙과 규정'이 학교조직에 미치는 순기능 두 가지와 역기능 한 가지를 서술해 보시오. (교원임용시험 기출문제)

• 센게(Senge)의 학습조직 원리를 서술해 보시오. (교원임용시험 기출문제)

2) 토론 문제

• 학교와 기업의 가장 큰 차이는 무엇이라고 생각하는가? 지금까지 경험한 학교의 사례를 근거로 이야기해 보시오.

• 지금까지 경험했던 조직문화 중에서 특별히 기억에 남는 조직문화는 무엇이었는가? 이야기, 삽화, 상징의 측면에서 이야기해 보시오.

• 학교에서 학생을 대할 때 인간주의적으로 대하는 것과 보호지향적으로 대하는 것 중에서 어느 것이 적절하다고 생각하는지 이야기해 보시오.

• 지금까지 경험해 본 조직 중에서 성장했던 조직이 있었다면 성장을 가능하게 했던 요인이 무엇이었는지 이야기해 보시오.

• 지금까지 경험해 본 조직 중에서 갈등이 발생하여 해결했던 적이 있다면 이야기해 보시오.

제 **4** 장

리더십

앞 장에서 조직이란 공동의 목표를 달성하기 위해 규범을 바탕으로 조직 구성원들이 구성원들이 주어진 역할을 다하며 상호작용하는 집합체로 정의하였다. 리더십이란 조직의 목표를 효과적으로 달성하기 위해 누군가 리더의 역할을 수행할 때 발생하는 영향력이다. 리더십은 조직 운영 전반과 조직 목표 달성에 광범위하고 중대한 영향을 미친다는 점에서 교육행정학 분야의 중요한 연구주제이다.

최근 미국 대학원에서 교육행정학(educational administration) 전공이나 학과라는 명칭을 쓰지 않고 학교 단위의 교육행정을 지칭하는 용어로 교육리더십(educational leadership), 국가 단위의 교육행정을 지칭하는 용어로 교육정책(educational policy)으로 구분하고 있다. 학교장의 리더십은 학교의 풍토와 문화를 형성하고, 구성원들을 동기 유발하여 목표를 성공적으로 달성하는 데 가장 중요한 역할을 하기 때문에, 학교 단위의 교육행정을 이해하는 데 중요한 개념이라 할 수 있겠다.

이 장에서 리더십의 핵심 개념과 주요 리더십 이론들을 살펴봄으로써 학교조직 운영과 목표달성에 리더십이 어떻게 작용하는지를 알아보고자 한다.

리더십과 관련된 핵심 질문 일곱 가지는 다음과 같다.

핵심 질문 1. 리더십이란 무엇이고, 리더십이 발휘되기 위한 조건은 무엇인가?

핵심 질문 2. 리더십은 어디로부터 오는가? 리더십의 근원은 무엇인가?

핵심 질문 3. 리더십 이론은 어떻게 발달해 왔는가?

핵심 질문 4. 고전적 리더십 이론에는 어떤 것들이 있으며, 이들 이론이 조직 내 리더십을 이해하는 데 어떤 기여를 했는가?

핵심 질문 5. 특정 조직 상황에서 어떤 리더십이 효과성을 발휘할 수 있는가?

핵심 질문 6. 조직을 혁신할 수 있는 리더십은 어떤 리더십인가?

핵심 질문 7. 조직의 권력은 분산될 수 있는가? 조직에는 한 명 이상의 리더가 존재할 수 있을까?

이제부터 각 질문에 대한 답을 차례대로 살펴보고자 한다.

제1절 • 리더십의 개념

? 핵심 질문 1) 리더십이란 무엇이고, 리더십이 발휘되기 위한 조건은 무엇인가?

　20세기 초 리더십에 대한 학문적 연구가 최초로 시작된 이후 지난 1세기 동안 리더십이 무엇인지에 대하여 많은 학자들은 나름대로의 정의를 내렸다(김남현 역, 2018). 리더십을 카리스마와 같은 리더 개인이 가진 특성으로 정의 내리거나, 조직 내 공식적인 직위(position)와 그에 따른 권한으로 정의 내리거나, 목표 달성을 위해 다른 사람이나 집단을 이끄는 행위로 정의 내리거나, 조직 내에서 의사결정 권한이 배분되어 있는 상황이나 형태 등 시대와 학자들에 따라 다양한 정의가 내려졌다. 최근에는 SNS의 인플루언서들과 같이 다른 사람의 행동과 의식의 변화를 이끄는 영향력으로 좀 더 포괄적으로 정의 내리기도 한다. 이 장에서는 전통적인 조직론적 관점에서 리더십의 개념을 정의하려고 한다.

1. 리더십의 조건

　조직론적 관점에서는 리더십을 정의하는 데 다음과 같은 조건들이 충족되어야 함을 전제로 한다.

- 조직과 목표
- 2인 이상의 구성원, 각자의 역할
- 권력의 불균형과 행사

　조직론적 관점에서 리더십은 조직 내에서 존재함을 전제로 한다. 조직은 2인 이상의 사람들이 공동의 목표를 달성하기 위하여 의도적으로 구성한 사회체제이다. 사회체제로서 조직은 조직 목표를 달성하기 위하여 규범 혹은 구성원 간의 합의에 따라 구성원들에게 각각 역할을 부여하며, 구성원들은 각자의 역할을 수행한다. 역할은 조직의 규모와 구조에 따라 구성원들 사이의 권력(power)의 불균형을 야기한다. 모든 구성원이 완전히 동등한 역할과 그에 따른 권력을 발휘하는 조직이 존재할 수 있으나, 이는 이상적인 조직이며, 현실에서 일반적으로 조직 내 수행하는 역할에 따라 발휘할 수 있는 권력이나 권한의 차이가 발생한다.

2. 리더십의 정의

지난 1세기 동안 여러 학자들이 리더십이 무엇인지 정의 내리고자 하였다(김남현 역, 2018). 그러다 보니 시대에 따라 학자들에 따라 리더십에 대한 개념과 정의가 변해 왔다. 20세기 초기에는 리더십을 리더만이 소유한 개인적 특성이나 능력으로 정의 내렸고, 이후 조직이론의 발달과 더불어 리더십을 연구하는 학자들에 의해 리더십이 성립되기 위한 조건과 정의에 대한 합의가 어느 정도 이루어졌다(Seaman, 1960: 김남현 역, 2018 재인용). 즉, 조직론적 관점에서 리더십이란 조직의 목표를 달성하기 위하여 리더로서 역할을 수행하는 개인이나 집단이 다른 구성원들에게 발휘하는 힘(power)과 그 힘이 발휘되는 과정 혹은 현상으로 정의할 수 있다.

제2절 • 리더십의 근원: 권력

> **?** 핵심 질문 2) 리더십은 어디로부터 오는가? 리더십의 근원은 무엇인가?

1. 리더십의 근원

리더십에 대해 이야기할 때 반드시 수반되는 개념이 있는데, 바로 권력(power)이다. 영어로 'power'는 힘, 권력, 영향력 등 다양한 용어로 번역되는데, 이 장에서는 권력으로 통일하여 설명하고자 한다.

1) 권력의 개념과 리더십과의 관계

(1) 정의

권력이란 다른 사람의 행동에 영향을 미칠 수 있는 능력으로 정의할 수 있다. 이러한 능력은 타고난(innate) 것일 수도 있고 교육, 경험, 훈련 등으로 획득된(acquired) 것일 수도 있다. 또는 조직 내에서 수행하는 역할에 따라 주어지는 일종의 제한적 혹은 조건적(conditional) 능력일 수도 있다.

(2) 권력과 리더십의 관계

조직에서 리더는 자신이 가진 권력을 활용하여 조직 구성원들에게 영향력을 미친다. 즉, 리더십이란 조직목표를 달성하기 위하여 리더가 자신이 가진 다양한 권력을 활용하여 구성원들에게 행사하는 영향력 혹은 그 영향력이 행사되는 과정으로 다시 한번 정의할 수 있다. 앞서 언급하였듯이 이러한 권력은 ① 선천적, ② 후천적으로 획득된, 혹은 ③ 조직이 부여한 능력에 기반하여 발휘된다. 어떤 리더는 성격적 특성과 같은 선천적 능력에 기반한 능력을 자신의 영향력을 행사하는 데 주로 활용하고, 또 다른 리더는 조직 내 리더로서 직위가 부여한 다양한 업무 권한에 기반하여 자신의 영향력을 행사하기도 한다. 그렇기 때문에 조직에 따라 혹은 동일 조직 내에서 리더 개인에 따라 발휘하는 리더십이 다르게 인식될 수 있다.

2) 권력의 근원

권력의 근원(Source of Power)이란 권력이 유래하거나 기반을 두는 자원을 의미하며, 이에 대한 가장 유명한 연구는 프렌치와 레이븐(French & Raven, 1959, 1962)의 연구이다. 이들이 처음 권력의 근원에 대해 연구하여 발표하였을 때는 다섯 가지 권력의 근원(합법적 권력, 보상적 권력, 강압적 권력, 전문적 권력, 준거적 권력)을 제시하였다. 그러나 이후 관계적 권력과 정보적 권력을 추가하여 총 일곱 가지 권력의 근원을 정리하였다(〈표 4-1〉 참조).

〈표 4-1〉 프렌치와 레이븐의 일곱 가지 권력의 근원

권력의 종류	권력의 근원
합법적 권력(Legitimate power)	조직 내 직위나 역할이 부여하는 권력
보상적 권력(Reward power)	보상(임금, 성과금 등)과 인정을 통해 조직 성과에 영향을 미치는 권력
강압적 권력(Coercive Power)	위협과 자유의 제약 등을 통해 팔로워들이 무언가를 강제로 하게 하는 권력
전문적 권력(Expert power)	리더가 가진 전문적 지식, 기술 경험 등에서 오는 권력
준거적 권력(Referent power)	리더가 가진 성격, 성품, 대인관계 기술, 진실성, 존재감, 카리스마 등을 이용하여 팔로워들에게 영향을 미치는 권력
관계적 권력(Connection power)	사람과 사람, 사람과 아이디어를 연결하여 활용할 수 있는 데에서 오는 권력(예: 인맥)
정보적 권력(Information Power)	정보와 데이터를 소유하거나 쉽게 접근할 수 있는 데에서 오는 권력

출처: French & Raven (1962).

프렌치와 레이븐(French & Raven)의 일곱 가지 권력의 유형은 다시 두 가지 범주로 나눌 수 있다(김남현 역, 2018, p. 17). 지위 권력(position power)은 조직 내에서 개인이 공식적인 리더의 직위를 맡게 되어 갖게 되는 권력 유형들이며, 개인 권력(personal power)은 조직 내 공식적인 직위와 상관없이 개인이 가진 전문성에 기반을 둔 능력, 인성, 인간관계(인맥)에 조직의 다른 구성원들이 매력을 느끼거나 인정함으로써 갖게 되는 영향력을 의미한다(김남현 역, 2018, p. 16).

〈표 4-2〉 조직 수준과 개인 수준의 권력 유형 구분

지위 권력	개인 권력
합법적 권력 보상적 권력 강압적 권력 정보적 권력	전문적 권력 준거적 권력 관계적 권력

리더들은 일반적으로 일곱 가지의 권력 중 적어도 하나 이상의 권력을 활용하여 자신의 리더십을 발휘한다. 지위 권력은 조직 내에서 공식적으로 발휘되는 권력으로 조직의 리더 직위를 맡게 되면 누구나 가질 수 있는 권력이다. 지위 권력은 조직의 상벌 체제를 활용할 수 있는 권한을 가지며, 그 영향력이 비교적 즉각적으로 작용한다. 그러나 지위 권력은 해당 직위에 있는 동안에만 발휘될 수 있는 한시적 권력이며, 구성원들의 행동에 쉽고 빠르게 영향력을 미칠 수는 있지만 구성원들의 가치관, 인식, 태도의 변화에 미치는 영향력은 제한적이다. 반면, 개인 권력은 조직 내 다른 구성원들이 개인 권력을 인지하고 인정하는 데까지 시간이 필요하기 때문에 상대적으로 영향력이 발휘되는 데 시간이 걸린다. 그러나 개인 권력은 조직 내 공식적 지위여부에 상관없이 조직의 다른 구성원들이 리더의 개인 권력을 인정하는 동안 발휘되는 권력으로, 지위 권력에 비해 상대적으로 영속적이며, 구성원들의 가치관, 인식, 태도의 변화에 미치는 영향력도 상대적으로 크다. 리더는 이 두 가지 권력 유형과 프렌치와 레이븐(French & Raven)의 일곱 가지 권력의 근원을 잘 이해하고 조직 운영 시 상황에 따라 적절한 권력 유형을 활용하여 리더로서 영향력을 최대한으로 발휘할 수 있다.

특히 학교는 리더의 지위 권력만큼 개인 권력이 잘 발휘되어야 하는 조직이다. 학교는 공식적인 교육조직으로 학교장(校長)은 우리나라 교육법이 보장하는 합법적 권력에 기반을 둔 강력한 지위 권력을 가진다. 그러다 보니 간혹 학교장 중에서 지위 권력에 전적으로

의존하여 학교를 운영하려는 경우가 있다. 그러나 이는 전문적 관료제조직 혹은 이중조직으로서 학교조직이 갖는 고유한 특성을 간과한 것으로, 지위 권력에만 의존하여 리더십을 발휘하는 과정에서 종종 다른 교내 구성원들과 갈등 상황을 야기한다. 학교는 전문가인 교사들로 구성되어 있으며, 학교장이 단순히 관료제 조직의 장(長)이 아닌 교사들의 선배이자, 교육 전문가이며, 인성적 측면에서 롤모델이길 기대한다(전수빈 외, 2018). 즉, 학교장은 지위 권력만큼 개인 권력도 함께 활용해야 리더로서 강한 영향력을 교내 구성원들에게 미칠 수 있다.

제3절 • 리더십 이론

? 핵심 질문 3) 리더십 이론은 어떻게 발달해 왔는가?

1. 리더십 이론의 발달

1) 현대 사회의 출현과 새로운 리더의 등장

시민혁명과 산업혁명 전 봉건 군주제에서 리더는 생득적 지위를 가지고 강한 지위 권력을 발휘하였다. 그러나 19세기 말 유럽에서 시민계급과 부르주아 계급이 주도하는 여러 시민혁명이 발생하였고 그 결과 많은 나라들에서 군주제가 폐지되거나 입헌군주제와 같은 제한적 군주제로 전환되었다. 점차 시민들의 권리가 강조되고 정치적 참여가 늘어나며 자유민주주의를 기반으로 한 시민사회(civil society)가 도래하게 되었다. 시민사회에서는 기존의 관료적, 중앙집권적, 폐쇄적인 국가 및 사회 운영을 지양하고 국가 및 사회 운영에 시민들의 참여를 강조하고 보장한다. 또한 시민들에 대한 대중교육(mass education)과 의무교육(compulsory education)이 확대되어 일반 시민들도 사회 구성원으로 기능하기 위한 일정 수준의 교육을 받게 되었다. 더욱이 1945년 제2차 세계 대전 종결 후, 후기 산업사회의 등장은 정보의 힘을 강조하였고, 중요한 정보가 누구에게 집약되어 있는지에 따라 권력의 크기에 영향을 미치게 되었다. 현대 사회에 이르러 피지배계급이었던 시민들이 합법적, 민주적 절차에 따라 사회에서 공식적 리더가 되는 현상이 흔해졌다.

또한 이전 시대와 달리 상대적으로 사회 변화가 급속히 이루어지고 있으며, 더더욱 다양하고 복잡하거나 세분화된 조직들이 등장하게 된다. 이전 시대의 조직과 사회는 현대보다 구조적으로 단순하였고, 왕이나 귀족, 일부 부유한 상인 등, 선천적 지위와 권력을 가진 전통적 리더가 다스렸다. 그러나 후기 산업사회를 거쳐 현대 정보화 사회에 이르는 과정에서 다양한 조직과 리더가 등장하였고 여러 학자의 연구대상이 되었다.

2) 리더십 이론의 발달

리더십 이론은 1900년 초반부터 지난 1세기 동안 여러 학자에 의해 연구되어 왔으며, 다양한 이론이 제시되고 정리되어 왔다. 리더십이 처음 학문적으로 연구되기 시작한 1900년대 초기에는 리더십을 지배와 통제의 개념으로 구성원들의 복종과 존경, 충성 및 협동을 이끌어 내는 능력(ability)과 같이 리더 개인이 가진 다른 사람에게 영향을 미칠 수 있는 특성들(traits)로 정의하고(Moore, 1927: 김남현 역, 2018, p. 5 재인용), 이러한 특성들을 분석하는 특성이론이 발달하였다. 1930년대 이후 특성이론의 한계가 제시되고, 경영학 분야에서 측정가능한 리더의 행동(behavior)에 기반하여 리더십의 유형을 구분하고 이해하고자 하는 리더십 행위론이 등장하였다. 그러나 특정한 리더의 행동 유형이 모든 조직 상황에 맞는다는 리더십 행위론의 가정(one fits all) 자체가 조직의 상황적 요인을 무시하기 때문에 다양한 조직 상황에서 일관된 연구 결과가 도출되지 못하고 1960년대 상황적 리더십이 등장하게 된다.

[그림 4-1] 시대별 리더십 이론의 발달

? 핵심 질문 4) 고전적 리더십 이론에는 어떤 것들이 있으며, 이들 이론이 리더십을 이해하는 데 어떠한 기여를 했는가?

2. 전통적 리더십 이론

1) 리더십 특성론

리더십 특성론은 리더십을 학문적으로 연구하기 위한 최초의 체계적인 시도였다. 리더십 특성론은 20세기 초에 특히 많이 연구됐는데, 현재까지도 리더십을 이해하는 데 활용되고 있다. 리더십 특성론은 리더가 가진 특성들(traits)을 그들이 위대한 리더가 되는 데 결정적으로 기여한 요인으로 간주한다. 리더십 특성이론은 리더가 가진 선천적인 특성들을 확인하는 데 초점을 맞추어 연구가 행하여져 '위대한 위인(Great Men)' 이론이라고도 불렸다 (Cherry, 2020). 예를 들어, 나폴레옹, 칭기즈칸, 간디, 링컨, 알렉산더대왕같이 역사적으로 위대한 사회, 정치, 군사 지도자들이 가지고 있는 특성들을 분석하고자 하였다. 리더십 특성론을 연구한 학자들은 오직 '위대한' 사람들만이 이러한 특성들을 소유한다고 믿었으며, 이러한 특성들이 그들이 리더가 되는 것에 기여했다고 주장하였다. 이 시기 동안, 연구는 지도자와 팔로워를 명확히 구별하는 구체적인 특성을 규명하는 데 집중해서 이루어졌다.

(1) 개념과 전제

리더십 특성이론은 사람들은 모두 각각 고유한 특성들을 가지고 태어나는데, 이 선천적 특성들 가운데 리더와 팔로워를 구분 짓는 특성이 있다는 것을 가정한다. 즉, 리더십 특성 이론은 리더만이 가지는 고유한 특성이 존재한다고 보았다. 이러한 특성에는 성격적 요인, 신체적 요인, 지능적 요인 등이 있다. 특성이론은 다음을 전제로 한다.

첫째, 리더들만이 가지는 공통적 특성이 있으며, 이는 팔로워(follwer)들은 가지고 있지 않다.

둘째, 리더의 특성은 선천적이며, 이러한 특성은 모든 조직 상황에서 공통적으로(universally) 효과를 발휘한다.

(2) 주요 연구 결과

특성이론은 1920년대부터 1950년대에 가장 활발하게 연구되었다. 리더의 특성을 분석한 여러 연구 결과가 있는데, 그 가운데 가장 주목할 만한 연구는 스토그딜(Stogdill)에 의해 이루어진 문헌연구이다. 스토그딜(Stogdill)은 1904년에서 1947년 사이에 124개 이상의 리더십 특성론과 관련된 연구를 분석하고 종합했다. 이후 그는 1948년과 1970년 사이에 완료된 또 다른 163개의 연구를 분석했다. 스토그딜(Stogdill)은 첫 번째 연구(1948)에서 다양한 조직에서 리더가 되는 데 기여한 중요한 리더십 특성들을 확인하였고, 이를 범주화하였다. 그에 따르면 리더들은 높은 지능, 기민성, 통찰력, 책임감, 진취성, 끈기, 자신감, 그리고 사회성의 여덟 가지 특징을 공통적으로 가지고 있다. 스토그딜(Stogdill) 외에도 여러 학자가 리더의 특성을 연구하였으며(Mann, 1959; Lord, De Vader, & Alliger, 1986; Zaccaro, Kemp, & Bader, 2004), 학자들에 따라 유사한 특성이 도출되기도 하고, 다른 특성들이 제시되기도 했다.

(3) 특성론의 한계

스토그딜(Stogdill)은 여러 연구에서 나타난 리더들의 주요 특성을 검토하였는데, 리더와 팔로워를 구별하는 일관된 특성이 없다고 주장하였다. 그는 팔로워들도 조직 상황에 따라 리더가 갖는 고유한 특성들을 나타내 보이는 경우를 지적하며 리더십은 개인이 소유하는 자질이나 특성이라기보다 사회적 상황에서 사람들 간의 상호작용 속에서 나타나는 현상으로 재개념화하였다.

2) 리더십 행위론

리더십 특성이론이 1920년대까지 활발하게 연구됐다면, 이후 이러한 특성이론에 기반하여 리더십 행위론이 등장하였다. 리더십 행위론은 조직의 목표 달성에 효과적인 리더의 행동 유형이 있음을 가정하고, 리더의 행동 특성을 기준에 따라 분류하여 유형화한다. 또한 리더십 행위론은 리더십 특성론에서 주장하는 누군가 리더가 되기 위해 태어났다는 선천설을 부정하며 누구든 리더로서의 행동을 배우고, 연습하고, 습득하면 효과적인 리더가 될 수 있다는 것을 가정한다.

(1) 아이오와 대학교 연구[1]

아이오와 리더십 연구(Iowa Leadership Studies)는 1939년대에 레빈, 리핏, 그리고 화이트(Lewin, Lippitt, & White)가 레빈(Lewin)의 지도하에 수행했다. 이 연구는 리더의 행동에 기반하여 리더십의 다양한 유형을 세 가지 유형으로 구분하였다. 준실험연구로 진행된 이 연구에 참여한 성인들은 권위주의적, 민주적 또는 자유방임적인 지도자로 행동하도록 훈련되었다. 10세 학생들은 권위주의적, 민주적 또는 자유방임적인 지도자가 있는 세 그룹 중 하나에 배정되었다. 그런 다음 아이들은

[그림 4-2] 레빈의 실험

예술 및 공예 프로젝트에 참여했고 연구자들은 다양한 리더십 유형에 대한 반응으로 아이들의 행동을 관찰했다. 각 그룹의 성과는 달성한 작업의 양과 질에 따라 측정되었다. 이 연구에서 연구자들은 다양한 유형의 리더십이 개인의 만족, 좌절-공격 수준을 어떻게 변화시킬 수 있는지 알아보려고 했다. 연구 결과는 다음과 같다.

- 권위주의적 리더(Autocratic Leadership): 권위주의적 리더는 통제권을 가지고 결정을 내리고 지시를 내리는 것에 중점을 둔다. 또한 팔로워들에게 무엇을, 언제, 어떻게 해야 하는지에 대한 명확한 기준을 제시하는 특성을 보였다. 이 리더십 유형은 리더가 가장 높은 수준의 전문성과 권력을 가지고 있는 상황에서 신속한 결정을 내려야 할 때 효과를 발휘한다.
- 민주적 리더(Democratic Leadership): 민주적 리더는 구성원 간 협력과 의사소통을 강조한다. 또한 의사결정 최종 권한은 리더가 가지고 있지만, 의사결정을 내릴 때 팔로워들의 의견과 아이디어를 수용한다. 팔로워들은 이를 통해 동기 부여가 되고 조직의 목표 달성에 대한 관심과 헌신도가 높아진다. 민주적 리더는 창의적, 협력적 의사결정이 필요한 상황에서 효과를 발휘한다.

---

1) 그림 출처: Lewin and observers watching a group of children in the 'project room' Á Iowa, 1939. Source: Frederick W. Kent Collection, University of Iowa Libraries, Iowa City, Iowa.
  웹링크: https://www.researchgate.net/figure/Lewin-and-observers-watching-a-group-of-children-in-the-project-room-A-Iowa-1939_fig2_257868191

- 자유방임적 리더: 자유방임적 리더는 팔로워들에게 자율성을 부여하고 개입을 최소한으로 한다. 또한 의사결정도 팔로워들에게 위임한다. 레빈(Lewin)의 연구에서 자유방임적 리더 그룹이 세 그룹 중 성과가 가장 낮았는데, 그 이유로 자유방임적 리더는 자기주도적 혹은 전문적 집단에서는 효과를 발휘하지만, 팔로워들이 성숙하지 못하거나 전문성이 낮은 조직에서는 오히려 팔로워들이 업무 수행에 혼돈을 느끼거나, 낮은 동기부여 수준을 보이거나, 심지어 팔로워들 간 갈등이 발생할 수 있다.

(2) 오하이오 주립대학교 연구

1940년대 중반, 오하이오 주립대학교의 연구자들은 다양한 리더십 행동이 리더십 성과에 어떤 영향을 미치는지에 대한 결론을 도출하려고 연구를 수행했다. 연구팀은 리더십 유형을 구분해 내기 위하여 5점 척도, 150개 문항으로 구성된 리더 행동 기술 설문지(Leader Behavior Description Questionnaire: LBDQ)를 고안해 냈다. 이후 이 설문지는 여러 번의 수정을 거쳤고, 1963년 스토그딜(Stodgill)이 기존의 설문지를 축약한 LBDQ XII을 발표하였다. 오하이오 주립대학교의 리더십 연구는 리더의 행동을 두 가지 기준으로 구분하였는데, 하나는 인간관계 중심(relationship-oriented) 행동이고, 다른 하나는 과업 중심(task-oriented) 행동이다. 연구자들에 따르면 리더의 과업 중심 행동과 인간관계 중심 행동에 따라 총 네 가지의 리더십 행동 유형을 구분하였다. 이들은 가장 효과적인 리더십 행동 유형으로 팀형, 즉 과업 중심 행동과 인간관계 중심 행동 둘 다 높은 리더가 높은 조직 성과를 달성한다고 보았다.

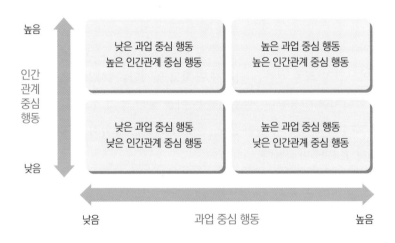

[그림 4-3] LBDQ 결과에 따른 리더십 행동 유형 구분

(3) 리더십 격자 연구

블레이크와 무톤(Blake & Mouton)은 1964년 리더십 행동 유형을 격자(grid)로 구분한 연구를 수행하였다. 초기에 이 모델은 리더의 행동을 조직 구성원들에 대한 관심과 조직 성과에 대한 관심에 따라 다섯 가지의 리더십 유형으로 구분했다. 이후 이 모델은 조직성과에 대한 관심을 x축으로, 구성원에 대한 인간적 배려를 y축으로 하는 격자망으로 리더십 유형을 제시하였다. 각 축은 1(낮음)에서 9(높음)까지로 나타내며, 총 81가지(9x9) 리더십 유형을 구분할 수 있다. 그 가운데 대표적인 다섯 가지 리더십 유형은 다음과 같다.

- 무관심한 관리 유형(1,1): 이 유형의 리더는 조직 내 구성원이나 조직의 성과 모두에 대해 낮은 관심을 갖는다. 이 유형의 리더가 유일하게 관심을 갖는 것은 자신의 직분유지이다.
- 사교클럽 유형(1,9): 이 유형의 리더는 조직 구성원들에 대한 관심이 높고 조직의 성과에 대한 관심이 낮다. 이 유형을 사용하는 리더는 조직 구성원들의 안전과 웰빙에 많은 관심을 기울인다. 이 유형의 리더는 이를 통해 궁극적으로 조직의 성과를 향상시킬 수 있을 것을 기대하나, 조직 성과를 꼭 달성해야 한다고 보지는 않는다.
- 성과지향 유형(9,1): 이 유형의 리더는 조직을 바라보는 관점을 맥그리거(McGregor, 1960)의 X이론에 기반을 두고 있다. 따라서 이 유형의 리더는 조직 구성원들의 개인 상황에 대한 배려를 하지 않고, 조직의 목표를 달성하기 위해 규칙과 처벌을 통해 구성원들을 통제한다.
- 중도 유형(5,5): 이 유형의 리더는 조직의 목표와 조직 구성원들의 욕구(needs) 사이에서 타협을 통해 균형을 잡으려고 하며, 이를 통해 적절한 수준의 성과를 도출하고자 한다.
- 팀 유형(9,9): 이 유형의 리더는 조직 구성원과 성과 모두에 높은 관심을 둔다. 이 유형의 리더는 맥그리거(McGregor, 1960)의 Y이론에 기반을 두고 조직을 바라본다. 즉, 이 유형의 리더는 조직 구성원들에 대한 신뢰가 높고, 구성원들 간 협력과 조직에 대한 헌신을 장려한다. 이를 통해 조직 구성원들의 조직에 대한 헌신과 몰입이 높아지게 되며, 결과적으로 높은 성과를 가져온다.

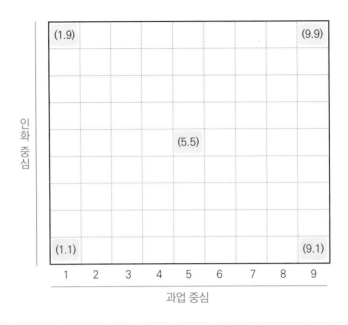

[그림 4-4] 격자망에 따른 리더십 유형 구분

(4) 리더십 행위론의 한계

리더십 특성이론처럼 행위론도 한계를 가진다. 무엇보다 리더십 행위론은 조직 상황을 고려하지 않은 채 모든 상황에 이상적이고 효과적인 리더십이 존재한다는 것을 전제로 한다. 리더십 행위론에서는 교육과 훈련을 통해 누구나 리더로서의 행위와 태도를 습득할 수 있다고 보는데, 동일한 리더십 교육 및 훈련 과정을 이수할 경우, 효과적인 리더 행동과 태도를 동일하게 습득한다고 가정한다. 또한 후천적으로 습득한 리더 행동과 태도는 조직 상황에 따라 달라지지 않고 일정하게 발휘된다는 것을 가정한다. 이러한 리더십 행위론의 가정은 일정한 리더십 행위와 태도를 보이는 리더가 한 조직에서는 효과적이지만 다른 조직에서는 그렇지 못한 상황들을 설명해 주지 못한다. 예를 들어, 조직 목표 달성에 대한 조직 구성원들의 평균적인 동기 수준과 역량이 높은 조직에서는 팀형 리더십이 효과를 발휘하지만, 조직 구성원들의 동기 수준과 역량이 낮은 조직에서는 구성원들이 무엇을 어떻게 해야 할지 몰라 우왕좌왕하거나 조직 목표를 달성할 의지가 낮아 리더의 높은 수준의 과업지향적 행위를 부담스럽게 느끼거나 반발하는 등의 모습을 보이기도 한다. 즉, 특정한 리더의 행동 유형이 모든 조직 상황에 맞는다는 리더십 행위론의 가정(one fits all) 자체가 조직의 상황적 요인을 무시하기 때문에 다양한 조직 상황에서 일관된 연구 결과가 도출되지 못하고 이후 상황적 리더십이 등장하게 된다.

3. 리더십 상황론

리더십 상황론의 기본 전제는 모든 조직 상황에 맞는 최고의(best) 리더십 유형은 없다는 것이다. 즉, 조직이 처한 상황에 따라 가장 효과적인 리더십 스타일이 달라질 수 있음을 전제로 한다. 리더십 상황론은 리더십 행위론이 갖는 한계를 지적하며 발달하였다. 따라서 리더십 상황론은 리더십 유형을 구분하는 방법을 리더십 행위론에 기반을 두되, 학자들에 따라 다양한 기준으로 상황적 요인을 분석하여 리더십 유형과 상황 간의 적합도(fit)에 따라 효과적 리더십 유형을 판단한다.

1) 피들러의 상황적합이론

피들러(Fiedler, 1964, 1967)는 상황적합이론(Contingency Theory)을 통해 리더십 유형은 리더의 성향과 축적된 경험의 결과에 따라 정해지는 것으로 잘 변하지 않는다고 가정하였다. 그는 사람들에게 효과적인 리더십 스타일을 훈련시키는 것보다 사람들이 자신의 리더십 유형을 이해하고, 그 유형에 적합한 상황에서 리더십을 발휘하도록 하는 것이 조직의 성과를 극대화할 수 있다고 주장하였다. 즉, 리더십 유형은 쉽게 변화되지 않기 때문에, 조직 성과를 효과적으로 달성하기 위해 해당 리더십 유형에 적합하도록 상황 요소를 변화시켜야 한다고 보았다. 피들러(Fiedler)는 리더십 유형을 LPC 척도(Least-Preferred Coworker Scale)를 활용하여 측정하였는데, 이를 통해 리더십 유형을 인간관계 지향 리더십(Relationship-oriented Leadership)과 과업 지향 리더십(Task-oriented Leadership)으로 구분하였다. LPC 척도는 8점 척도로, 리더들에게 같이 일하기 꺼려지는 또는 같이 일하고 싶은 동료를 머릿속에 떠올리며 설문에 응답하도록 하였다. 구체적인 질문은 다음과 같다. 각 점수를 합한 값이 73점 이상이면 인간관계 지향 리더이고 64점 이하이면 과업 지향 리더이다.

LPC 척도

상냥한(Pleasant) 사람	8	7	6	5	4	3	2	1	불편한(Unpleasant) 사람
우호적인(Friendly) 사람	8	7	6	5	4	3	2	1	비우호적인(Unfriendly) 사람
거부적인(Rejecting) 사람	1	2	3	4	5	6	7	8	수용적인(Accepting) 사람
긴장감이 있는(Tense) 사람	1	2	3	4	5	6	7	8	여유로운(Relaxed) 사람
거리감이 있는(Distant) 사람	1	2	3	4	5	6	7	8	가까운(Close) 사람
냉정한(Cold) 사람	1	2	3	4	5	6	7	8	마음이 따뜻한(Warm) 사람
지지하는(Supportive) 사람	8	7	6	5	4	3	2	1	적대적인(Hostile) 사람
지루한(Boring) 사람	1	2	3	4	5	6	7	8	재미있는(Interesting) 사람
잘 다투는(Quarrelsome) 사람	1	2	3	4	5	6	7	8	조화로운(Harmonious) 사람
우울한(Gloomy) 사람	1	2	3	4	5	6	7	8	쾌활한(Cheerful) 사람
개방적인(Open) 사람	8	7	6	5	4	3	2	1	신중한(Guarded) 사람
험담하는(Backbiting) 사람	1	2	3	4	5	6	7	8	신의가 있는(Loyal) 사람
신뢰롭지 못한(Untrustworthy) 사람	1	2	3	4	5	6	7	8	신뢰로운(Trustworthy) 사람
사려 깊은(Considerate) 사람	8	7	6	5	4	3	2	1	사려 깊지 못한(Inconsiderate) 사람
고약한(Nasty) 사람	1	2	3	4	5	6	7	8	상냥한(Nice) 사람
수용적인(Agreeable) 사람	8	7	6	5	4	3	2	1	반감 있는(Disagreeable) 사람
진실되지 못한(Insincere) 사람	1	2	3	4	5	6	7	8	진실된(Sincere) 사람
친절한(Kind) 사람	8	7	6	5	4	3	2	1	불친절한(Unkind) 사람

피들러(Fiedler)는 조직 상황을 구성하는 요소로 리더-구성원 관계, 과업 구조, 리더의 직위권력을 제시하였다. 각 요소들에 대한 설명은 다음과 같다.

- 리더-구성원 관계(leader-follower relations): 리더와 조직 구성원 간의 상호 신뢰와 친밀함, 존중 정도를 의미한다.
- 과업 구조(task structure): 조직 내 구성원들의 업무 명확성과 구조화된 정도를 나타낸다. 과업이 구조화되어 있지 않다는 것은 구성원들이 자신들의 업무가 무엇인지 혹은 어떻게 수행하는지를 정확히 알지 못하고, 업무 간 중첩이 되어 있거나 구분이 모호한 상황을 의미한다. 반면, 과업이 구조화되어 있다는 것은 각 구성원들의 업무가 명확하게 구분되어 있고, 구성원들은 자신의 업무를 수행하는 방법에 대해 정확히 알고 있다는 것을 의미한다.
- 직위 권력(position power): 리더의 직위 자체가 갖는 권력으로 조직을 지휘하고 그 과정에서 구성원들에게 보상이나 처벌을 줄 수 있는 권력이다.

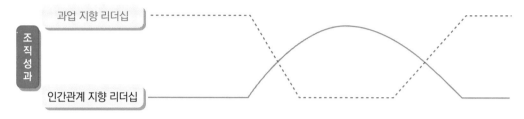

상황 호의성	호의적			중간수준 호의적			비호의적	
상황 유형	1	2	3	4	5	6	7	8
리더-구성원 관계	좋음	좋음	좋음	좋음	나쁨	나쁨	나쁨	나쁨
직무 구조	구조적	구조적	비구조적	비구조적	구조적	구조적	비구조적	비구조적
리더의 직위 권력	강함	약함	강함	약함	강함	약함	강함	약함
효과적인 리더십 유형	과업 지향적			인화 중심적			과업 지향적	

[그림 4-5] 피들러의 상황적합 리더십: 상황의 호의성과 효과적 리더십

피들러(Fiedler)는 LPC평점을 통해 리더십 유형을 구분하고, 세 요소에 따라 조직 상황을 분석하여 적합도(fit)를 판단하였다([그림 4-5] 참조). 피들러(Fiedler)는 호의적인 상황과 비호의적인 상황에서 과업 지향적 리더십이 효과를 발휘하며, 중간수준의 호의적 상황에서는 인화중심적 리더십이 효과를 발휘한다고 하였다. 피들러(Fiedler)는 리더와 구성원의 사이가 좋으며, 과업이 구조화되어 있는 1, 2번의 상황이나 직무구조가 비구조적이나 리더와 구성원의 관계가 좋고 리더의 직위권력이 강한 3번의 상황은 호의적인 상황으로 과업 지향 리더십이 효과를 발휘한다고 주장하였다. 또한 7, 8번 상황과 같이 리더와 구성원들 사이가 나쁘고 직무가 비구조화된 경우를 비호의적 상황으로 보았고, 이러한 상황에서도 조직의 성과 달성에 집중하는 과업 지향적 리더십이 효과를 발휘한다고 주장하였다. 그리고 그 외의 3~6번 조직 상황을 중간수준의 호의성을 가진 상황으로 보았고, 이러한 상황에서는 인간관계 지향 리더십이 효과를 발휘한다고 하였다.

2) 허쉬와 블랜차드의 상황적 리더십 이론

허쉬와 블랜차드(Hersey & Blanchard)는 1970년대 중반 상황적 리더십 이론(Situational Leadership)을 제시하였다(Hersey & Blanchard, 1972). 상황적 리더십은 오하이오 주립대

학교의 리더십 행동이론의 주요 개념인 리더십 유형을 판단하는 두 행동 기준(과업 지향적 행동과 관계 지향적 행동)을 수용하여 리더십 유형을 구분한다. 허쉬와 블랜차드(Hersey & Blanchard)는 리더의 과업 지향적 행동과 관계 지향적 행동에 따라 지시형(Telling), 설득형(Selling), 참여형(Participating), 위임형(Delegating)으로 리더십 유형을 구분하였다. 지시형 리더는 조직의 성과 달성을 우선시하며, 조직 구성원들에게 무엇을 어떻게 해야 할지 지시하고 명령한다. 설득형 리더는 구성원들에게 업무 방향을 제시하고, 명령 대신 구성원들을 설득하고 이해시켜 같은 조직 목표를 향해 가도록 한다. 참여형 리더는 구성원들을 다양한 조직 의사결정과정에 참여시켜 구성원들의 조직 헌신도를 높이려고 한다. 참여형 리더는 구성원들의 조직에 대한 몰입도와 헌신이 높아지면 조직의 성과는 그에 따라 자연스럽게 높아진다는 믿음을 가지고 있다. 위임형 리더는 자신이 가진 대부분의 권한을 구성원들에게 위임한다. 이들은 의사결정 과정에 되도록 간섭하지 않으며, 구성원들이 조직 성과를 달성해 나아가는 과정을 모니터링하는 수준에서 관여한다.

허쉬와 블랜차드(Hersey & Blanchard)는 조직의 상황을 조직의 성숙 수준으로 설명하였다. 조직의 성숙 수준은 두 가지 기준으로 구분되는데, 첫 번째 기준은 직무 성숙도(task development)이다. 허쉬는 이를 직무능력(ability)으로 블랜차드는 이후 직무역량(competence)으로 각각 설명하였다. 즉, 조직의 구성원들이 자신의 업무를 수행하는 데 필요한 지식, 기술, 경험 등 직무와 관련된 전문성을 가지고 있는지 여부가 기준이 된다. 두번째 기준은 심리적 성숙도(psychological development)이다. 심리적 성숙도란 자신의 직무에 대학 확신과 책임감, 그리고 열정의 수준을 나타내는 개념이다. 직무성숙도와 심리적 성숙도를 양 축으로 두면, 다음과 같이 총 네 가지 성숙도 수준이 나오게 된다.

- M1: 조직 구성원들은 업무를 수행할 지식, 기술, 능력뿐만 아니라 의지도 부족한 수준
- M2: 조직 구성원들은 업무를 수행할 의지를 가지고 열정적이지만, 업무를 수행할 지식, 능력, 기술이 부족한 수준
- M3: 조직 구성원들은 업무를 수행할 지식, 기술, 그리고 기술을 가지고 있지만 책임감이나 열정이 낮은 수준
- M4: 조직 구성원들은 고도로 숙련되어 있으며 업무를 완료하려는 책임감과 의지가 있는 수준

허쉬와 블랜차드(Hersey & Blanchard)는 리더의 리더십 유형과 조직 구성원들의 성숙도

간의 관계를 [그림 4-6]과 같이 설명하였다. 조직 구성원들의 성숙도 수준이 M1인 경우에는 S1(지시형) 리더십 유형이 맞으며, M2인 경우에는 S2(설득형) 리더십이, M3의 경우에는 S3(참여형), M4의 경우에는 S4(위임형) 리더십이 각각의 상황에 맞는 리더십 유형이라 하였다.

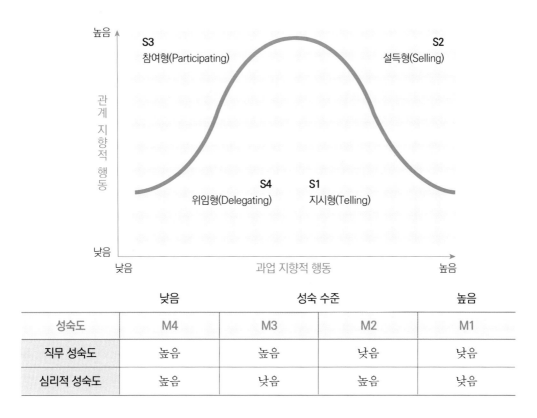

성숙도	낮음	성숙 수준		높음
	M4	M3	M2	M1
직무 성숙도	높음	높음	낮음	낮음
심리적 성숙도	높음	낮음	높음	낮음

[그림 4-6] 상황적 리더십 모형

출처: Hersey & Blanchard (1972).

다른 상황적 리더십 이론들처럼 허쉬와 블랜차드(Hersey & Blanchard)의 상황적 리더십 모델도 기본적으로 모든 상황에 최상의 효과를 내는 유일한 리더십 유형은 없다고 본다. 효과적 리더는 그들의 리더십을 발휘하려는 조직 내 개인이나 집단의 그룹의 수행 준비 상태(능력과 의지)에 자신의 리더십 스타일을 적응시키는 사람들이다. 리더십의 효과는 영향을 받는 사람이나 그룹에 따라 달라질 수밖에 없을 뿐만 아니라, 수행해야 하는 업무, 직업 또는 기능에 따라 달라진다고 보았다(Hersey & Blanchard, 1972).

? 핵심 질문 6) 조직을 혁신할 수 있는 리더십은 어떤 리더십인가?

4. 변혁적 리더십

변혁적 리더십(transformational leadership)의 개념은 번스(Burns, 1978)가 거래적 리더십 (transactional leadership)과 대비되는 개념으로 처음 제시하였고, 배스(Bass, 1985, 1999)에 의해 발전되었다. 번스(Burns, 1978)에 따르면, 거래적 리더는 팔로워들의 순응을 이끌어 내기 위해 보상과 처벌을 사용한다. 거래적 리더는 일종의 '주고받기' 식으로 자신의 영향력을 행사한다. 리더는 조직 내 자신의 직위나 직급이 가진 권한을 통해 팔로워들을 관리 감독하고 적절한 행동을 하도록 유도하고, 대신 리더는 팔로워들에게 적절한 보상(돈, 승진 등)을 해 준다. 또한 거래적 리더십은 조직의 현상 유지 및 관리가 주요한 조직의 목표인 안정적인 조직 상황에서 효과적이다. 반면, 변혁적 리더는 조직의 미래와 발전 방향에 대한 진정한 비전을 제시하고, 이를 달성하기 위해 팔로워들에게 영감을 주고 동기를 부여하는 방식으로 자신의 영향력을 행사한다. 변혁적 리더십에 의해 동기 유발되고 조직에 대한 헌신과 몰입도가 높아진 팔로워들은 자신의 잠재 능력을 최대한 발휘하여 조직 성과를 달성하게 된다.

〈표 4-3〉 거래적 리더십과 변혁적 리더십

구분	거래적 리더십	변혁적 리더십
리더의 권력의 원천	직위, 직급	특성, 역량
시간 지향성	단기적	장기적
의사소통 방식	수직적, 하향적	다방향적
보상	외재적 보상(돈, 승진 등)	내재적 보상(동기, 영감, 성취감 등)
조직변화에 대한 태도	회피적, 저항적	적극적, 수용적
조직 내 변화 대상	팔로워의 행동	팔로워의 태도와 가치
팔로워 행동화의 기제	보상(이익)	비전과 가치관의 내면화
효과적인 조직 상황	안정적 상황	불안정한 상황

변혁적 리더십이 발휘되기 위해 네 가지 요소가 충족되어야 한다(Bass & Avolio, 1990). 첫 번째는 이상적 영향력(Idealized influence)이다. 리더는 팔로워에게 이상적인 역할 모델이 되어야 한다. 리더는 조직 비전을 스스로 달성하기 위해 행동할 때 팔로워들의 존경과 신뢰를 받게 된다. 두 번째 요소는 영감적 동기 부여(Inspirational motivation)이다. 변혁적 리더는 비전을 팔로워들에게 제시하여 그들에게 영감을 주고 동기를 부여할 수 있어야 한다. 변혁적 리더는 단순하고 이해하기 쉬운 말과 자신의 이미지로 팔로워들을 설득한다. 세 번째 요소는 개별적 관심(Individualized consideration)이다. 변혁적 리더는 팔로워의 욕구와 감정에 대해 진정한 관심을 보이고, 그들의 자아실현을 돕는다. 팔로워들에 대한 리더의 개별적 배려는 팔로워들이 변혁적 리더를 믿고 의지하도록 한다. 변혁적 리더는 직무에 어려움을 겪고 있는 팔로워에게 필요한 교육이나 연수 등을 제공하고 팔로워가 발전할 수 있도록 도움을 준다. 이를 통해 팔로워는 자신의 팀 혹은 조직에 의지하게 되고 조직에 대한 헌신과 몰입, 팀워크가 향상된다. 마지막 요소는 지적 자극(Intellectual stimulation)이다. 변혁적 리더는 팔로워들의 창의성과 도전을 장려한다. 변혁적 리더들은 창의적이고 혁신적이며 새로운 아이디어에 매우 개방적이다. 그 과정에서 발생할 수 있는 팔로워들의 실수와 좌절에 대해 변혁적 리더들은 관용하는 경향이 있으며, 이러한 경험들이 궁극적으로 조직의 성장과 발전을 촉진한다고 믿는다.

[그림 4-7] 변혁적 리더십의 4I 요인

변혁적 리더십은 팔로워의 조직에 대한 헌신, 참여, 충성도 및 성과를 향상시킨다. 팔로워들은 변혁적 리더를 신뢰하고 의지하며, 리더의 비전을 자신들의 비전과 동일시한다. 상황적 리더십이 조직 상황에 따라 리더십의 효과가 달라지는 것으로 보았지만, 변혁적 리더는 호의적이지 않은 상황에서 리더십 효과가 발휘된다고 보았다. 변혁적 리더는 다양한 상황에 적응하고, 팔로워들과 비전을 공유하며, 그들을 이끌면서 영감을 준다.

? 핵심 질문 7) 조직 내 권력은 분산될 수 있는가? 조직에는 한 명 이상의 리더가 존재할 수 있는가?

5. 분산적 리더십

분산적 리더십은 리더 개인의 특성이나 행동, 혹은 상황적 특성에 따른 효과성의 특징에 초점을 두기보다 조직 구성원들에게 리더십이 확장되거나 권한이 분산되는 과정에 관심을 둔 개념이다(박선형, 2018). 분산적 리더십은 1950년대 초 깁(Gibb, 1954)이라는 조직심리학자에 의해 최초로 언급되었으나, 30년이 지난 1990년대 초 조직론을 연구하는 학자들에 의해 다시 제기되었다(Gronn, 2002; Harris, 2008; Spillane, 2012).

전통적인 리더십 이론들은 이원론적 관점에서 조직 구성원들을 리더와 팔로워로 구분하고 이들 간의 직무와 권한이 어떻게 나뉘어 있는지를 살펴보는 것에 관심을 둔다. 또한 전통적 리더십은 조직 내에서 리더에게 주요 혹은 다수의 권한과 책임이 집중된 상태를 수용한다. 반면, 현대 사회의 조직들은 리더와 팔로워가 완전히 구분되어 각자 맡은 업무를 수행하는 식으로 조직이 운영되기도 하지만, 조직업무와 상황에 따라 리더와 팔로워의 업무와 역할이 달라지기도 한다. 예를 들어, 학교의 경우 여전히 교장이나 교감이 많은 권한을 가지고 있고, 최종적 의사결정 권한을 가지고 있지만, 현실에서 이들이 교내 모든 업무를 실질적으로 이끌지는 않는다. 교내 업무들 중 상당 부분은 교장, 교감이 아닌 다른 업무 담당교사들이나 팀이 의사결정 권한을 가지는 경우가 흔하다(Grace, 1995). 즉, 분산적 리더십은 기존에 학교장 중심의 리더십에서 벗어나 학교 구성원들이 학교 상황이나 업무 등에 따라 누구든 리더로서 다른 구성원들에게 영향력을 행사할 수 있음을 의미한다.

분산적 리더십은 단순한 분업을 의미하는 것은 아니다(Jones, 2014). 분산적 리더십은 리더나 팔로워의 역할이 고정되어 있지 않고 역동적이며 어떤 상황에서는 팔로워가 리더의 역할을 수행하기도 하고, 다른 상황에서는 그렇지 않을 수 있다는 것을 의미한다. 또한 팔로워는 이러한 영향을 수동적으로 받는 사람이 아니며 팔로워는 리더에게도 영향을 미칠 수 있다는 것을 전제로 한다. 학교라는 관료적 조직인 동시에 전문적 조직이다. 이전에는 관료적 조직의 성격이 강했다면, 최근 학교는 전문적 공동체를 지향하고 있다. 전문적 공동체로서 학교는 이완조직(loosely-coupled organization)의 모습이 강하다(Pajak, 1979). 즉, 교사 모두가 전문적 권력을 가진 리더로서 학급을 운영하고, 자신의 전문성이 발휘될 수 있는 부분에 대해 학교 운영에 참여하고 영향력을 행사한다.

그론(Gronn, 2012)은 다음과 같이 분산적 리더십의 특징을 정리하였다. 분산적 리더십이 발휘되는 조직은 다음의 특징들이 발견된다.

1) 분산

분산적 리더십은 리더의 권한과 책임을 조직 내 한 사람이 독점하는 것이 아니라, 조직 내 여러 구성원에게 분산되어 있음을 전제로 한다. 리더의 권한과 책임이 조직 내 여러 구성원에게 분산되어 있기 때문에 조직 의사결정과 문제해결 과정에 이들의 참여는 당연하다. 리더가 모든 것을 알고 결정하는 것이 아닌 조직 내의 다양한 전문성, 경험, 지식을 가진 구성원들이 참여하고 협력하여 공동의 문제를 가장 효과적으로 해결할 수 있게 된다.

2) 상호의존

분산적 리더십이 발휘되는 조직에서 구성원들은 상호의존적이다. 상호의존성은 조직 내에서 두 가지 형태로 나타날 수 있는데, 첫 번째는 중복적 상호의존(overlapping interdependence)이다. 조직 내 여러 구성원이 동일한 업무를 수행하는 경우, 이들 업무는 중복되고, 서로에게 영향을 미칠 수밖에 없다. 예를 들어, 학교 현장에서 같은 학년, 같은 과목을 가르치는 교사들 간 업무(수업)는 필연적으로 중복된다. 그렇기 때문에 해당 과목의 시험범위나 시험문제를 출제할 때 이들 교사들은 서로 영향을 줄 수밖에 없다. 두 번째 상호의존 상태는 보완적 상호의존(complementary interdependen)이다. 조직 구성원들이 자신의 업무(task)를 수행하게 되면, 그 직무에 대해서는 리더십을 발휘하지만, 다른 직무에 대해서는 해당 직무를 수행하는 다른 사람의 리더십에 의존할 수밖에 없다.

3) 조정

조정(coordination)이란 조직 내 활동 간 관련성을 관리하는 것을 의미하며(Malone & Crowston, 1994), 이는 조직 내 업무를 설계하거나 정교화하고, 이를 구성원들에게 할당하고, 감독 및 모니터링하는 활동을 포함한다. 분산적 리더십이 발휘되는 조직에는 일련의 조정 메커니즘이 있는데, 조직 규범이나 규정 등이 그 예이다. 조정 메커니즘은 리더가 독단적으로 결정하는 것이 아니라 조직 구성원들 간 상호작용과 합의(명시적 혹은 압묵적)에 의해서 결정된다. 조정 메커니즘을 통해 구성원들은 조직 활동을 정의하고 분류하고, 업무를 할당하며, 성과 달성 여부를 점검한다.

우리나라의 여러 교육학자들도 〈표 4-4〉와 같이 분산적 리더십의 개념을 정의하고 있다. 이들 정의를 살펴보면 다수의 학자들이 분산적 리더십의 핵심을 리더와 팔로워 간의 상호작용으로 두고 있다. 즉, 분산적 리더십은 리더로부터 팔로워에 미치는 일방적인 영향력을 설명하는 개념이 아니며, 리더와 팔로워 간의 '사회적 상호작용' 과정에서 발휘되는 영향력이라고 할 수 있겠다(박선형, 2018).

〈표 4-4〉 국내 교육학자들의 분산적 리더십의 개념적 정의

학자	정의
박선형(2003)	지도성은 조직 내 구성원들과 팔로워들의 인지구조에 의하여 지각되고 해석되면서, 이들을 둘러싸고 있는 다양한 환경적 요인과의 상호작용 속에서 발휘되는 것
김규태, 주영효 (2009)	학교지도자, 구성원과 그들이 놓여 있는 상황 간 상호작용의 산물로서의 지도성 실행에 초점을 두면서 학교가 지도성을 통해 성취해야 할 거시적 기능과 일상적이고 미시적인 과업 간의 연계에 초점을 맞추는 것
김희규, 주영효 (2012)	학교지도자와 구성원 그리고 그들이 놓여 있는 상황 간 상호작용의 산물로서의 지도성 실행
강경석, 박찬 (2013)	리더십이 지도자와 구성원 그리고 이들이 사용하고 있는 도구와 상황에 분산되어 있고 이들 간의 상호작용에 의해 발휘되는 것을 의미
문성은(2013)	한 사람의 역량이나 시스템 안에 내재되어 있는 것이 아니라 분산되어 발휘되며 학교장, 교사, 상황, 상호작용의 요소 간의 실행을 통한 리더십
이석열(2013)	어느 한 사람 중심의 상징적이고 위계적인 지도성 차원이 아닌 조직의 구성원들까지 지도 리더로서 책임을 다하는 리더십 실행의 확대를 의미
박희경, 이성은 (2014)	지도자, 구성원, 상황 간의 상호작용 산물로, 다수에게서 발휘되며, 지도성 자원을 활용하는 과정에서 조직학습이 촉진되어 궁극적으로 지도성이 어떻게 실행되는지에 관심을 갖는 것
김희규, 류춘근 (2015)	학교조직 내에 이미 존재하고 있는 자율적이고 주도적인 흐름의 묘사이며, 리더십에 대한 당위론과 규범적 시각을 초월한 리더십 그 자체에 대한 이해
전상훈, 이일권, 조흥순(2016)	학교는 교사들이 리더십 역할 수행 기회를 확대하고자 노력하며, 교사들은 리더십을 발휘할 수 있는 역할에 관심을 갖고 수업 개선을 위한 역할분담, 학습전략 수립과 학교의 당면 문제 해결 등을 위해 상호 협의하고 협력하는 지도성 형태

출처: 박선형(2018), p. 11.

학교는 이중조직으로 학교장이라는 전통적, 합법적, 명시적 리더가 있는 공식적, 관료적 조직이면서 동시에 교사라는 전문가들이 수업을 주도하고, 협력하는 전문적 조직이다. 과거에 학교는 관료적 조직의 성격이 강했기 때문에 학교장의 직위 권력에 기반을 둔 전통적, 중앙집권적 리더십이 발휘되었다. 그러나 요즘 학교는 단위학교책임경영제의 시행과 전문적 학습조직의 지향 등으로 학교 운영의 자율성이 이전보다 확대되고 전문가로서 교사들의 참여, 책임, 협력을 강조한다. 그렇기에 자율성, 전문성, 참여와 협력이 강조되는 요즘 학교에서 전통적 리더십만으로는 효과적으로 운영하기가 어려우며, 분산적 리더십은 필수불가결하다 볼 수 있다. 이미 다수의 연구를 통해 최근 학교 현장에서 분산적 리더십이 긍정적인 학교 변화와 운영을 이끌어 낸다는 것이 밝혀졌다. 분산적 리더십은 학교의 수평적, 협력적, 전문적 등 긍정적 풍토와 문화 형성에 기여하고(김현, 강경석, 2016; 김희규, 류춘근, 2015; 문윤미, 김희규, 2023), 교사들의 직무만족이나 효능감(강호수, 김한나, 구남욱, 2021; 전수빈, 이동엽, 김진원, 2019), 직무헌신(유평수, 박진희, 2020)에 긍정적인 영향을 미친다.

제4절 • **요약 및 적용**

1. 요약

- 조직론적 관점에서 리더십이란 조직의 목표를 달성하기 위하여 리더로서 역할을 수행하는 개인이나 집단이 다른 구성원들에게 발휘하는 힘(power)과 그 힘이 발휘되는 과정 혹은 현상으로 정의할 수 있다. 이러한 힘 혹은 영향력은 ① 선천적, ② 후천적으로 획득된, 혹은 ③ 조직이 부여한 능력에 기반하여 발휘된다.
- 리더십 특성론은 리더가 가진 특성들을 그들이 위대한 리더가 되는 데 결정적으로 기여한 요인으로 간주한다. 리더십 특성이론들은 리더가 가진 선천적인 특성들을 확인하는 데 초점을 맞추어 연구가 행하여져 '위대한 위인(Great Men)' 이론이라고도 불렀다.
- 리더십 행위론은 리더십 특성론에서 주장하는 누군가 리더가 되기 위해 태어났다는 선천설을 부정하며 특정 행동을 습득하는 것을 통해 효과적인 리더가 될 수 있음을 가정한다. 리더십 행위론은 조직의 목표달성에 효과적인 리더 행동 유형을 규정하고, 조직 내 리더의 행동에 따라 리더십 유형을 구분한다.

- 리더십 상황론의 기본 전제는 모든 조직 상황에 맞는 최고의(best) 리더십 유형은 없다고 보는 것이다. 리더십 상황론은 리더십 유형을 구분하는 방법은 리더십 행위론에 기반을 두되, 학자들에 따라 다양한 기준으로 상황적 요인을 분석하여 리더십 유형과 상황 간의 적합도(fit)에 따라 효과적 리더십 유형을 판단한다.
- 변혁적 리더십의 개념은 번스(Burns, 1978)가 거래적 리더십과 대비되는 개념으로 처음 제시하였다. 거래적 리더는 팔로워들의 순응을 이끌어 내기 위해 보상과 처벌을 사용한다. 거래적 리더는 일종의 '주고받기' 식으로 자신의 영향력을 행사한다. 반면, 변혁적 리더는 조직의 미래와 발전 방향에 대한 진정한 비전을 제시하고, 이를 달성하기 위해 팔로워들에게 영감을 주고 동기를 부여하는 방식으로 자신의 영향력을 행사한다.
- 분산적 리더십은 리더 개인의 특성이나 행동, 혹은 상황적 특성에 따른 효과성의 특징에 초점을 두기보다 조직 구성원들에게 리더십이 확장되거나 권한이 분산되는 과정에 관심을 둔 개념이다.

2. 적용

1) 서술형 문제

- 리더십의 기본 요소가 무언인지 조직론적 관점에서 서술하시오.
- 프렌치와 레이븐(French & Raven)의 권력의 원천 일곱 가지가 무엇인지 예를 들어 서술하시오. 또한 학교 현장에서 교장이 흔히 의존하는 권력의 원천이 무엇인지 서술하시오.
- 리더십 특성이론과 리더십 행위론, 두 이론의 특성과 한계를 설명하시오.
- 학교조직의 특성을 정의하고, 변혁적 리더십과 거래적 리더십 중 어느 리더십 유형이 효과적일지 논하시오.
- 학교의 학습조직(학습공동체)화에 분산적 지도성이 어떻게 기여할 수 있을지 서술하시오.
- 허쉬와 블랜차드(Hersey & Blanchard)의 상황적 리더십 이론을 적용해서 교사지도성 측면에서의 교사 동기 유발 방안을 서술해 보시오. (교원임용시험 기출문제)
- 배스(B. Bass)가 주장한 지도성의 명칭과 교사가 학교 내에서 동료교사와 함께 이 지도성을 신장할 수 있는 방안 두 가지를 서술해 보시오. (교원임용시험 기출문제)

2) 토론 문제

- 현재 학교조직의 특성을 고려하였을 때, 가장 이상적인 교장상에 대해 각자 이야기하고, 그러한 교장상에 부합하는 교장이 발휘할 거라 기대되는 리더십은 어떤 리더십일지 논해 보시오.
- 학교조직에서 변혁적 리더십을 발휘하는 교장 선생님이 많지 않은 이유가 무엇일지 토론해 보시오.
- 미래 학교의 모습을 상상해 보고, 미래 학교와 교사의 역할이 어떨지도 함께 생각해 보시오. 미래 학교에서 적합한 교장의 리더십은 어떠해야 할지 토론해 보시오.

제 **5** 장

동기

우리는 앞서 교육행정과 조직 이론의 변천 속에서 그 기본 단위가 되는 사람들의 동기가 중요함을 배웠다. 동기는 행동을 이끌어 내는 개인의 심리적 상태로서 조직 운영이나 제도 집행 양상에 영향을 미친다. 예를 들어, 조직 구성원의 동기는 조직 내 의사소통이나 문화 형성에 있어 중요한 역할을 하며, 교사의 전문성 향상 동기는 교육인사행정 제도의 성공적인 운영에 있어 필수적인 전제 조건이다. 반대로 조직 혹은 제도가 개인의 동기 수준에 변화를 만들기도 한다. 예를 들어, 조직 내 참여적 의사결정 구조나 뛰어난 리더십은 조직 구성원의 동기를 향상시킬 수 있으며, 수치화되는 결과물에 집중하는 정량 평가 체제는 조직 구성원의 동기를 상실하게 만들 수도 있다.

이처럼 조직 구성원들의 동기는 조직과 사회에서의 행동과 매우 밀접한 연관성을 지닌다. 따라서 우리는 이 장에서 동기란 무엇이며 어떤 메커니즘으로 발생하는지 살펴보고, 동기 발생을 설명하는 이론들을 크게 내용이론과 과정이론의 분류 속에서 알아보고자 한다. 이후에는 자기결정성이론을 살펴보고 이와 관련해 여러 문헌에서 교사의 직무 동기를 어떻게 분류하여 왔는지 알아본다.

동기와 관련된 핵심 질문 네 가지는 다음과 같다.

핵심 질문 1. 동기의 의미는 무엇이고, 어떤 메커니즘으로 발생하는가?
핵심 질문 2. 동기의 발생을 욕구(내용) 차원에서 살펴본 이론은 무엇인가?
핵심 질문 3. 동기의 발생을 인지(과정) 차원에서 살펴본 이론은 무엇인가?
핵심 질문 4. 교직 동기는 일반적으로 어떻게 설명되는가?

이제부터 각 질문에 대한 답을 차례대로 살펴보고자 한다.

제1절 • 동기의 정의 및 메커니즘

? 핵심 질문 1) 동기의 의미는 무엇이고, 어떤 메커니즘으로 발생하는가?

동기(motive)란 '움직이다'의 뜻을 가진 라틴어 movere에서 유래한 것으로, 인간 행동의 방향(direction), 활력(energy), 지속성(persistence)을 이끄는 유기체의 내적 상태이다. 즉, 동기는 인간 행동이 특정 목적을 향하게끔 유발하고 유지시키는 내적 상태라고 할 수 있다.

이에 비추어 보았을 때 교사의 직무 수행 동기인 교직 동기는 '교사들의 행동이 학교가 목적하는 바로 향하게끔 유발하고 유지시키는 내적 상태'라고 할 수 있다. 그리고 동기 부여(motivation)는 동기 상태가 되도록 하는 것을 의미한다.

　동기의 메커니즘을 이해하기 위한 틀을 살펴보면 [그림 5-1]과 같다. 동기를 부여하는 선행 조건이 존재하며, 이로 인해 욕구·인지·정서의 내적 과정으로 동기 상태가 발현된다. 그리고 동기 상태는 인간으로 하여금 접근 혹은 회피 충동을 통해 생리 반응, 몰입, 행동, 자기 보고 등의 형태로 방향, 활력, 지속성이 드러나게 한다.

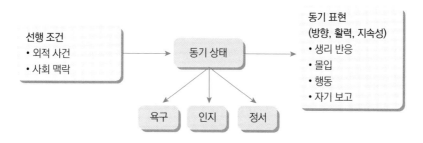

[그림 5-1] 동기 메커니즘을 이해하기 위한 틀

출처: Reeve (2018), p. 13의 그림 수정·보완.

1. 선행 조건

　리브(Reeve, 2018)는 동기를 유발할 수 있는 '선행 조건'이 다양한 학문 영역에서 설명될 수 있다고 하였으며, 그 세부적인 내용을 〈표 5-1〉과 같이 제시하였다. 동기가 발생되는 원인은 개인의 내적 차원부터 외적 차원까지, 생물학적인 차원부터 사회적인 차원에 이르기까지 매우 다양하다.

〈표 5-1〉 동기의 선행 조건

차원	동기 발생 출처	차원	동기 발생 출처
신경학적	뇌 활성화	행동적	환경적 인센티브
생물학적	호르몬, 정신 생리학	정신분석적	무의식적 과정
진화적	유전자와 유전적 자질	인본주의적	인간의 잠재력 장려
암묵적	자동적인 반응	사회인지적	사회적으로 만들어진 신념
인지적	정신적 사건과 생각	문화적	문화적

출처: Reeve (2018), p. 39.

2. 동기 상태

앞서 살펴본 선행 조건들은 '동기 상태'를 만들어 내는데, 리브(Reeve, 2018)는 동기 상태를 크게 욕구, 인지, 정서 차원에서 설명하였다. 첫째, '욕구(need)'는 생명의 유지·성장·안녕과 관계된 것으로, 생물학적 욕구, 심리적 욕구, 암묵적 욕구, 준욕구로 나누어 볼 수 있다. 갈증·배고픔·성욕의 결핍을 항상성으로 채우고자 하는 결핍 지향 '생물학적 욕구'와 생물학적 생존에 필요하지는 않지만 자율성·유능성·관계성 등 정신 건강 및 안녕과 개인적 성숙에 필요한 성장 지향 '심리적 욕구'는 인간 본성에 내재되어 모든 사람이 공통적으로 가지고 있으며, 성취·친애·권력과 같은 '암묵적 욕구'는 독특한 개인의 경험으로부터 형성되기에 사람마다 다양하게 나타난다. 그리고 '준욕구'는 상황적으로 유발되어 만족되면 사라지는 일시적인 욕구로 외재적 동기와 관련되어 있으며, 인간이 특정 행동을 하거나 하지 않도록 하는 환경적 상황인 '유인물', 특정 행동을 했을 때 예상되는 강화물과 처벌물인 '결과', 특정 행동을 한 것에 대해 무언가를 받는 '보상' 등이 있다(Reeve, 2018).

둘째, '인지(cognition)'는 심적 사건에 관한 것으로서 많은 미니 동기이론들을 낳았는데, 관련 이론들은 목표 설정 및 추구, 개인적 통제 신념, 사고방식, 자기와 자기 추구의 항목으로 분류될 수 있다. 우선 '목표 설정 및 추구(goal setting and striving)'에 대한 동기적 분석에서는 현 상태와 이상적 상태의 비교에 따른 불일치를 감소 혹은 생성하는 '행동 계획', 불일치에 따른 목표를 수립하여 그 자체에 주의를 집중하여 동기를 유발하는 '목표 설정', 불일치 해결에 초점을 두어 계획을 구체화시키는 '목표 추구', 목표 달성이 불가능한 경우의 '목표 이탈' 등이 있다. '개인적 통제 신념(personal control belief)'으로는 성공과 실패의 원인 소재에 대한 신념인 '귀인 이론', 결과 통제 가능 여부에 대한 신념인 저항 이론과 학습된 무기력 등 '통제 신념', 자신에 대한 효능 기대 신념인 자기효능감과 결과 기대 신념인 숙달 신념 등의 '기대 신념', 기대와 가치가 함께 고려될 때 긍정적 결과가 더 잘 예측된다는 '기대-가치 모형' 등이 있다. '사고방식(mindset)'은 일단 채택되면 지속적으로 영향을 미치는 인지적 틀로서, 대표적으로 '숙고 대 실행' 사고방식, '촉진 대 예방' 사고방식, '성장 대 고정' 사고방식, '인지부조화' 등이 있다. '자기와 자기 추구(the self and its striving)'에 대한 동기적 분석에서는 자신이 누구인지 정의하는 '자기개념', 자신의 잠재력을 발견하여 발전시키는 '주체성', 자기를 관리하고 조절하는 '자기조절', 자신의 역할을 찾아 자기를 사회와 연결시키는 '정체성'이 핵심을 차지한다.

셋째, '정서(emotion)'는 특정 사건에 대한 적응적 행동을 동기화시키기 위해 감정, 신체

반응, 목적, 표현을 조화롭게 조정하도록 짧은 기간 동안 발생되는 반응으로서, 모든 사람에게 선천적으로 내재되어 있는 '기본 정서', 자기 평가의 과정을 통해 유발된 '자의식적 정서', 이들이 복합적으로 나타나는 '인지적 복합 정서'로 나눌 수 있다. 지금까지의 내용을 정리하면 〈표 5-2〉와 같다.

〈표 5-2〉 욕구, 인지, 정서의 세부 분류와 예시

대분류	소분류		예시
욕구	내적	생물학적 욕구	갈증, 배고픔, 성욕 등
		심리적 욕구	자율성, 유능성, 관계성 등
		암묵적 욕구	성취, 친애, 권력 등
	외적	준욕구	유인물, 결과, 보상 등
인지	목표 설정 및 추구		행동 계획, 목표 설정, 목표 추구, 목표 이탈 등
	개인적 통제 신념		귀인 이론, 통제 신념, 기대 신념, 기대-가치 모형 등
	사고방식		숙고 대 실행, 촉진 대 예방, 성장 대 고정, 인지부조화 등
	자기와 자기 추구		자기개념, 주체성, 자기조절, 정체성 등
정서	기본 정서		두려움, 분노, 혐오감, 경멸, 슬픔, 즐거움, 흥미 등
	자의식적 정서		수치심, 죄책감, 당혹감, 자부심, 의기양양함 등
	인지적 복합 정서		부끄러움, 고마움, 실망과 후회, 희망 등

출처: Reeve (2018), pp. 69-302의 내용 종합·정리.

3. 동기 표현

리브(Reeve, 2018)는 동기 상태가 접근 혹은 회피 충동을 유발해 결국 방향, 활력, 지속성을 지닌 동기 표현으로 이어지게 만든다고 보았다. 동기 표현은 관찰 가능한 생리 반응, 몰입, 행동, 자기 보고의 형태로 드러나며, 그 양상을 통해 양적·질적 수준을 확인할 수 있다. '생리 반응'은 뇌, 호르몬, 안구 등의 활동을 통해 드러나고, '몰입'은 행동(노력, 지속성), 정서(흥미, 즐거움), 인지(전략, 자기조절), 주도성(질문, 선호 표현)의 형태로 나타난다. 행동은 지속 시간, 표정, 몸짓 등을 통해 확인할 수 있으며, '자기 보고'는 질문에 대한 응답을 통해 확인할 수 있으나 실제와의 격차가 생길 수 있다는 단점이 있다.

제2절 • 내용이론과 과정이론

우리는 앞서 특정 행동으로 나아가기 전 동기 상태를 구성하는 욕구, 인지, 정서 요소들을 살펴보았다. 지금부터 살펴볼 동기이론들은 특히 욕구와 인지의 관점에서 동기가 발생하는 방식을 밝혀 온 대표적인 이론들이다. 즉, 개인의 동기 발생을 설명하는 이론들은 크게 내용이론과 과정이론으로 나뉘는데, '내용이론(content theory)'은 동기를 추동하는 인간의 욕구 내용과 관련되어 있고, '과정이론(process theory)'은 동기를 추동하는 인간의 인지 과정과 관련되어 있다.

> ? 핵심 질문 2) 동기의 발생을 욕구(내용) 차원에서 살펴본 이론은 무엇인가?

1. 내용이론

동기를 설명하는 대표적인 내용이론은 매슬로(Maslow)의 욕구계층이론, 알더퍼(Alderfer)의 E.R.G. 이론, 허즈버그(Herzberg)의 동기-위생이론이다. 이들은 앞서 살펴본 욕구의 종류에 계층적 순서를 부여하거나 유형을 분류하고자 하는 시도를 통해 인간 욕구로 인한 동기에의 이해를 증진시키는 이론들이다.[1]

1) 매슬로의 욕구계층이론

매슬로(Maslow, 1943; 1954)의 욕구계층이론은 인간은 충족되지 못한 욕구를 충족시키기 위해 동기가 유발된다고 보고, 인간의 욕구를 기본적인 욕구인 생리적 욕구부터 상위 욕구인 자아실현 욕구까지 계층적으로 분류하여 설명한 이론이다. 매슬로(Maslow)가 제시한 다섯 개의 욕구는 생리적 욕구, 안전의 욕구, 애정과 소속의 욕구(사회적 욕구), 존경의 욕구, 자아실현 욕구이다.[2] 매슬로(Maslow)는 하위 단계 계층의 욕구를 채우면 다음 단계의 욕

---

1) 이 장의 욕구 이론들은 동기를 유발하는 욕구 내용과 관련된 대표 이론들이다. 이들의 연구에서는 앞서 살펴본 바와 같이 생물학적 욕구, 심리적 욕구, 암묵적 욕구, 준욕구의 차원들을 살펴볼 수 있다.

2) 이후 매슬로(Maslow)는 알고 이해하고자 하는 욕구인 '인지적 욕구(The desires to know and to understand)'와 질서·아름다움·균형을 추구하는 '심미적 욕구(The aesthetic needs)'를 추가하였으며(Maslow, 1954), 타계 직전에는 자기 자신을 초월하여 더 높은 존재의 영역에 연결되고자 하는 영적 욕구로서의 '자기 초월 욕구(The transcendence needs)'를 추가하였다(Maslow, 1962). 이처럼 다양한 욕구들에 대해 매슬로(Maslow)는

구로 옮아 간다고 보았는데, 예를 들면 생리적 욕구가 충족되면 그 욕구의 강도나 중요성이 감소하면서 다음 단계인 안전의 욕구에 대한 강도나 중요성이 높아진다고 보았다. 매슬로(Maslow)의 5개 욕구 계층을 자세히 설명하면 다음과 같으며, 이를 그림으로 표현하면 [그림 5-2]와 같다.

(1) 생리적 욕구(physiological need)
- 정의: 생존에 필요한 가장 기본적인 욕구
- 예시: 갈증, 배고픔, 졸음, 성적 욕구 등

(2) 안전의 욕구(safety need)
- 정의: 위험으로부터 자신을 보호하여 안전과 안정을 얻으려는 욕구
- 예시
  - 두려움·불안·혼돈으로부터의 자유 욕구, 전쟁·질병·자연 재해·범죄·사회 혼란 등 예측 혹은 통제 불가능한 위험을 피하고자 하는 욕구
  - 구조·질서·법칙에 대한 욕구, 안정적 직업을 가지거나 저축 혹은 보험에 가입하는 등 예측 가능하고 질서 있는 조직화된 세상을 선호하는 욕구

(3) 애정과 소속의 욕구(사회적 욕구)(belongingness and love need)
- 정의: 타인과 애정을 주고받고 소속감을 느끼고자 하는 욕구
- 예시
  - 외로움, 배척, 거절 등으로부터 벗어나고자 하는 욕구
  - 친구, 연인, 자녀, 가족, 기타 소속된 집단의 사람들과의 애정 어린 관계에 대한 욕구

(4) 존경의 욕구(esteem need)
- 정의: 능력이나 성취에 따른 자기 존중 욕구와 타인으로부터 존중을 받고자 하는 욕구
- 예시
  - 열등감, 나약감, 무력감을 느끼지 않기 위한 욕구

하위 욕구와 관련되어 부족한 것이 채워지면 멈추는 '결핍동기'와 상위 욕구와 관련되어 삶에서 지속적으로 추구하게 되는 '성장동기'로 구분하기도 하였다(Maslow, 1962). 그러나 이 책에서는 주로 다루어지는 초기의 5개 계층을 중심으로 소개한다.

　　- (자기 존중) 힘, 성취, 세상에 대한 자신감, 독립과 자유 등에 대한 욕구
　　- (타인으로부터의 존중) 명성, 명망, 인정, 관심, 중요성, 존경심 등에 대한 욕구

(5) 자아실현 욕구(need for self-actualization)
- 정의: 자신의 잠재력을 실현하려는 자기 성취 욕구
- 예시: 개인에 따라 발명가, 음악가, 화가, 운동선수, 이상적인 엄마 등을 추구하는 욕구

[그림 5-2] 매슬로의 욕구계층이론

　　매슬로(Maslow)의 욕구계층이론은 조직 입장에서 구성원들의 욕구가 어느 단계에 있는지 살펴 자원을 효율적으로 활용할 수 있는 방안을 제시할 수 있기에 의의가 있다. 예를 들면, 학교장은 교사의 과중된 업무에 따른 수면 시간의 부족으로 인한 생리적 욕구, 급변하는 환경 변화 속에서 안정을 유지하려는 안전의 욕구, 동료 교사로부터 소외되고 싶지 않은 애정과 소속의 욕구(사회적 욕구), 학부모로부터의 전문성 존중 혹은 스스로에 대한 인정을 획득하고 싶은 존경의 욕구, 교사로서의 잠재력을 최대한 이끌어 내고 싶은 자아실현 욕구 중 교사가 현재 머무르고 있는 욕구의 단계가 어디인지를 파악하고 집중적으로 지원할 수 있다.

매슬로 욕구계층이론과 맥그리거의 X-Y이론

맥그리거(McGregor, 1957; 1960)는 매슬로(Maslow)의 욕구계층이론에서 알 수 있듯이 낮은 수준의 욕구가 충족된 사람은 더 이상 그 욕구를 충족시킬 동기가 없기 때문에, 관리자가 직원의 생리적 욕구와 안전의 욕구를 충족시켜 주었다면 더 이상 강압이나 임금 및 근무 조건 등의 과학적 관리론 관점의 장치로는 동기 부여를 할 수 없다고 보았다. 따라서 어느 정도 하위 욕구가 충족된 현대 사회에서는 과학적 관리론 관점이라는 기존 관리 철학과 방식은 더 이상 작동하지 않으며, 사회적 욕구와 자기에 대한 욕구에 초점을 둔 새로운 관리 철학과 방식이 필요하다고 보았다.

맥그리거(McGregor)는 생리적 욕구와 안전 욕구 중심의 인간관을 'X이론'이라고 칭하고, 사회적 욕구와 자기에 대한 욕구 중심의 인간관을 'Y이론'이라 칭했다. X이론은 인간이 선천적으로 일하기 싫어하고 자기중심적이므로, 조직을 관리하기 위해 직무에 대한 보상, 처벌, 통제 등의 방식을 활용해야 한다고 보았다. Y이론은 인간이 선천적으로 일을 싫어하지 않고 목적에 헌신하기 위해 스스로를 통제하므로, 조직을 관리하기 위해 자기 주도성을 발휘할 수 있는 기회 창출, 방해물 제거, 성장 장려 등의 방식을 활용해야 한다고 보았다.

이 이론을 학교장의 관점과 관리 방식에 적용해 보면, X이론 관점을 지닌 학교장은 교사들이 책임보다는 지시를 좋아하는 수동적 자세를 가졌다고 생각하며, 상세한 지시와 보상 및 처벌 기제를 통해 교사를 통제하는 관리 양상을 보일 것이다. 반면, Y이론 관점을 지닌 학교장은 교사의 능력과 책임감을 신뢰하고 그들이 스스로 업무에 관한 중요한 결정을 내릴 수 있다고 믿으며, 교사에게 자율성과 주도성을 제공하고 그들이 탁월한 업무 수행을 할 수 있도록 지원하는 역할에 충실할 것이다.

2) 알더퍼의 E.R.G. 이론

알더퍼(Alderfer, 1969)의 E.R.G. 이론(Existence, Relatedness, and Growth Theory)은 매슬로(Maslow)의 안전 욕구와 존중 욕구가 다른 욕구들에 중첩된다고 보아 인간의 욕구를 존재, 관계, 성장이라는 세 개의 욕구 범주로 다시 분류하고 여러 욕구를 동시에 경험할 수 있다고 제시하였다. 이러한 알더퍼(Alderfer)의 이론은 매슬로(Maslow)의 이론과 크게 다음과 같은 세 가지 점에서 차별점을 지닌다. 첫째, E.R.G. 이론 또한 계층적 아이디어를 내포하나 상위 욕구 충족을 위해 반드시 하위 욕구 충족이 이루어져야 하는 등 계층이 엄격한 순서를 따른다고 보지는 않는다. 둘째, 상위 욕구의 좌절은 하위 욕구를 추구하게 만들 수 있다고 본다. 셋째, 존재 욕구의 좌절이 존재 욕구를 강화시키거나 성장 욕구의 충족이 성장 욕구를 강화시키는 등 세 가지의 욕구 범주 자체가 다른 결과를 낳을 수 있다고 본다. 알더퍼(Alderfer)의 욕구 범주는 다음의 설명과 같이 세 개의 범주로 구성되며, 이를 그림으로 표현하면 [그림 5-3]과 같다.

(1) 존재 욕구(existence need)

- 정의: 기본적인 생존 욕구
- 특징: 자원이 한정되어 있을 때에는 한 명이 얻으면 한 명이 잃는 구조
- 범위: 생리적 욕구, 안전 욕구 중 신체적·물질적 욕구
- 예시: 갈증과 배고픔을 해소하려는 욕구, 급여나 작업 환경에 대한 욕구 등

(2) 관계 욕구(relatedness need)

- 정의: 의미 있는 타인과의 상호 관계에 대한 욕구
- 특징: 공유(sharing)와 상호성(mutuality)의 과정이라는 점에서 존재 욕구 특징과 차이
- 범위: 안전 욕구 중 대인 관계 관련 욕구, 애정과 소속의 욕구(사회적 욕구), 존경 욕구 중 타인 반응 의존 욕구
- 예시: 가족·상사·동료·부하·친구·적 등과 따뜻함이나 친근함 혹은 분노나 적대감 등 인정·지지·이해 및 그 외 영향들을 주고받는 과정(관계 욕구의 반대는 거리감이 있거나 유대감이 부족한 느낌)

(3) 성장 욕구(growth need)

- 정의: 자신의 역량을 발휘·개발함으로써 개인적인 발전·성장을 추구하는 욕구
- 범위: 존경 욕구 자기 충족 관련 욕구, 자아실현 욕구
- 예시: 전체성(wholeness), 충만함(fullness) 등

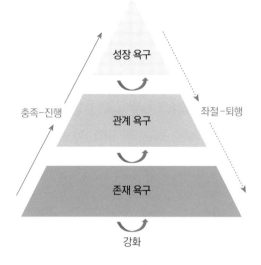

[그림 5-3] 알더퍼의 E.R.G. 이론

　　알더퍼(Alderfer)의 E.R.G. 이론을 학교 상황에 대입해 보면, 교사가 사회로부터의 존경이라는 관계 욕구를 상실했을 때 물질적 보상 등과 같은 존재 욕구에 집중하는 것으로 퇴행하거나 결핍된 관계 욕구를 더 강하게 추구하는 방향으로 변화할 수 있다는 점을 고려하여 상위 욕구 자체를 잘 관리할 수 있어야 한다. 그리고 교사 개인별로 존재 욕구, 관계 욕구, 성장 욕구가 어느 정도 수준인지를 면밀히 살펴보고, 각각의 욕구들이 충족될 수 있도록 종합적인 지원 방안을 마련할 수 있다.

3) 허즈버그의 동기-위생이론

　　허즈버그(Herzberg, 1968)의 동기-위생이론은 직무 환경이 아닌 직무 내용과 관련된 욕구가 동기 부여를 할 수 있다고 보는 이론이다. 허즈버그(Herzberg)는 당시 주를 이루던 'KITA(Kick in the asses)'의 방식에 반박하였는데, 신체적 폭력이나 심리적 고통을 유발하는 언어나 행동 등의 부정적 KITA와 인센티브나 승진 등의 보상을 통한 긍정적 KITA는 행동을 야기할 수는 있지만 직원이 스스로 움직이게 하는 동기 부여를 하지는 못한다고 보았다. 이에 따라 허즈버그(Herzberg)는 '위생요인(KITA)'과 '동기요인'을 나누어 이 둘을 양극단에 위치한 반대 관계가 아닌 다른 두 차원의 독립적인 개념으로 보아, 위생요인은 업무 불만족을 없애는 요인인 한편, 동기요인은 업무 만족을 증진시키는 요인이라고 설명하였다. 이는 위생요인이 충족되는 경우 직무 불만족은 감소되나 직무 만족이 증가하지는 않으며, 동기요인이 충족되는 경우 직무 만족은 증가하나 직무 불만족은 감소할 수 없음을 의미한다.

허즈버그(Herzberg)는 12회의 서로 다른 실험을 통해 총 1,685명에게 특정 항목들이 극도의 만족 혹은 극도의 불만족 중 어디에 속하는지 질문한 결과, 업무 만족 관련 항목 81%가 동기요인과 관련 있고 업무 불만족 관련 항목 69%가 위생요인과 관련 있음을 실증적으로 밝히기도 하였다. 이러한 허즈버그(Herzberg)의 동기-위생이론은 다음의 설명과 같으며, 이를 그림으로 표현하면 [그림 5-4]와 같다.

(1) 위생요인(KITA)(hygiene factor)

- 정의: '업무 불만족'으로 이어지는 요인들로 '직무 환경'과 관련
- 특징: 동물적 본능 욕구(고통 도피 욕구, 조건화된 생물학적 욕구)와 관련
- 예시: 업무 환경, 임금, 지위, 고용 안정, 상사·동료·부하직원과의 관계 등

(2) 동기요인(motivator factor)

- 정의: '업무 만족'으로 이어지는 요인들로 '직무 내용'과 관련
- 특징: 인간 고유의 특성 욕구(성취 및 정신적 발전 추구 욕구)와 관련
- 예시: 승진, 성취, 발전, 인정, 책임감 등

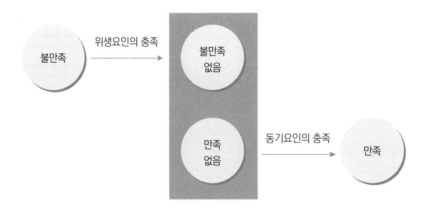

[그림 5-4] 허즈버그의 동기-위생이론 모형

허즈버그(Herzberg)의 동기-위생이론은 기존 인사관리 이론의 문제를 지적하며, 효과적 인사 활용을 위해 직무 내용의 변화와 관련된 '직무 충실화(job enrichment)'를 제안한다. 직무 충실화는 직원이 기존의 업무를 독립적·자율적으로 수행하도록 하고, 그 과정에서의 어려움을 지원해 주며 심리적 성장 기회를 형성하는 '수직적 직무 확대(vertical job loading)'를 통해 이루어질 수 있다. 예를 들어, 관리자의 확인 작업 생략, 개성 있는 형태의 업무 수행 권장, 주제별 전문가를 통한 문제 발생 시 지원 등이다. 이는 다양하고 포괄적인 업무를 담당하게 하는 등 직원의 권한이나 책임은 줄이고 업무를 구조적·양적으로 확장하는 방식인 '수평적 직무 확대(horizontal job loading)'를 통한 '직무 확대(job enlargement)'와는 차이가 있다.

허즈버그(Herzberg)의 동기-위생이론을 교육정책에 적용해 보면 학교 교사의 불만족을 감소시키는 방법과 교사의 만족을 증가시키기 위한 방법을 구분하여 정책을 기획할 수 있다. 교사의 불만족을 감소시키기 위해서는 환경 요인으로서 지위 안정 및 행정 업무 감경 등의 방안을 마련할 수 있고, 교사의 만족을 증가시키기 위해서는 직무와 관련된 요인인 성취나 발전 혹은 인정의 경험을 제공하는 방안을 고안할 수 있다. 성취나 발전 혹은 인정의 경험을 제공하기 위해서는 직무 충실화의 관점에서 업무의 독립성과 자율성을 보장하여 교사의 개성 있는 업무 수행이 가능토록 하는 동시에 문제 경험에 대한 적극적인 지원을 하는 정책이 필요하다.

지금까지 살펴본 내용이론들을 비교하면 [그림 5-5]와 같다. 욕구 이론 간 관계에 대해서는 학자들에 따라 연결 방식이 조금씩 다르나, 대체적으로는 다음과 같이 분류한다.

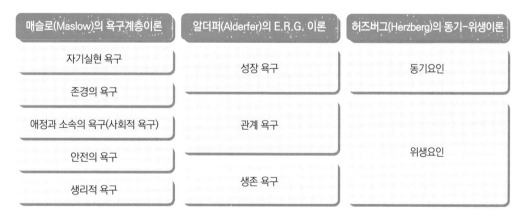

[그림 5-5] 내용이론 간의 관계

출처: Langton, Robbins, & Judge (2012), p. 138의 그림 수정·보완.

2. 과정이론

동기를 설명하는 대표적인 과정이론(process theory)은 아담스(Adams)의 공정성이론, 브룸(Vroom)의 기대이론, 로크와 라탐(Locke & Latham)의 목표설정이론이다. 이들은 욕구가 행동으로 이어지는 과정이라는 블랙박스를 인지적 차원에서 밝히고자 하였다.[3]

1) 아담스의 공정성이론

아담스(Adams, 1963)의 공정성이론은 인지부조화 이론에 초점을 맞추어 조직 구성원들이 경험하는 분배적 공정성에 따라 이후의 행동을 조정한다고 보는 이론이다. 조직 구성원은 자신이 지각한 투입 대비 산출의 비율을 타인의 지각된 투입 대비 산출의 비율과 비교하여, 양쪽의 비율이 같으면 공정하다고 보아 만족하지만 양쪽의 비율이 같지 않으면 불공정하다고 인식해 불균형 상태로 인한 긴장을 해소하기 위한 행동을 한다고 본다. 여기서 투입이란 과업 수행을 위한 교육·훈련 수료나 업무 수행 노력 등의 방식으로 조직 목적 달성을 위해 기여하는 것을 의미하고, 산출이란 조직으로부터 받는 과업 수행 결과인 보수나 승진 혹은 부가적 혜택이나 인정 등을 의미한다. 이때, 공정성은 실제 투입 대비 산출이 아닌 개인이 지각한 투입 대비 산출로서 주관적인 판단이므로 같은 결과에 대해서도 개인과 문화에 따라 차이가 존재할 수 있다.

아담스(Adams)가 제시한 자신과 타인의 투입 대비 산출 인식 정도에 따라 개인이 경험하는 불평등 수준은 〈표 5-3〉과 같다. 표에 따르면, 첫째, 불평등은 자신 혹은 타인의 과소 보상뿐만 아니라 과대 보상의 상황에서도 발생할 수 있으며, 과대 보상의 경우 어느 정도의 부조화는 행운으로 합리화되므로 과소 보상의 경우보다 덜 민감하게 지각될 수 있다. 둘째, 자신과 타인의 투입 대비 산출 비율이 유사할 때 공정성을 느끼고 자신과 타인의 투입 대비 비율이 다를 때 불공정을 느끼므로 자신의 낮은 노력 대비 낮은 보상과 타인의 높은 노력

---

3) 이 장의 과정이론들은 동기를 유발하는 인지 과정과 관련된 대표 이론들이다. 아담스(Adams)의 공정성이론은 인지부조화라는 사고방식을 바탕으로 하는 행동 계획 혹은 목표 이탈 과정을 보여 주고, 브룸(Vroom)의 기대이론은 기대-가치 모형이라는 개인적 통제 신념을 중심으로 설명하며, 로크와 라탐(Locke & Latham)의 목표설정이론은 목표 및 설정 추구라는 인지 과정을 드러낸다.

대비 높은 보상 상황 혹은 그 반대에서도 개인은 공정성을 느낄 수 있다(*). 셋째, 불평등의 정도와 관련하여 자신과 타인의 투입 혹은 자신과 타인의 산출 수준 중 하나만 불일치할 때보다 투입과 산출 수준이 모두 불일치할 때 더 큰 불공정을 경험할 수 있다(**).

〈표 5-3〉 자신과 타인의 투입 대비 산출 인식 정도(투입-산출)에 따라 개인이 경험하는 불평등 수준

자신＼타인	저-고	고-저	저-저	고-고
저-고	0	2**	1	1
고-저	2**	0	1	1
저-저	1	1	0	0*
고-고	1	1	0*	0

※ 0보다 1의 상황에서, 1보다 2의 상황에서 불공정을 느낌.
출처: Adams (1963), p. 425.

개인이 불공정을 느끼는 경우 그 크기에 비례한 긴장감을 경험하게 되며, 그 긴장감을 줄이고자 특정 행동을 하기 위한 동기를 부여받는다. 이러한 불공정성을 감소시키는 방법에는 자신 혹은 타인의 투입이나 산출 조정, 자신 혹은 타인의 투입이나 산출에 대한 인지 왜곡, 자신의 조직 이탈 혹은 타인의 조직 이탈 유도, 비교 대상의 변경 등이 있다.

아담스(Adams)의 공정성이론을 학교에 적용해 보면, 교사들은 다양한 대상들과 자신들을 비교할 수 있으나 특히 같은 학교의 다른 교사들과 스스로를 비교할 확률이 크므로 그들과의 투입 대비 산출 비율이 공정하다고 느끼도록 하는 방안을 고안할 필요가 있다. 예를 들어, 교사들의 업무량 혹은 업무 난이도 대비 성과급 등의 보상에 대한 배분이 공정하게 이루어질 수 있도록 노력해야 하는데, 이를 위해 업무 할당 및 보상 지급의 원칙과 절차를 투명하게 공유하거나 교사에게 업무 배분에 대한 의견을 표명할 수 있는 기회를 더욱 적극적으로 제공하며 조정 노력을 하는 등의 다양한 시도를 할 수 있다.

2) 브룸의 기대이론

브룸(Vroom, 1964)의 기대이론은 기존의 동기이론에서 부족하였던 행동의 선택이나 방향에 대한 보다 구체적인 설명을 제공한다. 브룸(Vroom)의 기대이론은 우리가 불확실한 결과를 수반하는 여러 대안 중에서 하나의 행동을 하기로 결심할 때, 행동에 의해 결과가 발

생활 가능성과 그 결과에 대한 선호도를 고려한다고 본다. 즉, 기대이론은 특정 행동이 어떠한 결과를 초래할 가능성에 대한 주관적 확신인 '기대감(expectancy)'과 그 결과에 대한 선호 개념으로서 욕구 혹은 매력의 강도와 같은 정서적 지향인 '유의성(valence)'의 함수에 의해 결정된다고 가정한다.

이때, '유의성(valence)'은 그 결과를 획득함으로써 또 다른 후속 결과를 얻을 수 있을 것이라는 주관적 믿음인 '수단성(instrumentality)'과 그 후속 결과에 대한 선호도인 후속 결과에의 유의성의 함수로 이루어진다고 본다. 여기서의 수단성은 결과와 후속 결과의 연관성(outcome-outcome association)이라는 점에서 행동과 결과의 연관성(action-outcome association)인 기대감과는 차이가 있다.

기대감, 수단성, 유의성 요인이 모두 높을 때 가장 강한 동기가 유발될 수 있기에 브룸(Vroom)의 기대이론은 VIE 이론(Valence-Instrumentality-Expectancy theory)으로 불리기도 한다. 세 요인의 구체적인 범위를 살펴보면 〈표 5-4〉와 같으며, 세 요인 간의 함수 관계를 도식화하면 [그림 5-6]과 같다.

〈표 5-4〉 기대감, 수단성, 유의성의 범위

기대감 (expectancy)	1: 행동이 결과를 가져오는 게 확실하다는 주관적 확신 0: 행동이 결과를 가져오지 않을 것이라는 주관적 확신
수단성 (instrumentality)	+1: 결과가 후속 결과 달성을 위한 필요충분조건이라는 믿음 -1: 결과가 없을 때 후속 결과를 달성할 수 있다는 믿음 　　혹은 결과가 있을 때 후속 결과를 달성할 수 없다는 믿음
유의성 (valence)	+: 결과를 갖는 것을 더 선호할 때 0: 결과를 갖든 안 갖든 관심이 없을 때 -: 결과를 갖지 않는 것을 더 선호할 때

출처: Vroom (1964), pp. 21-22의 내용 종합·정리.

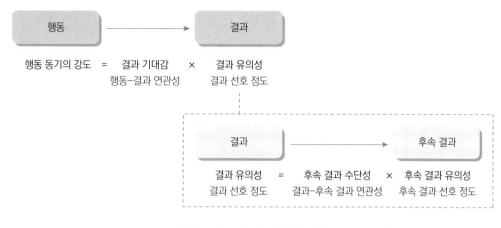

[그림 5-6] 브룸의 기대이론 모형

출처: Vroom (1964), pp. 20, 22를 바탕으로 하여 그림.

브룸(Vroom)의 기대이론을 학생 학업성취도 향상을 위해 교사가 전문성을 개발하도록 동기 부여하는 상황에 적용해 보면 다음과 같다. 우선, 결과 기대감 및 유의성 차원에서, 학교장은 교사들에게 학생 학업성취도 향상의 중요성을 공유하고, 교사의 전문성 개발이라는 행동이 학생들의 학업성취도 향상이라는 결과로 이어질 것이라는 믿음을 제공할 수 있다. 다음으로 후속 결과 수단성 및 유의성 차원에서, 학교장은 교사들마다 학생의 학업성취도 향상이 자신에게 어떤 후속 결과를 가져다주기 원하는지 파악하고(예: 성과급 혹은 평가 점수, 내적 보람 등), 학업성취도 향상이라는 결과와 교사가 기대하는 후속 결과가 이어질 수 있다는 믿음을 부여하기 위한 방식으로 학교 정책을 구성할 수 있다(예: 성과급 혹은 평가 점수와의 연동, 학업성취도 향상에 따른 학생 변화에의 감사 표현 등).

3) 로크와 라탐의 목표설정이론

로크와 라탐(Locke & Latham, 1990)의 목표설정이론은 기존의 동기이론들이 잠재의식 수준의 욕구나 가치에 주목하여 행동으로 이어지는 과정을 뚜렷하게 보여 주지 못했다고 생각하며, 보다 의식적인 수준에서 행동을 야기하는 '목표'와 '의도'라는 요소를 통해 동기 메커니즘을 설명하고자 하였다.

목표설정이론은 성공적인 목표의 특성, 목표 설정으로부터 발생하는 목표 달성 과정, 그 과정을 효과적으로 만드는 조절 요인들, 그리고 과업 결과와 가치 등의 비교를 통한 피드백의 과정 등을 설명한다. 성공적인 목표의 특성은 구체적이고 도전적이며, 이러한 목표 설정은 과업에 대한 주의 집중(direction), 노력 동원(intensity), 지속성 향상(duration)과 더불어 구체적 과업 전략 개발이라는 목표 달성을 위한 동기 발생 효과를 가져온다. 이때, 구체적이고 도전적인 목표가 최상의 효과로 이어지게 하는 경우는 개인이 높은 능력을 가지고 몰입하며 헌신할 때, 목표와 관련된 과정을 보여 주는 피드백이 제공되었을 때, 과업이 단순하고 수행에의 장애물이 없을 때 등이다. 이후 성과는 보상이나 업무에 대한 일의 의미 등 과업 가치에 대한 개인의 평가에 따라 만족 혹은 불만족으로 이어지며, 이러한 만족 혹은 불만족은 다양한 개인 및 조직 차원의 과정을 통해 조직 헌신 혹은 새로운 도전에의 의지 등의 결과를 낳는다.

정리하자면, 목표설정이론은 구체적이고 도전적인 목표를 설정했을 때 이에 대한 헌신이 이루어지며, 다양한 조절 요인과 매개 요인이 연계될 때 높은 성과와 만족으로 이어질 수 있음을 설명한다. 이러한 메커니즘을 정리한 '높은 성과 사이클(high performance cycle)' 모델은 [그림 5-7]과 같다.

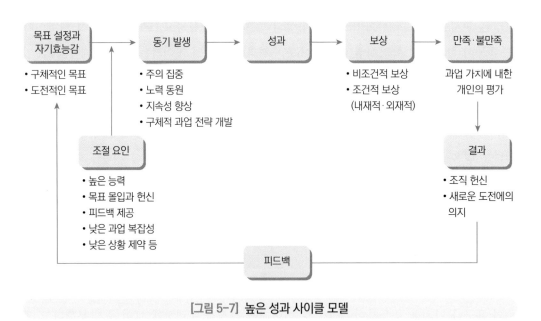

[그림 5-7] 높은 성과 사이클 모델

출처: Locke & Latham (1990), p. 253의 그림 수정·보완.

로크와 라탐(Locke & Latham)의 목표설정이론은 학교장이 학교에 새로운 교수 방법을 도입하고자 교사에게 동기 부여하는 상황에 적용될 수 있다. 우선 학교장은 교사들이 새로운 교수 방법을 학습하고 적용하는 구체적이고 도전적인 목표를 설정하도록 지원하고, 교사들이 해낼 수 있다는 언어적 설득과 실제 작은 수행 성취 경험 등을 통해 자기효능감을 촉진할 수 있다. 그리고 교사들이 새로운 교수 방법에 몰입하고 헌신할 수 있도록 돕는 피드백을 제공하고, 새로운 교수 방법을 시행함으로써 발생하는 행정 업무 등의 상황 제약을 최소화할 수 있다. 그 과정에 대한 구체적인 피드백을 제공하는 등의 노력을 할 수 있다.

제3절 • 자기결정성이론과 교직 동기

> **?** 핵심 질문 4) 교직 동기는 일반적으로 어떻게 설명되는가?

국내 · 외 문헌에서의 교직 동기 분류를 살펴보기에 앞서 그 바탕이 되는 데시와 라이언(Deci & Ryan)의 자기결정성이론(Self-Determination Theory: SDT)을 살펴보고자 한다. 자기결정성이론은 동기 상태의 종류를 자기결정성을 기준으로 연속선상에 제시하며, 자기결정성이 없는 통제된 동기로부터 자기결정성이 높은 자율적 동기로 갈수록 무동기, 외재적 동기, 내재적 동기의 형태를 띤다고 보았다(Ryan & Deci, 2000; Ryan & Deci, 2004). 구체적인 내용은 〈표 5-5〉와 같다.

〈표 5-5〉 자기결정성이론 동기

무동기(amotivation)		행동하려는 의도가 부족한 상태
외재적 동기 (extrinsic motivation)	외적 규제 (external regulation)	보상을 받거나 처벌을 피하기 위해 행동하는 매우 높은 수준의 통제된 동기 상태
	부과된 규제 (introjected regulation)	죄책감 혹은 불안을 피하거나 자존감을 얻기 위해 행동하는 다소 높은 수준의 통제된 동기 상태
	확인된 규제 (identified regulation)	행동의 중요성에 대한 인식으로 규제를 받아들이는 동기 상태
	통합된 규제 (integrated regulation)	행동을 스스로의 가치나 필요로 동화시켰으나, 여전히 행동이 목적을 위한 수단이라는 점에서 내재적 동기라 볼 수 없는 상태
내재적 동기(intrinsic motivation)		스스로의 즐거움과 업무 자체에의 흥미로 추동되는 높은 자율적 동기의 상태

출처: Ryan & Deci (2000)와 Ryan & Deci (2004)의 내용 종합 · 정리.

이와 관련해 국내 · 외 교직 동기 관련 연구에서는 교직 동기를 〈표 5-6〉과 같이 수동적, 외재적, 이타적, 내재적 동기로 분류해 왔다. 수동적 동기는 타인의 권유나 상황적 여건에 의해 교직을 선택하여 자발적 의지가 부족한 경우를 의미하고, 외재적 동기는 일 자체보다 외부적 요인인 사회적 지위나 직업적 안정성 등으로부터 유발되는 동기이며, 이타적 동기란 학생 성장과 발전을 돕고 사회 개선에 기여하고 싶은 욕구에서 오는 동기이고, 내재적 동기란 가르치는 일을 즐거워하고 전공 지식이나 전문성을 교수-학습 활동에 활용하는 데에서 오는 즐거움을 추구하는 동기이다(이쌍철, 김혜영, 홍창남, 2012).

〈표 5-6〉 국내 · 외 교직 동기 관련 연구에서의 구분

구분	신정철, 송경오, 정지선 (2007)	이쌍철, 김혜영, 홍창남 (2012)	박희진, 이문수 (2019)	OECD TALIS (2019)
수동적		수동적 동기		
외재적	외재적 동기	외재적 동기	외재적 동기	개인적 유용성 동기
이타적	이타적 동기	이타적 동기		사회적 유용성 동기
내재적	내재적 동기	내재적 동기	내재적 동기	

제4절 • 요약 및 적용

1. 요약

1) 동기의 정의 및 메커니즘

- '동기'란 인간 행동의 활력(energy), 방향(direction), 지속성(persistence)을 이끄는 유기체의 내적 상태이다. '동기 부여'란 이러한 동기 상태가 되도록 하는 것을 의미한다.
- '동기의 메커니즘'을 살펴보면, 특정 동기를 유발하는 선행 조건으로 인해 욕구 · 인지 · 정서의 내적 과정인 동기 상태가 발현되며, 이러한 동기 상태는 접근 혹은 회피 충동을 제공함으로써 방향 · 활력 · 지속성을 지닌 동기 결과로 표출된다.

2) 내용이론과 과정이론

- 동기를 설명하는 이론들은 크게 내용이론과 과정이론으로 나뉜다. 동기를 추동하는 인간의 욕구 내용과 관련된 대표적인 '내용이론'은 매슬로(Maslow)의 욕구계층이론, 알더퍼(Alderfer)의 E.R.G. 이론, 허즈버그(Herzberg)의 동기-위생이론이다. 동기를 추동하는 인간의 인지 과정과 관련된 대표적인 '과정이론'은 아담스(Adams)의 공정성이론, 브룸(Vroom)의 기대이론, 로크와 라탐(Locke & Latham)의 목표설정이론이다.

- 매슬로(Maslow)의 '욕구계층이론'은 충족되지 못한 욕구로부터 동기가 발생한다고 보며, 인간의 욕구를 생리적 욕구, 안전의 욕구, 애정과 소속의 욕구(사회적 욕구), 존경의 욕구, 자아실현 욕구로 계층화하였다.

- 알더퍼(Alderfer)의 'E.R.G. 이론'은 인간의 욕구를 존재 욕구, 관계 욕구, 성장 욕구로 구분하였는데, 상위 욕구가 충족되기 위해서 하위 욕구가 반드시 충족될 필요가 없고, 상위 욕구가 계속 충족되지 않으면 하위 욕구를 찾게 될 수 있다고 보았다.

- 허즈버그(Herzberg)의 '동기-위생이론'은 업무 불만족과 관련된 직무 환경이 아닌 업무 만족과 관련된 직무 내용에 대한 욕구가 동기 부여를 할 수 있다고 보고, 각각을 독립적으로 존재하는 두 차원의 요인인 위생요인과 동기요인으로 명명하였다.

- 아담스(Adams)의 '공정성이론'은 조직 내 개인은 자신의 지각된 투입 대비 산출의 비율을 타인의 지각된 투입 대비 산출의 비율과 비교해, 양쪽의 비율이 같지 않으면 불공정하다고 인식하고 불균형 상태로 인한 긴장을 해소하기 위한 동기를 가진다고 본다.

- 브룸(Vroom)의 '기대이론'은 동기 유발의 강도가 행동과 결과의 관계에 대한 '기대감'과 결과 자체에 대한 선호인 '유의성'의 함수로 인해 결정되며, 여기서의 유의성은 그 결과가 후속 결과로 이어질 것에 대한 믿음인 '수단성'과 후속 결과 자체에 대한 선호인 후속 결과에의 '유의성'으로 이루어진다 보았다.

- 로크와 라탐(Locke & Latham)의 '목표설정이론'은 목표를 설정함으로써 발생하는 목표 달성 의도를 동기라고 보며, 조직 구성원의 동기를 부여하기 위해 명확한 목표의 설정, 조직 구성원의 자기효능감 증진, 조직 구성원에 대한 피드백 제공과 방해물 제거 등의 지원이 필요함을 강조한다.

3) 자기결정성이론과 교직 동기

- 데시와 라이언(Deci & Ryan)의 '자기결정성이론'은 동기를 무동기, 외재적 동기, 내재적 동기로 나누며, 이와 관련해 국내·외 교직 동기 관련 연구에서는 교사의 동기를 수동적, 외재적, 이타적, 내재적 동기로 나눈다.

2. 적용

1) 서술형 문제

- 내용이론 간의 관계를 욕구 개념을 중심으로 비교하며 설명하시오.
- 과정이론들을 동기 유발 인지 과정에 초점을 맞추어 차례대로 설명하시오.

2) 토론 문제

- 교육행정에서 왜 동기가 중요한지 논하시오.
- 본인 혹은 우리나라 교원들을 떠올렸을 때, 어떤 교직 동기가 큰 비중을 차지하고 있고 그 동기를 가장 잘 설명할 수 있는 동기이론이 무엇인지 논하시오.
- 자신이 학교장이라고 가정했을 때, 학교 교사들의 동기를 부여하기 위해서는 어떤 노력이 필요할지 하나의 이론을 선택하여 그 관점에서 논하시오.
- 다양한 동기이론을 종합적으로 고려했을 때, 교육정책 수립 시 주의하여야 할 사항을 논하시오.

제 **6** 장

의사소통과 의사결정

의사소통과 의사결정은 조직의 효과적인 목표 달성을 위해 교육행정에서 매우 중요한 과정에 해당한다. 의사소통이란 두 명 이상의 조직 구성원 사이에서 정보 또는 메시지를 전달·교환하는 과정이며, 의사결정이란 조직의 문제를 해결하기 위하여 여러 가지 대안 중에서 최선의 대안을 선택하는 과정을 의미한다. 효과적인 의사결정을 내리기 위해서는 효과적인 의사소통이 선행되어야 하며, 의사결정의 실행은 조직 내 원활한 의사소통을 통해 이루어진다는 점에서 의사소통과 의사결정은 밀접하게 관련되어 있다. 이러한 점에서 도시(Dorsey, 1957, p. 309)는 "행정을 연속적인 의사결정들의 과정이라고 정의하고, 의사결정이란 기본적으로 의사소통 현상이라고 한다면, 행정이란 곧 의사소통 과정"이라는 삼단논법을 전개한 바 있다. 기본적으로 의사소통은 개인 간 상호작용을 활발하게 해 줄 뿐만 아니라 조직 내 협력을 촉진하고, 정보를 제공하여 의사결정 시 더 나은 결정을 내리는 데 기여한다. 이처럼 효과적으로 조직을 운영하기 위해서는 원활한 의사소통과 상황에 적합한 의사결정이 이루어지는 것이 중요하다는 점에서 의사소통과 의사결정의 주요 내용들에 대해 이해할 필요가 있다. 이 장에서 의사소통과 의사결정의 주요 개념과 핵심 내용, 효과적인 의사소통과 의사결정을 위한 방안 등에 대해 학습함으로써 조직의 목적을 효과직으로 달성하는 데 기여할 수 있을 것이다.

의사소통 및 의사결정과 관련된 핵심 질문 열 가지는 다음과 같다.

핵심 질문 1. 의사소통이란 무엇인가?
핵심 질문 2. 의사소통은 어떠한 과정을 통해 이루어지는가?
핵심 질문 3. 의사소통은 어떻게 유형화될 수 있는가?
핵심 질문 4. 의사소통망은 무엇이며, 그 형태로 무엇이 있는가?
핵심 질문 5. 의사소통의 장애 요인은 무엇이며, 장애 요인을 어떻게 극복할 수 있는가?
핵심 질문 6. 의사결정이란 무엇인가?
핵심 질문 7. 의사결정 과정은 어떻게 이루어지며, 의사결정 유형에는 무엇이 있는가?
핵심 질문 8. 조직 내 의사결정을 설명해 주는 모형은 무엇인가?
핵심 질문 9. 참여적 의사결정 모형이란 무엇인가?
핵심 질문 10. 의사결정의 제약 요인은 무엇이며, 이를 극복하기 위한 방법은 무엇인가?

이제부터 각 질문에 대한 답을 차례대로 살펴보고자 한다.

제1절 • 의사소통

? 핵심 질문 1) 의사소통이란 무엇인가?

1. 의사소통의 개념

의사소통(communication)은 라틴어 'communis'에서 유래된 말로 '공통' 또는 '공유'라는 뜻을 지닌다. 이는 두 사람 이상이 의사소통을 통해 공통된 의견(common opinion)을 가진다는 것을 의미한다. 즉, 둘 또는 그 이상의 사람들이 정보 또는 의미를 주고받는 과정을 통해 공통된 이해에 도달함으로써 메시지나 생각, 태도 등을 공유하게 되는 것이다(Lewis, 1975). 조직에서 의사소통이 중요한 이유는 의사소통을 통하여 조직 구성원 간 공통된 의미를 형성할 뿐만 아니라 서로의 행동에 영향을 주게 됨으로써 협동을 가능하게 하여 조직을 유지시킬 수 있기 때문이다(박병량, 주철안, 2012, p. 271).

그러나 전통적 조직 이론인 고전이론에서는 행정 과정으로서 의사소통의 중요성이 간과되었었다. 그리피스(Griffith, 1979, p. 300)에 따르면, 고전이론에서는 하향적 의사소통만을 강조하였기 때문에 수평적 의사소통과 상향적 의사소통은 무시될 수밖에 없었다. 제2장에서 살펴본 행정관리론의 대표적인 학자인 페이욜(Fayol), 굴릭(Gulick)과 어윅(Urwick) 모두 의사소통을 행정 과정의 중요한 요소로 포함시키지 않았었다. 이러한 상황에서 조직의 핵심 요소로 상호 간 의사소통의 중요성에 주목한 학자는 버나드(Barnard)였다. 그는 조직의 3대 요소로 ① 공동의 목적, ② 봉사하려는 의사, ③ 의사소통을 포함시킴으로써 의사소통이 조직운영에서 중요한 활동으로 자리매김하는 데 기여하였다(안병환 외, 2012, p. 177). 즉, 공동의 목적을 위해 기꺼이 봉사하려는 사람들이 모여 상호 간 의사소통이 이루어질 때 조직이 발생한다고 바라본 것이다. 버나드(Barnard)의 제자 사이먼(Simon) 또한 의사소통이란 "의사결정의 전제들이 조직의 한 구성원으로부터 다른 구성원에게 전달되는 모든 과정"으로 정의하면서(Simon, 1947) 의사소통 없는 조직은 존재할 수 없음을 강조하였다.

기본적으로 의사소통이란 공통으로 의미 있는 정보를 전달하는 것(이형행, 1988)으로, "사람들 간의 감정, 태도, 사실, 신념, 생각 등을 전달하는 과정"(안병환 외, 2012, p. 176)을 의미한다. 사이먼(Simon)은 『관리행동론-조직의 의사결정 과정 연구』(1947)라는 저서에서 의사소통의 개념을 광의의 의사소통과 협의의 의사소통으로 구분하였다. 광의의 의사소통이란 사람과 사람, 사람과 기계, 기계와 기계 사이에 폭넓게 이루어지는 정보의 이전 과정을 뜻하며, 협의의 의사소통은 사람과 사람에 한정하여 정보나 의견 및 감정이 교환되는 것을 지칭한다(Simon, 1947).

보다 세부적으로 의사소통의 정의는 의사소통을 바라보는 이론적 관점에 따라 서로 다른 방식으로 규정될 수 있다(차배근, 1991; 이상기, 옥장흠, 2000). 의사소통의 이론적 관점은 크게 구조적 관점, 기능적 관점, 의도적 관점으로 구분될 수 있는데, 이러한 관점에 따른 의사소통의 정의는 다음과 같다.

- 구조적 관점: 구조적 관점은 의사소통을 송신자로부터 수신자에게 메시지가 전달되는 과정으로 간주하고, 구조(송신자-메시지-수신자) 자체에 초점을 맞추는 것이다. 이 관점에 따르면, 의사소통은 메시지를 교환하는 과정으로 정의할 수 있다.
- 기능적 관점: 기능적 관점은 의사소통을 사람들이 기호를 사용하는 행동 그 자체로 바라보고, 기호화와 해독 과정에 중점을 두는 것이다. 이 관점에 따르면 의사소통이란 자극에 대한 유기체의 분별적 반응(Stevens, 1950)으로 정의할 수 있다.
- 의도적 관점: 의도적 관점은 의사소통을 한 사람이 다른 사람에게 의도적으로 영향을 미치기 위하여 계획된 행동으로 바라본다. 이 관점에 따르면, 의사소통은 한 개인이 다른 사람들의 행동을 변화시키기 위하여 자극을 전달하는 과정(Hovland, Janis, & Kelley, 1953)으로 규정된다.

이처럼 의사소통은 어떠한 이론적 렌즈로 바라보느냐에 따라 그 초점이 달라지며, 정의 역시 달라진다. 그러나 서로 다른 정의 속에서도 공통적으로 다뤄지는 의사소통의 구성 요소가 존재한다. 라스웰(Lasswell)은 「사회 내 의사소통의 구조와 기능」(1948)이라는 논문에서 의사소통이란 송신자(Source or Sender)가 메시지(Message)를 채널(Channel)을 통해 수신자(Receiver)에게 전달하는 과정으로, 그 과정에서 수신자가 송신자에게 보이는 반응인 효과(Effect)는 피드백을 통해 반복적으로 이루어진다고 보며, SMCRE 모형을 제안하였다. 슈람(Schramm, 1971) 또한 이와 유사한 맥락에서 의사소통을 A가 B라는 내용을 C라는 매체를 통해 D에게 전달하여 E라는 효과를 얻는 과정으로 보고, "한 사람이 다른 사람에게 영향을 줄 수 있는 모든 절차"를 의사소통으로 규정한 바 있다. 이를 종합하면 의사소통은 송신자, 메시지, 통로 또는 매체, 수신자, 효과와 같은 다섯 가지 구성 요소로 이루어짐을 알 수 있다.

다음에서는 지금까지 살펴본 의사소통의 개념을 토대로 의사소통의 과정, 의사소통의 유형, 의사소통망의 형태, 의사소통의 장애 요인과 극복 방안 등에 대해 순차적으로 살펴본다.

? 핵심 질문 2) 의사소통은 어떠한 과정을 통해 이루어지는가?

2. 의사소통의 과정

의사소통은 '송신자-메시지-수신자'라는 구조를 지닌다. 의사소통은 송신자가 전달하고자 하는 정보 또는 아이디어를 기호화하여 메시지로 구성하여 매체 또는 통로를 통해 수신자에게 전달하여 해독하고 이로부터 피드백을 받음으로써 의사소통의 효과를 확인하는 일련의 연속적인 과정을 통해 이루어진다([그림 6-1] 참조). 이 과정에서 송신자가 처음 의도한 의미가 전달되지 못할 수 있으며, 다양한 소음들로 인해 의사소통의 효과성이 저해될 수 있다.

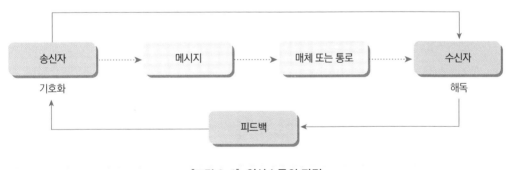

[그림 6-1] 의사소통의 과정

의사소통 과정에서 나타나는 항목들인 송신자와 정보원, 기호화, 메시지, 매체 또는 통로, 수신자, 해독, 피드백, 효과, 소음 등의 특징에 대해 간단하게 살펴보면 다음과 같다.

- 송신자(sender)와 정보원(source): 송신자는 메시지를 만들어 내는 의사소통의 행위자로, 한 개인뿐만 아니라 집단, 단체가 될 수 있다. 사람뿐만 아니라 신문, 보고서 등의 정보원도 의사소통의 원천이 될 수 있다. 의사소통의 효과는 송신자 또는 정보원에 대한 수신자의 신뢰성 수준에 의해 좌우되기 때문에 '송신자와 정보원을 신뢰할 수 있는가'가

효과적인 의사소통을 위한 중요한 기준이 된다(안병환 외, 2012, p. 182).

- 기호화(encoding): 기호화란 송신자의 생각, 감정, 정보 등을 기호로 전환시키는 과정을 의미한다. 기호화 과정은 송신자의 주제에 관한 지식과 태도, 동기, 관심사, 의사소통 기술 등에 영향을 받아 이루어지게 된다.

- 메시지(message): 메시지는 송신자가 의도와 목적을 가지고 기호화한 과정의 결과로, 의사소통을 통해 전달하고자 하는 내용에 해당한다. 메시지는 전달 매체와 통로에 따라 그 형태가 크게 좌우된다.

- 매체(medium) 또는 통로(channel): 매체는 메시지를 운반하는 수단으로 언어 매체(구두, 문서 등), 비언어 매체(몸짓과 표정과 같은 신체 언어, 상징 언어 등), 전파 매체(전화 등)를 통해 전달된다(안병환 외, 2012, p. 183). 통로는 메시지가 이동하게 되는 경로로서, 수직적 통로, 수평적 통로, 대각적 통로로 분류되기도 하며, 공식적 통로와 비공식적 통로 등으로 구분되기도 한다.

- 수신자(receiver): 수신자는 송신자로부터 전달된 메시지를 받는 사람으로, 메시지와 함께 송신자의 특성과 매체의 속성도 함께 받아들이게 된다. 수신자는 메시지를 해독하여 의미를 부여하는 작업을 수행한다.

- 해독(decoding): 해독이란 수신자가 송신자로부터 받은 메시지를 해석하고 의미를 부여하는 과정을 뜻한다. 기호화 과정과 마찬가지로 수신자의 주제에 관한 지식과 태도, 동기, 관심사, 의사소통 기술 등이 해독 과정에 작용하여 메시지 내용에 대한 이해 정도를 제약하게 된다. 따라서 의사소통이 이루어질 때, 송신자가 의도한 의미가 수신자에게 온전히 전달되지 않을 수 있다는 점에 주의할 필요가 있다.

- 피드백(feedback): 피드백은 송신자가 보낸 메시지에 대해 수신자가 보이는 반응으로, 송신자는 피드백을 통해 수신자가 자신이 전달한 메시지를 얼마나 정확하고 제대로 이해하게 되었는지 알 수 있게 된다. 만약 수신자가 '이해한 의미'가 송신자가 '의도한 의미'와 차이가 있을 경우, 송신자는 메시지의 내용을 수정하거나 보완하여 수신자에게 다시 발송할 수 있다.

- 효과(effect): 효과란 송신자가 발송한 메시지에 대한 수신자의 반응 가운데 메시지를 통해 송신자가 의도한 의미와 일치하는 반응만을 의미한다. 송신자의 기호화 과정과 수신자의 해독 과정에 다양한 요인이 작용하기 때문에 실제 의사소통의 효과를 온전히 얻기는 쉽지 않은 일이다.

- 소음(noise): 메시지를 보내고 받는 과정에서 의사소통을 방해하는 다양한 요인을 일컬

어 소음이라 지칭한다. 물리적 소음뿐만 아니라 사회적 상황이 초래하는 소음, 개인의 편견과 고정관념 역시 의사소통을 저해하는 소음에 해당한다.

? ▶핵심 질문 3) 의사소통은 어떻게 유형화될 수 있는가?

3. 의사소통의 유형

의사소통은 분류하는 기준에 따라 다양한 방식으로 그 유형이 구분될 수 있다. 구체적으로 의사소통이 이루어지는 수단에 따라 언어적 의사소통과 비언어적 의사소통으로 구분할 수 있으며, 의사소통의 형식에 따라 공식적 의사소통과 비공식적 의사소통으로 구분할 수 있다. 또 의사소통의 흐름에 따라 송신자로부터의 메시지 전달이 일방적으로 이루어지는 일방적 의사소통과 수신자의 반응이 함께 교환되는 쌍방적 의사소통으로 나눌 수 있으며, 의사소통의 방향에 따라 수직적 의사소통, 수평적 의사소통, 대각적 의사소통으로 구분할 수 있다.

1) 언어적 의사소통과 비언어적 의사소통

언어적 의사소통(verbal communication)은 언어를 매체로 사용하여 이루어지는 의사소통을 의미한다. 언어적 의사소통은 말을 통해 이루어지는 구두 의사소통과 글을 통해 이루어지는 문서 의사소통으로 구분된다. 구두 의사소통은 직접 대면하여 말을 수단으로 사용하여 메시지를 전달하는 것으로, 즉각적으로 내용을 전달할 수 있다는 점에서 즉시성을 특성으로 갖는다. 또 의사소통이 이루어지는 과정에서 변화되는 상황에 융통성 있게 대처할 수 있으며, 비밀 보장에 유리한 면이 있다. 반면에 말을 통해서 다수에게 동일한 내용을 일관되게 전달하는 데 한계가 있으며, 휘발되기 쉬운 특징을 갖는다. 한편, 문서 의사소통은 문서를 수단으로 사용하여 행해지는 의사소통이다. 조직 내에서 이루어지는 대표적인 문서 의사소통으로 공문서, 지침, 메모, 회람 등을 들 수 있다. 문서 의사소통은 복잡한 내용을 간결하고 핵심적으로 정리하여 전달하는 데 효과적이며, 장기적으로 보관해야 하는 경우에 적합하고, 조직 구성원이 분산되어 있는 경우에도 다수에게 동일한 내용을 일관적으로 전달할 수 있는 장점이 있다. 그러나 대면이 아니라는 점에서 수신자의 반응을 직접적으로 확인하기 어려우며, 구두 의사소통에 비하여 비밀이 누설되기 쉬운 단점이 존재한다.

비언어적 의사소통(nonverbal communication)은 구두 또는 문서와 같은 언어를 매개체로 사용하지 않고 메시지를 전달하는 의사소통으로, 물리적 언어, 상징적 언어, 신체적 언어 등을 사용하여 의사소통이 이루어진다. 물리적 언어는 교통신호와 같이 직접적으로 메시지를 전달하는 기호를 뜻하며, 상징적 언어는 구체적인 것이 추상화되어 표현된 것으로 사무실의 크기나 위치, 조직의 슬로건 등이 있다. 신체적 언어는 얼굴 표정, 자세, 목소리의 고저, 신체의 움직임 등을 모두 포괄한다. 예컨대, 하품을 하는 행위, 특정 상대방에게 몸을 기울이는 행위 등은 송신자가 구두를 통해 메시지를 전달하는 것 이상의 의미를 함축할 수 있다. 이러한 비언어적 의사소통은 구두 및 문서와 같은 언어로는 담을 수 없는 그 이상의 의미를 강력하게 전달할 수 있다는 점에서 때로는 언어적 의사소통보다 더 효과적인 것으로 알려져 있다. 비언어적 의사소통은 송신자가 의도하지 않았음에도 무의식적으로 표현되어 정직하게 메시지를 전달하는 의사소통 수단으로 이해할 수 있으나, 민감하지 않은 수신자에게는 그 중요성이 무시될 수 있으며, 왜곡되어 받아들여질 수도 있다는 점에서 한계가 있다.

2) 공식적 의사소통과 비공식적 의사소통

공식적 의사소통(formal communication)은 조직 내에서 공식적인 통로를 통해 메시지가 전달되는 방식으로, 대개 명령계통에 따라 공문서, 명령 등의 방법으로 이루어진다. 공식적 의사소통은 권한관계가 분명한 상황에서 나타나며, 송신자와 수신자가 명확하기에 책임소재가 분명하다는 특징을 갖는다. 그러나 이러한 공식적 의사소통만으로는 조직 내에서 친밀한 인간관계를 형성하는 데 한계가 존재하며 융통성이 발휘되기 어려울 수 있다.

비공식적 의사소통(informal communication)은 자생적으로 생겨난 집단에서 비공식적인 통로를 통해 이루어지는 의사소통으로, 대표적인 예로 소문, 비공식적 접촉 등을 들 수 있다. 공식적인 조직일지라도 공식적 의사소통의 통로만으로 모든 의사소통이 이루어지는 것은 아니며, 조직원 간의 친밀감 형성 및 만족감을 높이기 위해서는 비공식적 의사소통 통로를 적절히 함께 사용하는 것이 요청된다. 비공식적 통로를 통해 이루어지는 의사소통은 통제가 어려우며 정보의 내용이 정확하지 않을 수 있다는 단점이 있으나, 구성원들 간 유익한 정보를 교환할 수 있는 수단으로 구성원들이 조직에 대해 느끼는 생각 및 감정을 실질적으로 드러낼 수 있다는 점에서 조직 운영에 효과적으로 작용할 수 있다.

3) 일방적 의사소통과 쌍방적 의사소통

일방적 의사소통(one-way communication)은 송신자가 주도하여 수신자에게 일방적으로 메시지를 전달하는 방식으로, 수신자는 송신자가 보내는 메시지를 받아들이는 입장에 놓이게 된다. 이러한 일방적 의사소통의 대표적인 예로 강연, 설교, 발표 등을 들 수 있다. 일방적 의사소통에서는 송신자가 일방적으로 주도하기 때문에 효과적으로 자신의 생각과 아이디어를 전달하기 위해 상당한 준비 시간이 필요하나, 다수의 사람들에게 많은 양의 정보를 효과적이고 신속하게 전달할 수 있다는 장점을 지닌다. 반면, 시간의 제약으로 인해 피드백이 충분히 제공되기 어려우며, 수신자를 단순히 듣기만 하는 입장으로 위치시켜 수동적으로 만든다는 점에서 단점이 존재한다.

쌍방적 의사소통(two-way communication)은 두 사람 이상이 메시지를 양방향으로 주고받음으로써 정보, 생각, 감정, 태도 등을 교환하는 의사소통 방식으로, 대화, 면담, 상담 등이 이에 해당한다. 쌍방적 의사소통은 일방적 의사소통에 비하여 송신자와 수신자 간 상호 교류가 이루어진다는 점에서 상호이해를 높일 수 있으며, 피드백을 주고받음으로써 의미 있는 정보를 공유할 수 있게 된다는 장점이 존재하나, 시간이 많이 소요된다는 단점을 지닌다.

4) 수직적 의사소통, 수평적 의사소통 및 대각적 의사소통

마지막으로 의사소통은 메시지가 전달되는 방향에 따라 수직적 의사소통, 수평적 의사소통, 대각적 의사소통으로 구분할 수 있다. 수직적 의사소통(vertical communication)은 종적으로 이루어지는 의사소통으로, 조직의 명령계층하에서 '위에서 아래로' 이루어지는 상의하달식 방식인 하향적 의사소통(downward communication)과 '아래에서 위로' 이루어지는 하의상달식 방식인 상향적 의사소통(upward communication)으로 나뉜다. 하향적 의사소통은 조직의 상층부에서 하층부로 메시지가 전달되는 방식으로, 명령, 지시 등을 통해 이루어진다. 이와 달리, 상향적 의사소통은 조직의 하층부에서 상층부로 메시지가 전달되는 방식으로, 보고나 제안 등을 통해 이루어진다. 위계가 분명하고 중요시되는 조직일수록 하향적 의사소통이 이루어질 확률이 높으며, 개방적인 조직일수록 상향적 의사소통이 나타날 확률이 높아지게 된다.

수평적 의사소통(horizontal communication)은 횡적으로 이루어지는 의사소통으로, 조직 내에서 동일한 계층에 놓여 있는 개인 또는 부서 간에 활발하게 이루어지는 상호교류를 의미한다. 대표적인 예로 회의, 회람 등을 들 수 있다. 조직 내에서 이러한 수평적 의사소통을 통해 협력이 가능해지고, 업무의 조정과 상호 배움이 나타날 수 있다는 점에서 수평적 의사소통이 활발하게 이루어질 수 있는 창구를 마련하는 것이 효과적인 의사소통을 위해 중요하게 요청된다.

대각적 의사소통(diagonal communication)은 수직적 의사소통과 수평적 의사소통 모두가 효과적이지 못할 때 나타날 수 있는 의사소통 방식으로, 조직 내 여러 기능을 가로질러 의사소통이 이루어지는 것이다. 주로 조직의 구조가 복잡하고 다원적인 경우 출현하게 되며, 필요한 정보를 얻어야 하는 상황에서 대각적 의사소통을 통해 시간을 단축하여 효과적으로 필요한 정보를 얻을 수 있다는 장점이 존재한다.

? 핵심 질문 4) 의사소통망은 무엇이며, 그 형태로 무엇이 있는가?

4. 의사소통망의 형태

의사소통망(communication network)이란 정보의 흐름을 연결하는 복수의 개인들로 이루어진 상호연결된 의사소통 구조(박병량, 주철안, 2012, p. 278)로, 조직 구성원 간 행해지는 의사소통의 패턴을 보여 준다. [그림 6-2]에서 살펴볼 수 있듯이 의사소통망에는 수레바퀴형, 연쇄형, Y형, 원형, 상호연결형(별형)이 있다. 다음에서 각각에 대해 간단히 살펴본다.

- 수레바퀴형: 수레바퀴형은 특정한 한 사람에게 집중된 구조로, 각각의 조직 구성원 개인들은 특정한 한 사람(중심인물)과 의사소통한다. 의사소통의 집중화 정도가 가장 높은 구조에 해당하며 조직 내에서 단순과업을 수행하는 경우 효과적인 방식에 해당한다.
- 연쇄형: 연쇄형은 두 사람이 접촉하면서, 다른 한 사람과 연결되는 구조로, 종형과 횡형 두 가지 형태로 구분된다. 종형은 메시지가 가장 상층에 존재하는 최종 중심인물에게 전달되는 구조로, 구성원 간 엄격한 계층질서가 확립되어 있는 조직에서 나타난다. 이와 달리, 횡형은 메시지 전달 방식에 따라 중간에 자리 잡고 있는 인물이 핵심적인 역할을 수행할 수 있는 구조이다.
- Y형: 연쇄형에서와 같이 두 사람이 접촉하는 것은 동일하나, 다른 두 사람과 연결되는 구조로, 계선조직과 참모조직이 동시에 있는 조직에서 주로 발생하게 되는 의사소통망 형태이다(박종렬, 신상명, 2004, p. 218). 뚜렷한 중심인물이 있는 것이 아니라, 다수의

구성원을 대표하는 지도자가 존재할 때 나타난다.

- 원형: 모든 조직 구성원이 좌우에 존재하는 사람과 접촉이 이루어지는 개방적인 의사소통 구조로, 조직 구성원 간 계층질서 및 서열이 불분명할 때 나타난다. 모든 조직 구성원이 동등하게 의사소통의 통로를 가지고 의사소통에 참여한다는 점에서 구성원의 만족도가 높게 나타나며 복잡한 문제를 해결하는 데 효과적이나, 정보 수집 및 파악, 문제해결에 많은 시간이 소요된다는 단점도 존재한다.
- 상호연결형(별형): 조직 구성원 전체가 상호연결되어 의사소통하는 구조로, 특정 중심인물이 없으며 개개인 모두가 주도적으로 의사소통을 진행할 수 있다. 가장 분산화 정도가 높은 의사소통 구조로, 모든 구성원의 의사소통 통로가 연결되어 있으므로 개방적인 의사소통이 가능하여 구성원의 만족도가 높을 수 있다. 그러나 원형과 마찬가지로 문제해결에 상당한 시간이 소요되기 때문에 자칫 비효율적으로 의사소통이 이루어질 수 있다.

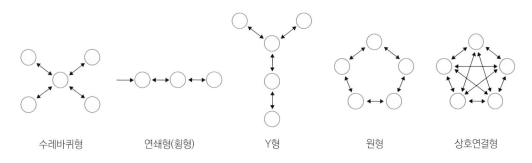

| 수레바퀴형 | 연쇄형(횡형) | Y형 | 원형 | 상호연결형 |

[그림 6-2] 의사소통망의 형태

? 핵심 질문 5) 의사소통의 장애 요인은 무엇이며, 장애 요인을 어떻게 극복할 수 있는가?

5. 의사소통의 장애 요인과 극복 방안

1) 의사소통의 장애 요인

의사소통의 장애란 의사소통의 과정을 방해하거나 왜곡, 변형시키는 모든 것을 지칭한다(박병량, 주철안, 2012, p. 280). 의사소통 과정에서 장애가 발생할 경우, 의사소통의 내용이 누락되거나 왜곡 또는 변형되는 현상이 나타난다. 누락이란 의사소통망에서 한 사람 또는 그 이상의 사람들에게 메시지가 전달되지 않는 현상이며, 왜곡이란 송신자가 전달한 메시지가 몇 사람을 거쳐 전달되는 과정에서 그 의미가 달라지는 현상을 뜻한다. 변형이란 의도적으로 내용을 가미하여 메시지의 내용을 곡해, 변화시키는 것을 말한다. 다음에서는 의사소통의 장애를 가져오는 다양한 요인(박종렬, 신상명, 2004; 최종진 외, 2013)에 대해 살펴본다.

- 개인 특성: 송신자와 수신자가 지니는 인구통계학적 특성(성별, 연령 등), 개인의 지식과 태도, 신념이나 가치관, 사고방식, 문화적 배경, 대인관계기술 및 의사소통기술 등은 모두 의사소통에 영향을 준다. 이러한 개인 특성은 기호화 및 해독 과정에 영향을 미칠 뿐만 아니라 의사소통 전 과정에 영향을 주어 특정 메시지만을 선택적으로 지각하게 하거나 수용 거부 등을 초래하여 의사소통 과정의 장애를 가져오게 된다.
- 준거체계의 상이성: 송신자와 수신자는 서로 다른 준거체계를 지니기에 기호화와 해독 과정에서 의사소통의 장애가 발생할 수 있다. 이는 앞서 언급한 개인 특성이 송신자와 수신자 간 차이가 있는 데서 비롯된다. 송신자와 수신자는 서로 다른 특성을 지니며, 상이한 경험과 가치관을 가지기에 서로 다른 준거체계를 가지며 그로 인해 의사소통 과정에서 왜곡이 나타날 수 있다.
- 메시지의 모호성: 불분명한 용어를 사용하거나 지나치게 전문적인 용어를 사용하는 등의 언어상의 장애, 메시지의 과잉전달, 언어적 의사소통과 비언어적 의사소통의 불일치 등으로 인한 메시지의 모호성은 의사소통의 장애를 가져온다.
- 여과: 여러 사람을 거쳐 메시지가 전달되는 과정에서 필터링(filtering)이 이루어져 의사소통의 왜곡, 변형 등이 나타날 수 있다. 리스와 리스(Reece & Reece, 2017)는 송신자와 수신자 사이의 여과 장치들(filters)로 의미(semantics), 감정, 언어와 문화, 태도, 역할 기대, 특정 성별에 대한 초점(gender-specific focus), 비언어적 메시지 등을 제시한 바 있다.
- 지위상의 차이: 송신자와 수신자의 지위 차이는 때로는 효과적인 의사소통을 방해하는 요인으로 작용하게 된다. 지위란 힘과 영향력의 차이로 인해 나타나며 상대적으로 누가 더 지배적인지를 보여 준다(송관재, 2003, p. 264). 지위상의 차이가 발생하는 경우, 송신자의 자기방어, 수신자의 수용 거부 등의 현상이 발생할 수 있다.
- 의사소통의 환경: 의사소통이 이루어지는 조직의 분위기와 같은 의사소통의 환경 또한

의사소통에 영향을 준다. 조직 내 개방적인 분위기, 구성원 간 신뢰의 형성 등은 의사소통의 효과성을 높일 수 있다. 반대로 조직 내 폐쇄적인 분위기, 불신이 팽배한 경우는 의사소통을 어렵게 한다. 나아가 사이먼(Simon)은 다른 직무의 압박이 의사소통에 충분한 시간을 쏟지 못하게 함으로써 의사소통의 장애를 가져올 수 있다고 보았다.

- 시기의 부적절성과 지리적 거리: 메시지의 교환이 이루어지는 시간적·공간적 요인도 의사소통 장애를 가져올 수 있다. 송신자와 수신자 간 메시지를 교환하는 시기가 불일치하거나 지리적으로 멀리 떨어져 있는 경우 의사소통이 원활하게 이루어지기 어렵다. 특히 지리적으로 거리가 멀리 떨어져 있는 경우 즉각적인 의사소통이 이루어지는 데 한계가 존재하기에 협조가 필요한 부서인 경우 지리적 거리가 가까울수록 의사소통이 원활하게 이루어질 수 있다. 최근에는 기술의 발전과 코로나19로 인해 온라인을 통한 접촉이 활발해지고 일상화됨에 따라 시간적·공간적 제약을 극복할 수 있는 여건들이 마련되고 있다.

2) 극복 방안

송신자가 의도한 메시지가 수신자에게 정확하게 전달되고, 전달 내용에 대한 상호이해와 공감이 이루어질 때, 긍정적인 사회적 관계를 구축할 수 있으며 의사결정에 중요한 영향력을 행사하게 되어 효과적인 조직 운영이 가능해진다. 이러한 효과적인 의사소통을 위해서는 앞서 살펴본 의사소통의 장애 요인을 극복해야 할 것이다. 의사소통의 장애 현상인 누락, 왜곡, 변형 등을 개선하기 위해 공통적으로 강조되는 중요한 극복 방안은 '피드백의 적극적인 활용'이다. 대부분 의사소통 과정에서 발생하는 문제들은 피드백을 통해 어느 정도 개선할 수 있다. 다양한 의사소통의 장애 요인으로 인하여 송신자가 의도한 의미와 수신자가 지각한 의미 사이에는 격차가 존재할 수밖에 없으나, 이 격차를 감소시키는 방안이 바로 피드백이다. 피드백을 활용하여 격차를 줄여 나감으로써 의사소통 과정을 개선해 나갈 수 있다. 다음에서는 보다 구체적으로 의사소통의 장애를 극복하기 위해 지켜져야 할 기본적인 의사소통의 원칙들에 대해 살펴본 이후, 개인 수준 및 조직 수준에서 의사소통의 장애를 극복하기 위한 방안에 대해 살펴본다.

(1) 의사소통의 기본 원칙

레드필드(Redfield, 1958)는 의사소통 과정이 효과적으로 이루어지기 위해 기본적으로 갖취야 할 중요한 일곱 가지 원칙을 다음과 같이 제시하였다.

- 명료성의 원칙: 의사소통의 내용은 수신자가 정확하게 이해할 수 있도록 분명하고 명확하게 표현해야 한다.
- 일관성의 원칙: 의사소통의 내용은 앞과 뒤의 내용이 일치되어 일관성을 갖춰야 한다.
- 적시성의 원칙: 의사소통은 적기에 이루어져야 하며, 필요한 정보는 필요한 때에 맞추어 적절하게 획득될 수 있어야 한다.
- 적정성의 원칙: 의사소통의 내용은 적절한 양과 규모로 이루어져야 한다. 전달하고자 하는 정보의 내용이 너무 많거나 부족해서는 안 되며, 적정하게 구성되어야 한다.
- 배포성의 원칙: 배포성의 원칙은 공식적 의사소통에서 중시되는 원칙으로, 의사소통의 내용은 일반적으로 모든 사람에게 공개되고 배포되어야 한다. 그러나 비밀이 지켜져야 할 때는 예외적으로 공개되지 않을 수 있다.
- 적응성의 원칙: 의사소통의 내용은 상황과 환경에 알맞게 적응(대응)할 수 있도록 신축성과 융통성을 갖춰야 한다.
- 수용성의 원칙: 의사소통의 내용은 수신자가 수용할 수 있어야 한다. 의사소통은 수신자가 수용할 수 있는 한도 내에서만 이루어진다는 것에 주의할 필요가 있다.

(2) 개인 및 조직 수준에서의 의사소통 장애 극복 방안

의사소통은 두 사람 이상 간에 메시지가 교환되는 일련의 과정으로, 이를 통해 상호 공동의 이해를 갖추는 것을 기본 목적으로 한다. 따라서 원활한 의사소통이 이루어지기 위해서는 앞서 살펴본 의사소통의 장애 요인들이 개인 수준과 조직 수준에서 극복되어야 할 것이다. 먼저, 개인 수준에서 의사소통의 장애를 극복하기 위해서는 자신의 편견과 선입견을 되돌아보며, 피드백을 중요하게 활용해야 할 것이다. 또한 상대방과 자신의 준거체계가 상이하다는 것을 받아들이고 감정이입적 태도를 견지하며 경청의 자세를 갖추는 것이 중요하다. 그리고 메시지를 전달하는 과정에서 언어를 사용할 때는 명확한 표현을 사용하며, 수신자의 지식과 태도를 고려하여 그에 적합한 언어를 사용해야 할 것이다. 마지막으로 메시지의 분량을 적절하게 조절하고, 적절한 매체를 선정하며, 언어적 의사소통과 비언어적 의사소통이 불일치하는 경우 혼란을 초래할 수 있으므로 일치시킴으로써 일관적인 메시지를 전달해야 한다.

다음으로 조직 수준에서 의사소통의 효과를 높이기 위해서는 대인 간 관계뿐만 아니라 조직 차원에서 신뢰감과 긍정적인 분위기를 형성하는 것이 중요하다. 송신자에 대한 신뢰는 의사소통에 대한 수신자의 수용성을 높여 더 나은 효과를 가져오게 한다. 또 개방적인 풍토를 구축하고 의사소통의 다양한 경로를 개발하여 상향적·수평적·비공식적 의사소통을 활성화하는 것은 수직적·공식적 의사소통이 가지는 한계를 보완하여 조직 내 의사소통을 원활하게 할 수 있다. 따라서 조직 구성원이 상향적·수평적·비공식적 의사소통을 활발하게 할 수 있는 정책을 시행해야 할 것이다. 또한 지위의 차이가 있는 송신자와 수신자가 함께 협력할 수 있는 체제를 구축하여 공동의 목표와 기준, 우선순위를 공유한다면 의사소통의 장애를 극복하는 데 도움이 된다. 나아가 타 직무로부터 과중한 압박이 있으면 조직 구성원은 의사소통 의무를 다하지 못하게 될 수 있으므로 메시지의 내용이 중요할 때는 반복하여 전달하고 업무를 적절하게 조절해 주는 융통성 또한 발휘되어야 할 것이다. 마지막으로 조직 내에서 필요한 정보가 적기에 제공될 수 있도록 시간적·공간적 요인이 고려되어야 한다. 이를 위해 시간상으로는 의사소통의 적기를 계획하여 적절한 정보가 필요할 때 제공될 수 있도록 하며, 구성원이 동일한 시점에 함께 메시지를 받을 수 있도록 계획하거나 일정한 시차를 두고 순차적으로 메시지를 전달받을 수 있도록 계획해야 한다. 그리고 지리적 거리 또한 중요하므로 개인 및 집단의 대면접촉이 활발하게 이루어질 수 있도록 공간을 배치하는 것이 바람직하다.

(3) 효과적 의사소통을 위한 학교리더 역할의 중요성

학교조직에서 의사소통이 효과적으로 이루어지기 위해서는 개인 수준에서 학교구성원 개개인이 의사소통의 장애를 극복할 수 있도록 의사소통 역량을 갖추는 것이 중요하지만, 무엇보다 학교조직의 원활한 의사소통에 일차적 책임을 지는 학교장을 포함한 학교리더(school leader)의 역할이 중요하게 강조된다. 학교리더는 학교조직 수준에서 의사소통이 원활하게 이루어질 수 있도록 학교의 의사소통 구조에 대해 점검해 보고, 조직 구조, 지위상의 차이, 정보의 양, 매체의 적절성 측면에서 개선책을 마련하며, 개방적이고 신뢰하는 분위기를 만들어 나가야 할 것이다. 마지막으로 학교가 효과적으로 운영되기 위해서는 학교조직 안에서뿐만 아니라 학교조직 밖의 지역사회, 시민 단체, 기업 등과의 의사소통 또한 요구된다. 따라서 학교리더는 학교 밖 사람들과 쌍방적 의사소통을 적극적으로 수행함으로써 학교의 정보를 전달하고 변화하는 환경에 대응하며 필요한 자원을 획득할 수 있어야 할 것이다.

제2절 • 의사결정

? ▶핵심 질문 6) 의사결정이란 무엇인가?

1. 의사결정의 개념

의사결정(decision making)이란 문제를 해결하기 위한 여러 가지 대안 가운데 하나의 대안을 선택하고 결정하는 행위와 과정을 의미한다. 인생에서 내리는 중요한 결정이 삶을 좌우하는 것과 마찬가지로 교육행정에서 어떠한 의사결정이 이루어지느냐에 따라 교육의 방향이 크게 달라질 수 있으므로 학교조직뿐만 아니라 교육행정 전반에 걸쳐 의사결정의 중요성은 상당히 크다고 볼 수 있다. 이러한 점에서 그레그(Gregg, 1957, p. 48)는 의사결정을 "행정의 본질"이라고 강조하였다. 기본적으로 의사결정은 조직의 효과적인 목표달성을 위하여 여러 가지 방안 중에서 한 가지를 '선택'하는 것을 특징으로 한다. 버나드(Barnard, 1938)는 "조직이 목표달성을 위해 여러 대안 중에서 최적의 것을 선택하는 논리적 과정" (p. 14)으로 의사결정을 정의하였으며, 사이먼(Simon, 1947)도 이와 같은 맥락에서 의사결정을 "어떤 목적을 달성하기 위해 가장 적절한 대안을 선택하는 연속적인 과정"(p. 1)이라고 규정하였다. 에치오니(Etzioni, 1967) 역시 의사결정을 "둘 또는 그 이상의 대안 중에서 의식적인 선택"(p. 51)으로 보았으며, 캠벨(Campbell, 1983)도 조직 구성원이 목표로 한 것을 성취하기 위하여 어떤 방법을 선택하는 것이라고 정의하였다. 나아가 김종철(1982)은 의사결정을 "행동에 선행되는 과정으로, 목표 수립, 수단의 선택과 결과의 판정 등 합리적 행동의 제 단계에 있어 필수불가결한 요소"라고 규정하였다. 안병환, 신재흡, 이기용(2012) 역시 "조직이나 개인이 장래의 행동 방향을 결정하고 그에 대한 결정을 내리는 과정"(p. 185) 으로 의사결정을 정의하며, 행동하기 위해 의사결정이 선행하여 이루어져야 함을 강조하였다. 종합하면, 의사결정이란 조직의 목표를 달성하기 위하여 가장 적합한 대안을 선택·결정하는 일련의 연속적인 과정으로, 행동의 방향성을 제공해 줄 뿐만 아니라 행동을 위한 중요한 지침으로 작용함을 알 수 있다.

대개 의사결정은 정책 결정(policy-making)과 유사한 의미로 다뤄지기도 한다. 명확하게 구분되는 개념은 아니지만 엄밀하게 보면, 의사결정은 개인 및 집단, 조직에서 발생하는 의사결정을 모두 포괄하는 반면, 정책 결정은 국가의 공권력에 기반하여 정부 또는 공공기관에서 내려지는 중대한 결정으로, 결정된 정책은 강제성을 수반하고 국민 생활 전반에 지대한 영향력을 행사한다는 점에서 차이가 존재한다(안병환 외, 2012, p. 185). 이 절에서는 정책 결정에 한정하지 않고 보다 포괄적인 의사결정을 다루기 위해 개인 및 집단, 조직 안에서 이루어지는 폭넓은 의미의 의사결정 전반에 대해 다루고자 한다.

❓ 핵심 질문 7) 의사결정 과정은 어떻게 이루어지며, 의사결정 유형에는 무엇이 있는가?

2. 의사결정의 과정과 유형

1) 의사결정의 과정

의사결정의 과정은 학자마다 사용하는 용어에 차이가 있을 수 있으나, 대체로 문제확인, 대안개발, 대안평가, 대안선택, 의사결정 실행, 의사결정 평가 등의 여섯 단계를 거쳐 이루어진다(임연기, 최준렬, 2010, p. 141).

- 문제확인: 현존하는 상황에서 제기된 문제 또는 이슈를 확인하는 과정으로, 의사결정의 출발점이 된다. 문제를 확인함으로써 문제의 속성을 파악할 수 있으며, 추진 방향을 제시할 수 있게 된다.
- 대안개발: 대안개발은 문제를 해결할 수 있는 다양한 해결방안을 모색하는 단계이다. 개발된 대안은 의사결정을 내릴 때 도움을 줄 수 있으므로 가능한 다양한 해결방안을 광범위하게 개발하는 것이 요청된다.
- 대안평가: 앞서 개발된 여러 대안에 대해 평가 기준에 근거하여 평가를 내리는 단계이다. 주로 개발된 대안을 통해 목표달성에 기여할 수 있는지, 비용이 효율적인지, 사회적으로 미치는 영향력이 어떠한지 등을 종합적으로 고려하여 판단하게 된다.
- 대안선택: 대안평가를 통해 도출된 내용들을 고려하여 가장 적합한 대안을 선택하는 단계이다. 대안의 선택은 과학적이고 객관적인 근거에 의거하여 이루어질 수도 있고, 직관적으로 조직의 미래에 대한 비전에 따라 정해질 수도 있다.
- 의사결정 실행: 의사결정 실행은 앞서 선택된 대안을 실행하는 단계이다. 의사결정의 실행 과정에서 비효율성을 최소화하고 선택된 대안을 제대로 실행하기 위해서는 구성원들에게 적절한 역할을 부여하고, 그에 대해 정확하게 인식할 수 있도록 해야 하며, 다

양한 의사소통의 통로를 마련하여 의사소통이 원활하게 이루어지는 것이 중요하다.

- 의사결정 평가: 의사결정을 실행한 결과 어느 정도 목표를 달성하였는지 평가하는 단계
  이다. 만약 평가 단계에서 문제가 발견될 경우, 문제확인에서부터 피드백 과정을 통해
  수정·보완하는 작업이 이루어져야 한다.

이 밖에도 호이와 미스켈(Hoy & Miskel, 2013)은 이와 유사하게 의사결정의 과정을 '의사
결정의 활동주기'라는 용어를 사용하여 다섯 단계로 제시한 바 있다. 구체적으로 1단계는
문제 또는 쟁점을 인식하고 정의하는 단계이며, 2단계는 문제를 분석하는 단계로, 현 상황
에서의 문제가 지니는 곤란도를 분석하여 문제를 분류하고, 자료를 수집하고 문제를 상세
화하는 작업이 이루어진다. 3단계는 만족스러운 해결을 위해 준거를 설정하는 단계이다.
이 준거는 의사결정가들이 의사결정을 만족스럽다고 판단하기 위해 반드시 충족되어야 하
는 한계로, 한계 조건(boundary conditions)이라 부르기도 한다(Hoy & Miskel, 2013). 4단계
는 가능한 대안과 결과에 대해 예측하여 행동 계획과 전략을 세우는 단계이다. 마지막으로
5단계는 행동 계획을 실행하고 평가하는 단계이다. 각각의 단계에서 이루어지는 세부 과
정은 [그림 6-3]을 통해 확인할 수 있으며, 의사결정의 활동주기가 5단계에서 종료되는 것
이 아니라 새롭게 1단계로 돌아가 순환이 이루어지는 순환 과정이라는 점에 주목할 필요가
있다.

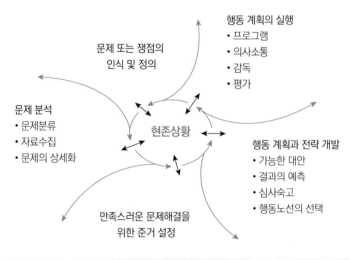

[그림 6-3] 의사결정의 활동주기

출처: Hoy & Miskel (2013), p. 331.

2) 의사결정의 유형

의사결정은 다양한 유형으로 구분될 수 있다. 먼저, 의사결정이 단독으로 이루어지는가, 집단적으로 이루어지는가에 따라 단독 결정과 집단 결정으로 분류할 수 있으며, 사적으로 이루어지는 결정인가, 조직을 위한 결정인가에 따라 사적 결정과 조직적 결정으로 구분할 수 있다. 또한 의사결정이 일상적이며 반복적인가, 그렇지 않은가에 따라 정형적 결정과 비정형적 결정으로 분류할 수 있고, 전체 방향 설정에 관한 것인가, 세부 지침 및 방법에 관한 것인가에 따라 전략적 결정과 전술적 결정으로 구분할 수 있다. 세부적인 내용은 다음과 같다.

- 단독 결정과 집단 결정: 단독 결정(individual decision)은 최종 의사결정자가 혼자 단독으로 결정하는 방법으로 결정에 따른 이의 및 논쟁이 없거나 신속하게 처리되어야 하는 경우, 비밀로 진행되어야 하는 상황 등에서 이루어진다. 집단 결정(group decision)은 조직 구성원 공동의 의견을 수렴하여 결정이 이루어지는 방법으로 문제가 복잡하고 고도의 전문성과 기술을 요구하는 경우, 참여를 통해 구성원들의 소속감과 만족감을 높이고자 하는 상황에서 이루어진다. 조직 내에서 집단 결정은 대개 위원회 성격을 가지고 이루어지는데, 위원회가 의결기관인가 자문기관인가에 따라 의사결정 방법이 달라질 수 있다. 대개 위원회가 의결기관일 경우 집단 결정이 이루어지며, 자문기관일 경우에는 단독 결정이 이루어진다.
- 사적 결정과 조직적 결정: 사적 결정(personal decision)은 개인이 자신의 목표를 달성하기 위해 내리는 결정으로, 조직의 목표와 부합할 수도 있지만 그렇지 않은 경우도 존재한다. 조직적 결정(organizational decision)은 조직의 목표를 달성하기 위해 이루어지는 결정으로, 조직의 목표와 구성원 개인의 목표가 일치하지 않는 경우 저항이 발생할 수도 있다.
- 정형적 결정과 비정형적 결정: 정형적 결정(programmed decision)은 일상적이고 반복적이며 기존 절차대로 이루어지는 결정을 뜻한다. 과거 선례에 비추어 의사결정의 결과 또한 어느 정도 예측이 가능하므로 상대적으로 위험도가 적은 방식이며, 복잡한 절차를 필요로 하지 않는다. 반면, 비정형적 결정(non-programmed decision)은 불확실하고 일상적이지 않으며 긴요하게 이루어져야 하는 결정으로, 선례가 없고 결과를 예측할 수도 없기 때문에 상대적으로 위험도가 큰 방법이다. 따라서 대안을 선택할 때 복잡한 절차를 필요로 하고 심사숙고한 끝에 결정이 내려져야 한다.

- 전략적 결정과 전술적 결정: 전략적 결정(strategic decision)은 방향 설정과 관련된 보다 상위수준의 결정으로, 조직의 생존 및 발전과 관련된 중요한 문제를 다루는 결정을 의미한다. 전술적 결정(tactical decision)은 목표를 달성하기 위한 구체적인 방법과 세부 전략에 관한 결정으로, 보다 하위수준의 결정에 해당한다. 일반적으로 전술적 결정은 전략적 결정의 영향을 받아 이루어지게 된다.

 의사소통과 의사결정의 관계

조직 안에서 활발하게 이루어지는 의사소통 유형에 따라 의사결정 방식에 차이가 나타날 수 있다. 예컨대, 수직적·일방적 의사소통이 주로 이루어지는 학교조직의 경우, 학교장에 의한 단독 결정이 이루어질 확률이 높은 반면, 수평적·쌍방적 의사소통이 활발한 학교조직의 경우, 학교 구성원이 참여한 집단 결정이 이루어질 수 있다. 이러한 의사소통과 의사결정의 관계를 보여 주는 대표적인 사례가 바로 교직원회의이다. 수직적·일방적 의사소통이 만연한 학교조직에서의 교직원회의는 주로 학교장(감) 또는 기획위원회(부장회의)에서 결정된 사항이 구성원에게 일방적으로 전달되는 방식으로 이루어진다. 반면, 수평적·쌍방적 의사소통이 가능할 수 있도록 개방적 풍토가 형성된 학교조직에서는 중요한 사안에 있어 '토론이 있는 교직원회의'가 활발하게 이루어지며 집단 합의에 의한 의사결정이 내려질 수 있다.

? 핵심 질문 8) 조직 내 의사결정을 설명해 주는 모형은 무엇인가?

3. 의사결정의 모형

의사결정 모형은 조직 내 의사결정을 설명해 주는 이론으로, 합리 모형, 만족 모형, 점증 모형, 혼합 관조 모형, 쓰레기통 모형 등이 있다. 의사결정자는 문제의 성격, 사용할 수 있는 정보의 양과 질, 구성원의 성숙 정도 등의 상황적 요소들을 종합적으로 고려하여 적절한 의사결정 모형을 선택하여 적용한다(박종렬, 신상명, 2004). 학교행정가는 언제나 효과적인 하나의 의사결정 모형이 있는 것이 아니라 상황에 따라 적절한 의사결정 모형을 적용할 수 있음을 인식하고, 각각의 모형의 주요 가정과 절차, 특징, 의의와 한계점 등에 대해 이해하여 조직의 주어진 상황에 가장 알맞은 최선의 의사결정 모형을 적용해야 할 것이다.

1) 합리 모형

 합리 모형(rational model)은 의사결정에서 고도의 합리성을 가정하는 고전적 모형으로 규범적 · 이상적 접근에 해당한다. 실제 현실에서 이루어지는 모든 의사결정이 고도의 합리성을 갖추는 것은 불가능에 가깝지만, 규범적 · 이상적 차원에서 이 모형은 '인간의 전능성', '인간 행동의 합리성'을 가정하고 수학적 · 계량적 분석, 논리적 추리 등을 활용하여 의사결정의 합리성을 확보하고자 한다. 이 이론에 따르면, 인간은 의사결정을 내리기 위해 필요한 모든 지식과 정보를 수집하여 객관적으로 분석하고 종합함으로써 최적의 대안을 선택하여 최선의 의사결정을 합리적으로 내릴 수 있다고 본다. 이를 위해 최적화(optimizing) 전략을 활용하게 되는데, 모든 가능한 대안에 대해 검토하고, 각 대안의 모든 가능한 결과를 예측하며, 모든 대안에 대해 평가하고, 목표달성 정도에 따라 대안의 우선순위를 정한 이후, 최대한으로 목표를 달성할 수 있는 최적의 대안을 선택하게 되는 것이다(이병환, 장기풍, 2018, p. 364). 이 모형은 주로 문제의 성격이 단순하며, 정보가 확실하고 결과에 대한 예측이 가능할 때 활용된다. 그러나 불확실성이 큰 현대사회에서 이처럼 문제의 성격이 단순하고 정보가 확실한 경우는 흔하지 않으며, 결과에 대한 확실한 예측에도 어려움이 존재한다. 따라서 본 모형은 현실에서의 의사결정을 있는 그대로 반영하지 못하는 이상적 모형이기에 의사결정에 작용하는 비합리성을 반영하지 못하며, 인간의 복잡한 심리적 요소를 간과하는 한계점이 존재한다. 합리 모형이 가지는 이러한 한계를 극복하기 위해 후술하는 모형들이 등장하게 되었다.

2) 만족 모형

 만족 모형(satisfying model)은 앞서 제시된 합리 모형이 가지는 제약을 극복하기 위해 사이먼(Simon)에 의해 소개된 모형으로, 의사결정자의 사회적 · 심리적 측면을 반영한 행동과학적 접근에 해당한다. 사이먼(Simon, 1947)은 의사결정자들이 조직 내에서 내리는 의사결정에 대해 보다 정확하게 기술하기 위한 행정적 모형으로 만족 모형을 제안하였다. 만족 모형은 의사결정자의 주관성에 주목하여 현실적으로 의사결정자가 어떻게 의사결정을 내리는지를 실증적으로 기술함으로써 의사결정의 비합리적 개연성을 인정하였다. 만족 모형은 기본적으로 의사결정을 위해 모든 정보를 객관적으로 수집하고 가능한 대안을 전부 창출하며 개발된 모든 대안에 대해 합리적으로 평가하여 가장 최선의 대안을 선택하는 인간의 인지능력에는 한계가 있을 수밖에 없다고 가정한다. 이러한 인간 능력의 한계로 인해 의사결정자는 최선의 대안을 찾아내기 위한 최적화 전략보다는, 만족할 만한 대안을 탐색하는 만족화 전략을 활용하게 되는 것이다. 만족 모형은 제한된 합리성(bounded rationality)하에서 예상되는 대안들의 결과와 의사결정자의 기대 수준에 따라 의사결정이 이루어지며, 의사결정자가 만족할 만한 대안을 찾을 때까지 대안들 간 부분적인 탐색을 진행한다. 만약 만족할 만한 대안을 찾는 것에 실패할 경우 기대 수준은 점차 낮아지게 된다(박병량, 주철안, 2012, p. 254). 이처럼 만족 모형에서의 의사결정 과정은 그 상황에 적절하게 대처할 수 있는 신축성을 특징으로 한다. 주로 의사결정 문제가 복잡하고 불확실성이 높으며, 구성원들 간 갈등이 첨예한 경우 만족화 전략을 채택하는 것이 적절할 수 있다. 만족 모형은 합리 모형의 비현실성으로부터 탈피하여 실증적인 접근을 통해 의사결정 과정의 실제를 현실적으로 보여 주었다는 점에서 의의가 존재하나, '만족'이라는 주관적인 기준이 모호하여 만족의 정도에 대한 한계를 설정할 때 어려움이 따르며(이상기, 옥장흠, 2000), 대안이 많은 경우 비효율이 커질 수 있다는 한계가 존재한다.

3) 점증 모형

점증 모형(incremental model)은 현실적·정치적 접근을 취하는 모형으로 기존의 정책 및 결정에 대해 점진적으로 수정해 나가는 과정에서 의사결정이 이루어진다고 본다. 의사결정자는 문제를 인식한 이후, 처음부터 모든 자료를 수집하여 대안을 개발하는 것이 아니라 기존 정책 및 결정의 틀 내에서 한 걸음 더 나아가면서 점진적으로 보다 개선된 대안을 선택하게 된다. 이 모형 역시 만족 모형과 마찬가지로 제한된 합리성을 가정하나, 추가적으로 약간의 점증적인 변화는 조직에 예상하지 못한 부정적인 결과를 초래하지 않을 것이라고 가정한다. 린드블롬(Lindblom)은 「The science of "muddling through"」(1959)라는 논문에서 점증 모형의 아이디어를 처음 제안하면서 의사결정이란 연속적인 제한된 비교를 통해 한계적 가치의 차이에 대한 부분적인 상호조정(mutual adjustment)을 수행한 결과로 나타난다고 보았다. 즉, 기존 상황과 유사한 제한된 소수의 대안들에 대하여 그 결과를 계속 비교해 나가면서 어떠한 차이가 있는지 가치를 분석한 이후 의사결정자들이 상당 수준 동의할 수 있을 때 최종 대안이 결정되는 것이다. 이 모형은 기존 결정이라는 제한된 범위 내에서 약간 수정된 대안들을 탐색하기 때문에 대안의 분석 범위와 선택이 제약을 받아 단순화되는 경향이 있다. 주로 명확한 정책 지침이 존재하지 않거나, 문제가 매우 복잡하고 불확실하여 적합한 대안 개발이 어려우며 대안의 결과 또한 제대로 예측할 수 없어 만족화 전략을 활용하기 어려운 경우, 구성원 간 갈등이 심하여 큰 변화를 추구할 수 없는 상황에서 활용 가능한 접근법에 해당한다. 현재의 대안과 크게 다르지 않은 소수의 대안만을 검토하기 때문에 의사결정의 복잡성이 크게 감소하여 분석에 소요되는 시간과 노력을 줄일 수 있어 유용하며, 조직 구성원들의 큰 반발을 불러오지 않을 수 있다는 점에서 의의가 존재한다. 그러나 목표나 방향이 불분명할 뿐만 아니라 지나치게 보수적인 입장을 취함으로써 기존의 틀과 다른 완전히 새로운 혁신적인 의사결정에는 적합하지 않다는 한계가 있다.

4) 혼합 관조 모형

혼합 관조 모형(mixed scanning model)은 합리 모형과 점증 모형을 결합한 것으로, 에치오니(Etzioni)에 의해 제시되었다. 혼합 관조 모형은 인간의 전능함을 가정하여 고도의 합리성을 추구한 합리 모형이 가지는 비현실적 한계와 목표와 방향이 불분명하며 기존의 틀 내에서 큰 변화를 꾀하지 않아 보수적이라는 점증 모형이 가지는 한계를 보완하기 위해 등장하였다. 기본적으로 먼저 결정 및 정책의 기본적인 목표와 방향을 합리 모형에 의해 설정하고, 이후 세부적인 문제들은 점증 모형에 의거하여 면밀하게 비교하고 탐색함으로써 최종적인 대안을 택하는 것이다. 혼합 관조 모형은 합리 모형의 합리성과 점증 모형의 실용성을 동시에 추구하는 제3의 모형으로 복잡성과 불확실성에 대한 실용적인 접근법에 해당한다. 대개 조직이 처한 문제가 복잡하며 가용 정보가 불완전하고 대안의 결과가 불확실할 때 사용되나, 지침이 되는 정책 및 방향이 존재한다는 점에서 점증 모형과 구분된다. 이러한 혼합 관조 모형은 합리 모형과 점증 모형의 단점을 보완한 실용적인 접근이라는 점에서 의의가 있으나, 의사결정의 과정이 불분명할 뿐만 아니라 사전에 합리 모형에 근거하여 기본 방향을 정하는 것을 제외하면 점증 모형과 거의 다르지 않다는 점에서 한계가 있다(이병환, 장기풍, 2018, p. 365).

5) 쓰레기통 모형

쓰레기통 모형(The garbage can model)은 비합리적이며 우연적인 선택에 의해 의사결정이 이루어진다고 보는 의사결정 모형이다. 이 모형은 코헨(Cohen)과 마치(March) 등에 의해 제시되었다. 이들은 미국 대학의 총장에 관한 연구를 수행한 결과, 대학을 목표와 선호가 불분명하고 목표달성을 위한 기술 역시 불분명하며 유동적인 참여를 특징으로 하는 '조직화된 무정부 조직'이라고 규정하였다(Cohen & March, 1974).

이들은 조직화된 무정부 조직 안에서 이루어지는 의사결정의 경우, 합리적 의사결정 과정을 기대할 수 없으며 합리성보다 우연에 더 의존한다고 가정한다(신중식, 강영삼, 2009, p. 190). 구체적으로 이러한 조직화된 무정부 조직에서 나타나는 의사결정의 경우, 다음의 세 가지 특징을 갖는다. 첫째, 참여자가 처음부터 분명한 목표와 선호를 가지고 참여하는 것이 아니라 불분명한 선호를 가지고 일단 행동해 나가면서 특정 선택을 갖게 된다. 둘째, 문제 해결을 위하여 개발된 대안과 그 결과들의 인과관계를 분석할 분명한 기술이 있다기보다는 과거의 경험, 실수, 시행착오 등으로부터 우연히 문제 해결의 방법을 찾게 된다. 셋째, 의사결정에 참여하는 사람들은 시간의 제약으로 인해 매 순간 의사결정에 모두 동일하게 참여하는 것이 아니라 참여 시간과 노력의 양이 유동적이게 된다. 예를 들어, 학교조직의 경우, 학교행정가, 교사, 학생, 학부모, 지역사회 구성원 모두 일정 기간 학교의 의사결정에 참여하지만 졸업, 전근 등의 이유로 참여자가 계속 변화하기에 의사결정 전체 측면에서 바라보았을 때 개개인은 극히 일부분의 의사결정에 참여하게 된다.

이러한 조직화된 무정부 조직에서 이루어지는 의사결정은 합리적으로 이루어지는 것이 아니라 특정 시점에 서로 독립된 문제(problem)와 해결책(solution), 참여자(participants), 선택기회(choice opportunities)가 통 안에서 우연히 만나 하나의 대안이 선택되는 등 비합리적이고 우연적 사건에 의해 이루어지게 된다는 점에서 쓰레기통 모형이라 일컫는다. 쓰레기통 모형은 불확실성이 심한 조직에서 나타나는 의사결정을 설명하기에 적절한 모형으로, 기존의 전통적인 의사결정 모형이 설명하지 못하는 의사결정 과정의 실체를 밝힘으로써 인간의 비합리적이고 비체계적인 의사결정 행위를 설명할 수 있도록 기여한 점에서 의의가 있다.

> **?** ▶ 핵심 질문 9) **참여적 의사결정 모형이란 무엇인가?**

4. 의사결정과 참여

의사결정에서 참여란 의사결정으로부터 직간접적으로 영향을 받게 될 조직 구성원을 의사결정 과정에 참여시키는 것을 뜻한다(박종렬, 신상명, 2004, p. 203). 구성원의 참여는 몇 가지 이점이 존재하는데, 먼저 의사결정 과정에 조직 구성원이 참여함으로써 다양한 의견

제2절 의사결정 181

을 수렴하여 보다 발전적인 방안을 모색하는 것이 가능하다는 점이다. 다음으로 의사결정에 참여함으로써 의사결정에 관한 구성원들의 관심을 불러일으킬 수 있고, 소속감과 만족감을 높일 수 있다. 결국, 구성원의 참여는 의사결정을 보다 성공적으로 실행할 수 있게 해 준다는 점에서 그 중요성이 강조된다. 따라서 의사결정 과정에 구성원들의 적절한 참여를 도모할 필요가 있다.

실제 학교조직의 중요한 의사결정 과정에 구성원들을 폭넓게 참여시키는 것은 다양한 이견으로부터 합의를 도출하여 더 좋은 결과를 가져올 수 있고, 구성원들의 참여 및 소속 욕구를 충족시킴으로써 사기를 높이고 협조를 이뤄 낼 수 있으며, 결과에 대해 공동책임 의식을 가져와 동기 부여의 효과가 있는 것으로 알려져 있다(신중식, 강영삼, 2009, p. 201).

 학교조직 내 구성원의 참여를 보장하는 다양한 의사결정기구

학교조직 내에서 구성원의 참여를 보장하는 대표적인 의사결정기구로 학교운영위원회와 교내위원회를 들 수 있다. 학교운영위원회는 학교 운영을 위해 교직원, 학부모, 지역인사가 함께 참여함으로써 학교의 중요한 결정 사항에 있어 투명성과 민주성을 확보하고, 그 지역과 학교 특성에 맞는 다양한 교육과정을 창의적으로 운영할 수 있도록 심의·자문하는 기구를 의미한다(이병환, 장기풍, 2018, p. 372). 교내위원회는 전문가로서 교사가 학교경영에 참여할 수 있도록 제도적으로 보장된 방편으로 학교의 중요한 의사결정에 대한 참여를 가능하게 하는 민주적 운영체제에 해당한다. 학교조직 내에서 이루어지는 의사결정의 민주화, 전문화, 합리화를 모색하기 위해 도입되었다. 대표적인 교내위원회로 교육과정위원회, 생활지도위원회, 그리고 교과협의회, 학년협의회 등의 각종 협의회를 들 수 있다.

그러나 학교의 의사결정 과정에 다양한 구성원을 참여시키는 일은 쉽지 않은 일로, '누구를, 어느 범위까지, 어떠한 방식으로' 참여시킬지 결정해야 할 필요성이 제기된다. 따라서 학교행정가는 조직의 중요한 의사결정에 구성원들을 참여시킬 때 참여적 의사결정 모형에 대한 이해가 선행되어 참여자, 참여 범위, 의사결정 방식 등에 대한 계획을 수립하고 실천할 수 있어야 한다. 다음에서는 참여적 의사결정 모형을 이해하기 위한 기본 개념으로 버나드(Barnard)의 '무관심의 영역'과 사이먼(Simon)의 '수용의 영역'에 대해 각각 살펴보고, 브리지스(Bridges)의 참여적 의사결정 모형에 대해 다룬 이후, 대표적인 참여적 의사결정 모형인 호이와 타터(Hoy & Tarter)의 참여적 의사결정 모형에 대해 살펴보고자 한다.

1) 버나드의 무관심의 영역과 사이먼의 수용의 영역

버나드(Barnard)는 상급자의 결정에 대해 구성원들이 아무런 관심이 없어서 유보나 판단 없이 기꺼이 따를 수 있는 영역을 무관심의 영역(zone of indifference)으로 정의하였다. 그의 제자 사이먼(Simon) 역시 이와 유사한 용어를 제안하였는데, 무관심이라는 용어가 주는 부정적이고 소극적인 면을 긍정적으로 전환하여(박종렬, 신상명, 2004, p. 204) 수용의 영역을 도입하였다. 수용의 영역(zone of acceptance)이란 상급자가 어떠한 의사결정을 내릴지라도 따르게 되는 영역을 의미한다. 두 개념 모두 공통적으로 구성원이 아무런 이의 없이 상급자의 결정에 따르게 되는 행동영역을 뜻하는 것으로, 이 영역에 해당할 경우 의사결정에 구성원들을 참여시킬 필요가 없다. 따라서 학교행정가는 이 영역에 놓여 있는 의사결정 사항의 경우 학교구성원들을 참여시킬 필요가 없을 것이다. 그러나 이 영역에 해당하지 않을 경우에는 구성원들을 어떻게 참여시킬 것인가에 대한 물음이 제기된다.

2) 브리지스의 참여적 의사결정 모형

브리지스(Bridges)는 앞서 언급된 버나드(Barnard)의 무관심의 영역과 사이먼(Simon)의 수용의 영역 개념에 기반하여 참여적 의사결정 모형을 제안하였다. 이 모형에서는 관련성과 전문성이라는 두 가지 기준을 구분의 준거로 삼아 네 가지 의사결정의 형태를 〈표 6-1〉과 같이 제시하였다. 관련성(relevance)이란 의사결정의 결과에 대해 개인적인 이해관계를 가지고 있는가에 관한 것이다(Hoy & Miskel, 2013). 구성원들이 의사결정의 결과와 밀접하게 관련된 경우에는 참여에 대한 관심이 높을 수밖에 없으며, 관련성이 없는 경우에는 이의 없이 그 결과를 그대로 수용하게 된다. 전문성(expertise)은 구성원들이 의사결정에 도움을 줄 수 있는 전문적인 기술과 능력을 가지고 있는가와 관련된 것으로(Hoy & Miskel, 2013) 구성원이 전문성이 없음에도 불구하고, 무분별하게 의사결정에 참여시킬 경우 그들의 저항과 불만을 초래할 수 있다.

〈표 6-1〉 브리지스의 의사결정 형태

		관련성의 유무	
		유	무
전문성의 유무	유	수용의 영역 밖 (적극적 참여)	수용의 영역 주변 (제한적 참여)
	무	수용의 영역 주변 (제한적 참여)	수용의 영역 안 (참여에서 배제)

네 가지 의사결정 형태에 대해 간단히 살펴보면, 첫째, 구성원이 관련성과 전문성을 모두 갖추고 있는 경우로 그 결정이 수용의 영역 밖에 있기에 구성원들의 참여는 적극적으로 권장된다. 둘째, 관련성은 있으나 전문성은 없는 경우로 수용의 영역 주변에 결정이 존재하기 때문에 참여가 자주 이루어질 필요는 없어 구성원들은 제한적으로 참여하게 된다. 셋째, 관련성은 없으나 전문성은 있는 경우로 앞서 살펴본 것과 마찬가지로 수용의 영역 주변에 결정이 존재하므로 참여가 자주 이루어질 필요는 없으며 구성원들의 제한적·선별적 참여가 요구된다. 마지막으로 관련성과 전문성을 모두 갖추고 있지 않은 경우로 수용의 영역 안에 결정 사항이 놓여 있으므로 의사결정 과정에 구성원들을 참여시킬 필요가 없게 된다.

3) 호이와 타터의 참여적 의사결정 모형

가장 대표적인 참여적 의사결정 모형(shared decision-making model)으로 호이와 타터(Hoy & Tarter, 2003)의 참여적 의사결정 모형을 들 수 있다. 호이와 타터(Hoy & Tarter)는 브리지스(Bridges)의 참여적 의사결정 모형과 동일하게 사이먼(Simon)의 수용의 영역 개념에 기반하여 참여적 의사결정 모형을 제안하였다. 그러나 브리지스(Bridges)가 의사결정 형태를 구분하는 기준으로 '관련성'과 '전문성' 두 가지를 제시한 것과 달리, 호이와 타터(Hoy & Tarter)는 의사결정 사안에 대해 구성원이 관련성과 전문성이 있는 경우에도 항상 참여가 이루어져야 하는 것이 아니라 '신뢰'를 고려하여 참여의 정도가 달라져야 한다며 새로운 기준인 '신뢰'를 추가하였다는 점에서 차이점을 갖는다. 신뢰성 검증은 '구성원들이 조직의 목표와 사명에 헌신하며, 조직의 이익을 극대화할 수 있는 의사결정을 내릴 것으로 신뢰할 수 있는가'라는 물음과 관련된다(Hoy & Miskel, 2013). 나아가 호이와 타터(Hoy & Tarter)는 각각의 의사결정 상황에서 의사결정 구조가 어떠하며, 지도자의 역할이 어떠해야 하는지에 관해 구체적으로 제시함으로써 참여가 이루어지는 상황, 참여의 정도, 학교조직의 의사결정 방식, 학교행정가의 역할 등에 대한 구체적인 지침을 제공해 준다. [그림 6-4]는 관련성, 전문성, 신뢰와 같은 세 가지 구분 준거에 따라 의사결정의 상황과 참여의 정도, 의사결정의 구조, 지도자의 역할이 어떻게 달라지는지 보여 준다.

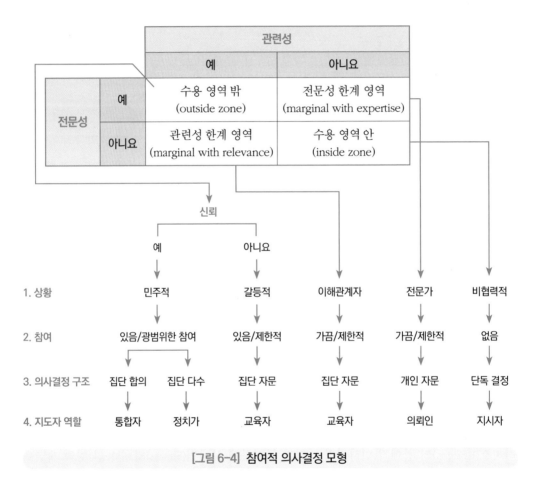

[그림 6-4] 참여적 의사결정 모형

출처: Hoy & Miskel (2013), p. 380.

호이와 타터(Hoy & Tarter)가 제시한 참여적 의사결정 모형을 보면, 관련성, 전문성, 구성원에 대한 신뢰 여부에 따라 다섯 가지 상황이 도출되며, 이에 따라 참여의 정도, 의사결정의 구조, 지도자의 역할이 달라짐을 알 수 있다. 다음에서 보다 구체적으로 각각에 대해 살펴본다.

(1) 의사결정의 상황과 참여의 정도

세 가지 구분 준거(관련성, 전문성, 구성원에 대한 신뢰)에 따라 나타날 수 있는 의사결정의 상황과 참여의 정도는 다음과 같이 다섯 가지로 도출될 수 있다.

- 민주적 상황(→ 광범위한 참여): 구성원이 관련성과 전문성이 모두 있어 의사결정 사항이 수용의 영역 밖에 있고, 구성원이 조직의 사명에 헌신하며 조직의 이익을 극대화할 수 있는 결정을 내릴 것으로 신뢰할 수 있다면, 민주적 상황으로 의사결정에의 참여는 극대화되어야 하며 참여 시기는 일찍 시작될수록 좋다.
- 갈등적 상황(→ 제한된 참여): 구성원이 관련성과 전문성이 모두 있어 의사결정 사항이 수용의 영역 밖에 있을지라도, 구성원을 신뢰할 수 없는 경우라면 조직의 전체 이익과 상충하므로 참여를 제한해야 하는 갈등적 상황에 놓이게 된다. 이 경우 의사결정에의 참여는 제한적으로 이루어져야 하며, 신뢰 관계를 구축하는 것이 요청된다.
- 이해관계자적 상황(→ 제한된 참여): 구성원이 관련성은 있으나 전문성이 없는 경우 이해관계자적 상황에 해당한다. 이 경우 구성원들의 저항이 심하지 않을 때는 제한된 범위 내에서 참여가 이루어지는 것이 유용할 수 있다.
- 전문가적 상황(→ 제한된 참여): 구성원이 관련성은 없으나 전문성은 갖추고 있는 경우 제한된 범위 내에서 특정 의사결정 사항에 이따금씩 참여시킬 필요가 있는 전문가적 상황에 해당한다. 그러나 이 상황에서 해당 구성원을 무분별하게 의사결정에 참여시킬 경우, 불만이 누적될 수 있으며, 다른 구성원들의 소외를 불러일으킬 수도 있다는 점에서 참여시키는 것에 주의를 기울일 필요가 있다.
- 비협력적 상황(→ 비참여): 구성원이 관련성과 전문성 모두 가지고 있지 않은 경우에는 수용의 영역 안에 의사결정 사항이 놓이기에 참여가 필요하지 않은 비협력적 상황에 해당한다. 이 상황에서 구성원들은 결정된 사항을 이의 없이 수용하므로 구성원들을 참여시킬 필요가 없게 된다.

(2) 의사결정의 구조

행정가가 의사결정에 구성원들을 참여시키기로 정하여 관련성과 전문성, 신뢰 여부에 따라 의사결정 상황과 참여 정도를 판단하였다면, 그다음에는 의사결정 과정에의 참여를 어떠한 방식으로 진행할 것인지에 관한 문제가 제기된다. 호이와 타터(Hoy & Tarter)는 의사결정이 진행되는 방식을 의사결정 구조로 명명하고, 각각의 의사결정 상황에서 적용할 의사결정 방식으로 집단 합의, 집단 다수결에 의한 결정, 집단 자문, 개인 자문, 단독 결정을 제시하였다.

- 집단 합의(group consensus): 집단 합의는 행정가가 의사결정에 구성원들을 적극적으로 참여시키는 '민주적인 상황'에서 이루어지는 방식으로, 구성원들이 평등하게 참여하여 집단적으로 합의한 결과에 따라 결정이 내려진다.
- 집단 다수(group majority): 다수결은 행정가가 구성원들을 의사결정에 적극 참여시키는 '민주적인 상황'에서 나타나며, 다수가 찬성하는 의견을 따라 의사결정이 이루어진다.
- 집단 자문(group advisory): 집단 자문은 구성원들이 관련성과 전문성은 있으나 신뢰하기 어려운 '갈등적 상황'과 구성원들이 관련성은 있으나 전문성이 없는 '이해관계자적 상황'에서 나타나는 의사결정 방식으로, 의사결정에 대한 구성원들의 적극적인 참여는 제한된다. 행정가는 집단의 의견과 제안, 논의들을 경청하지만, 최종적인 의사결정을 내릴 때는 구성원들의 요구를 반영할 수도 있고 그렇지 않을 수도 있다.
- 개인 자문(individual advisory): 개인 자문은 구성원들이 관련성은 없으나 전문성이 있는 '전문가적 상황'에서 나타나는 의사결정 방식으로, 행정가는 의사결정 사항과 관련된 전문기술을 갖추고 있는 개별 구성원의 개인적인 조언을 받아 의사결정을 내릴 수 있다. 그러나 이때의 결정 역시 자문을 제공한 구성원의 의견을 반영할 수도 있지만 그렇지 않을 수도 있다.
- 단독 결정(unilateral decision): 단독 결정은 구성원이 관련성과 전문성 모두 지니고 있지 않은 '비협력적 상황'에서 나타나는 의사결정 구조로, 행정가는 구성원들과 상의하거나 참여시키는 것 없이 일방적으로 결정을 내린다.

(3) 지도자의 역할

의사결정이 제대로 내려지기 위해서는 행정가에게 올바른 결정을 위한 지도자로서의 역할이 요구된다. 의사결정 구조에 따라 조직을 이끄는 행정가는 지도자로서 통합자, 정치가(촉진자), 교육자, 의뢰인, 지시자 등의 역할을 수행한다.

- 통합자: 지도자는 구성원들이 의사결정에 대해 집단적 합의를 이뤄 낼 수 있도록 상이한 의견들과 관점들을 조정하면서 화합을 모색한다.
- 정치가(parliamentarian): 지도자는 구성원들이 심사숙고한 끝에 다수결의 원칙에 의해 의

사결정을 내릴 수 있도록 구성원들의 의견을 지지하고 소수의 의견들도 보호하면서 민주적 절차를 준수하여 참여자들이 개방적 의사소통을 통해 적극적으로 논의할 수 있도록 촉진한다.

- 교육자: 제한된 참여를 통해 결정된 의사결정 사항이 구성원들에게 수용될 수 있도록 지도자는 결정된 사항이 가지는 기회와 한계점들에 대해 설명하고 함께 논의함으로써 변화가 가져오게 될 저항을 최소화한다.
- 의뢰인(solicitor): 지도자는 의사결정의 질을 향상시키기 위해 전문성을 갖춘 개별 구성원에게 자문을 구한다.
- 지시자: 구성원들이 관련성과 전문성이 모두 없는 경우 지도자는 조직의 효율성을 도모하기 위하여 일방적으로 결정을 내린 후 지시한다.

지금까지 살펴본 호이와 타터(Hoy & Tarter)의 참여적 의사결정 모형에 관한 내용을 정리하여 하나의 표로 제시하면 〈표 6-2〉와 같이 정리할 수 있다.

〈표 6-2〉 호이와 타터의 참여적 의사결정 모형(요약)

	구분 준거			상황	참여	의사결정 구조	지도자 역할
	관련성	전문성	신뢰				
수용 영역 밖	○	○	○	민주적	광범위한 참여	집단 합의	통합자
						집단 다수	정치가
	○	○	×	갈등적	제한적 참여	집단 자문	교육자
관련성 한계 영역	○	×	–	이해관계자	제한적 참여	집단 자문	교육자
전문성 한계 영역	×	○	–	전문가	제한적 참여	개인 자문	의뢰인
수용 영역 안	×	×	–	비협력적	비참여	단독 결정	지시자

호이와 타터(Hoy & Tarter)의 참여적 의사결정 모형은 '수용의 영역'이라는 개념이 가지는 모호성, 구성원의 관련성과 전문성 판단의 애매함 등이 지적될 수 있으나, 참여와 관련하여 의사결정의 상황을 단순화하고 유형화하여 참여의 정도를 제안함으로써 참여적 의사결정을 실행할 때 유용한 지침을 제공해 준다는 점에서 의의가 있다. 이 모형은 학교조직에서 의사결정에 대한 학교구성원들(교직원, 학생, 학부모 등)의 참여가 이루어질 때, 구성원들이 어떠한 조건에서 참여해야 하며, 참여는 어느 정도로 이루어져야 하고, 의사결정의 구조는

어떠해야 하며, 학교장의 역할은 무엇인지에 대한 실질적인 해답을 제공해 줄 수 있을 것이다.

> **?⟶ 핵심 질문 10) 의사결정의 제약 요인은 무엇이며, 이를 극복하기 위한 방법은 무엇인가?**

5. 의사결정의 제약 요인과 극복 방안

지금까지 합리적으로 의사결정을 내리는 것은 정보의 제한, 지식의 불완전성, 의사결정자의 주관성, 조직의 특성과 상황 등으로 인해 쉽지 않은 일임을 살펴보았다. 또 의사결정에 구성원들을 참여시키는 것이 중요하며, 구성원들의 서로 다른 의견을 조정하고 통합하며 발생할 수 있는 갈등과 저항을 관리하는 것 역시 지도자의 중요한 과업임을 알 수 있었다. 따라서 지도자로서 행정가는 의사결정에 제약을 가져오는 요인들을 이해하고 이를 극복하기 위한 방안들에 대해 파악할 필요가 있다. 이 절에서는 호이와 미스켈(Hoy & Miskel, 2013)이 여러 문헌으로부터 도출한 '의사결정의 덫과 벗어나는 방법'을 중심으로 살펴본 이후, 효과적인 의사결정을 위한 학교리더 역할의 중요성에 대해 다루며 끝맺고자 한다.

1) 의사결정의 덫과 극복 방법

호이와 미스켈(Hoy & Miskel, 2013)은 여러 문헌을 참고하여 의사결정의 덫과 벗어나는 방법을 제안하였다. 이들이 제시한 의사결정의 덫은 총 아홉 가지로, 각각의 정의가 무엇이며, 덫을 극복하기 위한 방안들을 대해 살펴보자.

첫째, 고정의 덫이다. 고정의 덫이란 처음 접한 정보에 지나치게 가중치를 두고 그 정보를 고집하는 것이다. 의사결정에는 인간의 주관적인 요인들이 영향을 줄 수밖에 없는데, 의사결정자는 자신이 처음 선호한 선택을 정당화하기 위해 상반되는 정보나 자료를 고의적으로 무시하거나 왜곡할 수 있다(박종렬, 신상명, 2004, p. 208). 이러한 상황으로부터 벗어나기 위해서는 개방적인 의식을 가지고 접하게 되는 모든 정보를 의심하는 것이 중요하다. 나아가 다양한 대안을 개발함으로써 처음의 정보에 입각하여 협소한 시각을 가지고 의사결정을 내리는 것을 경계해야 한다.

둘째, 편안함의 덫이다. 편안함의 덫이란 현재의 상황을 지지하는 대안에 대한 편향을 의미하는 것으로, 편안함의 덫에 빠질 경우 의사결정이 지나치게 보수적으로 이루어져 조직 내 혁신과 변화를 가져오는 것이 어려울 수 있다. 이로부터 벗어나기 위해서는 항상 변화를 고려할 수 있어야 하며, 변화함으로써 발생하는 비용에 대해 과장하지 않아야 할 것이다.

셋째, 지나친 자신감의 덫이다. 지나친 자신감의 덫은 의사결정 과정에서 예측하고 평가하는 자신의 능력을 지나치게 과신하는 경향을 의미한다. 이러한 경향으로부터 벗어나기 위해서는 의도적으로 의심함으로써 깨어 있기 위해 노력하고, 일치하지 않는 증거를 발견하는 것이 요청된다. 또한 항상 극단의 경우를 고려하면서 전문가와 함께 확인하는 자세를 갖는 것이 필요하다.

넷째, 인지의 덫이다. 인지의 덫이란 자신에게 친숙한 것을 더욱 가치 있는 것으로 여기는 경향이다. 의사결정을 위한 정보들이 주어졌을 때 자신에게 더 친숙한 것을 가치 있게 생각하여 선택하는 것은 올바른 의사결정을 내리는 데 제약이 될 수 있다. 이로부터 벗어나기 위해서는 의도적으로 친숙하지 않은 것을 찾고 새로운 것에 초점을 두는 것이 요청된다.

다섯째, 표본의 덫이다. 의사결정을 내릴 때 가치개념과 선입견이 상당 부분 영향을 미치게 된다(박종렬, 신상명, 2004, p. 208). 표본의 덫이란 전형적인 고정관념을 가지고 다른 사람들을 바라보는 경향을 의미한다. 객관적 시각을 견지하기 위해 노력할지라도 무의식적으로 자신의 가치와 선입견이 작용할 수 있기 때문에 의사결정자는 깨어 있는 자세를 견지하는 것이 중요하며, 고정관념의 반대 사례를 찾도록 시도함으로써 표본의 덫에 빠지는 것을 예방할 수 있을 것이다.

여섯째, 매몰비용(sunk-cost)의 덫이다. 매몰비용의 덫이란 처음 내린 의사결정에 문제가 존재함에도 불구하고, 과거의 의사결정을 고수하며 정당화하는 의사결정을 내리는 경향을 뜻한다. 특히 처음의 의사결정에 경비나 노력, 시간을 많이 들인 경우, 장래의 방안을 채택하는 범위에 더욱 제약을 받게 된다. 이러한 매몰비용의 덫에 빠지지 않기 위해서는 좋은 선택 역시 나쁜 결과를 초래할 수 있음을 상기하는 것이 중요하며, 의사결정 과정에서 구멍에 빠져 있음을 발견하게 되는 경우 구멍을 파는 작업을 중지할 수 있어야 할 것이다.

일곱째, 표현(framing)의 덫이다. 표현의 덫이란 문제를 확인하고 정의하는 과정에서 문제를 표현하는 방식이 의사결정의 대안과 결과에 영향을 미치는 경향을 지칭한다. 예를 들어, 문제를 표현하는 과정에서 편파적인 용어를 사용할 경우 무의식적으로 부정적인 뉘앙스를 전달할 수 있다. 따라서 표현의 덫으로부터 벗어나기 위해서 중립적인 용어를 사용함으로써 문제를 제기하는 것이 요청되며, 적어도 한 번 이상 문제를 새롭게 표현함으로써 새로운 시각으로 외부자의 관점에서 바라보는 과정을 진행할 필요가 있다.

여덟째, 신중함의 덫이다. 신중함의 덫은 부담이 있는 의사결정을 내릴 때 지나치게 조심하는 경향성을 의미한다. 부담이 큰 상황일수록 신중함의 덫에 빠질 확률이 높아진다. 이를 극복하기 위해서는 새로운 정보에 의거하여 행동을 조정해 나가면서 의사결정을 내리는 것이 요청된다. 결국 의사결정은 해결해야 할 문제와 관련된 정보를 수집하고 판단하여 최선의 결정을 내리는 것이므로 부담이 큰 상황일수록 개인이나 집단으로부터 필요한 정보를 충분히 수집하여 최종적인 판단을 내려야 한다.

아홉째, 기억의 덫이다. 기억의 덫은 과거의 인상적이었던 사건으로부터 영향을 받아 그 경험을 토대로 의사결정의 결과를 예측하는 경향을 뜻한다. 특히 최근 사건과 극적인 사건 등이 의사결정에 상당히 큰 영향을 미칠 수 있다. 이러한 기억의 덫으로부터 벗어나기 위해서는 통계를 활용하거나 기존의 자료와 증거를 충분히 수집하고, 인상이 영향을 주지 않도록 해야 할 것이다.

2) 효과적인 의사결정을 위한 학교리더 역할의 중요성

학교조직 안에서 올바른 의사결정이 내려지기 위해서는 학교리더의 역할이 무엇보다 중요하다. 기본적으로 학교장은 앞서 다룬 의사결정의 덫과 벗어나는 방법을 숙지해야 할 것이다. 나아가 의사결정 과정에서 완전한 합리성을 확보하는 것은 거의 불가능하기에 의사결정자로서 학교리더는 조직이 처한 상황을 종합적으로 고려하고, 그에 적절한 의사결정 모형을 적용하여 적절한 전략을 채택해야 한다. 특히 그 과정에서 문제의 성격, 이용 가능한 정보의 양과 질, 결과의 예측가능성, 구성원의 성숙 정도 등의 상황적 요소를 종합적으로 고려하는 것이 바람직하다. 마지막으로 의사결정 과정에 학교 구성원을 적절하게 참여시켜야 함을 받아들이고, 관련성과 전문성, 신뢰 등을 구분의 준거로 삼아 상황에 맞는 의사결정 구조를 결정하고 그에 부합하는 적절한 역할을 수행함으로써 의사결정을 내려야 한다. 그 과정에서 야기될 수 있는 갈등과 저항을 효과적으로 관리하고 구성원들의 의견을 수렴함으로써 불만을 최소화하며, 집단사고(group think)로 인해 응집력 있는 집단 내 무비판적인 의견일치가 이루어져 비판적 사고가 불가한 상황을 경계해야 할 것이다.

제3절 • 요약 및 적용

1. 요약

- 의사소통과 의사결정은 조직의 효과적인 목표 달성을 위해 교육행정에서 매우 중요한 과정으로, 의사소통이란 두 명 이상의 조직 구성원 사이에서 정보 또는 메시지를 전달·교환하는 과정을 뜻하며, 의사결정이란 조직의 문제를 해결하기 위하여 여러 가지 대안 중에서 최선의 대안을 선택하는 과정을 의미한다.

- 의사소통은 송신자가 전달하고자 하는 정보 또는 아이디어를 기호화하여 메시지로 구성하여 매체 또는 통로를 통해 수신자에게 전달하여 해독하고 이로부터 피드백을 받음으로써 의사소통의 효과를 확인하는 일련의 연속적인 과정을 통해 이루어진다.

- 의사소통은 분류 기준에 따라 ① 언어적 의사소통과 비언어적 의사소통, ② 공식적 의사소통과 비공식적 의사소통, ③ 일방적 의사소통과 쌍방적 의사소통, ④ 수직적 의사소통, 수평적 의사소통, 대각적 의사소통 등으로 구분될 수 있다.

- 의사소통망이란 정보의 흐름을 연결하는 복수의 개인들로 이루어진 상호연결된 의사소통 구조로, 그 형태로 수레바퀴형, 연쇄형, Y형, 원형, 상호연결형(별형) 등이 있다.

- 의사소통 장애란 의사소통의 과정을 방해하거나 왜곡, 변형시키는 모든 것이다. 대표적인 의사소통의 장애 요인으로 개인 특성, 준거체계의 상이성, 메시지의 모호성, 여과, 지위상의 차이, 의사소통의 환경, 시기의 부적절성과 지리적 거리 등을 들 수 있다.

- 의사결정의 과정은 주로 문제확인, 대안개발, 대안평가, 대안선택, 의사결정 실행, 의사결정 평가 등의 여섯 단계를 통해 이루어진다.

- 의사결정 모형은 이론적으로 조직 내에서 이루어지는 의사결정에 관해 설명해 주는 것으로, 합리 모형, 만족 모형, 점증 모형, 혼합 관조 모형, 쓰레기통 모형 등이 있다. 의사결정자는 상황적 요소들을 종합적으로 고려하여 적절한 의사결정 모형을 선택함으로써 적용하게 된다.

- 학교행정가는 조직의 중요한 의사결정에 구성원들을 참여시킬 때 참여적 의사결정 모형에 대한 이해가 선행되어 참여자, 참여 범위, 의사결정 방식 등에 대한 계획을 수립해야 하며, 그 과정에서 문제의 성격, 이용 가능한 정보의 양과 질, 결과의 예측가능성, 구성원의 성숙 정도 등의 상황적 요소를 종합적으로 고려해야 한다.

2. 적용

1) 서술형 문제

- 의사소통의 유형에 무엇이 있으며, 각각의 장점과 단점은 무엇인지 서술하시오.
- 의사소통은 어떠한 과정을 거쳐 이루어지는지 설명하시오.
- 학교조직에서 발생할 수 있는 의사소통의 장애 요인과 극복방안은 무엇인지 기술하시오.
- 의사결정 모형 가운데 쓰레기통 모형에 대해 서술하시오.
- 대표적인 참여적 의사결정 모형에 대해 서술하시오.
- 의사결정 모형 중 합리 모형과 점증 모형의 단점 각각 한 가지를 제시하고, 학교에서 교사가 점증 모형을 적용하여 학생들의 요구를 반영하기 위해 제안할 수 있는 방안을 한 가지 제시하시오. (교원임용시험 기출문제)

2) 토론 문제

- 교육행정에서 왜 의사소통과 의사결정이 중요한지 설명하고, 의사소통과 의사결정의 관계에 대해 논하시오.
- 학교조직 차원에서 효과적인 의사소통이 이루어지기 위해서는 어떠한 조건들이 갖춰져야 하는지 논하시오.
- 학교와 학부모, 지역사회 간 의사소통을 증진시킬 수 있는 방안으로 무엇이 있는지 제시하시오.
- 학교조직에서 가장 많이 적용되는 의사결정 모형은 무엇이라고 생각하며, 그 이유는 무엇인지 설명하시오.
- 학교의 중요한 의사결정에 교사를 참여시킬 때 학교장이 고려해야 하는 것은 무엇인지 본인의 생각을 제시하시오.

제**3**부

교육행정의 실제적 접근

제3장

예비교사 및 현직교사를 위한
교육행정 및 교육경영

제 **7** 장

교육법

　　교육법은 교육제도 및 정책의 근거 및 운용방향을 정하는 만큼 그 의의가 크다. 이 장 이후에 논의될 교육정책, 지방교육자치제도, 교육인사행정, 교육재정, 장학 모두 교육관련법령에 근거하여 제정 및 시행되고 있다.

　　교육법과 관련된 핵심 질문 여섯 가지는 다음과 같다.

　　핵심 질문 1. 법 그리고 교육법을 왜 알아야 하는가?
　　핵심 질문 2. 교육제도는 무엇에 근거하여 나오는 것인가?
　　핵심 질문 3. 교육법은 어떤 형식으로 나타나는가?
　　핵심 질문 4. 교육법의 기본원리는 무엇인가?
　　핵심 질문 5. 교육법의 구조와 체계는 어떻게 이루어져 있는가?
　　핵심 질문 6. 우리나라 학제는 어떻게 이루어져 있는가?

　　이제부터 각 질문에 대한 답을 차례대로 살펴보고자 한다.

제1절 • 교육법의 존재 이유

❓ 핵심 질문 1) 법 그리고 교육법을 왜 알아야 하는가?

　　'국가권력의 자의적(恣意的)인 지배를 배제하기 위한 방법은 무엇인가?'라는 질문에 우리의 머릿속에는 법(法)이란 단어가 떠오를 것이다.

　　교육체제를 유지·발전시키고 교육과 관련된 정의를 실현하기 위해서 교육법이 필요하며, 학교 교육은 다양한 교육정책과 이의 근거가 되는 규정이나 법 등을 기반으로 운영되고 있으므로 교사들을 비롯한 학교 교육 구성원들은 교육과 관련된 법령을 필수적으로 이해하여야 한다(최종진 외, 2021; 신정철 외, 2022).

　　중앙교육 행정조직, 지방교육 행정조직, 단위 학교조직 등 교육조직을 원활하게 운영하기 위해서도, 또한 교육정책을 제대로 이해하기 위한 선결 요건으로서도 교육법에 대한 이해가 필요하며, 여러 교육 문제나 갈등을 예방하고 해결하기 위해서도 교육법을 숙지해야 한다.

? 핵심 질문 2) 교육제도는 무엇에 근거하여 나오는 것인가?

1. 교육제도 법정주의와 법치행정의 원리

한 나라의 교육이념은 그 나라의 기본법인 「헌법」에 규정되어 있는 건국이념, 국시(國是: 국가의 기본이념이나 국가 정책의 기본 방침)를 기초로 정립되고, 그 교육이념을 바탕으로 교육법이 제정되며, 이에 근거하여 교육정책이 교육제도로 구현된다.

우리나라의 현행 「헌법」은 전문(前文)에서 '자유민주적 기본질서를 더욱 확고히 하고'라고 하고 있을 뿐만 아니라, 제4조에서 한반도 통일정책의 기본방향이 자유민주적 기본질서에 입각할 것을 강조하고 있으며, 제119조 제1항에서 자유시장경제질서를 기본으로 하고 있는 점에 비추어 자유민주주의에 보다 중점을 두고 있음을 알 수 있다(권영성, 2006).

자유민주적 기본질서의 내용이 되는 기본원칙에는 어떤 것이 있을까?

첫째, 생명권과 인격권, 자유와 평등을 중심으로 하는 기본적 인권의 보장을 들 수 있다. 「헌법」 제10조에 '모든 국민은 인간으로서의 존엄과 가치를 가지며, 행복을 추구할 권리를 가진다. 국가는 개인이 가지는 불가침의 기본적 인권을 확인하고 이를 보장할 의무를 진다.'라고 규정되어 있으며, 「헌법」 제11조 이하에서는 평등권을 비롯하여 자유권, 정치적 기본권, 청구권, 사회권(복지권) 등이 규정되어 있다.

둘째, 권력분립을 들 수 있다. 국민의 기본적 인권을 보장하기 위해서는 특정 부처에 권력이 집중되거나 권력이 남용되어서는 안 되기 때문이다.

셋째, 법치주의(法治主義)를 들 수 있다. 폭력적 지배와 자의적(恣意的) 지배를 해서는 안 되며, 국가가 국민의 자유와 권리를 제한하거나 국민에게 새로운 의무를 부과하려 할 때는 반드시 의회가 제정한 법률에 따르거나 이에 근거하여야 한다.[1]

법치주의는 자의적 통치를 억제하고 정의의 실현을 위해 법에 근거하여 국가행정이 행해져야 함을 의미한다. 교육에 관한 제도는 교육법에 근거하여 행해져야 한다. 교육법은 교육과 관련된 모든 법규를 의미하며, 교육의 이념을 비롯하여 교육의 목적, 제도를 모두 포괄한다. 교육제도는 모든 국민에게 적용되기 때문에 교육이념[2]에 입각하고 법령에 따라 집

---

[1] 이 외에 권영성(2006)은 정부의 책임성, 행정의 합법률성, 사법부의 독립, 복수정당제, 국제평화주의 등을 자유민주적 기본질서의 내용으로 보고 있다.

[2] 현행 「헌법」의 자유민주적 기본질서를 바탕으로 우리나라 「교육기본법」 제2조에서 '교육은 홍익인간(弘益人間)의 이념 아래 모든 국민이 인격을 도야(陶冶)하고 자주적 생활능력과 민주시민으로서 필요한 자질을 갖추게 함으로

행되어야 하며, 법령을 위반해서는 안 된다.

따라서 교육법은 교육제도 성립을 위한 기초가 된다. 교육의 이념이나 목적, 제도 등이 모두 교육법이란 형식을 통해 나타나는 것이다. 이를 위해 「헌법」 제31조 제6항에도 '교육제도에 관한 기본적인 사항은 법률로 정한다.'라고 명시되어 있다.

우리나라와 같은 자유민주주의 국가에서는 국가의 통치행위나 행정작용은 국민의 의사를 대표하는 국회가 제정한 법률에 근거해서 이루어져야 한다. 교육행정도 마찬가지이다. 교육행정영역의 모든 조직과 작용은 교육법령에 의해 집행되고 이에 구속을 받는다. 이러한 교육행정의 법률적합성 원칙을 벗어나면 위법한 교육행정이 되는 것이다.

> **?** 핵심 질문 3) **교육법은 어떤 형식으로 나타나는가?**

2. 교육법의 법원

법의 존재 형식 또는 법의 원천(源泉)을 법원(法源)이라고 하는데, 교육법의 법원에는 무엇이 있을까?

법조문 형식으로 문서로 만들어진 법을 성문법이라 부르는데, 가장 상위의 법은 「헌법」이고, 이를 근거로 하여 제정된 법률, 명령(대통령령, 총리령, 부령), 자치법규로서 조례와 규칙 등이 있다. 때로는 성문화되어 있지 않은 법을 불문법(不文法)이라 부르는데, 관습법, 판례법, 조리(條理) 등이 있다.

관습법은 사회에서 스스로 발생한 관행이 법적 확신을 얻은 법이고, 판례법은 유사한 사건에 관하여 법원이 같은 취지의 판결을 반복함에 따라 성립되는 불문법이다. 조리는 사물의 본질적 법칙, 사회통념을 의미한다.[3]

법령 적용의 일반 원칙으로는 상위법령 우선의 원칙, 특별법 우선의 원칙, 신법 우선의 원칙이 있다(법제처, 2009).

상위법령 우선의 원칙은 모든 법령은 「헌법」을 정점으로 하나의 단계적 구조를 이루고 있으므로 둘 이상의 종류의 법령이 그 내용에 있어서 상호 모순·저촉하는 경우에는 상위법령이 하위법령에 우선한다는 것이다.

써 인간다운 삶을 영위하게 하고 민주국가의 발전과 인류공영(人類共榮)의 이상을 실현하는 데에 이바지하게 함을 목적으로 한다.'라고 규정함으로써 교육이념이 홍익인간임을 명시하고 있다.

3) 「민법」 제1조(법원) 민사에 관하여 법률에 규정이 없으면 관습법에 의하고 관습법이 없으면 조리에 의한다.

특별법 우선의 원칙은 동등한 법형식 사이에서 어떤 법령이 규정하고 있는 일반적인 사항과 다른 특정의 경우를 한정하거나 특정의 사람 또는 지역을 한정하여 적용하는 법령이 있는 경우에 이 두 개의 법령은 일반법과 특별법의 관계에 있다고 하고, 이 경우에는 특별법이 일반법에 우선한다는 원칙이다.

신법 우선의 원칙은 형식적 효력을 동등하게 하는 같은 종류의 법형식 사이에 법령 내용이 상호 모순·저촉하는 경우에는 시간상으로 나중에 제정된 것이 먼저 제정된 것보다 우선하는 효력을 가진다는 것이다.

교육법령의 최상위에는 「헌법」이 있으며, 그 이하로 법률, 명령, 조례, 규칙 등이 있다. 상위법 우선의 원칙에 따라 법률은 「헌법」의 내용에 어긋날 수 없고, 명령은 법률에, 조례는 명령에, 규칙은 조례에 어긋날 수 없다. 각급 학교의 규정도 상위 법규범인 조례나 규칙에 어긋날 수 없다.

[그림 7-1] 법령 상호 간의 관계

1) 헌법

「헌법」(constitution law)은 입법부, 행정부, 사법부 등 통치기구와 통치작용의 기본을 정한 법으로서, 어느 나라나 이러한 「헌법」을 갖고 있다고 하여도 과언이 아니다. 고대 이후의 사회에서도 통치기구를 정한 법은 있었다. 그러나 근대 시민혁명 이후 단순히 「헌법」은 통치기구의 기본을 정할 뿐만 아니라 반드시 국민의 기본적 권리와 의무를 명시하게 되었고, 이러한 「헌법」에 따라 통치하게 되었다. 이를 입헌주의(立憲主義) 원칙이라 부른다.

교육에 관한 사항은 인간으로서의 존엄과 가치를 구현하고, 인간다운 생활을 위해 가장 핵심적인 부문의 하나이므로 최고법인 「헌법」에 명시되어 있다. 「헌법」 제31조 제1항은 '모든 국민은 능력에 따라 균등하게 교육을 받을 권리를 가진다.'라고 하여, 국민의 교육권이 명시되어 있을 뿐만 아니라, 이 교육권을 실현할 수단으로써 교육받게 할 의무,[4] 무상의 의무교육,[5] 교육의 자주성·전문성과 정치적 중립성 및 대학의 자율성 보장,[6] 국가의 평생교육 진흥 의무,[7] 교육제도의 법정주의[8] 등이 명시되어 있다.

2) 법률과 국제법규

법률은 국회의 의결을 거쳐 제정된 법을 의미한다. 「헌법」 제31조 제6항 규정에 따라 제정된 법이 「교육기본법」[9]이다. 「교육기본법」 제1조에 '이 법은 교육에 관한 국민의 권리·의무 및 국가·지방자치단체의 책임을 정하고 교육제도와 그 운영에 관한 기본적 사항을 규정함을 목적으로 한다.'라고 규정되어 「교육기본법」이 헌법에 근거하여 제정되었음을 알 수 있다.

또한 「교육기본법」에 근거하여 하위 법률인 「초·중등교육법」이 제정되었다. 「초·중등교육법」 제1조에 '이 법은 「교육기본법」 제9조에 따라 초·중등교육에 관한 사항을 정함을 목적으로 한다.' 라고 명시되어 있어 이를 뒷받침한다.

교육 관련 법률의 대표적인 예로 「교육기본법」, 「초·중등교육법」 이외에 「유아교육법」, 「고등교육법」, 「지방교육자치에 관한 법률」, 「사립학교법」, 「평생교육법」, 「교육공무원법」, 「정부조직법」, 「국가공무원법」 등이 있다.

---

4) 제2항: 모든 국민은 그 보호하는 자녀에게 적어도 초등교육과 법률이 정하는 교육을 받게 할 의무를 진다.
5) 제3항: 의무교육은 무상으로 한다.
6) 제4항: 교육의 자주성·전문성·정치적 중립성 및 대학의 자율성은 법률이 정하는 바에 의하여 보장된다.
7) 제5항: 국가는 평생교육을 진흥하여야 한다.
8) 제6항: 학교교육 및 평생교육을 포함한 교육제도와 그 운영, 교육재정 및 교원의 지위에 관한 기본적인 사항은 법률로 정한다.
9) 「교육기본법」은 「헌법」 제31조 제6항의 교육제도 법률주의에 연원을 두고 있으나, 국민의 균등하게 교육을 받을 권리를 실현한다는 「교육기본법」의 목적을 고려하면, 「헌법」 제31조에서 규정하고 있는 국민의 교육권 규정(제1항), 친권자의 교육의무(제2항), 무상교육(제3항), 교육의 자주성 전문성 정치적 중립성 및 대학의 자율성 보장(제4항), 국가의 평생교육 진흥 의무(제5항) 등과도 불가분의 관계에 있다. 이러한 의미에서 「교육기본법」은 「헌법」의 교육조항을 구체화한 교육 헌법이라 할 수 있다(법제처, 2011).

　　대한민국이 체결·공포한 조약은 국내법과 같은 효력을 갖는다.[10) 따라서 아동의 권리에 관한 협약, UNESCO 헌장 등은 법률과 같은 효력을 갖는다.

3) 명령

　　명령은 국회의 의결 없이 행정기관이 단독으로 정하는 것이다. 입법권은 원래 의회에 있으나, 20세기 이후 행정기능의 강화와 확대로 말미암아 국가행정권에 의한 행정입법(行政立法)이 불가피하게 되었다. 그 예로 시행령, 시행규칙, 훈령 등이 있다.

　　명령은 그 제정 주체에 따라 대통령령, 총리령, 부령 등의 형식으로 나누어지며, 모든 국민에게 적용된다. 「초·중등교육법 시행규칙」 제1조에 '이 규칙은 「초·중등교육법」 및 같은 법 시행령에서 위임된 사항과 그 시행에 필요한 사항을 규정함을 목적으로 한다.'라고 명시되어 있어 「초·중등교육법 시행규칙」(교육부령)이 「초·중등교육법」과 「초·중등교육법 시행령」(대통령령)에 근거하여 제정되었음을 알 수 있다.[11)

4) 자치법규(조례와 자치 규칙)

　　자치법규는 지방자치단체가 상위법규인 법률과 명령의 범위 안에서 제정하는 자치에 관한 규정한 규정[12)으로, 지방자치단체에 위임된 교육 관련 사항을 처리하기 위하여 지방의회가 제정하는 조례와 조례의 범위 안에서 지방자치단체의 집행기관(단체장)이 제정하는 자치 규칙이 있다. 조례의 예로 「경기도 학교 수업료 및 입학금에 관한 조례」가 있고, 자치 규칙의 예로 「학교 수업료 및 입학금에 관한 규칙」이 있다.

---

10) 「헌법」 제6조 제1항: 헌법에 의하여 체결·공포된 조약과 일반적으로 승인된 국제법규는 국내법과 같은 효력을 갖는다.
11) 후술할 「초·중등교육법 시행령」과 「초·중등교육법 시행규칙」에서 자세히 설명하고 있다.
12) 「헌법」 제117조 제1항: 지방자치단체는 주민의 복리에 관한 사무를 처리하고 재산을 관리하며, 법령의 범위 안에서 자치에 관한 규정을 제정할 수 있다.

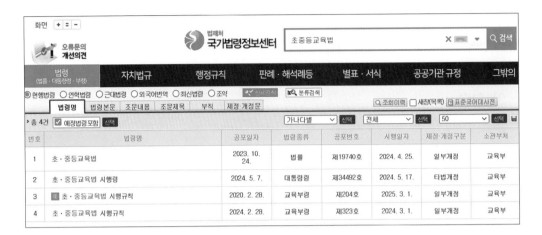

[그림 7-2] 국가법령 정보센터(www.law.go.kr) 「초·중등교육법」 체계

제2절 • 교육법의 기본원리

? 핵심 질문 4) 교육법의 기본원리는 무엇인가?

우리나라 「헌법」 제31조와 「교육기본법」의 내용[13]을 바탕으로 교육법의 기본원리를 도출해 보도록 하자.

1. 교육제도 법정주의

「헌법」 제31조 제6항: 학교 교육 및 평생교육을 포함한 교육제도와 그 운영, 교육재정 및 교원의 지위에 관한 기본적인 사항은 법률로 정한다.
「교육기본법」 제1조: 이 법은 교육에 관한 국민의 권리·의무 및 국가·지방자치단체의 책임을 정하고 교육제도와 그 운영에 관한 기본적 사항을 규정함을 목적으로 한다.
「교육기본법」 제7조: ② 교육재정을 안정적으로 확보하기 위하여 지방교육재정교부금 등에 관하여 필요한 사항은 따로 법률로 정한다.

---

13) 법조문이나 판례는 국가법령 정보센터(www.law.go.kr), 종합법률정보(glaw.scourt.go.kr) 등 홈페이지에 들어가면 자세히 살펴볼 수 있다.

이 규정을 토대로 교육제도의 법정주의를 도출할 수 있다. 교육제도 법정주의는 자유민주주의 국가에 있어서 법치 교육행정의 근간이라고 볼 수 있다. 교육과 관련된 모든 법률은 교육의 핵심이 되는 사항을 규정하고 있으며, 이러한 법률에 근거하여 제정된 대통령령, 부령 등의 명령과 조례와 자치 규칙 같은 자치법규는 시행상에 필요한 세부적인 사항을 규정하고 있다.

2. 교육권[14] 보장의 원리

「헌법」 제31조: ① 모든 국민은 능력에 따라 균등하게 교육을 받을 권리를 가진다.
　　　　② 모든 국민은 그 보호하는 자녀에게 적어도 초등교육과 법률이 정하는 교육을 받게 할 의무를 진다.
「교육기본법」 제3조: 모든 국민은 평생에 걸쳐 학습하고, 능력과 적성에 따라 교육받을 권리를 가진다.
「교육기본법」 제4조: ① 모든 국민은 성별, 종교, 신념, 인종, 사회적 신분, 경제적 지위 또는 신체적 조건 등을 이유로 교육에서 차별을 받지 아니한다.
「교육기본법」 제12조(학습자): ① 학생을 포함한 학습자의 기본적 인권은 학교 교육 또는 평생교육의 과정에서 존중되고 보호된다.
「교육기본법」 제14조(교원): ① 학교교육에서 교원(教員)의 전문성은 존중되며, 교원의 경제적·사회적 지위는 우대되고 그 신분은 보장된다.

이 규정을 토대로 하여 교육권 보장의 원리를 도출할 수 있다. 교육권은 교육받는 것을 국가로부터 방해받지 아니할 뿐 아니라(소극적 측면), 교육을 받을 수 있도록 국가가 적극적으로 배려하여 주도록 요구할 수 있는 권리이다. 교육권을 실현하기 위한 수단으로서 교육받게 할 의무, 무상의 의무교육제, 국가의 평생교육 진흥 의무 등이 있다.

균등하게 교육받을 권리는 소극적으로 본다면, 교육 기회에 있어서 불합리한 차별을 받지 않을 권리를 의미한다고 볼 수 있다. 예를 들어, 능력 이외의 성별, 종교, 사회적 신분,

---

14) 교육권은 다의적 다차원 개념이다. 가장 좁은 의미의 교육권은 「헌법」 제31조 제1항에서 규정하는 교육받을 권리를 의미하는 학생의 학습권을 의미한다. 협의의 교육권은 교육하는 권한으로서의 교사와 학부모의 교육권이 포함된다. 광의의 교육권은 「헌법」상 인정되는 교육에 관한 국민의 기본적 인권으로서 교육기본권, 교육 인권, 국민 교육권 개념을 포함한다. 「헌법」 제31조 제1항뿐만 아니라 「헌법」 제10조 인간으로서의 존엄과 가치, 행복추구권, 「헌법」 제34조 제1항의 인간다운 생활을 할 권리, 제22조 제1항의 학문의 자유 등 「헌법」상 교육에 관련되는 모든 기본권을 말한다(이승재, 2022).

경제적 지위 또는 신체적 조건 등 때문에 교육 기회에 있어서 차별받아서는 아니 되며, 적극적으로 본다면, 사회권적 측면에서 바라볼 수 있다. 즉, 실질적 평등을 누릴 수 있도록 국가에 요구할 수 있는 권리를 의미한다.

3. 교육 자주성·전문성 보장의 원리

「헌법」 제31조: ④ 교육의 자주성·전문성·정치적 중립성 및 대학의 자율성은 법률이 정하는 바에 의하여 보장된다.
「교육기본법」 제5조: ① 국가와 지방자치단체는 교육의 자주성과 전문성을 보장하여야 하며, 국가는 지방자치단체의 교육에 관한 자율성을 존중하여야 한다.
② 국가와 지방자치단체는 관할하는 학교와 소관 사무에 대하여 지역 실정에 맞는 교육을 실시하기 위한 시책을 수립·실시하여야 한다.
③ 국가와 지방자치단체는 학교 운영의 자율성을 존중하여야 하며, 교직원·학생·학부모 및 지역주민 등이 법령으로 정하는 바에 따라 학교 운영에 참여할 수 있도록 보장하여야 한다.
「교육기본법」 제14조(교원): ① 학교교육에서 교원(敎員)의 전문성은 존중되며, 교원의 경제적·사회적 지위는 우대되고 그 신분은 보장된다.

이 규정을 토대로 하여 교육의 자주성·전문성 보장의 원리를 도출할 수 있다. 교육의 자주성은 교육내용이 교육자에 의하여 자주적으로 결정되고 행정 권력에 의한 교육 통제가 배제되어야 한다는 것을 의미한다. 국가공권력으로부터의 독립이 그 핵심이다. 따라서 교육의 자주성을 확보하기 위해서는 최소한 교사의 교육시설 설치자·감독권자로부터의 자유, 교육내용에 대한 교육행정의 권력적 개입 배제, 교육 관리기구(교육감 등)의 공선제(公選制)가 유지되어야 한다(법제처 외, 2011).

교육의 자주성을 확보하기 위해서는 각 지방의 실정과 특성에 맞게 교육자치가 이루어져야 한다. 국가와 지방자치단체는 민의에 따라 각기 실정에 맞는 교육행정을 하기 위하여 필요한 기구와 시책을 수립하고 시행하여야 하며, 단위 학교에서는 학교운영위원회 등 교육자치가 활발히 이루어져야 한다.

전문성이란 교육활동과 교육정책을 수립하고 집행하는 일은 교육 분야의 전문가에게 맡기거나 적어도 그들의 참여를 보장하여야 한다는 의미이다. 전문직은 전문적 지식체계의 습득과 적용이 필요한 노동이라는 점에서, 논리적으로도 전문직에 대한 권력적 통제는 부당한 지배가 된다는 점에서 교육의 자주성 보장은 결국 교육의 전문성 보장을 위해 필요한 것이라고 할 수 있다(이종근, 2007).

헌법재판소는 교육활동의 특수성을 교원의 특수성으로 인식하면서 다음 두 가지에 초점을 맞추고 있다. 첫째, 교원 자신이 장기간에 걸친 교육과 훈련을 받지 않고서는 그 직업이 요구하는 소양과 지식을 갖출 수 없다. 둘째, 교원은 다른 전문직인 의사·변호사 또는 성직자와 같이 고도의 자율성과 사회적 책임을 아울러 가져야 한다는 사회적 윤리적 특성이 있다(헌재결, 1991)고 해석함으로써 교육의 전문성 원리를 강조하고 있다.

4. 교육 중립성의 원리

「교육기본법」제6조: ① 교육은 교육 본래의 목적에 따라 그 기능을 다하도록 운영되어야 하며, 정치적·파당적 또는 개인적 편견을 전파하기 위한 방편으로 이용되어서는 아니 된다.
② 국가와 지방자치단체가 설립한 학교에서는 특정한 종교를 위한 종교교육을 하여서는 아니 된다.

이 규정을 토대로 하여 교육의 중립성 원리를 도출할 수 있다. 교육의 중립성은 교육이 정치권력이나 종교적 권위·사상으로부터 부당한 간섭을 받지 않아야 하며, 또한 교육이 정치에 개입하지 말아야 한다는 원칙도 내포하고 있다.

배소연(2019)은, 교육의 정치적 중립성을 개인의 인격 실현과 국가공동체 유지 및 발전이라는 헌법 이념을 실현하는 기능을 하는 교육을 받을 권리를 실질적으로 보장하기 위한 전제로서 의미가 있으며, 나아가 '파당적' 교육을 금지하는 것, 교육이 정치 등 다른 목적을 위한 수단 또는 도구가 되는 것을 금지하는 것을 최소한의 의미로 보고 있다. 또한 교육은 국가권력이나 정치세력으로부터 부당한 간섭을 받지 않아야 하고, 동시에 교육도 본연의 역할을 벗어나 정치영역에 개입하지 않아야 한다는 의미로 보고 있다.

헌법재판소(헌바 42.2014)는, '공무원의 정당 가입 금지조항은 공무원의 정치적 중립성을 보장하고 초·중등학교 교육의 중립성을 확보한다는 점에서 입법목적의 정당성이 인정되고, 정당에의 가입을 금지하는 것은 입법목적 달성을 위한 적합한 수단으로서 공무원은 정당의 당원이 될 수 없을 뿐, 정당에 대한 지지를 선거와 무관하게 개인적인 자리에서 밝히거나 투표권을 행사하는 등의 활동은 허용되므로, 정치적 중립성 및 초·중등학교 학생들에 대한 교육기본권 보장이라는 공익이 공무원이 제한받는 불이익에 비하여 크다고 볼 수 있다. 또한 초·중등학교 교원에 대하여는 정당 가입을 금지하면서 대학교원에게는 허용하는 것은, 기초적인 지식전달, 연구 기능 등 직무의 본질이 서로 다른 점을 고려한 합리적 차별이므로 평등원칙에 거스르지 아니한다.'라고 해석하였다.

국립이나 공립학교에서는 정교분리(政教分離)의 원칙에 따라 특정 종교를 위한 종교교육을 실시하여서는 아니 된다. 단, 사립학교의 경우에는 건학이념을 구현하기 위한 종교교육은 포교 활동의 일환으로 인정된다.

제3절 • 교육행정 관련 주요 교육법의 구조와 체계

? 핵심 질문 5) 교육법의 구조와 체계는 어떻게 이루어져 있는가?

우리나라 중·고등학교에 적용되는 교육법의 체계를 살펴보자. 우선, 최고법인 「헌법」을 최정점으로 하고, 「헌법」을 근거로 제정된 「교육기본법」이 교육 관련 법 중 최상층을 형성하고 있으며, 「교육기본법」을 근거로 국회에서 제정된 「초·중등교육법」이, 「초·중등교육법」을 근거로 이를 보다 구체적으로 시행하기 위해 대통령령으로 제정된 「초·중등교육법 시행령」이, 「초·중등교육법 시행령」을 근거로 더욱더 구체적으로 시행하기 위해 교육부령으로 제정된 「초·중등교육법 시행규칙」이 중·고등학교 현장에 적용될 것이다.[15]

국회에서 제정된 교원의 지위 향상 및 교육활동 보호를 위한 특별법에서 위임된 사항과 그 시행에 필요한 사항을 규정함을 목적으로 대통령령으로 제정된 명령이 「교원의 지위 향상 및 교육활동 보호를 위한 특별법 시행령」이며, 이 시행령에 근거하여 각 단위 학교의 '교권보호위원회 규정'에서 보다 구체적으로 교권보호위원회의 구성 및 운영 등에 관하여 규정되어 중·고등학교 현장에 적용될 것이다.

1. 헌법 [시행 1988. 2. 25.] [헌법 제10호, 1987. 10. 29., 전부개정]

앞에서 기술한 바와 같이, 우리나라 최고법인 「헌법」 제31조에서 균등하게 교육받을 권리, 의무교육, 교육의 자주성·전문성·정치적 중립성 및 대학의 자율성, 국가의 평생교육

---

15) 이 책은 교직을 준비하는 학생들을 대상으로 저술되었기 때문에 교육법 중에서 교직과 밀접한 관계에 있는 법 위주로 편성하였다.

진흥 의무, 교육제도의 법정주의 등을 규정하고 있다.

2. 교육기본법 [시행 2023. 9. 27.] [법률 제19736호, 2023. 9. 27., 일부개정]

「교육기본법」의 시초는 1949년 12월 31일 법률 제86호로 제정된 「교육법」이었다. 「헌법」 상의 교육에 관한 기본 규정을 바탕으로 교육행정의 기본지침이 되었던 법률이다. 그 이후 1997년 12월 「교육기본법」으로 일원화되어 지금까지 적용되고 있다.

- 제1장 총칙 목적, 교육이념, 학습권, 교육의 기회균등, 교육의 자주성 등, 교육의 중립성 교육재정, 의무교육, 학교 교육, 사회교육, 학교 등의 설립
- 제2장 교육당사자 학습자, 보호자, 교원, 교원단체, 학교 등의 설립자·경영자, 국가 및 지방 자치단체
- 제3장 교육의 진흥 양성평등의식의 증진, 학습윤리의 확립, 안전사고 예방, 평화적 통일 지향, 특수교육, 영재교육, 유아교육, 직업교육, 과학·기술교육, 기후변화 환경교육, 학교체육, 교육의 정보화, 학교 및 교육행정기관 업무의 전자화, 학생 정보의 보호원칙, 학술문화의 진흥, 사립학교의 육성, 평가 및 인증제도, 교육 관련 정보의 공개, 교육 관련 통계조사, 보건 및 복지의 증진, 장학제도 등, 국제교육

3. 초·중등교육법 [시행 2024. 4. 25.] [법률 제19740호, 2023. 10. 24., 일부개정][16]

「초·중등교육법」은 「교육기본법」 제9조[17]에 따라 초등교육 및 중등교육(중학교와 고등학교)에 관한 사항을 규율하는 법률이다. 1997년 12월 13일 공포되어, 1998년 3월 1일부터 시행되고 있다.

- 제1장 총칙 학교의 종류, 국립·공립·사립 학교의 구분, 학교의 설립, 지도·감독, 장학 지도, 학교 규칙, 학생·기관·학교 평가, 수업료 등, 고등학교 등의 무상교육, 학교시설

---

16) 제13조(보호자) ③ 부모 등 보호자는 교원과 학교가 전문적인 판단으로 학생을 교육·지도할 수 있도록 협조하고 존중하여야 한다.

17) 「교육기본법」 제9조 제4항: 학교의 종류와 학교의 설립·경영 등 학교 교육에 관한 기본적인 사항은 따로 법률로 정한다.

등의 이용, 교육통계조사
- 제2장 의무교육 의무교육, 취학 의무, 취학 의무의 면제 등, 고용자의 의무, 친권자 등에 대한 보조
- 제3장 학생과 교직원 학생 자치활동, 학생의 징계, 재심청구, 시·도 학생징계위원회의 설치, 학생의 인권보장, 교직원의 구분, 전문상담교사의 배치 등, 교직원의 임무, 학교의 장 및 교원의 학생생활지도, 교원의 자격, 교사 자격 취득의 결격사유, 벌금형의 분리 선고, 교원자격증 알선 금지, 자격 취소 등, 산학겸임교사
- 제4장 학교 교육과정 등, 수업 등, 학교생활 기록, 학년제, 조기 진급 및 조기졸업 등, 학력인정 시험, 학습부진아 등에 대한 교육, 학업에 어려움을 겪는 학생에 대한 교육, 교과용 도서의 사용, 학교의 통합·운영, 학교 회계의 설치, 학교 회계의 운영, 교육 정보시스템의 구축·운영 등, 학교운영위원회의 설치, 결격사유, 기능, 학교발전기금, 학교운영위원회의 구성·운영, 학교운영위원회 위원의 연수 등, 초등학교의 목적, 수업연한, 중학교·고등공민학교 목적, 수업연한, 입학 자격 등, 방송통신중학교, 고등공민학교, 고등학교·고등기술학교의 목적, 수업연한, 입학 자격 등, 학과 및 학점제 등
- 제5장 보칙 및 벌칙 학교 및 교육과정 운영의 특례, 권한의 위임, 시정 또는 변경 명령 등, 휴업 명령 및 휴교 처분, 학교 등의 폐쇄, 청문, 벌칙, 과태료 등

1) 초·중등교육법 시행령 [시행 2024. 5. 17.] [대통령령 제34492호, 2024. 5. 7., 타법개정]

「초·중등교육법 시행령」은 「초·중등교육법」에서 위임된 사항과 그 시행에 관하여 필요한 사항을 규정함으로써 더욱 원활한 시행을 위하여 조직 및 절차 등을 자세히 규정하고 있다. 「초·중등교육법」 제4조 제2항[18]에 근거하여 「초·중등교육법 시행령」 제3조[19]가 제정되었다. 또한 동조에서는 사립학교의 설립인가 신청에 대하여 자세한 사항을 교육부령으로 위임함에 따라 「초·중등교육법 시행규칙」 제2조[20]의 제정 근거가 된다.

---

18) 「초·중등교육법」 제4조 ② 사립학교를 설립하려는 자는 특별시·광역시·특별자치시·도·특별자치도 교육감(이하 "교육감"이라 한다)의 인가를 받아야 한다.

19) 「초·중등교육법 시행령」 제3조: 「초·중등교육법」 제4조 제2항에 따라 사립학교의 설립인가를 받으려는 자는 교육부령으로 정하는 바에 따라 학교의 설립목적·명칭·위치 및 개교예정일 등을 기재한 학교설립인가신청서에 다음 각 호의 서류(전자문서를 포함한다)를 첨부하여 특별시·광역시·특별자치시·도·특별자치도교육감(이하 "교육감"이라 한다)에게 신청하여야 한다.

20) 「초·중등교육법 시행규칙」 제2조 ① 「초·중등교육법 시행령」 제3조에 따라 사립학교의 설립인가를 신청

- 제1장 총칙 목적, 학교의 설립기준, 사립학교의 설립인가 신청, 사립학교의 폐교인가 신청, 사립학교의 변경인가 신청, 병설학교, 장학지도, 학교 규칙의 기재 사항 등, 학생의 평가, 평가의 대상 구분, 평가의 기준, 평가의 절차·공개 등
- 제2장 의무교육 위탁시의 협의, 취학아동 명부의 작성 등, 입학기일 등의 통보, 취학의 통지 등, 입학할 학교의 변경, 귀국 학생 및 다문화 학생 등의 입학 및 전학, 초등학교의 전학 절차, 초등학교 및 중학교의 장의 취학 독촉·경고 및 통보, 의무교육 관리위원회의 설치 등
- 제3장 학생 및 교직원 학생 자치활동의 보장, 학생의 징계 등, 퇴학 조치된 자의 재심 청구 등, 징계 조정위원회의 조직 등, 징계 조정위원회의 운영 등, 교감의 미배치, 학급 담당 교원, 특수학교 등의 교원, 전문 상담 순회 교사의 배치기준, 교원의 자격, 산학겸임교사 등
- 제4장 학교 교과, 학기, 수업일수, 학급편성, 휴업일 등, 수업 운영 방법 등, 자유 학기의 수업 운영 방법 등, 수업 시간, 학교생활 기록 작성을 위한 행정정보의 공동이용, 수료 및 졸업 등, 학급수·학생 수, 학생배치 계획, 조기 진급·조기졸업 등, 학습부진아 등에 대한 교육 및 시책, 교과용 도서의 사용, 학교의 통합운영, 분교장, 학생의 안전대책 등
- 제5장 학력 및 자격인정 초등학교 졸업자와 동등의 학력인정, 중학교 졸업자와 동등의 학력인정, 고등학교 졸업자와 동등의 학력인정, 학력심의위원회의 설치·운영 등

2) 초·중등교육법 시행규칙 [시행 2025. 3. 1.] [교육부령 제204호, 2020. 2. 28., 일부개정]

「초·중등교육법 시행규칙」은 「초·중등교육법」 및 「초·중등교육법 시행령」에서 위임된 사항과 그 시행에 필요한 사항을 규정하고 있다. 따라서 「초·중등교육법 시행규칙」은 「초·중등교육법 시행령」보다 그 내용과 절차를 자세히 규정하고 있음을 알 수 있다.

- 제1장 총칙 목적, 사립학교의 설립인가 신청, 사립학교의 폐교인가 신청, 사립학교의 변경인가 신청, 행정정보의 공동이용

하려는 자는 별지 제1호서식에 따른 학교설립인가신청서를 특별시·광역시·특별자치시·도·특별자치도 교육감(이하 "교육감"이라 한다)에게 제출하여야 한다. 이 경우 「고등학교 이하 각급 학교 설립·운영 규정」 및 「고등학교 이하 각급 학교 설립·운영 규정 시행규칙」에서 정하는 시설·설비 등의 기준과 인가신청 절차에 따라야 한다.

- 제2장 학생과 교직원 교원 자격 취득을 위한 보수교육, 보수교육 담당기관, 보수교육 대상자, 보수교육과정, 보수교육기간, 보수교육 성적의 산출 및 수료 등
- 제3장 학교 학교생활 기록의 기재 내용 등, 학교생활 기록의 관리·보존 등, 학교생활 기록 작성·관리 실태 점검, 학업 성적관리위원회의 설치·운영, 학교생활기록 작성·관리 세부 지침 검정고시위원회의 설치, 검정고시 위원회의 구성 및 출제위원 등의 위촉, 위원장의 직무 등
- 제4장 교육비 지원 재산의 소득환산액 산정방식, 교육비 신청 방법 및 절차 등, 교육비 지원을 위한 자료 등의 수집 등

4. 유아교육법 [시행 2023. 9. 27.] [법률 제19737호, 2023. 9. 27., 일부개정][21]

「유아교육법」은 2005년 「교육기본법」 제9조의 규정에 따라 유아교육에 관한 사항을 정함을 목적으로 제정된 법으로 총 5장 35개 조로 구성되어 있다.

- 제1장 총칙 유아교육법의 목적, 정의, 책임, 유아교육 발전의 기본계획, 유아교육·보육위원회, 유아교육위원회, 유아교육진흥원, 교육통계 조사 등에 관한 사항
- 제2장 유치원의 설립 등 유치원의 구분, 유치원의 설립 등, 결격사유, 유치원의 병설, 유치원 규칙, 입학, 학년도 등, 교육과정 등, 유치원 생활기록, 외국인 유치원, 지도·감독, 평가, 유치원운영위원회의 설치 및 기능 등에 관한 사항
- 제3장 교직원 교직원의 구분과 임무, 유아의 인권보장, 교원의 자격, 강사 등에 관한 사항
- 제4장 비용 무상교육, 유치원의 원비, 방과 후 과정 운영 등에 대한 지원, 보조금 등의 반환에 관한 사항
- 제5장 보칙 및 벌칙 유치원 명칭의 사용금지, 권한 등의 위임 및 위탁, 시정 또는 변경 명령, 위반 사실의 공표, 휴업 및 휴업 명령, 유치원의 폐쇄 등, 청문, 벌칙, 과태료 등에 관한 사항

---

21) 제21조의3(원장 등 교원의 유아생활지도) ① 원장 등 교원은 유아의 인권을 보호하고 교원의 교육활동과 돌봄활동을 위하여 필요한 경우에는 법령과 유치원규칙으로 정하는 바에 따라 유아를 지도할 수 있다.
② 제1항에 따른 교원의 정당한 유아생활지도에 대해서는 「아동복지법」 제17조 제3호, 제5호 및 제6호의 금지행위 위반으로 보지 아니한다.

5. 고등교육법[시행 2023. 7. 10.] [법률 제19430호, 2023. 6. 9., 타법개정]

「고등교육법」은 「교육기본법」 제9조에 따라 고등교육에 관한 사항을 정함을 목적으로, 총 4장 64개 조로 이루어져 있다.

- 제1장 총칙 목적, 학교의 종류, 국립·공립·사립 학교의 구분, 학교의 설립 등, 지도·감독, 학교 규칙, 교육재정, 재정지원에 관한 계획 및 협의·조정, 실험실습비 등의 지급, 학교 간 상호 협조의 지원, 학교협의체, 등록금 및 등록금심의위원회, 평가 등, 교육통계조사 등
- 제2장 학생과 교직원 학생 자치활동, 학생의 징계, 교직원의 구분, 강사, 교직원의 임무, 교원·조교의 자격 기준 등, 겸임교원 등
- 제3장 학교 학교의 명칭, 학교의 조직, 대학평의회의 설치 등, 인권센터, 학년도 등, 교육과정의 운영, 수업 등, 학점의 인정 등, 편입학, 학업·가정의 양립 지원, 휴학 등, 대학의 목적, 대학원, 대학원의 종류, 학위과정의 통합, 대학원대학, 수업 연한, 학생의 정원, 입학 자격, 학생의 선발방법 등
- 제4장 보칙 및 벌칙 시정 또는 변경 명령 등, 휴업 및 휴교 명령, 학교 등의 폐쇄, 청문, 벌칙, 벌칙 적용 시의 공무원 의제

고등교육 관련 법도 「초·중등교육법」과 유사한 구조와 체계로 구성되어 있다. 「헌법」을 필두로 「고등교육법」, 「고등교육법 시행령」(시행 2024. 7. 9.] [대통령령 제34669호, 2024. 7. 9., 일부개정), 「고등교육기관의 자체평가에 관한 규칙」(교육부령 제1호) 등의 체계로 구성되어 있다.

> **핵심 질문 6)** 교육관계법에 의하면, 우리나라 학제는 어떻게 이루어져 있는가?

6. 교육법과 우리나라 학제

교육법은 학교교육의 단계와 단계별 교육목표 및 내용을 규정한다. 「유아교육법」, 「초·중등교육법」, 「고등교육법」을 통해서 공적으로 인정되는 우리나라의 학제를 살펴보면, 취

학전 교육으로서 유치원(만 3세부터 초등학교 취학 전까지), 초등학교, 중학교, 고등학교, 대학, 대학원 등이 기본 학제이며, 정규학교 교육제도로 기간학제(基幹學制)라고도 한다. 특별 학제는 학교교육 이외의 사회교육 성격을 지니며, 정규학교의 교육과정에 준하는 교육을 실시함으로써 기본 학제의 보완적 기능을 수행한다. 방계학제(傍系學制)라고도 한다.

1) 유치원

'유아'란 만 3세부터 초등학교 취학 전까지의 어린이로, 유치원은 유아의 교육을 위하여 「유아교육법」에 따라 설립·운영되는 학교이다.

2) 초등학교

초등학교는 국민 생활에 필요한 기초적인 초등교육을 하는 것을 목적으로 하며, 수업연한은 6년이다(「초·중등교육법」 제38조, 제39조).

모든 국민은 보호하는 자녀 또는 아동이 6세가 된 날이 속하는 해의 다음 해 3월 1일에 그 자녀 또는 아동을 초등학교에 입학시켜야 하고, 초등학교를 졸업할 때까지 다니게 하여야 한다(「초·중등교육법」 제13조 제1항).

모든 국민은 보호하는 자녀 또는 아동이 초등학교를 졸업한 학년의 다음 학년 초에 그 자녀 또는 아동을 중학교에 입학시켜야 하고, 중학교를 졸업할 때까지 다니게 하여야 한다(「초·중등교육법」 제13조 제3항).

따라서 우리나라의 경우 초등학교와 중학교는 의무교육임을 알 수 있다.

3) 중학교

중학교[22]는 초등학교에서 받은 교육의 기초 위에 중등교육을 하는 것을 목적으로 하며(「초·중등교육법」 제41조), 수업연한은 3년이다(「초·중등교육법」 제42조).

---

22) 특별 학제로서 방송통신중학교, 고등공민학교(중학교 과정의 교육을 받지 못하고 제13조 제3항에 따른 취학 연령을 초과한 사람 또는 일반 성인에게 국민 생활에 필요한 중등교육과 직업교육을 하는 것을 목적으로 한다)가 있다.

4) 고등학교

고등학교[23]는 중학교에서 받은 교육의 기초 위에 중등교육 및 기초적인 전문교육을 하는 것을 목적으로 하며(「초·중등교육법」 제45조), 수업연한은 3년이다(「초·중등교육법」 제46조).

5) 대학

대학은 인격을 도야(陶冶)하고, 국가와 인류사회의 발전에 필요한 심오한 학술이론과 그 응용 방법을 가르치고 연구하며, 국가와 인류사회에 이바지함을 목적으로 한다(「고등교육법」 제28조). 우리나라의 「고등교육법」상 고등교육기관으로는 대학(대학원 및 대학원대학[24] 포함), 산업대학, 교육대학, 전문대학, 기술대학, 각종학교 등이 있다.

제4절 • 요약 및 적용

1. 요약

- 학교교육은 다양한 교육정책과 이의 근거가 되는 규정이나 법 등을 기반으로 운영되고 있고, 교육 문제나 갈등을 해결하기 위해서도 교사들을 비롯한 학교교육 구성원들은 이러한 법령을 필수적으로 이해하여야 한다.
- 교육의 이념이나 목적, 제도 등이 모두 교육법이란 형식을 통해 나타난다. 모든 제도는 국민에게 적용되고 구속하기 때문에 교육이념에 따라 법령에 근거하여 행해져야 한다.
- 교육법의 법원, 즉 존재 형식은 성문화된 가장 상위의 법으로 「헌법」이 있고, 이를 근거로 하여 법률, 국제조약(국내법과 동일한 효력), 명령(대통령령, 총리령, 부령), 지방자치단체의 조례와 자치 규칙 등이 있으며, 때로는 성문화되어 있지 않은 경우 관습법, 판례

---

23) 특별 학제로서 방송통신고등학교, 근로청소년을 위한 특별학급, 고등기술학교 등이 있다.
24) 특정한 분야의 전문인력을 양성하기 위하여 필요하면 대학원만을 두는 대학을 설립할 수 있다(「고등교육법」 제30조).

법, 조리(條理)도 교육법의 법원이 될 수 있다.

- 교육법의 기본원리는 교육제도 법정주의, 교육권 보장의 원리, 교육의 자주성과 전문성 보장의 원리, 교육 중립성의 원리를 들 수 있다.
- 학교교육과 관련된 법령으로는 「교육기본법」, 「초·중등교육법」(시행령 및 시행규칙 포함), 「고등교육법」, 「유아교육법」, 「교원의 지위 향상 및 교육활동 보호를 위한 특별법」 (시행령, 단위 학교 교권보호위원회 포함), 학생인권조례(단위 학교 학생 생활 규정 포함) 등이 있다.
- 우리나라의 기본 학제는 유치원, 초등학교, 중학교, 고등학교, 대학으로 구성되어 있다.

2. 적용

1) 서술형 문제

- 교육제도 법정주의에 관해서 서술하시오.
- 중·고등학교 생활과 관련된 법의 종류를 모두 나열해 보시오.
- 「헌법」 제31조와 「교육기본법」의 조항을 토대로 우리나라 교육의 기본원리를 도출해 보시오.

2) 토론 문제

- 교권과 학생인권은 상충관계인지 논의해 보시오.
- 넷플릭스 영화 '더 글로리'의 주인공이 과거 학폭에 대해서 피해자로서 가해자들에게 복수하는 것에 관해 교육법적 관점에서 토론해 보시오.

제**8**장

교육정책

　　우리 사회의 수많은 난제를 해결하기 위해 다양한 정책이 시행된다. 그러나 난제는 쉽게, 그리고 단기간에 해결되지 않는다. 난제에는 복잡하게 얽힌 문제의 원인들이 혼재되어 있기 때문이다. 교육정책 역시 마찬가지이다. 학령인구 감소, 지역 소멸, 교육 격차와 양극화, 디지털 대전환, 대학입시 경쟁 등 셀 수 없는 요소들이 어떠한 것이 선행적인 원인인지 알 수 없을 정도로 실타래처럼 얽혀 있다. 게다가 교육활동과 관련된 이해관계는 점차 복잡해지고 있다. 이러한 이유로 교육 문제를 해결하기 위해 마련된 교육정책의 전반적인 인상은 지나치게 소모적, 논쟁적이다. 예컨대, 무상급식, 유보통합, 자사고 및 특목고를 위시한 고교 체제 개편 등의 정책 사례는 우리나라 교육정책이 교육 문제를 명확하게 진단하고, 해결하는 데 일조하기보다는, 오히려 이질적인 이해관계자 간의 사회적 논쟁과 서로 다른 가치 지향 간의 충돌을 양산하는 것처럼 보이기도 한다.

　　복잡한 현대 사회의 맥락에서 존재하는 교육 난제를 교육정책을 통해 해결할 수 있을까? 분명 교육정책은 학교현장뿐 아니라 국가, 우리 사회에 직간접적인 영향을 미친다. 그러나 우리나라의 교육정책은 일관적이지 않고, 급격하게 변동되어 왔으며, 정책 형성 및 집행 과정에서 도리어 교육 현장에 부정적 영향을 끼쳐 왔음을 부정할 수 없다. 따라서 교육정책의 부정적 영향을 최소화하고, 교육 문제를 해결하는 교육정책의 본질적 목표를 달성하기 위해서는 질 높은 교육정책을 고안하고, 현장에 시행된 정책을 지속적으로 개선하고자 하는 노력이 필요하다.

　　이처럼 교육정책은 교육행정의 여러 부문 중에서도 교육 현장의 실제와 가장 밀접한 연관을 지니며, 이에 교육활동의 기본적인 방향을 제시하는 교육정책의 중요성은 날로 커지고 있다. 이 장에서는 먼저 교육정책의 개념과 교육정책 과정을 구성하는 주요 이론의 핵심 내용을 살펴본다. 그리고 교육정책의 환경적 요소부터 실제 교육정책 사례를 소개함으로써 교육정책의 실제적 측면을 다루고자 한다.

　　교육정책과 관련된 핵심 질문 여덟 가지는 다음과 같다.

핵심 질문 1. 교육정책이란 무엇이고, 어떤 특성을 가지고 있는가?
핵심 질문 2. 교육정책은 어떻게 분류할 수 있는가?
핵심 질문 3. 교육정책은 어떠한 가치를 추구하는가?
핵심 질문 4. 교육정책은 어떠한 과정을 통해 이루어지는가?
핵심 질문 5. '좋은 교육정책'을 위한 분석은 무엇인가?

핵심 질문 6. 교육정책의 주요 참여자는 누구인가?

핵심 질문 7. 교육정책을 둘러싼 환경은 어떠한 특징을 가지고 있는가?

핵심 질문 8. 교육정책의 실제는 어떠한가?

이제부터 각 질문에 대한 답을 차례대로 살펴보고자 한다. 교육정책의 이론적, 실제적 측면을 균형적으로 살펴봄으로써 교육정책의 전반적, 다층적 속성에 대한 이해를 도모할 수 있을 것으로 기대된다.

제1절 • 교육정책의 개념과 특성

[?] 핵심 질문 1) 교육정책이란 무엇이고, 어떤 특성을 가지고 있는가?

1. 공공정책으로서의 교육정책의 개념과 특성

교육정책은 공공정책(Pubilc policy)의 핵심적인 분야이다. 따라서 교육정책을 이해하기 위해서는 공공정책의 속성과 의의를 이해하는 것이 선결되어야 한다. 먼저, 정책이란 개인, 집단의 행위와 운영의 기본이 되는 지침을 의미한다. 따라서 공공정책이란 국가나 공공단체의 행위 및 운영의 기본 지침을 의미한다고 볼 수 있다.

정책학(Policy science)은 이러한 공공정책을 연구대상으로 하는 독자적 학문이다. 즉, 정책학은 정책을 핵심 요소로 하여 이와 연관된 세부적인 요소, 활동, 변수 등을 연구의 대상으로 하는 학문 분야이다(강근복, 2021). 정책학의 시초로 알려진 라스웰(Lasswell, 1951)은 민주주의 정책학을 주창하며, 정책학의 정체성과 궁극적 목적이 인간의 존엄을 실현하는 데에 있음을 천명하였다. 라스웰(Lasswell)을 중심으로 하나의 학문체계로 정립되어 온 정책학은 과학적 접근을 바탕으로 크게 세 가지 패러다임에 기반한 속성을 가지고 있다. 먼저, 문제지향성(problem-oriented)이다. 정책학은 정책이라는 수단을 통해 정책문제를 해결하고자 하는 실천적인 속성을 가지고 있다. 다음은 맥락지향성(contextuality)이다. 사회문제를 해결하기 위해서는 시·공간적 상황에 대한 인식이나 역사성이 중요하다. 마지막은 다원주의적 방법론(multiple method)이다. 정책문제는 다양한 영역이 복층적으로 관여되어 있다. 따라서 간학문적인 접근 방법을 추구한다는 특징이 있다(허만형, 2009).

우리나라에서는 1970년대 이후 정책이 학문 영역으로서 연구되기 시작하였다. 특히 1992년에는 정책학회가 설립되고 정책학 학술지인 『한국정책학회보』가 발간되며, 한국정책학은 괄목할 만한 성장을 보이고 있다(홍형득, 2015). 그러나 교육 부문의 경우 교육정책이 독자적인 학문 체계로서 자리 잡고 있지는 않은 상황이며, 한국교육학회, 한국교육행정학회, 한국교육정치학회, 한국교육정책연구원 등 교육 부문의 학회, 연구소에서 산발적으로 교육정책 연구가 수행되고 있다.

1) 개념

교육정책의 개념을 살펴보기에 앞서 공공정책의 개념에 대해 살펴보고자 한다. 교육정책은 공공정책의 본질적 속성을 공유하고 있기 때문이다(정일환 외, 2016). 파울러(Fowler, 2013)는 협의에서부터 광의에 이르기까지 정책에 대한 다양한 개념을 정리하였다. 이를 정리한 것은 〈표 8-1〉과 같다.

〈표 8-1〉 정책에 대한 다양한 정의

학자	정의
더브닉과 바드스 (Dubnick & Bardes, 1983)	공공 문제에 관한 정부 행위자의 표출된 의도와 이러한 의도에 관련된 행위
크루쉬케와 잭슨 (Kruschke & Jackson, 1987)	규칙, 규정, 법원 및 행정적 결정 등 다양한 형태로 나타나는 정치 체제의 역동적 산출물로, 지속적, 반복적으로 작용하는 행위들의 패턴
브라이슨과 크로스비 (Bryson & Crosby, 1992)	정부 조직의 권위를 지닌 행위자에 의한 실질적 결정, 헌신, 행동으로, 다양한 이해관계자들에 의해 해석되는 것
린드블롬(Lindblom, 1968)	정책 입안자 사이에서 발생하는 정치적 타협의 산출물
파이어스톤(Firestone, 1989)	주(州) 의사당에서부터 교실에 이르기까지 다방면에 걸친 일련의 의사 결정으로, 수많은 게임과 관계의 부산물
시불카(Cibulka, 1995)	정부의 공식적 법률, 그리고 관행과 같이 일상적인 것을 포함하는 것으로, 단순히 정부의 행위가 아니라 정부의 무위(inaction)로도 볼 수 있음
볼(Ball, 1990)	가치(values)의 권위적 배분으로, 이상적인 사회의 이미지를 투영함

출처: Fowler (2013)의 내용을 정리하였음.

〈표 8-1〉을 종합하여 보면 정책의 개념에는 정부로 대표되는 국가 권력의 공식적인 행위 뿐 아니라, 정치 체제의 역동적 상호작용과 그로 인한 산출물이 포함되어 있음을 알 수 있다. 이는 정치와 행정 간의 밀접한 관계를 중시하는 현대 정책학의 학문적 속성과 관련이 있다고 볼 수 있다. 한편, 이러한 포괄적인 개념 속성을 받아들여 파울러(Fowler, 2013)는 "(공공)정책은 정치 체제가 공공의 문제를 다루는 역동적이고 가치 있는 과정"이라고 정의하였다. 또한 그는 정책에는 정부의 표상적인 의지와 공식적 제정 활동뿐만 아니라 정부의 일관된 (무)행위 패턴이 포함된다고 하였다.

교육정책에 대한 개념 정의 역시 정책 개념과 궤를 함께한다. 〈표 8-2〉는 교육정책에 대한 대표적 개념 정의를 요약한 것이다.

〈표 8-2〉 교육정책에 대한 다양한 정의

학자	정의
김윤태(1994)	사회적 · 공공적 · 조직적 활동으로서 교육을 대상으로 하여, 국민의 동의를 바탕으로 하면서 국가의 공권력을 배경으로 강행되는 국가의 기본 방침
이형행(1992)	일정한 교육목표를 달성하기 위하여 국가가 결정한 기본적인 행동방안과 지침
김종철(1989)	사회적 · 공공적 · 조직적 활동으로서 교육활동을 위하여 국가와 공공단체가 국민 또는 관련 주민들의 동의를 바탕으로 하여 공적으로 제시하며, 공권력을 배경으로 강제성을 가지는 기본 방침 또는 지침
정일환(2000)	공공정책(public policy)으로서 교육활동을 위해 국가나 공공단체가 국민 또는 교육관련 집단 및 수혜 집단을 대상으로 전개하는 교육의 지침

교육정책의 개념을 보다 명확히 하기 위해서는 교육행정과의 관계를 살펴볼 필요가 있다. 교육행정은 교육활동의 규모와 범위가 확장됨에 따라 세부 분야로서 분화되었다. 특히 교육행정은 교육활동을 지원하거나, 교육활동의 기준을 설정, 유지하는 등의 역할을 한다. 교육정책을 교육행정의 세부 영역으로 보는 주류 입장에 따르면, 교육정책은 교육행정의 기본적인 목표와 방향을 제시하는 역할을 한다. 즉, 교육정책은 교육행정 활동의 기본 지침으로서 작동한다. 한편, 교육정책을 교육행정에 선행하는 독자적인 개념으로 보는 시각도 존재한다. 이는 현대 사회에서 교육의 공공성이 확대되고, 또 교육 전반을 둘러싼 정치적 과정과 그 역할이 강조됨에 따라 교육정책 자체의 중요성이 증대된 경향성이 반영된 것이다.

2) 특성

정책학에 이론적 연원을 두고 있는 교육정책의 특성을 이해하기 위해서는, 정책학에서 언급되는 정책 개념의 일반적 속성을 파악할 필요가 있다. 첫째는 합리성에 기반한 최적의 선택 및 결정을 강조한다는 것이다. 즉, 정책은 합리주의적 관점에서 상정된 목표를 달성하기 위해 의도적으로 계획된 최적의 수단이다. 한편, 정치적 속성을 중심으로 정책의 속성을 파악하는 견해도 존재한다. 다시 말해 정책은 정책 과정에서 여러 이해 관계자들의 정치적인 협의, 협상의 타협 결과로서 존재한다는 것이다. 이러한 관점에서 정책은 조정의 산물로서 다원주의적 속성이 보다 강조된다.

한편, 교육정책은 교육이라는 특수한 부문의 속성에 영향을 받는다. 교육 부문은 타 분야에 비해 이해관계가 매우 다양하며, 교육의 성과는 비가시적이고, 장기적으로 나타날 수 있으며 평가 역시 수월하지 않다(김혜숙, 2018). 이러한 교육 부문의 특수성을 반영한 교육정책의 특성을 정리하면 다음과 같다(김종철, 1989; 허병기, 1998). 먼저, 교육정책은 교육활동이 합목적적으로 수행되도록 지원 및 봉사하는 수단적 성격을 가진다. 이는 교육행정의 다양한 정의 중 조건정비적 정의에 부합하는 특성을 의미하기도 한다. 즉, 교육정책이 존재하는 이유는 정책 그 자체에 있는 것이 아니라, 교육활동이 교육의 본질적 목적에 부합하도록 지원함으로써 교육의 목적이 추구하는 것을 효과적으로 달성하도록 기여하는 데 있음을 의미한다.

또한 교육정책은 교육문제 해결을 위한 최적의 대안 선택을 의미한다. 즉, 교육정책은 합리성과 합목적성을 바탕으로 전개되는 것이 중요하며, 과학적 문제해결 방법을 통해 결정된다. 특히 전술한 바와 같이 교육 성과는 측정하기 곤란하며, 장기적으로 나타나기 때문에 이러한 특성은 적극적으로 달성되어 교육적 성장, 교육 여건 개선, 국가 발전 등에 기여할 필요가 있다. 한편, 교육정책은 교육이념을 구현하는 수단이자 좁은 의미에서의 교육행정의 기본적인 지침이 된다.

마지막으로 교육정책은 교육활동의 운영을 위한 국가의 기본이념과 방침으로서 작용한다. 다시 말해 교육정책은 국민의 동의에 의해 권력을 부여받은 공적 권력 기구(예: 국가, 지방자치단체)가 주체가 되어 전개되며, 그 과정에서 강제력이 행사될 수 있다. 특히 민주사회에서 교육정책은 공익을 지향하면서 근본적으로 국민, 주민의 동의를 바탕으로 형성되며, 교육활동의 방향과 내용, 방식에 대한 규제자로서 강제력을 갖는다.

?━ 핵심 질문 2) 교육정책은 어떻게 분류할 수 있는가?

2. 교육정책의 유형과 가치

1) 유형

공공정책의 성격에 따라 다양한 정책 유형이 존재한다. 정책학 분야에서는 다양한 정책의 유형에 따라 정책의 과정에서 파생되는 이해관계, 협의 및 조정 등이 상이함을 밝혀 왔다. 대표적으로 로위(Lowi, 1972)는 강제력 행사 방식(직접적 대 간접적), 비용 부담 주체(소수 집단 혹은 다수 집단)를 기준으로 다음과 같이 정책 유형을 구분하고 있다.

- 배분정책(Distributive policy): 특정 개인 및 집단에 공공 서비스의 편익을 제공하고자 하는 정책을 의미한다. 이 정책에서는 분배에서의 공정성을 충분히 고려해야 정책과 관련된 집단의 갈등을 감소시킬 수 있다(정일환 외, 2016).
- 규제정책(Regulatory policy): 특정 개인 및 집단의 행위에 제약을 가함으로써 정책 대상의 재량권을 제한하는 정책을 의미한다. 규제정책에서 파생되는 제약은 정책 대상 외의 구성원을 효용을 증대시키거나 보호하기 위함이다. 리플리와 프랭클린(Ripley & Franklin)은 규제정책을 다음 두 유형으로 세분화하였다.
  - 보호적 규제정책: 사적인 활동을 제약하는 조건을 설정하여 다수의 대중을 보호하는 정책
  - 경쟁적 규제정책: 경쟁자들 중에서 일부 개인 및 집단에게 일정한 재화, 용역 공급권 제한하는 정책. 대신 공공이익을 위해 서비스의 일정 부분 규제
- 재분배정책(Redistributive policy): 권력, 돈과 같은 재화를 많이 보유한 집단에게서 그렇지 못한 집단으로 이전하고자 하는 정책을 의미한다. 대표적인 재분배정책의 예로는 소득에 비례하여 세금을 징수하는 누진소득세가 있다.
- 구성정책(Constitutional policy): 정치 체제의 투입 여건을 조직화하고, 체제의 구조 및 운영에 대한 방침을 정하는 정책을 의미한다.

한편, 교육정책은 교육활동의 영역에 따라 다음과 같이 구분될 수 있다.

- 부문별: 초중, 중등, 고등, 유아, 특수, 평생, 교원 등
- 기능요인별: 교육목표, 교육과정, 시설, 재정, 연구 등
- 교과별: 국어, 수학, 영어 등
- 지적 성향별: 환원적, 급진적, 개량적 등

? 핵심 질문 3) 교육정책은 어떠한 가치를 추구하는가?

2) 가치

교육정책이 추구하는 가치는 다양하다. 김종철(1989), 한국교육행정학회(1996, pp. 29-32)는 이를 과정, 목표 및 성과로 양분하여 제시하고 있다. 먼저, 과정 면에서의 가치에는 ① 적합성(social relevancy), ② 합리성(rationality), ③ 민주성(democracy), ④ 효과성(effectiveness), ⑤ 능률성(efficiency), ⑥ 책무성(accountability) 등이 있다.

〈표 8-3〉 교육정책의 과정 측면의 가치

가치	의미
적합성	교육정책이 시대, 사회적 요구에 조응하는 정도
합리성	정책 과정에서 지성의 원리, 과학적 문제해결 방식이 존중되고, 계획의 논리가 존중되어야 함
민주성	전횡과 독단을 배제하고 책임과 권한을 분산시키며, 조직 구성원의 참여의 폭을 넓히는 것
효과성	목표 달성의 정도
능률성	교육 및 교육행정조직에 있어서 조직 구성원의 심리적 욕구를 충족시키는 정도
책무성	교육정책을 수립하거나 집행한 사람들이 그들이 속하는 집단이나 공동체에 대하여 스스로의 행동을 책임지고 설명할 수 있음

출처: 한국교육행정학회(1996), pp. 29-32.

목표 및 성과 면의 가치에는 ① 형평성(equality), ② 수월성(excellence), ③ 자율성(self-management), ④ 공익성(public interest) 등이 존재한다.

〈표 8-4〉 교육정책의 성과 측면의 가치

가치	의미
형평성	모든 국민에게 교육에 접근할 수 있는 기회를 균등하게 보장하며, 나아가서 교육의 여건에 있어서 균등화를 꾀하고자 하는 것
수월성	교육의 성과가 훌륭히 나타나는 정도
자율성	개인이나 기관이 스스로 결정하고 선택하는 자주적 결정의 정도
공익성	공공의 이익을 앞세우며, 사회를 구성하는 대다수의 일반적인 이익을 추구

출처: 한국교육행정학회(1996), pp. 29-32.

제2절 • 교육정책의 과정 및 분석[1)]

? 핵심 질문 4) 교육정책은 어떠한 과정을 통해 이루어지는가?

　일반적으로 정책 과정은 정책 형성, 결정, 집행, 평가 단계로 구분된다(이종재 외, 2012; 최희선, 2006). 이 절에서는 교육정책의 형성과 결정에 대한 주요 이론의 내용을 살펴보고자 한다.

1. 정책 형성

　사회 구성원들이 특정 상황에 대해 문제의식을 가짐에 따라 사회문제가 발생한다. 이러한 사회문제들 중 정부 조직 및 행위자가 해결할 의지를 가지고 대안을 탐색하게 되는 문제를 정책문제라고 한다. 특정 사회문제가 정책문제로 구체화되는 과정에서는 다양한 주체의 의사결정으로 구성된 정책형성 과정이 수반된다. 이 과정에서는 정책문제가 무엇인지, 어떠한 사회문제가 정책문제로서 다루어지는지 등이 연구 대상이 된다(강근복, 2021). 여기서는 정책의 의사결정과 관련된 핵심적인 요소와 과정을 먼저 살펴본 이후, 기본적인 이론

---

1) 정책 과정에 대한 설명은 학자에 따라 다소간 차이가 있다. 가령, 파울러(Folwer, 2013)는 '쟁점 정의', '의제 설정', '정책 형성', '정책 채택' 등 네 단계로 정책 과정을 구분하였으며, '정책 결정' 단계에서 정책이 문서화되는 '정책 형성', 법안(bill)이 투표를 거쳐 결정되는 '정책 채택 단계로 구분된다고 밝혔다(양희준, 2020에서 재인용). 이 장에서는 국내 주요 저서[예: 이종재 외(2012), 정일환 외(2016), 최희선(2006) 등]와 교육정책 관련 연구의 동향을 바탕으로 교육정책 과정을 '정책 형성', '정책 결정', '정책 집행', '정책 평가'로 구분하였음을 밝힌다.

모형의 예시를 살펴봄으로써 교육정책의 형성 과정에 대한 이해를 도모하고자 한다.

먼저, 콥과 엘더(Cobb & Elder, 1972, pp. 82-89)가 제시한 정책의제설정 과정을 핵심적인 요소와 특징을 중심으로 나타내면 다음과 같다.

- 사회문제: 교육의 바람직한 목적, 이념, 상태와 교육실제 간에 괴리가 크다고 인식되어, 이러한 차이가 해소되어야 한다고 판단되는 문제
- 사회적 쟁점: 여러 사회문제 중 다양한 이해관계자, 집단에 따라 논쟁의 대상이 되는 사회문제를 의미하며, 특히 사회문제의 정의, 성격, 해결방법, 예견되는 결과 등에 대해 첨예하게 대립되는 의견이 존재함. 사회문제가 사회적 쟁점이 되기 위해서는 잠재적인 갈등세력이 공론의 장으로 등장하게 하는 촉발장치(triggering device)가 요구됨
- 공중의제: 일반 국민의 주목을 받을 가치가 있고, 문제 해결의 중요성이 높은 사회문제로서 정부가 문제를 해결하는 것이 정당하다고 여겨지는 사회문제
- 정부의제: 정부의 공식적인 판단과 의사결정에 따라 문제의 해결을 위해 심각하게 고려하기로 명백하게 밝힌 문제로, 공중의제가 정부의제가 되기 위해서는 이슈확산전략(예: 매스미디어의 주목 등)이 필요함

그러나 현실적으로 정책의제가 사회문제 → 사회적 쟁점 → 공중의제 → 정부의제 순의 이념적 형성 경로를 걸치는 것은 아니다. 오히려 정부의제가 형성되는 과정에서 특정 요소가 생략되는 과정이 일반적으로 여겨지기도 한다. 이는 사회문제의 성격, 이해관계자의 자원동원역량, 문제해결의 실질적 가능성 등의 요소들이 상호작용하기 때문이다(정정길 외, 2019, p. 285). 정책의제설정의 다양한 과정을 네 가지로 구분하여 나타내면 다음과 같다(정정길 외, 2019, p. 290).

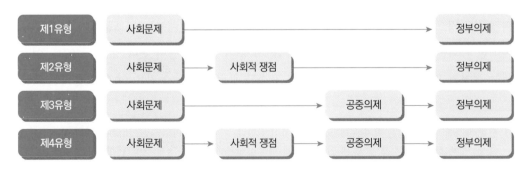

[그림 8-1] 정책의제의 다양한 형성 경로

출처: 정정길 외(2019), p. 289.

첫 번째 유형은 사회문제가 정부 등 정책 결정자에게 인식되어 곧바로 정부의제로 전환되어 정책 결정으로 이어지는 경우이다. 두 번째 유형은 사회문제가 여러 이해집단 간의 갈등을 내포하는 사회적 쟁점으로 부각된 이후, 정부가 해결해야 한다고 인정되기 전, 즉 공중의제가 되기 전 정부의제로서 채택된 것을 의미한다. 첫 번째, 두 번째 정책의제 유형은 주로 후진국에서 많이 나타난다. 세 번째는 사회문제가 사회적 쟁점으로 부각되는 단계를 생략하고, 공중(public)에 알려진 후 정부가 문제를 해결해야 한다는 의견이 확산되어 정부의제화되는 것을 의미한다. 마지막 네 번째 유형은 네 가지 요소를 모두 거치는 유형으로, 주로 정부에서 공식적, 정기적, 간헐적으로 반복되는 정책의제가 이에 해당된다.

앞선 네 유형은 일반 대중 중심의 사회문제가 확산되어 최종적으로 정치체제에 그 요구가 반영되는 민주적 의제설정과정을 설명한다. 그러나 이러한 과정 외에도 정책의제 설정과정의 주도집단에 따라 다양한 유형이 파생될 수 있다. 콥 등(Cobb et al., 1976)은 이를 [그림 8-2]와 같이 유형화하였다. 먼저, 외부주도형은 비(非)정부집단이 이슈를 제기하여 확장된 후, 공중의제, 결과적으로 공식적인 정부의제로 채택된 것을 의미한다. 두 번째 동원형은 정부 내부에서 제기되어 정부의제로서 채택되고, 자동적으로 공중의제가 된 유형을 의미한다. 동원형 모형은 정책 결정자가 공식적인 이슈에서부터 공중의제로 확장함으로써 정책을 집행하려는 시도를 설명한다. 마지막으로 내부접근형은 정부와 정부의 지지자들에 의해 제기된 의제가 일반 대중으로 확산되지 않는 유형을 설명한다.

[그림 8-2] 정책의제 설정과정의 세 가지 모형

출처: Cobb et al. (1976): 정정길 외(2019), p. 289에서 재인용.

한편, 정책형성과 관련된 이론은 의제설정과정의 참여자, 전략에 주안점을 둔 '의제설정 행위자모형', 그리고 의제설정과정 자체에 보다 초점을 둔 '의제설정 과정모형' 등 크게 두 유형으로 분류된다(정정길 외, 2019, p. 294). 전자의 경우 정치적 영향력과 권력의 사회적 분산을 중시하는 다원론, 소수 지배 계층의 정책 과정 주도를 중시하는 엘리트론, 엘리트

계층의 이해관계에 부합하는 사회문제만이 정책의제로서 등장하고, 그 외 의제들은 사회에서 사장된다고 보는 무의사결정론, 정책리더십을 발휘하는 정책선도자를 강조하는 정책선도자론 등이 있다. 후자의 경우 문제, 정책, 정치의 흐름의 결합에 따라 새로운 정책의제가 형성되어 변동된다는 정책흐름모형(Policy Stream Model), 일정 시기 동안 대중의 관심을 받다가 사라지는 현상에 집중하는 이슈관심주기 이론(Issue Attention Cycle Theory), 정부의제 설정과정에서 이슈확산 과정을 분석하는 혁신확산 이론(Diffusion of Innovation Theory), 정당성에 기반하여 정책의제가 채택됨을 설명하는 동형화(Isomorphism) 이론 등이 있다. 실제로 이들 모형을 활용하여 교육정책의 의제설정과 교육의 실제 간의 관계를 설명하는 다수의 교육정책 연구가 수행되었다[예: 국가 수준 학업성취도 평가 정책 변동 분석(모영민 외, 2019), 자율형 사립고 운영과정의 동형화 및 디커플링 분석(조항로, 김병찬, 2013)].

2. 정책 결정

정책 결정 단계에서는 정책의 목표를 설정하고, 이에 부합하는 다수의 정책 대안을 탐색 및 비교하며, 최종적으로 최적의 대안을 선택하는 일련의 과정으로 구성되어 있다(이종재 외, 2012). 공공부문의 정책이 사회가 바람직하다고 여기는 상태에 대한 공식적, 권위적 지침이라고 하였을 때, 정책 결정은 여러 대안적 지침 중 특정 지침을 선택한다는 점에서 매우 중요하다. 특히 특정 정책 대안을 선택한다는 것은 다른 대안이 잠정적으로 선택되지 않는다는 것을 포괄하기도 한다. 이에 정책 결정 단계에서는 사회적 갈등이 고조화되기도 하고, 이익집단 간 정치적 역동이 활발하게 나타나기도 한다.

이러한 정책 결정의 특징과 중요성에 입각하여 교육정책 결정의 의미에 대해 정리하면 다음과 같다. 첫째, 교육정책에 관한 여러 가지 대안 중 가장 바람직하다고 판단되는 것을 선택하는 것이다. 대학입학제도 정책에 있어서 고등학교 교육의 실질적인 영향력을 확대하고 교육과정 운영의 정상화를 위해 학교생활기록부의 영향력을 높이는 정책이 그 예이다. 둘째, 시대적·환경적 변화에 따라 대두되는 교육 문제를 해결하기 위해 요구되는 대안을 구안하는 것이다. 셋째, 다수의 정책 결정 참여자들 사이의 복잡한 이해관계 속에서 (잠정적인) 사회적 합의에 도달했음을 의미한다. 넷째, 교육정책의 결정은 교육 실제의 개선을 도모하는 수단으로서 기능한다(김종철, 1989: 정일환 외, 2016, p. 154에서 재인용).

정책의 개념과 특성에서 살펴보았듯이 현실에서의 정책 과정은 합리적으로, 단선적으로 진행되지 않는다. 정책 과정의 일부인 정책 결정 역시 그러하다. 즉, 특정 정책 대안이 탐색, 비교, 결정되는 과정에서 이해관계자들의 첨예한 정치적 갈등이 발생하거나, 이에 따라 정책의 주요 내용 등에 큰 변화가 발생하기도 한다. 여기서는 과정으로서의 '정책 결정' 자체를 보다 심층적으로 논의하기 위해 정책 결정 관련 이론과 정책 결정의 의미에 대해 다루며, 정책 결정에 큰 영향력을 미치는 공식적, 비공식적 정책 결정자는 이후 교육정책의 주요 참여자와 정치체제에서 별도로 다루기로 한다.

정책 결정은 의사결정의 과정이다. 이에 정책 결정 과정에서는 조직 수준에서 이루어지는 의사결정을 설명하는 다양한 이론 모형이 유용한 설명력을 제공한다. 앞서 제6장(의사소통과 의사결정)에서 다룬 바 있는 주요 의사결정 이론을 요약하면 다음과 같다.

1) 합리 모형

합리 모형(rational model)은 전통적인 경제학 이론에서 상정하는 바와 같이, 합리적 경제인이 최적의 선택을 한다는 것을 전제한다. 따라서 인간의 이성, 합리성, 종합성이 강조된다. 그러나 인간과 조직이 언제나 합리적인 행동만을 하는 것은 아니다. 따라서 해당 모형은 지나치게 인간의 이성과 합리성을 이상적으로 바라보아 비현실적이라는 비판을 받는다.

2) 만족 모형

만족 모형(satisfying model)은 마치와 사이먼(March & Simon)에 의해 주창된 모형으로, 제한된 합리성과 효용, 만족을 추구하는 인간을 전제한다. 종전의 합리 모형과는 다르게, 이 모형에서 인간과 조직은 최적의 대안보다는 만족스러운 대안을 선택한다. 그러나 이 모형은 '만족'이라는 상황에 대한 명확한 기준을 제시하지 못하고 있으며, 거시적 차원, 즉 조직 수준의 정책 과정을 설명하는 데 한계가 있다. 이 모형은 이후 연합 모형(coalition model), 회사 모델(firm model) 등으로 발전하였다.

3) 점증 모형

점증 모형(incremental model)은 합리성에 기반한 모형을 비판하며 시작된 모형으로, 현시점에서의 불만과 문제점을 해소하는 데 초점을 두는 모형이다. 점증 모형은 제한된 합리성을 상정한다는 점, 정책의 현실가능성을 고려한다는 점, 순차적으로 정책 대안을 비교한다는 점 등에서 만족 모형과 유사하다. 그러나 만족 모형에서 대안의 효용, 즉 만족에 대한 기준은 정책 결정자 개인 특성에 의해 결정되는 반면, 점증 모형에서 정책 대안은 기존의 정책과 비교함으로써 선택된다.

인간은 정책 대안에 관련된 모든 지식을 알 수 없으며, 따라서 합리성에만 기반하여 정책을 채택하는 것은 불가능하다고 전제한다. 따라서 과거의 경험과 정책 대안을 기초로 하여, 점증적인 개선을 목적으로 제한된 대안들을 검토하고 현실성 있는 정책을 선택하게 된다. 이 모형은 이전의 모형들에 비해 정책의 과정 측면에서 다양한 이해관계자의 조정과 합의를 중시한다는 특징이 있다.

4) 혼합 관조 모형

혼합 관조 모형(mixed scanning model)은 에치오니(Etzioni)가 주장한 모형으로, 합리 모형과 점증 모형의 장점을 결합하였다는 특징이 있다. 즉, 혼합 관조 모형에서는 합리 모형이 현실성이 떨어진다는 점, 점증 모형이 보수적이라는 점에서 한계가 있다고 비판하며, 정책 결정은 다양한 모형의 결합을 통해 이루어짐을 주장한다. 그러나 모형 자체의 명확한 특징이 있다기보다는, 기존의 모형을 절충하였다는 점에서 이론적인 모형으로서는 가치가 상대적으로 떨어지는 것으로 평가된다.

5) 최적 모형

최적 모형(the optimal model)은 드로어(Dror)가 주장한 모형으로, 혼합 관조 모형과 유사하게 합리 모형과 점증 모형을 절충하였다는 특징이 있다. 그러나 최적 모형은 직관, 판단과 같은 초합리성과 합리성의 결합에 의해 최적을 추구하는 규범적 모형이라는 점에서 혼합 관조 모형과 차이가 있다. 즉, 최적 모형에서 '최적'이 의미하는 바는 주어진 상황적 맥락에서 상정된 목표 달성에 도움이 되는 가장 적정한 상태를 의미한다.

6) 쓰레기통 모형

쓰레기통 모형(The garbage can model)은 코헨(Cohen)에 의해 제기된 모형으로 무질서한 조직에서 발생한 문제, 해결책, 선택 기회, 참여자 등 네 가지 요소가 우연하게 한 곳에 모였을 때 정책 결정이 이루어진다고 본다. 이 모형은 이론 모형으로서 규범적 요소가 배제되어 있으며, 실제 상황에서의 경험적 현실과 관찰에 근거하고 있다는 특징이 있다.

그 외 정책 결정과 관련된 대표적인 이론 모형을 소개하면 다음과 같다.

7) 앨리슨의 정책 결정 모형

앨리슨(Allison)의 정책 결정 모형은 합리적 행위자 모형, 조직과정 모형, 관료정치 모형으로 세분화된다. 이 모형은 정책 결정에서 발견되는 조직 및 집단 간의 관계를 파악하기에 용이하다는 특징이 있다. 예컨대, 조직과정 모형을 통해서는 여러 부처들 간 이해관계가 대립되는 정책 결정 과정을 살펴볼 수 있으며, 관료정치 모형을 통해 입법 및 조례 활동에서 국회(국가)와 지방의회(지방) 간의 관계를 보다 면밀하게 살펴볼 수 있다.

- 합리적 행위자 모형: 단일적 조직에서 최고책임자가 합리적으로 정책을 결정하는 모형을 집단 수준의 정책에 유추한 모형을 의미한다. 즉, 합리성의 관점에서 조직 수준의 정책 결정은 일관된 선호, 공동의 목표, 평가 기준을 바탕으로 수행된다.
- 조직과정 모형: 느슨하게 연결된 반독립적 부서가 상이한 목표를 지니고 정책의 결정에 참여한다. 이 모형에서 정책 결정은 최고책임자에게 완전히 종속되어 있지 않으며, 각 하위조직의 전문성이 발휘된다.
- 관료정치 모형: 참여자들 간 갈등과 타협에 의한 정책 결정을 설명하는 모형이다. 세 가지 모형 중 의사결정에 대한 하위조직의 독립성, 재량권이 가장 많이 보유된 형태로서, 정부부처 간 연합체적 체제가 아닌 참여자 간의 정치적 타협이 중시된다.

8) 캠벨의 교육정책 결정과정 모형

이 모형은 캠벨(Campbell, 1971)에 의해 제기된 모형으로, 교육정책 결정과정을 살펴보는 데 있어 기본적 힘(basic force)의 작용, 선행운동(antecedent movement), 정치적 활동(political action), 공식적 입법(formal enactment)의 네 과정을 통해 이루어진다고 본다. 먼저, 기본적 힘이란 국제적 긴장 상태, 국민의 경제 수준 및 경기 변동, 새로운 지식 등 정책

환경 작용과 같이 거시적인 사회체제의 영향력을 의미한다. 선행운동이란 기본적 힘이 교육정책으로 전환되기 위해 정책 변화를 설계하는 다양한 운동이 선행되어야 함을 의미하며, 정책연구기관의 연구보고서, 저명 인사가 제시한 교육개혁안 등이 예시가 될 수 있다. 정치적 활동은 정책 결정과 도입에 앞서 다양한 주체가 공공의제에 대해서 정치적으로 대립하거나 토의하는 것을 의미한다. 예컨대, 혁신학교의 재지정 평가를 앞두고, 지금까지의 혁신학교 정책이 실제로 효과가 있었는지에 대한 다양한 이해관계자 사이의 논쟁이 이에 해당한다고 볼 수 있다. 공식적 입법은 정책 결정의 마지막 단계로서, 정부와 국회 등 공식적 정책 결정자에 의한 심의 및 입법 과정을 의미한다. 다만, 이 모형은 정책 결정과 관련된 다양한 주체의 역동적인 상호작용을 보여 주지 못한다는 한계가 있다.

이상 살펴본 정책 결정과 관련된 이론적 논의는 교육정책 결정을 살펴보는 데 유용하다. 그러나 교육부문은 타 공공부문과 차별화되는 특성을 지니고 있다. 예컨대, 교육의 성과는 장기적으로 나타나고 비가시적이며 측정이 용이하지 않다. 또한 교육에 대한 국민적 관심도 혹은 교육열이 상당히 높고, 교육 문제와 관련된 이해관계는 매우 첨예하다. 이러한 교육의 특수성은 교육정책의 차별적인 특성을 규정짓는 데 주요한 역할을 한다. 즉, 교육정책 결정이 교육활동의 본질, 특성으로 인해 다른 부문의 공공정책의 결정과 구분되는 독자적인 성격을 지닌다는 것이다. 물론 교육정책에는 다른 공공부문의 정책과 같이 정책입안자들의 관념과 이데올로기적 특성이 반영되어 있다. 또한 이러한 특성은 공교육의 의미와 성격, 가치지향성을 규정 짓는 주요한 동인이 된다(강영혜, 2003). 그러나 교육정책 결정에는 엄격한 정치적 중립성이 요청된다. 또한 교육정책 결정은 다른 공공부문에 비해 장기적이고 종합적인 관점에서 이루어져야 하며, 교육 문제에 대한 전문적인 판단뿐만 아니라 국민의 여론 역시 균형적으로 반영될 필요가 있다. 교육정책 결정은 주로 정부 관련 기관 및 조직을 통해서 이루어지기 때문에, 관료적 문제점을 극복하고 국민 다수, 즉 공익의 관점이 고려되어야 한다. 마지막으로 교육정책의 결정은 정치적 역동, 이해관계의 첨예함, 교육 현실과 바람직한 이상향 간의 괴리 등 여러 제약 속에서도 지속적으로 교육적 이상을 추구해야 할 필요가 있다(정일환 외, 2016, p. 156).

3. 정책 집행[2)]

전통적인 정책 집행(Policy implementation)은 공인된 정책에서 규정된 정책의 목표를 달성하기 위해 다양한 이해관계자가 수행하는 일련의 행위와 운영 과정을 의미한다(Nakamura & Smallwood, 1980). 이러한 개념의 연장선상에서, 과거 정책 집행에 대한 이론적 논의에서는 일방향, 하향식 정책 집행이 주를 이루었다. 즉, 정책 집행에 대한 고전적 논의에서 정책은 정치적 과정을 포괄하는 광의의 정책이라기보다, 정부 권력, 합리성으로 대변되는 협의의 정책을 의미하였다. 따라서 최적의 대안으로 결정된 정책이 의도된 효과를 산출하지 못한다면 이는 정책을 이행하는 일선관료의 역기능적 행태로 여겨졌다. 그러나 정책 집행을 이러한 관점에서만 바라본다면 정책을 이행하는 일선관료들의 주체적인 행위성을 과소평가하게 되어, 이들의 행위가 '순응' 혹은 '불응'으로 표현되는 한계가 존재했다.

그러나 현대적 관점의 정책학이 발전함에 따라 기존의 접근과 다른 정책 집행에 대한 이해가 널리 퍼지게 되었다. 구체적으로는 '집행' 대신 '구현(enactment)'이라는 개념이 적절하다는 주장도 제기되고 있다. 브라운 등(Braun et al., 2011)은 정책의 '집행'이라는 기존의 개념에 정책 행위주체자의 수동성, 비맥락성, 하향식 정책 과정 등이 내포되어 있다고 주장한다. 따라서 '구현'이라는 개념을 통해 행위주체자의 적극적 역할과 해석, 구체화 과정, 맥락성을 반영하고자 한 것이다. 여전히 교육정책이 국가 주도의 법률, 관행 등을 매개체로 하여 시행되지만, 교육 현장에서 정책의 행위자가 자신만의 방식으로 해석된다는 점을 고려할 때, 교육정책이 '구현'된다고 하는 주장이 설득력을 얻은 것이다(황준성 외, 2017; Braun et al., 2011).

정책 집행의 특징은 다음과 같다(안해균, 1984, p. 324). 먼저, 정책 집행은 본질적으로 정치적이다. 왜냐하면 이후 살펴볼 교육정책의 주요 참여자나 교육정책의 환경 등 정책체제 안팎의 다양한 요소가 역동적인 상호작용을 발생시키기 때문이다. 즉, 정책은 진공 속에서 집행되는 것이 아니라 정책체제의 다양한 하위체제의 관계에 의해 생성된 맥락 위에서 집행되기 때문에 정책이 본래 의도한 목적과는 다른 결과가 산출될 수 있다. 다음으로, 정책 집행은 정책과 정책의 결과를 연결 짓는 매개체이다(김종철, 1989). 다시 말해 정책의 집행 행위는 정책을 실질적인 정책사업 계획으로 구체화하는 역할을 하며, 이러한 계획이 정책의 집행 과정에서 수행됨에 따라 정책과 연계된 다양한 공공재, 용역을 산출하게 된다. 마지막으로 정책의 결정과 과정은 분리되기 어렵다. 전통적인 관점의 정책 집행은 정책 결정과 엄밀하게 분리된다고 보며 이에 정책 결정자와 집행자의 역할 역시 명시적으로 구분된다고 본다. 그러나 현실적으로 정책 집행은 일방향적으로 이루어지지 않으며, 오히려 정책 결정자와 정책 집행자는 지속적으로 상호작용하거나, 정책 집행자가 정책이 집행되는 환경의 독특성에 맞추어 정책에 적응하는 상호적응적 속성이 나타난다.

4. 정책 평가

정책 평가(Policy evaluation)는 정책의 전 과정에 대해 합리성을 확인하는 일련의 과정을 의미한다. 예를 들어, 정책의 목표 설정과 대안 분석을 포함하는 정책 형성이 알맞게 이루어졌는지를 평가할 수 있으며, 집행 과정의 효율성을 진단할 수도 있다. 또한 정책 집행 이후 발생한 정책의 성과에 대해서도 평가할 수 있다. 평가 이후에는 정책 과정이 종결됨과 동시에 다양한 정책 과정으로 환류 및 수정되는 단계를 거치게 된다. 다만, 일반적으로 정책 평가는 정책이 수립된 이후, 즉 정책 과정상 집행 단계에 이루어지는 회고적인 분석과 평가를 의미한다(이윤식, 2014).

평가는 앞서 살펴본 교육정책이 추구하는 가치 체계에 따라 이루어진다. 가령, 적합성(social relevancy)을 기준으로 교육정책을 평가한다고 했을 때에는 "정책의 목표와 수단, 그리고 방법이 사회적 규범, 기준으로 보았을 때 적절하였는가?"라는 기준이 수립될 수 있다. 평가는 다양한 주체에 의해 수행될 수 있다. 대표적으로 교육부와 관련 평가기구에서 교육정책을 평가할 수 있다. 또한 한국교원단체총연합회, 전국교직원노동조합과 같은 교직단체, 한국교육개발원, 직업능력연구원, 청소년정책연구원과 같은 국책 연구기관에서도 교육정책 평가를 수행한다.

교육정책 평가는 모니터링(monitoring), (준)실험적 방법[(quasi-)experimental method], 비실험적 방법(non-experimental method) 등을 통해 이루어진다. 먼저, 모니터링은 정책 내용의 진도나 성과에 대해 정책의 영향을 받는 수혜자나 관련 집단으로부터 직접적으로 정보를 수집하는 방법을 의미한다. 모니터링은 각각 프로그램, 성과 단위로 수행되는 프로그램(program) 모니터링, 성과(performance) 모니터링, 그리고 단위사업 상호 간 균형이 유지되는지 살펴보는 균형적 분석 모니터링으로 구분된다.

　실험적 방법은 정책 수혜 집단을 실험집단(treatment group)으로 상정하고, 비수혜 집단, 즉 통제집단(control group)과 비교하여 정책의 영향을 검증하는 방식을 의미한다. 무작위 배정을 전제하는 실험적 방법은 성숙효과 등 정책 처치 외의 잡음(noise) 효과를 엄밀하게 통제한다는 점에서 높은 내적 타당성을 확보할 수 있다는 장점이 있다. 그러나 엄밀한 차원에서 실험적 방법은 실험집단과 통제집단의 처치 전 동질성을 요구한다. 즉, 처치 여부를 제외한 모든 특성이 두 집단 간에 동등하다는 요건이 충족되어야 타당성 있는 실험적 방법을 적용할 수 있다. 하지만 현실적으로 정책 수혜 집단은 정책의 의도, 내용 등에 따라 의도적으로 선택되는 경우가 많기에 처치 전 동질성을 확보하는 것은 어렵다. 또한 윤리적으로 사회 집단을 특정 집단에 임의 배정하는 것은 어렵기 때문에, 연구 설계 및 통계적 보정을 통해 통제집단을 구성하여 집단간 이질성 문제를 보완하는 준실험적 방법(quasi-experimental method)이 많이 활용된다.

　비실험적 방법은 교육정책을 평가하는 데 있어서 실험적 상황을 마련하는 것이 불가능할 때 주로 활용된다. 평가의 방법으로는 타 국가와의 비교 분석, 전문가 집단 인터뷰, 비용-편익 분석, 사회지표(social indicators)를 활용한 분석 등이 있다. 이 방법은 실험적 방법에 비해 실현가능성이 높으나, 내적 타당도를 확보하는 데는 한계가 있다.

　앞서 제시한 방법들을 활용하는 정책평가는 정책의 결과물인 산출(output), 성과(outcome), 영향(impact)으로 세분화할 수 있다. 먼저, 산출은 측정이 가능한 지표로, 정책의 집행 이후 단기간에 생성된 구체적 활동, 진행 정도를 의미한다. 성과는 정책이 달성한 내용을 의미하며, 구체적으로 정책의 산출물로 인해 어떠한 결과가 달성되었는지를 측정한 것이다. 영향은 사회에 미치는 장기적, 궁극적인 효과를 포함한다.

　최근 정책평가 영역에서는 증거기반 정책(evidence-based policy)이 강조되고 있으며, 이는 교육정책 부문 역시 예외가 아니다. 이에 따라 정책 평가의 전 단계에서는 양질의 자료를 수집하는 활동, 정책의 목표를 정량화하려는 노력 등이 증가하고 있다. 이러한 일련의 활동들은 보다 엄밀한 정책평가를 가능하게 하는 요인으로 작용하기 때문이다. 그러나 증거기반 정책이 강조되는 경향성에 대해 비판하는 견해도 존재한다. 2000년대 이후에 이러한 경향성이 더욱 두드러지고 있음에도 불구하고, '증거기반'이 정책 과정 전반과 정책평가에 시사하는 바에 대한 심층적 논의가 부족하다는 것이 그것이다(한승훈, 안혜선, 2021). 또한 정책평가 활동에서 증거를 활용하는 것이 언제나 정책 효과를 담보하거나 제고하는 것은 아니다(오철호, 2015). 아울러 교육 부문에서는 최근 AI, 빅데이터를 위시한 환경 변화가 대두되고 있는데, 이러한 변화가 교육 거버넌스의 총체적, 맥락적 성격을 계량 가능한 데이터에 한정하여 왜곡시키는 데이터 거버넌스를 촉진할 수 있다는 우려 역시 존재한다(박선형, 2021).

그러나 우리나라는 교육정책, 특히 정책평가에 대한 역사가 비교적 짧고, 정치적 논리에 의해 교육정책이 급격히 변동되는 경우가 많았다. 이에 정책학의 핵심적 속성인 합리적 정책 수단에 대한 경험적 지식은 지난 교육정책 과정에서 상대적으로 부족하였다. 이에 합리적 근거가 결여된 교육정책이 오히려 교육 현장에 부정적인 영향을 미친 경우가 많았다. 따라서 증거기반 정책 과정 논의의 연장선상에서, 합리적인 교육정책 평가 방안에 대해 모색할 필요가 있다. 특히 정책평가에서의 '증거'는 어디까지나 공공정책으로서의 교육정책이 학생과 교사의 인간적인 교호활동을 의미하는 교수-학습 활동이 온전하게 잘 이루어지도록 지원하는 역할을 할 수 있도록 활용되어야 한다.

? ➤ 핵심 질문 5) '좋은 교육정책'을 위한 분석은 무엇인가?

5. 정책 분석

정책 분석(Policy ananlysis)은 "좋은 정책을 만들기 위해서 이루어지는 지적이고 분석적인 활동이며, 정책 결정에 필요한 정보를 산출하기 위해 이성적이고 합리적인 방법을 동원하는 활동"을 의미한다(강근복, 2021). 이러한 개념에 입각하여 보면 협의의 교육정책 분석은 교육정책의 대안을 분석하거나, 형성 과정의 개선이나 특정 교육정책을 주창하기 위한 방법으로서의 정책 분석을 의미한다. 한편, 광의로서 교육정책 분석은 교육정책에 관한 분석을 의미하는 용어로 교육정책에 관한 모든 연구가 이에 포함된다. 교육정책 분석은 교육정책 형성 과정에서 과학적인 분석 방법을 적용함으로써 교육정책 수요의 진단, 정책 대안의 선정, 또는 정책형성 과정의 개선에 기여할 수 있는 체계적 정보와 지식을 얻고자 하는 것으로 종국적으로 교육정책의 합리성과 효율성을 높이는 데 기여할 수 있다. 한편, 본질적으로 정책 분석은 정책 대안과 정책 목적 사이의 관계를 고려하여, 목적 달성에 기여할 수 있는 정책에 관련된 지식과 정보를 산출하는 것에 주안점을 둔다. 이러한 정책 분석의 특성에 기반하여 볼 때 정책 분석은 크게 정책에 관한 분석을 의미하는 기술적 정책 분석과 정책을 위한 분석을 의미하는 규범적 정책 분석으로 구분되며, 정책에 대한 단순 사실에 대한 객관적 정보뿐만 아니라 정책과 관련된 가치, 바람직한 행위에 대한 정보를 산출하는 것 모두를 포괄한다(노화준, 2006).

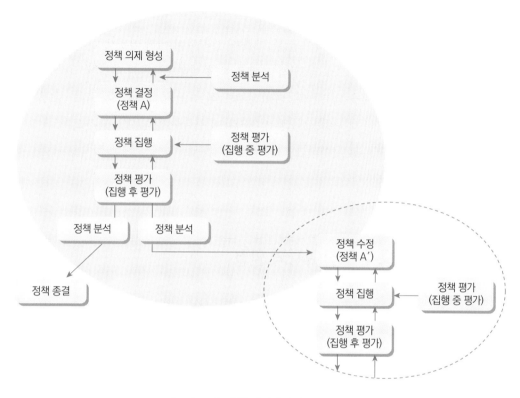

[그림 8-3] 정책 과정에서의 정책 분석

출처: 강근복(2021), p. 29.

정책 과정에서 정책 분석의 위치를 나타낸 것은 [그림 8-3]과 같다. 그림에서 살펴볼 수 있듯이, 정책 분석은 주로 정책의 결정 단계에서 이루어진다. 그러나 정책 분석은 집행정책의 형성 단계, 정책평가의 결과를 바탕으로 정책 변동이 이루어지기 전 단계에서도 이루어질 수 있다(강근복, 2021, p. 28). 다시 말해 정책 분석은 정책 과정 중 비교적 초기 단계에서 정책 결정에서 요구되는 지식과 정보를 산출하기 위해 수행될 수도 있지만, 정책이 순환 과정을 거친 후 평가결과를 바탕으로 정책을 종결하거나 수정할 때에도 이루어질 수 있다.

교육정책 분석은 다양한 유형으로 구분될 수 있다(강근복, 2021, p. 42). 먼저, 과학적 정책 분석이다. 이 접근에서는 합리적인 지식, 방법을 활용하여 현 정책 환경에서 최적의 정책을 탐색, 설계, 제공하는 데 분석의 목적이 있다. 즉, 과학적 정책 분석에서는 정책의 목표를 분명하게 규명하고, 대안을 탐색하여 모형을 개발하며, 성과를 검토하고 성과 판정의 기준을 설정하는 일련의 과정을 거친다. 과학적 정책 분석은 도구적 합리성을 중시하며, 탈정치적, 가치중립적 분석을 지향한다는 특징이 있다. 다음으로 담론적 정책 분석은 정책에 관련된 당사자들이 담론적 합리성을 중심으로 정책을 분석하는 것을 의미한다. 이 정책 분석 유형에서는 정책 당사자들의 실질적인 토론, 대화에 입각하여 여러 정책에 대한 조정, 합의를 지향한다. 마지막으로 정책창도적 정책 분석은 특정 이해당사자의 입장에 입각한 정책 대안을 주창하는 정책 분석을 의미한다. 따라서 과학적 정책 분석에서 강조되는 탈정치적 정책 분석이 오히려 지양되며, 반대로 특정 가치지향에 입각한 정책 대안을 주도하고, 이를 실현하기 위한 정책의 논리를 탐색하는 데 주안점을 둔다는 점에서 가장 정치와의 관련성이 높다.

제3절 • 교육정책 주요 참여자와 환경

> **?** 핵심 질문 6) 교육정책의 주요 참여자는 누구인가?

정책 과정과 내용의 합리적인 관리를 위해서는 정책의 주요 참여자와 환경을 이해하는 것이 필수적이다(강근복, 2021). 교육정책은 진공상태에 존재하지 않는다. 현대사회의 교육정책은 학교조직뿐만 아니라 다양한 주체, 환경과 상호작용하며 그 모습을 달리한다. 이 절에서는 교육정책 과정에서의 주요 참여자, 정치체제, 정책환경에 대해 알아본다.

1. 교육정책 주요 참여자

교육정책에는 교육과 직간접적으로 관련이 있는 다양한 참여자, 이해관계자가 존재한다. 대표적으로 대통령, 국회, 중앙 및 지방교육행정기관, 사법부 등 정책 결정에 대한 공식적 권한을 지니고 있는 공식적 참여자가 있다. 또한 1980년대 이후 분권화의 기조가 강조됨에 따라, 정책 결정에 대한 법적 권한을 지니고 있지는 않지만 교육정책 과정에 지대한 영향력을 미치는 비공식적 참여자(예: 정당, 시민단체, 교원단체, 매스컴, 교육 부문 연구기관 및 학자 집단, 학생과 학부모 등)의 영향력 역시 강조되고 있다. 여기서는 최근 지방교육자치와 교육 분권이 강화됨에 따라 교육정책 참여자로서의 역할이 강조되는 주체인 시·도 교육감, 국가교육위원회에 대해 살펴보도록 한다.

1) 시·도 교육감

교육감은 광역자치단체의 교육에 대한 사무를 총괄하는 지방교육행정기관의 장을 의미한다. 우리나라 교육감 선출제는 지난 70여 년 동안 임명제, 간선제 등을 거쳐 왔으며, 2010년부터 전국적으로 주민직선제가 시행되고 있다. 지방교육자치의 긴 역사를 고려할 때, 교육감 주민직선제의 역사는 그리 길지 않은 편이다. 한편, 교육감 선출제도가 주민직선제로 변경됨에 따라 정치적 분권화에서 강조되는 현직자의 정치적 책임성 역시 강조되기 시작하였다. 즉, 과거 임명제, 간선제에 비해 주민직선제로 변경됨에 따라 '교육의 자주성 및 전문성과 지방교육의 특수성'(「지방교육자치에 관한 법률」제1조)에 기반한 지방교육행정이 가능한 제반 환경이 조성되고 있는 것이다.

한편, 우리나라 지방교육행정의 또 다른 특징은 일반행정과 교육행정이 분리되어 있으며, 이에 시·도지사와 별도로 교육감이 주민직선으로 선출되고 있다는 것이다. 이는 지방교육자치의 주요 가치인 교육의 특수성, 정치적 중립성 등에 기반하여 현재까지 분리된 형태로 있는 것이다. 다만, 주민직선제의 낮은 투표율, 지역 실정에 따라 차별화되지 않은 교육정책, 형식적인 수준의 정치적 중립성 등을 이유로 주민직선 교육감 체제에 대한 반대 내지는 일반행정으로의 통합 입장이 존재해 온 것이 사실이다. 그러나 이러한 현실적, 제도적 한계에도 불구하고 일반행정과 분리된 형태의 지방교육행정의 규범적 정당성에 초점을 둔 입장도 존재한다. 이러한 상반된 입장 간의 대립은 지방교육행정과 주민직선 교육감 체제가 정착되어 가는 과정에서 꾸준히 제기되었으며, 최근에는 일반행정과의 통합 논의가 보다 활발하게 전개되고 있어 관심이 필요하다.

주민직선 교육감 선출 제도가 출범한 이후, 그 영향력이 긍정적이든 부정적이든 교육정책 과정에서 교육감 집단의 역할이 매우 크다는 사실은 부인할 수 없다. 현실적으로 교육감 개인의 리더십 혹은 시도교육감 협의체의 정책 행위가 국가 수준 교육정책에 영향을 미치고 있다. 교육감 리더십의 영향이 돋보이는 정책 사례는 혁신학교 정책이다. 2009년에 임기를 시작한 김상곤 전 경기도교육감은 교육감 후보 시절 혁신학교를 주요 공약으로 처음 제시하였다. 또한 김상곤 전 교육감의 당선 이후 경기도뿐 아니라 서울, 대전, 광주 등 전국의 다양한 지역에서 혁신학교가 확대되었다. 혁신학교 정책의 핵심적인 내용은 지역 및 학교 수준의 고유한 철학을 바탕으로 자율적, 자발적인 교육과정 운영을 통해 교육의 개혁과 혁신을 도모한다는 것이었다. 혁신학교 정책을 둘러싸고 혁신학교의 실효성, 정치적 편향성 등에 대한 사회적인 논란이 불거지기도 하였다. 그럼에도 혁신학교 정책 사례는 종래 중앙정부의 정책 결정 및 집행의 관행에서 벗어나 교육감 리더십의 실질적인 영향력을 보여 주는 사례로 볼 수 있다. 한편, 교육감의 시도교육감 협의회의 정책 사례는 국가 수준 학업성취도 평가의 표집 전환으로 볼 수 있다. 문재인 정부가 취임한 이후, 국가 수준 학업성취도 평가에 대한 명확한 정책 대안은 형성되지 않은 상황이었다. 이때 전국시도교육감 협의회는 정책 선도가로서 당시의 정책 결정자에 해당하는 국정기획자문위원회에 국가 수준 학업성취도 평가의 표집 평가로의 전환이라는 정책 대안을 요구하였으며, 이는 단기간의 단발적인 상호작용 끝에 수용되었다. 즉, 시도교육감 협의체는 정책 변동의 기회가 왔을 때, 예비 행정부와의 단발적인 상호작용을 통해 그들의 정책적 입장을 관철하였으며 실제 정책 결정에 영향을 미쳤다(모영민 외, 2019).

2) 국가교육위원회

국가교육위원회는 2002년부터 꾸준히 대선후보의 공약으로서 제시되었다. 이에는 국가 수준의 교육체제 개혁을 전담하는 기구가 필요하다는 전 국민적인 공감대, 저출산, 기후위기, 4차 산업혁명 등 미래사회의 변화에 대응하는 교육체제의 필요성에 대한 인식 등이 그 배경으로 작용하였다. 뿐만 아니라 정부의 정치적 가치 지향에 따라 교육정책의 방향성이 달라져, 교육정책의 일관성, 정치적 중립성, 장기성 측면이 저해되고 있다는 비판 역시 꾸준히 제기되었다.

이러한 배경에서 「국가교육위원회 설치 및 운영에 관한 법률」이 2021년 7월 20일 제정되었으며, 이듬해 7월 21일 시행되었다. 동법 제1조에서는 "교육정책이 사회적 합의에 기반하여 안정적이고 일관되게 추진되도록 함으로써 교육의 자주성 · 전문성 및 정치적 중립성을 확보하고 교육발전에 이바지"하는 것을 국가교육위원회의 설립 목적으로 두고 있다. 또한 국가교육위원회 전체 위원회에는 전문 · 특별위원회, 국민 참여 위원회 등이 구성되어 있다. 위원회의 설립 목적 및 조직 운영에서 알 수 있는 사실은 앞서 살펴본 교육정책의 주요 가치 중 다원성, 안정성, 자주성, 전문성, 정치적 중립성을 핵심적인 가치로서 강조하고 있다는 것이다. 동법 제10조에는 국가교육위원회의 소관 사무가 제시되어 있다. 이는 ① 교육비전, 중장기 정책 방향, 학제 · 교원정책 · 대학입학정책 · 학급당 적정 학생 수 등 중장기 교육 제도 및 여건 개선 등에 관한 국가교육발전계획 수립에 관한 사항, ② 국가교육과정의 기준과 내용의 고시 등에 관한 사항, ③ 교육정책에 대한 국민의견 수렴 · 조정 등에 관한 사항의 세 가지이다.

국가교육위원회는 초정권적인 독립적 기구라는 점에서 우리나라 교육정책에 시사하는 바가 크다. 우리나라 교육의 고질적인 문제점으로 지적되어 온 '소수 관료 중심의 교육정책 과정'이 지속되는 경우, 복잡한 미래사회의 교육 난제를 해결하는 데 한계가 있을 수밖에 없다는 것은 자명하다. 이러한 맥락에서 교육정책의 사회적 합의, 일관성, 초당적 중립성 등을 강조하는 국가교육위원회의 역할은 매우 중요하다. 물론 2022년 9월에 출범한 국가교육위원회의 뚜렷한 성과를 현시점에서 살펴보는 것은 다소 이르다. 다만, 국가교육위원회의 법적 지위와 권한, 기능을 총체적으로 고려해 볼 때 교육부와의 업무 및 기능 중복, 조직 운영의 체계성 및 전문성 문제, 새 교육과정 등 소관 사무에 대한 전문적 심의·의결에 대한 우려 등(이덕난, 유지연, 2022)이 쟁점으로 작용하고 있다. 따라서 추후 국가교육위원회의 소관 사무 추진 절차에서 드러나는 현실적인 쟁점을 바탕으로 교육정책의 다원성, 안정성, 전문성 등을 확보하기 위한 개선 방향이 지속적으로 도출될 필요가 있다.

❓ 핵심 질문 7) 교육정책을 둘러싼 환경은 어떠한 특징을 가지고 있는가?

2. 교육정책과 정치체제, 정책환경

교육정책과 관련된 대표적인 정치체제로는 행정부(대통령), 입법부(국회), 사법부가 있다. 이들은 모두 교육정책의 결정에 참여하는 공식적인 권한을 지닌 주체로서, 정책 과정 전반에 걸쳐 큰 영향력을 미친다.

1) 행정부

행정부는 정책 집행의 핵심기관으로서 대통령 중심의 권력 체제이다. 대통령의 경우 대통령이 지닌 정책적 가치 지향과 기조에 따라 대선 예비주자 시절부터 차별화된 교육정책을 제시하고 있다는 점은 매우 일반적이다. 예컨대, 특정 후보는 대학입학전형 정책에 있어 사회적 공정성을 주요 가치로 내세우며 정시 확대를 주장하고, 다른 후보는 고교교육의 정상화를 정책 목표로 하여 수시 전형의 확대를 주장한다. 이처럼 어떠한 대통령이 당선되고, 재임하느냐에 따라 우리나라 교육정책의 방향성이 크게 달라질 수 있다. 행정부에는 중앙행정기관의 장 역시 포함된다. 교육부장관 역시 중앙행정기관의 장으로서 교육정책 과정에 핵심적인 영향력을 행사한다. 다만, 현실적으로 보았을 때 재임기간이 짧아 교육정책의 일관성, 지속성이 저해된다는 문제가 있으며, 정치적 역량이 부족한 경우 정책 집행의 추진력이 약화될 수 있는 주체이다. 행정부의 특징 중 하나는 대통령이 의장이 되고, 중앙행정기관장이 국무위원으로 참석하는 국무회의를 중심으로 각종 핵심 교육 사안들이 심의ㆍ의결된다는 것이다. 예컨대, 2022년 5월 국무회의에서는 「국가교육위원회 설치 및 운영에 관한 법률 시행령」 제정안을 심의ㆍ의결하였으며, 이 시행령은 당해 연도 7월에 시행되어 국가교육위원회의 안정적 출범 및 운영을 위한 기제로 작용하였다.

한편, 1980년대 이후에는 행정부에 집중된 권한이 시ㆍ도 교육감, 국회, 국가교육위원회 등 여러 주체에게 위임되는 분권화 양상이 가속화되고 있다. 이에 따라 적정 권한의 배분, 고유사무의 명확화 등 교육 조직의 거버넌스 구조에 대한 논의 역시 확대되고 있는 상황이다. 그럼에도 여전히 행정부의 교육 입법 행위는 교육 현장에 강한 영향력을 행사하고 있으며, 중앙교육행정기관에서 지방교육행정기관으로 진행되는 하향식의 위계적 구조를 가진다는 특징이 있다.

2) 입법부(국회)

입법부는 주요 정책을 최종적으로 결정하는 권한을 의미하는 입법권을 가지고 있다. 특히 국회는 입법권의 주체로서 각종 법령을 심의, 의결하거나 법안을 발의하는 기능을 가지고 있다. 국회에서 교육 부문에 대한 의사결정기능을 실제적으로 수행하는 상임위원회로 교육위원회가 있다. 특히 법안의 심의는 상임위원회 중심으로 이루어지고, 국회가 폐회 중인 때에도 운영되기 때문에 그 역할이 매우 중요하다.

최근에 들어서는 국회의 교육 관련 입법안이 증가하고 있어, 교육정책과 관련된 입법부의 역할이 매우 크다고 볼 수 있다. 예컨대, 국제 학업성취도 평가인 PISA, 국가 수준 학업성취도 평가결과에서 우리나라 학생들의 전반적인 학업 수준이 하락하고 있다는 문제의식에 2016년, 2017년 제20대 국회에서는 학생의 기초(기본)학력을 보장하기 위한 법안을 발의하였다. 해당 발의안은 임기만료로 폐기되었으나, 이후 2020년 제21대 국회에서 '기초학력 보장법안'이라는 법안명으로 재발의되어 국회 본회의에서 의결되었다. 또 다른 예로 소위 '유치원 3법'의 통과를 들 수 있다. 2017년 정부합동 부패척결추진단의 '유치원ㆍ어린이집 실태점검 결과 및 개선방안' 결과, 2018년 국정감사에서 박용진 의원의 '비리 사립유치원' 명단 공개 등으로 인해 유치원에 투입되는 재정의 투명성, 책임성에 대한 사회적 요구가 커졌다. 2018년 교육부는 유치원 공공성 강화 방안을 발표하였으며, 제20대 국회에서는 「유아교육법」, 「사립학교법」, 「학교급식법」의 세 가지 법안의 개정안을 포괄하는 '유치원 3법'이 발의되었다. 특히 해당 법안은 신속처리안건으로 지정되어 제20대 국회에서 통과되었는데, 유치원의 회계 사용에 대한 투명성을 높이기 위해 에듀파인 사용을 의무화하는 등 유아교육의 공공성 강화를 위한 제도적 기반이 마련되었다(국회교육위원회, 2020).

3) 사법부

사법부의 교육정책 결정 과정을 주체를 기준으로 구분하면 헌법재판소, 대법원, 특별행정심판기관에 의한 행정심판 등으로 구분할 수 있다. 특히 헌법재판소의 정책 결정 행위는 위헌법률심판권과 헌법소원심판권으로 대별되며, 대법원의 경우 약 절반 정도의 판례가 교원의 인사행정영역, 그중 절반이 '징계'와 관련된 내용이 주를 이룬다.

사법부의 주요 결정이 사회 전반에 큰 영향을 미치며, 교육 부문 역시 예외는 아니다. 국공립사범대출신채용문제(1990. 10. 8.), 전교조합헌판결(1991. 7. 22.), 과외금지위헌판결(2000. 4. 27.), 교육공무원정년단축합헌(2000. 12. 14.) 사례만 보더라도 과거 헌법재판소의 교육정책 결정 사례는 현 시점의 교육정책에도 지대한 영향력을 미치고 있다. 이뿐만 아니라 학생인권조례재정(2009~2015년), 학교폭력 학교생활기록부 기재(2012~2014년), 자율고 지정 취소(2010~2011년), 교원능력개발 평가 미이행(2011~2013년) 등의 대법원 판결 사례 역시 우리나라 교육체제 및 정책 결정에 중대한 역할을 하였다. 그러나 다만 교육에 관련된 쟁점 사안들이 사법부의 판단에 의존하여 결정되고, 이에 따라 후속 교육정책이 예속되는 경향성에 대해서는 유의할 필요가 있다. 사법부의 법리적 판단에 의한 정책 결정 방식은 절차와 형식의 복잡성, 고비용, 장시간 소요, 사법부 불신 등 여러 한계를 노정하고 있기 때문이다(김혜숙, 2020b; 임동진, 김홍주, 2018, p. 70).

4) 교육정책 환경

앞서 살펴본 정치체제의 특성 외에도, 정책환경의 변화에 따라 정책의 과정은 달라질 수 있다. 따라서 정책이 전개되는 과정에 있어 정책을 둘러싸고 있는 정책환경의 특성을 파악해야 한다. 교육정책 과정에 영향을 주는 주요한 대표적인 환경적 요소로는 국내적, 국제적 정치 · 경제적 여건의 변화, 정치문화, 경제체제, 인구구조의 변화, 사회문화구조의 변동 등이 있다(정일환, 2000, p. 25). 국가 정치 체제의 발전 정도나 형태에 따라 교육정책의 참여자, 결정 방식, 정도가 달라질 수 있다. 가령, 권력이 독점되어 있는 독재 정치체제의 경우 정책 의제 형성 단계에서 다양한 이해관계자 혹은 직접적인 정책 수혜자의 의견보다는 공식적 권력 주체의 의사가 매우 중요하게 작용할 수 있으며, 민주주의에 근간한 정치체제에서는 상대적으로 시민의 민주적 참여가 강조되는 경향이 있다. 또한 주변 국가와의 외교적, 지리적, 문화적 관계와 같은 대외적 여건에서부터 중앙행정기관의 집권화 정도 등 대내적 정치 여건까지 광범위한 요소들이 교육정책에 직간접적 영향을 미친다. 뿐만 아니라 국가 수준의 교육재정 규모에 따라 교육정책의 수혜 범위, 내용이 결정되므로 국가의 경제 발전과 여건 역시 주요한 환경 요인으로 작용한다. 인구구조의 경우에는, 단적으로 학령기 인구의 추계에 따라 학교 시설 및 재정과 관련된 정책이 장기적, 직접적인 영향을 받게 된다. 또한 국민들의 사회 구조 전반에 대한 가치관, 교육에 대한 인식 등 역시 교육정책 과정에서 주요한 역할을 한다.

교육정책에서 환경적 요소의 중요성은 다음과 같은 예시로 설명할 수 있다. 코로나19 상황으로 인해 대면 수업이 중단되고, 원격 수업이 시행된 최근의 사례를 떠올려 볼 수 있다. 코로나19 이전에 비해 학생들이 가정에서 보내는 시간이 많아지게 되었고, 이로 인해 부모의 경제적 여건에 따라 교육 격차가 확대되었다는 사실은 교육정책의 환경이 교육, 그리고 교육정책의 방향성에 큰 영향을 미쳤음을 보여 준다. 또 다른 정책환경의 예는 학령인구 감소가 있다. 농어촌 지역 인구 소멸 문제와 학령인구 감소가 중첩되어 대두됨에 따라 농어촌 지역의 소규모 학교에서는 최근까지 통폐합 정책이 꾸준하게 이루어졌으며, 최근에는 통폐합 정책의 임계점에 다다라 새로운 교육정책 결정이 필요한 환경이 되었다.

제4절 • 교육정책의 실제와 주요 쟁점

? ▶ 핵심 질문 8) 교육정책의 실제는 어떠한가?

지금까지 교육정책의 과정과 환경에 대해 살펴보았다. 이 절에서는 우리나라 교육정책의 실제적 측면을 고등학교 평준화 정책, 자유학기제라는 두 정책 사례, 그리고 최근 강조되고 있는 증거기반 정책에 대한 논의를 통해 살펴보고, 이를 통해 교육정책에 대한 심층적 이해를 도모하고자 한다.

1. 고등학교 평준화 정책

고등학교 평준화 정책은 1974년에 도입된 이래 50년 넘게 이어져 온 우리나라의 주요 교육정책 중 하나로, 현재는 대부분의 지역에서 고교 평준화 제도를 기본 틀로 하여 고교를 운영하고 있다. 고교 평준화 정책의 핵심적 목적 중 하나는 지방의 학교를 육성하는 동시에 대도시로 학생이 집중되는 현상을 억제하는 것이었다(김준형, 2019). 또한 정부는 고교 평준화 정책을 통해 학교 및 학생 간 격차를 해소하고자 하였다. 이는 고교 평준화 정책이 실시되기 전에는 고등학교가 학생에 대한 선발권을 가짐으로써, 고등학교 입학에 대한 과도한 열기가 사회적 쟁점으로 부각되었기 때문이었다. 이러한 사회적 문제를 해소하기 위해 고교 평준화 정책은 학생들의 학교선택권을 일부 제한함으로써 교육의 여건을 평등하게 하는 데에 초점을 두고자 한 것이다.

고교 평준화 정책 도입 이후 비교적 최근까지도 찬반 입장이 첨예하게 대립하였다. 고교 평준화 정책을 지지하는 입장에서는 고교 평준화 정책을 통해 과열화된 입시 경쟁을 해소할 수 있으며, 계층 및 지역 간 발생하는 교육 격차 문제가 완화될 것이라고 주장한다. 또한 고교 평준화 자체가 학생 및 학교의 학업성취도를 저하시킨다는 체계적인 증거가 발견되지 않는다고 주장한다. 이에 반해 고교 평준화 정책을 반대하는 입장에서는 기본적으로 고교 평준화 정책은 개인의 학교 선택권을 제한하며, 결과적으로 국가 수준의 학교교육 수월성, 학력이 저하될 것이라는 우려를 제기한다.

고교 평준화 정책과 관련된 연구에서는 실제로 고교 평준화 정책이 의도한 목적과 같이 성과를 산출하는지 실증적으로 살피고자 하였다. 대표적인 예는 한국교육개발원에서 수행한 「고교 평준화 정책 효과의 실증 분석 연구」(강상진 외, 2005)가 있다. 이 연구는 고교 평준화 정책이 도입된 지 30년이 지났음에도 불구하고 정책의 찬반에 대한 실증적인 증거가 아닌 소모적인 논쟁이 주를 차지하고 있다는 문제의식에서 수행되었다. 이에 연구진은 교육성과, 교육의 과정, 학생 생활, 사회문제의 교육실태 영역을 범주화하고, 11개 준거영역, 19개 변수에 대해 평준화 정책의 효과를 분석하였다. 분석 결과 교육성과, 학생 생활, 사회문제 영역에 걸쳐 평준화 제도가 비평준화 제도보다 더욱 적합하다는 증거가 제시되었다.

평준화 이후에도 평준화 정책과 관련된 다수의 연구가 수행되었다. 대표적으로 변 등(Byun et al., 2012)의 연구에서는 우리나라 일반계 고등학교는 고교 평준화 정책 도입 여부에 따라 학생의 읽기 점수, 부모의 학력, 소득 수준, 가정의 교육적 자원, 한부모 가정비율, 부모의 학력 기대, 학원 여부, 학교의 평균적인 사회·경제적 지위, 교사의 평균 재직경력 등 핵심적인 교육 관련 요인들에 있어서 차이가 있음을 밝혔다. 구체적으로 우리나라에서 고교 평준화 정책이 실시된 지역에서는 학교 간 사회·경제적 배경의 변량이 더욱 적게 나타나 학교분리 현상이 감소하였으며, 고교 평준화 지역에 비해 비평준화 지역의 학교에서는 단위학교 수준의 사회·경제적 배경이 학업성취도에 유의미한 영향을 미치고 있었다. 당시 고교 평준화가 실시된 지역은 대부분 특별시 및 광역시였으며, 반대로 대다수의 중소도시와 읍면지역에서는 고교 평준화 정책이 실시되지 않았다. 따라서 이 연구의 결과는 고교 평준화 정책은 평준화를 우선적으로 도입한 대도시 내 학교의 격차를 줄이는 데에는 일부 효과가 있을지라도, 대도시와 그 외 지역의 학교 간 격차를 해소하는 데에는 한계가 있음을 방증한다. 그 외에도 고교 평준화 정책과 관련된 활발한 연구가 수행되었으며, 이들 연구의 결과는 현재 고교 평준화 제도가 고등학교 체제의 기본적인 틀로 작용하는 데 실증적 증거로서 작용하였다.

2. 자유학기제

2012년 18대 대선 당시 주요 후보였던 박근혜, 문재인 후보는 각각 '자유학기제'와 '전환학기제'라는 교육정책 공약을 내세웠다. 정책에서 사용되는 용어와 실행방안에 일부 차이점이 있었으나, 두 정책의 지향점은 동일했다. 공교육이 개인의 꿈과 적성을 찾아준다는 전 세계적 교육 추세 속에서, 제도 도입을 통해 입시 중심 교육 문제를 해결하고, 경시되어 온 학생의 진로와 적성을 중시하는 교육과정을 운영하겠다는 것이었다(김경회, 2013).

2013년 박근혜 정부 출범 이후, 교육부는 '공교육 내에서의 행복교육'이라는 세계적 추세에 따라 청소년들의 적성과 소질에 적합한 진로 탐색 기회를 제공하고, 미래 핵심 역량을 함양하는 것을 정책의 목적으로 내세워 자유학기제를 실시하였다. 교육부는 제도 도입을 위해 42개의 연구학교를 지정하였으며, 2015년까지 정책 도입을 원하는 희망학교를 신청받아 시범운영의 결과를 점차적으로 확대하는 계획을 수립하였다. 또한 2013년 제도 도입과 동시에 2016년부터 전국 중학교에서 자유학기제를 전면 시행할 예정이라고 공표하였다.

이러한 교육부의 계획에 따라 전국 중학교에서는 전면 시행 이전 자유학기제를 도입하기 시작하였다. 전국 수준에서 자유학기제의 도입 비중은 2013년 1.3%에서 2015년 79.6%로 급속하게 확산되며 제도화되었다. 자유학기제 전면 도입 이전 정책을 도입한 학교는 시·도 교육감이 자유학기제 운영을 지정한 연구학교와 교장이 교육 구성원들의 의견을 바탕으로 자율적으로 자유학기제 운영을 신청하고, 교육감이 이를 승인한 학교인 희망학교로 나뉜다. 그런데 정책 전면 확대를 1년 앞둔 2015년에 자유학기제 운영 학교가 급속도로 증가한 점, 자유학기제를 도입한 학교가 대부분 희망학교라는 점은 주목할 만하다. 특히 모영민(2019)의 연구 결과에 따르면, 정책 전면 도입 이전 희망학교는 일반학교에 비해 정책 사업을 더욱 많이 시행하였으며, 학교가 위치한 지역 규모는 작았다. 그러나 학생 의견 반영과 같은 단위학교의 내부 자원 요인은 영향을 미치지 않았다. 또한 희망학교에서의 진로 교육 효과는 일반학교의 그것과 차이가 없었다. 이는 자유학기제의 확산이 단위학교의 실질적 요구나 필요에 의해서가 아니라, 제도적 압력에 의해 이루어졌음을 시사한다.

자유학기제는 정부의 예상 속도를 넘어 연구, 희망학교를 중심으로 급속하게 확대되었으며, 문재인 정부에서도 정책이 계승되어 자유학년제로 확대되었다. 제도의 성과에 관련된 선행연구들에서는 제도 도입 이후 학교 현장에 긍정적 영향이 나타나고 있음을 보고하였다. 학생의 경우, 시험 부담에서 벗어나 적극적으로 수업에 참여하고, 자기 표현력과 교사와의 친밀도 등이 증가하였다(김재춘, 2017). 교사의 경우, 연구회 활동을 통해 수업 개선을 위한 노력을 기울이고, 종래 경시되었던 진로 탐색 활동, 학생 주도적 수업, 지역사회와의 연계 등 학교 내 다양한 활동이 중학교 현장에서 가능해지고 있는 것으로 나타났다(김달효, 2015). 그러나 동시에 부정적인 영향과 한계 역시 지속적으로 나타나고 있다. 정책 시행 초반에는 성과에 대한 교사들의 부담과 학교 실정에 맞는 운영 자율성의 한계, 일반학기 연계의 어려움 등이 제기되었다(김이경, 민수빈, 2015; 안희진, 김병찬, 2016). 활동 중심의 수업 시수 증가에 따른 학생들의 시험 불안이 증대되고, 사교육비 감소에 영향을 미치지 못하는 것으로 인식되는 점 역시 자유학기제의 한계로 지적되고 있다(김달효, 2015). 한편, 진로성숙도 측면에서 자유학기제의 장단기적 효과를 분석한 김리나, 엄문영(2024)의 연구 결과에 따르면, 자유학기제는 중학교 시기의 진로성숙도에는 긍정적인 영향을 미쳤으나, 이러한 효과가 고등학교 시기까지 유효하지는 않았다. 이러한 결과는 현행 자유학기제가 학생들의 진로 탐색, 설계에 유기적인 지원이 필요함을 시사한다.

자유학기제가 시행된 지 어느덧 10년이 지나고 있다. 자유학기 내 지필평가 미실시, 학생 참여형 수업 및 과정 중심 평가 활성화 등 자유학기제가 교육 현장에 미친 영향력은 매우 크다. 자유학기제의 지속 가능한 발전을 위해서는 비교적 장기간 시행된 정책의 공과를 평가하여 향후 개선 방안을 모색하는 것이 매우 중요하다.

3. 증거기반 정책을 위한 교육 데이터의 활용

    최근 공공행정 및 정책 분야에서 증거기반 정책이 강조되고 있다. 증거기반 정책은 개인의 가치 지향이나 신념이 아닌, 객관적인 수치와 통계 자료 등을 통해 생성된 정책 정보를 바탕으로 정책을 결정하고 집행하는 접근을 의미한다. 이러한 접근이 정책 운영의 원리로 강조되는 데에는 증거의 원천이 되는 데이터를 적극적으로 개방하고 활용하는 것이 다양한 측면에서의 효용성을 높일 것이라는 믿음이 작용한다. 즉, 공공부문에서 생산된 데이터를 개방, 활용하는 것은 공공행정의 비효율성을 감소시키고, 공무원과 정부 관료가 책임성 있는 정책 운영을 가능하게 한다. 또한 공공부문의 데이터가 국민에게 공개됨으로써 국민은 정책의 전 과정을 알 수 있게 되고, 나아가 정책 과정에 직간접적으로 참여할 수 있는 기회가 마련된다.

    증거기반 정책이 정부의 국정 운영에 전면적으로 대두된 것은 1999년 영국 '정부현대화(Modernising Government)' 백서 발간으로 알려져 있다. 이후 다양한 국가에서는 정책의 책임성, 효율성, 효과성을 극대화하기 위해 증거기반 정책을 국정 운영의 핵심적인 기조로 채택하였다. 우리나라 역시 이러한 흐름에서 다양한 행정데이터베이스를 구축하고, 통계기반 정책평가제도와 같은 제도를 운영하기도 하였다. 증거기반 정책을 위한 데이터의 구축·개방·연계·활용은 지속적으로 활성화되었다. 예컨대, 2013년에는 「공공데이터법」이 시행되며 공공데이터의 개방에 대한 법적 기반이 마련되었으며, 이의 일환으로 공공데이터 포털이 구축되어 방대한 공공데이터가 일반 국민에게 제공되기 시작하였다. 이후에도 정부의 데이터 관련 정책은 점차 확대되었으며, 2020년에는 데이터3법(「개인정보보호법」,「신용정보법」,「정보통신망법」)이 개정되어, 가명정보를 활용한 데이터 연계 활성화 등 4차 산업혁명 시대에 걸맞은 데이터 부가가치 제고를 위한 제도적 기반이 마련되었다. 또한 2020년 12월에는 데이터를 기반으로 한 과학적 행정을 활성화함으로써 국민들의 편익을 증대시키기 위한 목적으로 「데이터기반행정법」이 시행되었다.

    교육 분야도 이러한 증거기반 정책 기조에 따라 다양한 데이터 관련 정책이 추진되었다. 학교, 교육행정기관, 교육연구기관이 보유하고 관리하는 정보를 공개하여 교육 연구의 활성화와 교육행정의 효율성, 투명성 제고를 도모하고자 2008년에 시행된 「교육기관정보공개법」이 대표적인 예이다. 국가 수준의 증거기반 정책 기조에 따라 최근에도 교육 분야의 데이터 관련 정책이 활발하게 전개되고 있다. 가령, 교육부는 2021년 교육 데이터 관련 정책의 추진 방향 등을 논의하는 '교육빅데이터위원회'를 출범하였다. 그럼에도 다른 분야와 달리 교육 분야에서의 데이터 개방·연계 활용은 비교적 저조하다. 저조한 활용에는 다양한 요소가 영향을 미치는데, 대표적으로는 교육 데이터가 기관별로 분절적으로 생산, 수집되어 체계적인 교육 데이터의 현황을 파악하기 어렵다는 것이 그 이유로 꼽힌다. 이러한 구조적 문제 외에도, 교육 데이터의 민감성, 사회적 파급력이 크다는 사회적 요소 역시 크게 작용하고 있다(금종예, 모영민, 2022).

2024년에도 교육 데이터 활용을 위한 정책이 지속적으로 추진되고 있다. 그중 대표적인 예는 2024년 5월에 발표된 '교육데이터 개방·활용 확대방안'이다. 이 발표에서는 교육데이터의 원칙적인 전면 개방과 활용 확대를 통한 실증 데이터 기반의 교육정책 수립을 지원하는 목표를 달성하기 위해 ① 데이터 표준화 및 연계·활용 확대, ② 학술 및 정책 연구 지원을 위한 데이터 활용, ③ 민간 협력 및 신규 서비스 창출, ④ 데이터 개방·활용 기반 강화의 추진 전략이 제시되었다(교육부, 2024. 5. 28.). 특히 이 발표에서는 우리 사회에서 주요한 화두인 학업 성취도와 수능 데이터의 공개 확대 방안이 포함되어 있다. 정책 방안 발표 이후, 데이터 공개 범위 확대가 지역 간 격차와 사교육비 문제 등 교육 부문의 난제를 효과적으로 해결하는 데 크게 기여할 것이라고 보는 시각이 있는 반면, 오히려 데이터의 공개가 소모적인 비교와 경쟁을 부추겨 이러한 난제를 심화시킬 것이라는 우려와 반발도 크게 나타나고 있다. 실제로 지난 6월 24일에는 331개의 교육 및 시민사회단체가 교육부의 교육데이터 개방 방안을 반대하는 공동 성명을 발표하기도 하였다(교육희망, 2024. 6. 24.).

증거기반 정책을 위해 다양한 교육 데이터가 체계적으로 생산, 수집되고, 활용되는 현상은 고무적이라 볼 수 있다. 그러나 교육 데이터 활용이 활성화된다고 해서 효율성과 효과성이 높은 교육정책으로 직결되는 것은 아니다. 특히 전술한 바와 같이 교육 데이터는 민감성이 높고, 사회적 파급력도 매우 크다. 약 10여 년 전 국가 수준 학업성취도 평가가 전수 방식으로 시행되고 책무성 기제가 강화된 이후, 학교 현장에서 현장 체험학습 등을 통해 시험을 거부하거나, 시험 점수를 잘 받기 위한 부정행위가 횡행했다는 것이 단적인 예이다. 이는 교육 데이터를 활용하여 증거기반 정책을 도모하는 데 있어서, 학교 현장의 맥락을 고려하고 교육정책과의 밀접한 연관성을 강화할 필요가 있음을 시사한다.

앞으로도 교육 데이터 활용에 대한 논의는 지속적으로 증가할 것이다. 교육부의 교육 데이터 관련 정책 방안에 따르면 다양한 사회 분야의 행정 데이터가 연계될 예정이며, 2025년부터는 인공지능 디지털교과서(AIDT)가 학교 현장에 도입됨에 따라 학생들의 다양한 학습 데이터가 수집되고 관리될 것이다. 이러한 변화는 학생 개인정보 유출과 같은 기술적 문제뿐만 아니라, 교수·학습에 대한 교사의 의사결정이 지나치게 수치화된 데이터에 예속되는 문제, 학습분석학의 결과가 교사와 학생 간의 인간적인 교호활동을 대체하는 문제 등을 야기할 수 있다(모영민, 2023; 박선형, 2021). 따라서 증거기반 정책의 맥락에서 교육데이터의 활용이 활성화되는 것에 대해 비판적인 논의가 요구된다. 이는 단순히 기술적 문제를 해결하는 것을 넘어서, 데이터 활용이 교육의 본질적 가치를 훼손하지 않도록 주의해야 하며, 교육 현장의 실질적인 요구와 상황을 반영한 정책적 접근이 필요함을 의미한다. 또한 데이터의 활용 과정에서 발생할 수 있는 윤리적 문제와 사회적 파급력에 대한 심도 있는 검토와 대응 방안이 마련되어야 할 것이다.

제5절 • 요약 및 적용

1. 요약

- 공공정책으로서 교육정책은 사회적·공공적·조직적 활동으로서의 교육을 위하여 국가나 공공단체가 결정한 행위 및 운영의 기본 지침을 의미한다. 교육정책은 다원주의적 속성을 지니고 있고, 교육목표를 달성하도록 돕는 최적의 대안, 봉사적 수단으로서 기능한다.
- 공공정책은 강제력 행사 방식, 비용 부담 주체를 기준으로 배분, 규제, 재분배, 구성정책 등으로 구분할 수 있다. 또한 교육정책은 교육활동의 영역에 따라 부문, 기능요인, 교과별, 지적 성향별로 구분될 수 있다.
- 교육정책이 추구하는 가치로는, 과정 측면에서는 적합성, 합리성, 민주성, 효과성, 능률성, 책무성이 있으며, 성과 측면에서는 형평성, 수월성, 자율성, 공익성이 있다.
- 정책의제설정은 사회문제, 사회적 쟁점, 공중의제, 정부의제의 네 가지 요소로 구성되어 있다. 정책형성과 관련된 이론은 의제설정과정의 참여자, 전략에 주안점을 둔 '의제설정 행위자모형', 의제설정과정 자체에 보다 초점을 둔 '의제설정 과정모형' 등 크게 두 유형으로 구분된다.
- 정책 결정은 다양한 정책의 대안 중 최적의 대안을 선택하는 과정을 의미한다. 정책 결정과 밀접한 연관을 지니는 의사결정 이론으로는 합리 모형, 만족 모형, 점증 모형, 혼합 관조 모형, 최적 모형, 쓰레기통 모형이 있다. 정책 결정 자체에 직접적인 연관이 있는 모형으로는 앨리슨(Allison)의 정책 결정 모형, 캠벨(Campbell)의 교육정책 결정과정

모형 등이 있다.

- 정책 집행은 본질적으로 정치적이며, 정책 자체와 정책의 결과를 연결 짓는 매개체 역할을 한다. 최근에는 정책 집행에서의 행위주체자의 역할이 강조됨에 따라 정책 '구현'이라는 용어가 활용되기도 한다.
- 정책평가란 정책 과정 전반에 걸쳐 합리성을 확인하는 일련의 과정을 의미한다. 정책평가에는 모니터링, (준)실험적 방법 등 다양한 방법이 활용될 수 있다. 최근에는 증거기반 정책 기조가 강조됨에 따라 정책평가의 중요성 역시 대두되고 있다.
- 정책 분석이란 좋은 정책을 만들기 위해 이루어지는 지적·분석적 활동을 일컫는다. 정책 분석은 주로 정책 결정 단계에서 이루어지지만 정책 과정 전반에 걸쳐 이루어질 수 있다. 정책 분석은 과학적, 담론적, 정책창도적 정책 분석으로 구분할 수 있다.
- 지방교육자치 상황에서 주민직선으로 선출된 시·도 교육감, 새롭게 출범한 초정권적 독립 기구인 국가교육위원회는 교육정책에서 주요 참여자로 기능한다. 그 외에도 행정부, 입법부, 사법부는 각각의 고유한 권한, 기능을 바탕으로 교육정책에 영향을 미친다. 이러한 정치체제의 특성 외에도 경제체제, 인구구조 변화, 사회문화구조 변동 등 다양한 환경적 요소들이 교육정책과 상호작용한다.

2. 적용

1) 서술형 문제

- 교육정책이 다른 공공부문의 정책과 차별화되는 특징은 무엇이며, 교육정책이 추구하는 주요 가치는 무엇인지 서술해 보시오.
- 교육정책의 결정과 관련된 주요 모형의 특징을 요약하고, 교육정책 사례를 선정하여 특정 모형을 적용한 내용을 서술해 보시오.
- 최근 교육 현장에서 교육정책에 큰 영향을 미치는 주요 참여자가 누구인지, 어떠한 환경 변화가 교육정책에 주요한 요소로 작용할지에 대해 서술해 보시오.

2) 토론 문제

- 우리나라에서 중요한 역할을 하는 대학입학 정책과 관련하여, 어떠한 가치가 달성되고

있는지 혹은 저해되고 있는지 이야기해 보시오.

- 학교 현장에서 시행되는 정책을 효과적으로 평가하기 위한 방법은 무엇이 있을지 이야기해 보시오.
- 최근 교육 현장에서 주요 논의의 대상이 되는 'AI 기반 디지털교과서'를 정책 사례로 하여, 학습한 내용을 바탕으로 정책과 관련된 핵심적인 쟁점에 대해 조사한 후 이야기해 보시오.

제 **9** 장

지방교육자치제도

많은 나라는 중앙교육행정 조직과 지방교육행정 조직, 그리고 학교단위 교육행정 조직이라는 국가교육행정체제를 운영하고 있다. 우리나라 교육행정도 교육부-교육청-교육지원청-단위학교의 다층적 구조로 운영되고 있다. 이 장에서는 국가교육행정체제를 중앙교육행정조직-지방교육행정조직-단위학교 교육행정조직 순으로 살펴본다.

지방교육자치제도와 관련된 핵심 질문 아홉 가지는 다음과 같다.

핵심 질문 1. 우리나라 중앙교육행정 조직은 어떤 구조로 구성되어 있으며, 각각 어떤 역할을 맡고 있는가?

핵심 질문 2. 우리나라 지방교육행정 조직은 어떤 구조로 구성되어 있으며, 각각 어떤 역할을 맡고 있는가?

핵심 질문 3. 지방교육자치란 무엇이며, 지방교육자치를 운영하는 목적은 무엇인가?

핵심 질문 4. 지방교육자치의 원리는 무엇이며, 그 법적 근거는 무엇인가?

핵심 질문 5. 우리나라 지방교육자치는 어떻게 발전해 왔는가?

핵심 질문 6. 우리나라 지방교육자치는 어떻게 운영되고 있는가?

핵심 질문 7. 우리나라 지방교육자치의 문제점은 무엇인가?

핵심 질문 8. 단위학교 학교운영위원회는 어떻게 구성되고 어떠한 권한과 의무를 갖고 있는가?

핵심 질문 9. 학부모의 권리와 의무는 무엇이며, 단위학교 학부모회의 역할은 무엇인가?

이제부터 각 질문에 대한 답을 차례대로 살펴보고자 한다.

제1절 • 중앙교육행정조직과 지방교육행정조직

1. 중앙교육행정

? 핵심 질문 1) 우리나라 중앙교육행정 조직은 어떤 구조로 구성되어 있으며, 각각 어떤 역할을 맡고 있는가?

중앙교육행정조직은 국가교육행정의 최상위 체제로서, 대통령 중심제 국가인 우리나라에서는 대통령-국무총리-국무회의-교육부(장관)로 연결되어 있다.

1) 대통령

우리나라 중앙교육행정 체계는 「헌법」, 「정부조직법」에 규정되어 있다. 「헌법」 제66조 제4항에는 '행정권은 대통령을 수반으로 하는 정부에 속해 있다.'고 되어 있으며, 동법 제78조에는 '대통령은 「헌법」과 법률이 정하는 바에 의하여 공무원을 임면한다.'고 되어 있어 대통령이 행정부 수반으로서 교육행정을 비롯한 국가행정의 최종결정권 및 공무원 임명권을 갖고 있음을 알 수 있다. 한편, 교육행정에 관한 대통령의 주요 권한으로는 교육에 관한 법률안 제출권 및 거부권, 법률집행권(위임명령, 집행명령), 예산안 편성권, 대통령령의 반포, 교육부 등 중앙행정기관에 대한 지휘·감독, 정부구성 및 주요 교육 공무원의 임면권, 국무회의 의장으로서 교육정책 수립에 대한 영향력 행사 등을 들 수 있다(표시열, 2008).

2) 국무총리

「헌법」 제86조 제2항에 의하면 '국무총리는 대통령을 보좌하며, 행정에 관하여 대통령의 명을 받아 행정각부를 통할한다.'고 되어 있어 국무총리가 대통령의 명령에 따라 교육부와 같은 각 중앙행정기관을 지휘·감독하는 권한을 갖고 있음을 알 수 있다. 그리고 국무총리는 국무회의의 부의장으로서 의견을 개진하는 등의 방법으로 교육부에 영향력을 행사할 수도 있다(「헌법」 제88조 제2항).

3) 국무회의

국무회의는 대통령, 국무총리와 15인 이상 30인 이하의 국무위원으로 구성되는 합의제기관으로서 교육정책 등 정부의 권한에 속하는 중요한 정책을 심의한다(「헌법」 제89조). 이에 따라 국무회의는 대통령과 국무총리 및 국무위원으로 구성되는 합의제기관으로서 교육정책 등 중요 정책을 심의하는 최고정책심의기관이다. 한편, 「헌법」 제89조 중에서 교육행정과 관련된 국무회의 심의사항을 요약해서 제시하면 다음과 같다.

① 국정의 기본계획과 정부의 일반정책

② (교육 관련) 법률안 및 대통령령안

③ (교육) 예산안, 결산, 국유재산처분의 기본계획, 국가의 부담이 될 계약, 기타 재정에 관한 중요사항

④ (교육부 등) 행정 각부의 권한 확정

⑤ (교육부 등) 정부 안의 권한 위임 또는 배정에 관한 기본계획

⑥ (교육 분야 등) 국정처리상황의 평가, 분석

⑦ (교육부 등) 행정 각부의 중요한 (교육)정책의 수립과 조정

⑧ 정부에 제출 또는 회부된 정부의 (교육)정책에 관계되는 청원의 심사

⑨ 국립대학교 총장 및 기타 법률이 정한 공무원의 임명

⑩ 기타 대통령, 국무총리 또는 (교육부장관 등) 국무위원이 제출한 사항

4) 교육부

교육부는 중앙교육행정 조직의 핵심 기구이다. 「정부조직법」 제28조에 따르면 교육부는 인적자원개발정책, 학교교육·평생교육, 학술에 관한 사무를 관장한다. 즉, 교육부는 국가 수준에서 관련 사무에 관한 정책 결정, 집행 과정에서 주도적인 역할을 수행하고 있다. 아울러 교육부의 수장인 교육부장관은 각 시·도 교육·학예에 관한 사무에 대하여 조언, 권고, 지도, 자료제출 요구, 시정명령, 명령 또는 처분 취소, 집행정지, 자치사무에 대한 감사권을 갖고 있어 지방의 교육·학예 사무에 관여할 수 있다(「지방자치법」 제185~191조). 한편, 2014년 11월 19일부터 '교육부장관은 부총리를 겸임하며 교육·사회 및 문화 정책에 관하여 국무총리의 명을 받아 관계 중앙행정기관을 총괄·조정한다.'고 하여 교육부는 교육, 사회, 문화 부분에 대한 부총리 역할까지 겸임하게 되었다(「정부조직법」 제19조).

2024년 7월 기준 교육부는 [그림 9-1]과 같이 장관-1차관-1차관보-3실-3국-13관으로 조직되어 있다.

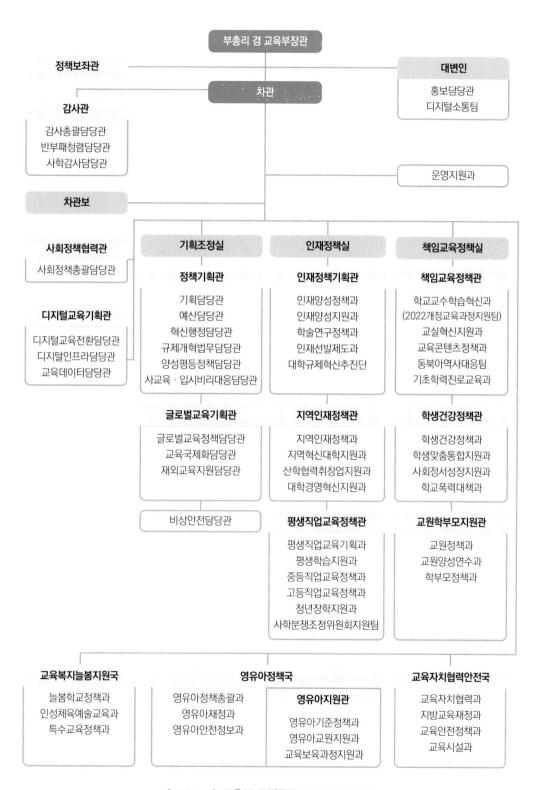

부총리 겸 교육부장관

정책보좌관

대변인
홍보담당관
디지털소통팀

차관

감사관
감사총괄담당관
반부패청렴담당관
사학감사담당관

운영지원과

차관보

사회정책협력관
사회정책총괄담당관

디지털교육기획관
디지털교육전환담당관
디지털인프라담당관
교육데이터담당관

기획조정실

정책기획관
기획담당관
예산담당관
혁신행정담당관
규제개혁법무담당관
양성평등정책담당관
사교육·입시비리대응담당관

글로벌교육기획관
글로벌교육정책담당관
교육국제화담당관
재외교육지원담당관

비상안전담당관

인재정책실

인재정책기획관
인재양성정책과
인재양성지원과
학술연구정책과
인재선발제도과
대학규제혁신추진단

지역인재정책관
지역인재정책과
지역혁신대학지원과
산학협력취창업지원과
대학경영혁신지원과

평생직업교육정책관
평생직업교육기획과
평생학습지원과
중등직업교육정책과
고등직업교육정책과
청년장학지원과
사학분쟁조정위원회지원팀

책임교육정책실

책임교육정책관
학교교수학습혁신과
(2022개정교육과정지원팀)
교실혁신지원과
교육콘텐츠정책과
동북아역사대응팀
기초학력진로교육과

학생건강정책관
학생건강정책과
학생맞춤통합지원과
사회정서성장지원과
학교폭력대책과

교원학부모지원관
교원정책과
교원양성연수과
학부모정책과

교육복지늘봄지원국
늘봄학교정책과
인성체육예술교육과
특수교육정책과

영유아정책국
영유아정책총괄과
영유아재정과
영유아안전정보과

영유아지원관
영유아기준정책과
영유아교원지원과
교육보육과정지원과

교육자치협력안전국
교육자치협력과
지방교육재정과
교육안전정책과
교육시설과

[그림 9-1] 교육부 조직구조(2024. 7. 1. 기준)

2. 지방교육행정

> **?** **핵심 질문 2)** 우리나라 지방교육행정 조직은 어떤 구조로 구성되어 있으며, 각각 어떤 역할을 맡고 있는가?

　지방교육행정조직은 중앙교육행정조직과 단위학교교육행정조직을 연결해 주는 체제로서, 우리나라의 경우 광역 단위(특별시·광역시·도)와 기초 단위(시·군·구)로 구성되어 있다.

1) 광역 단위

　「지방교육자치에 관한 법률」 제2조에 의하면 '지방자치단체의 교육·과학·기술·체육 그 밖의 학예 사무는 특별시·광역시·도의 사무로 한다.'고 하였다. 이에 따라 전국 17개 시·도의 광역 지방 의회에 교육·학예에 관한 의안과 청원을 심사·의결하기 위해 상임위원회 형태로 교육위원회를 설치·운영하고 있다. 또, 시·도 교육·학예에 관한 사무의 집행 기관으로 교육감을 두고 있다(동법 제18조). 교육감 아래에는 부교육감을 두는데, 부교육감은 교육감이 추천한 자를 교육부장관의 제청으로 국무총리를 거쳐 대통령이 임명한다(동법 제30조).

　교육감은 국가행정사무 중 시·도에 위임하여 시행하는 사무로서 교육·학예에 관한 사무를 위임받아 행하며(동법 제19조), 교육·학예에 관한 다음 각 호의 사항에 대한 사무를 관장한다(동법 제20조).

1. 조례안의 작성 및 제출에 관한 사항
2. 예산안의 편성 및 제출에 관한 사항
3. 결산서의 작성 및 제출에 관한 사항
4. 교육규칙의 제정에 관한 사항
5. 학교, 그 밖의 교육기관의 설치·이전 및 폐지에 관한 사항
6. 교육과정의 운영에 관한 사항
7. 과학·기술교육의 진흥에 관한 사항
8. 평생교육, 그 밖의 교육·학예진흥에 관한 사항

9. 학교체육·보건 및 학교환경정화에 관한 사항

10. 학생통학구역에 관한 사항

11. 교육·학예의 시설·설비 및 교구(教具)에 관한 사항

12. 재산의 취득·처분에 관한 사항

13. 특별부과금·사용료·수수료·분담금 및 가입금에 관한 사항

14. 기채(起債)·차입금 또는 예산 외의 의무부담에 관한 사항

15. 기금의 설치·운용에 관한 사항

16. 소속 국가공무원 및 지방공무원의 인사관리에 관한 사항

17. 그 밖에 해당 시·도의 교육·학예에 관한 사항과 위임된 사항

2) 기초 단위

시·도의 교육·학예에 관한 사무를 분장하기 위하여 1개 또는 2개 이상의 시·군 및 자치구를 관할구역으로 하는 하급교육행정기관으로 교육지원청을 둔다. 교육지원청에 교육장을 두되 장학관으로 보하고, 교육장은 시·도 교육·학예에 관한 사무 중 다음 각 호의 사무를 위임받아 분장한다(「지방교육자치에 관한 법률」제34~35조).

1. 공·사립의 유치원·초등학교·중학교·고등공민학교 및 이에 준하는 각종학교의 운영·관리에 관한 지도·감독
2. 그 밖에 조례로 정하는 사무

교육장이 교육감으로부터 위임받아 분장하는 각급학교의 운영·관리에 관한 지도·감독 사무의 범위는 다음 각 호와 같다(「지방교육자치에 관한 법률 시행령」제6조).

1. 교수학습활동, 진로지도, 강사 확보·관리 등 교육과정 운영에 관한 사항
2. 과학·기술교육의 진흥에 관한 사항
3. 특수교육, 학교 부적응 학생 교육, 저소득층 학생 지원 등 교육복지에 관한 사항
4. 학교체육·보건·급식 및 학교환경 정화 등 학생의 안전 및 건강에 관한 사항
5. 학생 통학 구역에 관한 사항
6. 학부모의 학교 참여, 연수·상담, 학교운영위원회 운영에 관한 사항

7. 평생교육 등 교육·학예 진흥에 관한 사항

8. 그 밖에 예산안의 편성·집행, 수업료, 입학금 등 각급학교의 운영·관리에 관한 지도·감독 사항

제2절 • 지방교육자치의 이해

1. 지방교육자치의 개념과 원리

> **? 핵심 질문 3)** 지방교육자치란 무엇이며, 지방교육자치를 운영하는 목적은 무엇인가?

1) 지방교육자치제도의 개념

지방교육자치란 교육행정에 있어서 지방분권의 원칙 아래 교육에 관한 의결기관으로서의 교육위원회와 당해 교육위원회에서 의결된 교육정책을 집행하는 집행기관으로서의 교육감제를 두고, 민주적 통제와 전문적 지도 사이에 조화와 균형을 얻게 하며, 인사와 재정을 비롯하여 교육행정을 일반행정으로부터 분리·독립시킴으로써 행정의 제도와 조직 면에서 교육의 자주성을 보장하려는 제도이다(이형행, 고전, 2006). 다시 말하면, 지방교육자치제도는 중앙교육행정의 통제를 최소화하고 지방의 실정에 맞는 교육정책을 수립하여 이에 따른 교육행정 사무를 자주적으로 처리하는 제도이다(성태제 외, 2018).

지방교육자치제도를 운영하는 목적은 교육의 자주성과 전문성을 바탕으로 지역 상황에 맞는 교육을 실현하여 교육의 내실화를 기하기 위해서라고 할 수 있다. 현행 「지방교육자치에 관한 법률」 제1조에서도 '교육의 자주성 및 전문성과 지방교육의 특수성을 살리기 위하여 지방자치단체의 교육·기술·체육·과학 기타 학예에 관한 사무를 관장하는 기관의 설치와 그 조직 및 운영에 관한 사항을 규정'한다고 명시하고 있다.

그러나 지방교육자치제도의 헌법적 근거가 무엇이냐에 대해서는 다툼이 있다. 교육자치가 헌법적으로 보장되어 있다는 주장의 논거는 「헌법」 제31조 제4항의 교육의 자주성이다. 반면, 「헌법」 제31조 제4항의 교육의 자주성은 교원 및 학교 교육의 자율성을 의미하며 교육의 자치를 의미하는 것은 아니라는 부정설도 있다(이기우, 2001). 그러나 교육은 일반 행

정과는 달리 근시안적, 정치적 이해관계에 의한 판단이 아닌 미래를 내다보는 백년대계의 계획이 필요하며, 일반 행정에서 강조하는 효율성보다 개인의 인격적 발전을 강조하는 합목적성이 강하다는 측면에서 일반 행정과는 다른 특성이 있어 학교 단위의 교육자치나 교사의 자율성을 넘어서 교육행정 차원의 교육자치까지 내포된 개념으로 해석하는 것이 마땅할 것이다(표시열, 2008).

일반자치에서 교육자치를 분리하여 운영해야 하는 이유는 다음과 같다. 교육은 인간의 성장과 발달을 목표로 하므로 비교적 오랜 시간이 걸리며, 다양한 학생의 특성에 따라 적절한 대응을 해야 하기 때문에 여러 교육 주체의 자율적이고 전문적인 행위가 요구된다. 이러한 교육의 장기성과 전문성으로 인해 일반행정과는 다른 교육적 자율성과 전문성을 필요로 하는 것이다. 또한 교육은 인간의 사고와 태도의 변화를 의도하는 행위이기 때문에 정치적 협상이나 대상으로부터 비교적 자유로워야 한다. 이에 따라 교육의 자주성과 정치적 중립성이 요구된다. 결국 교육의 자주성, 전문성, 정치적 중립성을 보장하기 위해 많은 국가는 다양한 형태의 교육자치를 실시하고 있으며, 우리나라 지방교육행정도 일반행정과는 다른 구조로 운영되고 있는 것이다.

2) 지방교육자치의 원리와 효과

? 핵심 질문 4) 지방교육자치의 원리는 무엇이며, 그 법적 근거는 무엇인가?

(1) 지방교육자치의 원리

우리나라 지방교육자치의 원리로는 김종철(1982)이 제시한 바와 같이 ① 지방분권, ② 주민통제, ③ 자주성 존중, ④ 전문적 관리 등 네 가지를 들 수 있다. 이 중에서 지방분권과 주민통제는 민주성을 실현하는 원리이며, 자주성 존중과 전문적 관리는 전문성을 구현하는 원리로 이해될 수 있다.

이를 좀 더 구체적으로 살펴보면, 첫째, 지방분권의 원리는 지방의 교육행정은 중앙의 획일적이고 직접적인 통제에서 벗어나 독자적, 창의적, 자율적인 의사결정을 통해 지방의 특수성과 실정에 맞는 교육을 실시해야 한다는 원리이다. 둘째, 주민통제의 원리는 그 지역사회 주민들의 참여와 의사에 의해 지방의 교육행정이 자율적으로 결정·실시되고 교육행정 주체가 그 결과에 대해 책임을 져야 한다는 것을 뜻한다. 셋째, 자주성 존중의 원리는 교육행정이 일반행정으로부터 분리 또는 독립하여 독자적으로 운영되어야 한다는 것을 의미한다. 이는 교육이 본래 목적에 따라 기능하도록 하려면 정치적, 파당적 편견을 전파하거나 시행하기 위한 방편으로 이용되어서는 안 된다는 정치적 중립성의 원리를 수반한다. 그리고 전문적 관리의 원리는 교육행정은 아무나 할 수 있는 것이 아니라 교육에 관한 전문가가 해야 한다는 것을 뜻한다(이인회, 고수형, 2014).

이러한 지방교육자치의 원리는 「헌법」 및 법률적 근거를 갖고 있다. '교육의 자주성·전문성·정치적 중립성 및 대학의 자율성은 법률이 정하는 바에 의하여 보장된다.'는 「헌법」 제31조 제4항이 그것이다. 또, 「교육기본법」 제5조 제1항에 따르면 '국가와 지방자치단체는 교육의 자주성과 전문성을 보장하여야 하며, 지역 실정에 맞는 교육을 실시하기 위한 시책을 수립·실시하여야 한다.'고 하였다. 또한 헌법재판소 판례도 지방교육자치의 원리로 '민주주의, 지방자치, 교육주의의 조화'를 언급하고 있다(헌재 2000. 3. 30. 99헌바113).

이에 따라 우리나라 지방교육자치는 중앙정부 행정으로부터 지방교육자치단체로 분권화하는 구조를 통해 지방자치의 정신을 구현하고 있으며, 아울러 시·도 교육행정을 일반행정으로부터 분리된 기구인 지방교육자치단체가 관장하고 있다. 전자는 지방의 특성에 적합한 행정을 구현하기 위해 지방분권이 필요하다는 이유에서 도출된 것이다. 이 원리에 따라 현재 교육부는 유·초·중등교육 운영에 대한 권한과 책임의 상당 부분을 시·도 교육청으로 위임하고 있다. 후자는 교육 효과의 장기성, 성과 측정·평가의 곤란성, 재정 투입에서의 비긴요성과 비긴급성, 관련 집단의 이질성 및 조정의 곤란함 때문에 교육행정은 일반행정과 분리된 별도의 구조를 가지고 있어야 교육의 본래 목적을 달성할 수 있다는 점에서 기인한다(연세대학교 교육학과 교수진, 2019). 이를 반영하여 시·도 교육 및 학예에 관한 주요 사무는 시·도지사와는 별도로 지역 주민들에 의해 선출된 교육감이 집행을 담당하고 있다.

(2) 지방교육자치의 효과

지방교육자치제도는 획일적인 중앙집권적 통제를 배제하고 지방분권제를 지향함으로써 교육행정의 민주적 발전을 도모한다. 또한 지방교육자치제도는 교육행정을 일반행정으로부터 독립시켜 교육의 특수성과 가치적 중립성을 보장하고 교육활동을 전문적으로 지원하고 관리할 수 있도록 한다. 아울러 학부모를 비롯한 주민들의 교육에 대한 통제를 가능하게 하여 주민의 교육에 대한 관심과 지원을 촉진할 수 있으며 이들의 교육 행정 참여를 통해 혹시나 있을 수 있는 교육행정가들의 독선과 횡포를 방지할 수 있다.

결국 지방교육자치제도는 교육의 독자성을 보장하고 교육의 정치적 중립성 및 주민 자치의 원리를 실현하는 데 도움이 되는 제도라고 할 수 있다.

2. 우리나라 지방교육자치의 역사

? ▶ 핵심 질문 5) 우리나라 지방교육자치는 어떻게 발전해 왔는가?

　지방교육자치의 역사는 총 5기로 나누어 볼 수 있다(김혜숙, 2020a). 그 출발점은 미군정기에서 찾아볼 수 있다. 1945년 우리나라가 일제로부터 해방된 이후 3년간 38도선 이남을 통치한 미군정청은 일제 식민주의를 종식시키고 미국식 민주주의를 보급하려는 목적에서 지방교육자치를 도입하고자 하였다. 그리하여 1945~1948년 미군정은 교육자치 3법, 즉「교육구의 설립」,「교육구회의 설치」,「공립학교 재정경리」제정을 통해 식민통치기 중앙집권적 교육행정 체제를 불식하고 미국식의 분권화된 체제의 도입을 시도하였다(제1기-제도 도입 준비기). 이 법들은 미군정 통치 종료로 폐지되었으나, 1949년 제헌국회에서「교육법」이 제정되고 지방교육자치에 대한 조항이 삽입되면서 법적 근거가 마련되었다.

　1952년 5월 선거를 통해 17개 시교육위원회, 123개 교육구 교육위원회가 구성되어 도 지역을 제외하고 시·군 단위의 교육자치가 실시되었다(제2기-출발기). 이는 당시 미국에서 우리의 시·군 단위와 유사한 수준인 학교구(school district)에서 교육자치가 실시된 것과 맥을 같이한다고 할 수 있다(Compbell, Cunningham, Nystrand, & Usdan, 1985; Sergiovanni, Kelleher, McCarthy, & Wirt, 2004). 그러나 이 시기에는 교육위원회가 군 지역에서는 의결기관, 시와 특별시 지역에서는 합의제 집행기관, 도지역과 중앙에서는 심의기관이었고, 교육감은 군 지역에서는 집행기관, 시와 특별시 지역에서는 사무장, 도지역에는 교육감이 없는 등 교육위원회와 교육감의 위상이 시·군에 따라 상이한 매우 복잡한 구조를 가지고 있어 지방교육자치제도가 안정적으로 정착할 기회를 갖지 못했다(김혜숙, 2020a).

　제3기(중앙 예속기)는 1961년부터 1990년까지로, 이 시기에는 지방교육자치단체는 있었으나, 사실상 중앙정부에 예속되어 지방교육자치제도는 형식상으로만 존재하였다. 즉, 이 시기에는 광역 단위에 의결기관으로 교육위원회를, 집행기관으로 교육감을, 시·군에 교육장을 둠으로써 제도의 복잡성을 줄였으나, 교육감이나 교육장을 추천 절차를 거쳐 결국 대통령이 임명하도록 함으로써 중앙정부의 영향력이 절대적으로 강화된, 사실상의 중앙정부 예속기라고 할 수 있다(김혜숙, 1981).

　우리나라에서 지방교육자치의 정신이 비교적 잘 구현된 시기는 1991년부터 2010년까지라고 할 수 있다(제4기-실질 운영기). 이 시기는 사회 전반에 걸친 민주화 추세가 강화되면서 일반행정 분야에서 지방자치제도가 출범하였음은 물론 지방교육행정에서도 1991년「지방교육자치에 관한 법률」이 제정되면서 지방교육자치기관의 설치, 조직 및 운영에 관한 기본적인 사항을 규정하여 지방교육자치제 실시의 법적 근거 및 운영 지침으로 기능하게 되었다. 또한 이 법률에 근거하여 광역 시·도 단위의 교육위원회 위원과 교육감을 민주적으로 선출하게 되었다. 특히 교육위원회가 지방의회의 위임형 심의·의결 기구로, 교육감이 집행기구로 자리매김하게 된 것은 획기적인 변화라고 할 수 있다. 그러나 교육위원회 위원과 교육감 선출을 둘러싸고 몇몇 사회문제가 발생함에 따라 시·도 의회 → 학교운영위원회 대표 → 학교운영위원회 위원 전체 → 지역 주민 전체가 선출하는 방식으로 변경되기도 하였다(김혜숙, 2020a).

2010년 이후 현재는 교육위원회가 시·도 의회 내 교육상임위원회로 통합되어 지방교육자치제도상 독립된 의결기관 없이 집행기관인 교육감 제도만 존속하고 있다(제5기-변형기). 2006년 「지방교육자치에 관한 법률」이 개정되는 과정에서 의결기관인 교육위원회가 일반행정에 통합되고 집행기관인 교육감 제도만 남는 형태로 바뀌게 된 것이다. 이는 교육행정의 특수성 및 행정의 간소화를 둘러싸고 벌어진 교육계와 지방행정자치 분야의 갈등 속에서 교육감 주민직선제를 실현하는 대신 별도의 자격을 갖춘 교육위원제도가 폐지되었기 때문이다. 이로 인해 광역 시·도 단위에서 주민 직선제로 선출된 교육감의 영향력이 크게 강화되고 있다(김혜숙, 2020a). 〈표 9-1〉은 1945년 이후 우리나라 지방교육자치제도의 변천과 시기별 주요 내용을 정리한 것이다.

〈표 9-1〉 지방교육자치제도의 변천과 특징

시기	특징	시기별 주요 내용
제1기 (1945~1948년)	지방교육자치 제도도입 준비기	• 미군정청이 분권화된 미국식 지방교육자치제도 구상 • 지방 수준에서 일반행정으로부터 분리·독립 구상 • 교육자치 3법 제정을 통해 제도 도입 준비
제2기 (1949~1960년)	지방교육자치 출발기	• 1949년 「교육법」에 교육자치 조항 포함 • 1952년 5월 선거를 통해 시·군 교육자치 실시(17개 시교육위원회, 123개 교육구 교육위원회 구성) • 군에 교육구, 시에 교육위원회 설치
제3기 (1961~1990년)	지방교육자치 중앙 예속기	• 1961년 5·16 군사 정변으로 제도 폐지 • 1963년 「헌법」 개정으로 교육자치 부활 • 광역 단위 의결기관으로 교육위원회(시·도 의회 선출), 집행기관으로 교육감(대통령이 임명), 시·군에 교육장(대통령이 임명) • 지방자치 미실시로 교육자치는 중앙정부에 예속

시기	특징	시기별 주요 내용
제4기 (1991~2010년)	지방교육자치 실질 운영기	• 1991년 지방교육자치에 관한 법률 제정 • 광역 시·도 단위(교육위원회는 지방의회의 위임형 심의·의결 기구) • 교육위원회 위원 및 교육감 선출: 시·도 의회 → 학교운영위원 대표 → 학교운영위원 전체로 변화
제5기 (2010년~현재)	지방교육자치 변형기	• 2010년부터 독립된 교육위원회 제도 폐지, 교육감 직선제 도입 • 교육위원회는 시·도 의회 내 교육상임위원회로 통합 • 교육감 권한 강화, 타 행정주체들과 갈등 다수 발생

출처: 김혜숙 외(2011) 내용을 재구성함.

3. 우리나라 지방교육자치제도의 구조

? 핵심 질문 6) 우리나라 지방교육자치는 어떻게 운영되고 있는가?

우리나라 지방교육자치제도는 「지방교육자치에 관한 법률」에 따라 [그림 9-2]와 같이 교육부, 시·도 교육청, 교육지원청, 그리고 단위학교로 이어지는 수직적 차원과 지방자치단체의 수평적 차원으로 연계된 다층 구조로 구성되어 있다(이인회, 고수형, 2014).

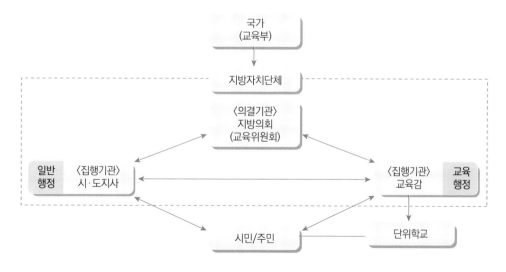

[그림 9-2] 우리나라 지방교육자치의 구조

출처: 이인회, 고수형(2014).

우리나라의 지방교육자치는 광역 시·도 단위로 운영되고 있다.「지방교육자치에 관한 법률」제2조에는 지방자치단체의 교육·과학·기술·체육 그 밖의 학예에 관한 사무는 특별시·광역시 및 도의 사무로 함을 규정하여 지방교육자치를 시·군·구 단위의 기초자치단체가 아니라 시·도 단위의 광역자치단체가 담당하는 것임을 명시하고 있다.

지방교육자치의 의결기관은 교육위원회이다. 전국 17개 시·도 광역의회에 교육·학예에 관한 의안과 청원 등을 심사·의결하기 위해 상임위원회의 하나로 교육위원회를 두고 있다. 이 교육위원회 위원은 4년마다 열리는 시·도 광역의회 선거에 당선된 의원들이 민주적 절차에 의해 배정되어 활동한다.

한편, 지방교육자치에서 가장 중요한 행위자는 교육감이다. 동법 제18조에 '시·도의 교육·학예에 관한 사무의 집행기관으로 시·도에 교육감을 두며, 교육감은 교육·학예에 관한 소관 사무로 인한 소송이나 재산의 등기 등에 대하여 해당 시·도를 대표한다.'고 하여 교육감의 역할을 규정하고 있다. 또한 교육감은 국가행정사무 중 시·도에 위임하여 시행하는 사무로서 교육·학예에 관한 사무를 위임받아 행사한다(동법 제19조). 아울러 교육감은 교육·학예에 관한 다음 각 호의 사항에 관한 사무를 관장한다(동법 제20조).

1. 조례안의 작성 및 제출에 관한 사항
2. 예산안의 편성 및 제출에 관한 사항
3. 결산서의 작성 및 제출에 관한 사항
4. 교육규칙의 제정에 관한 사항
5. 학교, 그 밖의 교육기관의 설치·이전 및 폐지에 관한 사항
6. 교육과정의 운영에 관한 사항
7. 과학·기술교육의 진흥에 관한 사항
8. 평생교육, 그 밖의 교육·학예진흥에 관한 사항
9. 학교체육·보건 및 학교환경정화에 관한 사항
10. 학생통학구역에 관한 사항
11. 교육·학예의 시설·설비 및 교구(敎具)에 관한 사항
12. 재산의 취득·처분에 관한 사항
13. 특별부과금·사용료·수수료·분담금 및 가입금에 관한 사항
14. 기채(起債)·차입금 또는 예산 외의 의무부담에 관한 사항
15. 기금의 설치·운용에 관한 사항

16. 소속 국가공무원 및 지방공무원의 인사관리에 관한 사항
17. 그 밖에 해당 시·도의 교육·학예에 관한 사항과 위임된 사항

　교육감의 임기는 4년이며, 교육감의 계속 재임은 3기에 한정한다(동법 제21조). 또한 교육감은 국회의원·지방의회의원·국가공무원·지방공무원, 사립학교 교원, 사립학교경영자 또는 사립학교를 설치·경영하는 법인의 임·직원을 겸할 수 없다(동법 제23조). 교육감 후보자가 되려는 사람은 해당 시·도지사의 피선거권이 있는 사람으로서 후보자등록신청개시일부터 과거 1년 동안 정당의 당원이 아닌 사람이어야 하며, 후보자등록신청개시일을 기준으로 교육경력 또는 교육공무원으로서의 근무 경력이 3년 이상 있거나 양 경력을 합한 경력이 3년 이상 있는 사람이어야 한다(동법 제24조). 교육감은 시·도를 단위로 하여 선출하며(동법 제45조), 주민의 보통·평등·직접·비밀선거에 따라 선출하게 되어 있다(동법 제43조).

　교육감 선거 과정에서 특별히 강조되고 있는 것은 정치적 중립성이다. 「지방교육자치에 관한 법률」에는 이를 보장하기 위해 정당은 교육감선거에 후보자를 추천할 수 없으며, 정당의 대표자, 간부, 유급사무직원은 특정 후보자를 지지·반대하는 등 선거 관여 행위를 할 수 없고, 후보자도 특정 정당을 지지·반대하거나 특정 정당으로부터 지지·추천받고 있음을 표방해서는 아니 됨을 규정하고 있다(동법 제46조).

　교육감은 법령 또는 조례의 범위 안에서 그 권한에 속하는 사무에 관하여 교육규칙을 제정할 수 있으며(동법 제25조), 조례 또는 교육규칙으로 정하는 바에 따라 그 권한에 속하는 사무의 일부를 보조기관, 소속교육기관 또는 하급교육행정기관에 위임할 수 있다(동법 제26조). 또한 교육감은 소속 공무원을 지휘·감독하고 법령과 조례·교육규칙으로 정하는 바에 따라 그 임용·교육훈련·복무·징계 등에 관한 사항을 처리한다(동법 제27조).

　교육감은 소관 사무 중 시·도의회의 의결이 필요한 사항에 대하여 1. 시·도의회가 성립되지 아니한 때(시·도의회의원의 구속 등의 사유로 의결정족수에 미달하게 된 때), 2. 학생의 안전과 교육기관 등의 재산보호를 위하여 긴급하게 필요한 사항으로서 시·도의회가 소집될 시간적 여유가 없거나 시·도의회에서 의결이 지체되어 의결되지 아니한 때에는 선결처분을 할 수 있다. 선결처분은 지체 없이 시·도의회에 보고하여 승인을 얻어야 하며, 시·도의회에서 승인을 얻지 못한 선결처분은 그때부터 효력을 상실한다(동법 제29조).

　교육감은 해당 시·도지사 및 타 시·도 교육감과 긴밀한 협력을 통하여 교육문제를 해결하기 위해 노력한다. 즉, 지방자치단체의 교육·학예에 관한 사무를 효율적으로 처리하기

위하여 교육감과 시·도지사가 협의하는 지방교육행정협의회를 두며(동법 제41조). 교육감들은 상호 간의 교류와 협력을 증진하고, 공동의 문제를 협의하기 위하여 전국적인 교육감 협의체를 설립할 수 있고, 이들 협의체는 지방교육자치에 직접적 영향을 미치는 법령 등에 관하여 교육부장관을 거쳐 정부에 의견을 제출할 수 있다. 이에 교육부장관은 중앙행정기관의 장과 협의하여 교육감 협의체에서 제출된 의견에 대한 검토 결과 타당성이 없다고 인정하면 구체적인 사유 및 내용을 명시하여 협의체에 통보하여야 하며, 타당하다고 인정하면 관계 법령 등에 그 내용이 반영될 수 있도록 적극 협력하여야 한다(동법 제42조).

한편, 교육감 아래에는 부교육감이 있다. 교육감 소속하에 국가공무원으로 보하는 부교육감 1인(인구 800만 명 이상이고 학생 150만 명 이상인 시·도는 2인)을 두되, 부교육감은 교육감을 보좌하여 사무를 처리한다. 그런데 이 부교육감은 해당 시·도의 교육감이 추천한 사람을 교육부장관의 제청으로 국무총리를 거쳐 대통령이 임명하게 되어 있다(동법 제30조).

〈표 9-2〉는 우리나라 지방교육자치 중 교육감과 교육위원회의 성격, 권한, 선출방식, 정당 관련 조항, 입후보 자격 및 임기 등을 정리한 것이다.

〈표 9-2〉 우리나라 지방교육자치의 주요 내용

	교육감	교육위원회
성격	(광역) 시·도의 교육·학예에 관한 사무의 독임제 집행기관	(광역) 시·도 지방의회의 상임위원회로 교육·학예에 대한 심의기관
권한	교육·학예에 관한 다음 각 호의 사항에 관한 사무를 관장 1. 조례안의 작성 및 제출에 관한 사항, 2. 예산안의 편성 및 제출에 관한 사항, 3. 결산서의 작성 및 제출에 관한 사항, 4. 교육규칙의 제정에 관한 사항, 5. 학교, 그 밖의 교육기관의 설치·이전 및 폐지에 관한 사항, 6. 교육과정의 운영에 관한 사항, 7. 과학·기술교육의 진흥에 관한 사항, 8. 평생교육, 그 밖의 교육·학예 진흥에 관한 사항, 9. 학교체육·보건 및 학교환경정화에 관한 사항, 10. 학생통학구역에 관한 사항, 11. 교육·학예의 시설·설비 및 교구에 관한 사항, 12. 기타 사항	다음 사항을 심의 1. 조례안, 2. 예산안 및 결산, 3. 특별부과금·사용료·수수료·분담금 및 가입금의 부과와 징수에 관한 사항, 4. 기채안, 5. 기금의 설치·운영에 관한 사항, 6. 대통령령으로 정하는 중요재산의 취득·처분에 관한 사항, 7. 대통령령으로 정하는 공공시설의 설치·관리 및 처분에 관한 사항, 8. 법령과 조례에 규정된 것을 제외한 예산 외의 의무부담이나 권리의 포기에 관한 사항, 9. 청원의 수리와 처리, 10. 그 밖에 법령과 시·도 조례에 따라 그 권한에 속하는 사항

	교육감	교육위원회
선출방식	교육감 입후보자에 대한 주민직선제(주민의 보통·평등·직접·비밀선거)	지역의원 입후보자 및 정당 비례대표 입후보자에 대한 주민직선제(주민의 보통·평등·직접·비밀선거)
정당 관련	정당의 후보 추천, 선거 관여 금지 후보자의 정당 지지·반대 표방 금지	정당의 후보 공천제
후보 자격	시·도지사의 피선거권이 있는 사람으로서 후보자등록 신청 개시일부터 과거 1년 동안 정당의 당원이 아닌 자 교육경력 또는 교육행정경력이 3년 이상 있거나 양 경력을 합한 경력이 3년 이상	교육 관련 경력 제한 없음
임기	4년, 3차 중임 가능	4년, 제한 없음

출처: 이인회, 고수형(2014).

4. 현행 지방교육자치제도의 문제점

? 핵심 질문 7) 우리나라 지방교육자치의 문제점은 무엇인가?

현행 지방교육자치제도의 문제점을 살펴보면 다음과 같다.

첫째, 불완전한 지방교육자치가 이루어지고 있다는 점이다. 독자적으로 운영되던 교육의원제도가 폐지되고 교육위원회가 논란 끝에 지방의회로 통합되면서 지방교육자치는 교육감 직선제만 남게 되었다. 교육의 자주성을 구현할 수 있는 의결기관으로서의 교육위원회가 폐지되었고 시·도 광역 의회의 하부 위원회로만 존재하게 되었는데, 이는 「헌법」 제31조 제4항에 명시된 교육의 자주성, 전문성, 정치적 중립성을 침해할 여지가 다분하다.

둘째, 교육감 후보자에게 요구되는 교육경력이 3년으로 너무 짧다는 지적이 있다. 교육감은 지방교육자치의 집행기구로서 교육에 대한 전문성이 요구된다. 그러나 교육감에 입후보하기 위한 교육경력 또는 교육행정경력이 3년밖에 되지 않아 이 경력만으로 교육적 전문성을 보장할 수 있는지 의문이 제기되고 있다.

셋째, 교육감을 보조하는 부교육감을 교육부장관의 제청으로 대통령이 임명하고 있어 부교육감 제도가 지방교육자치에 대한 중앙정부의 통제 수단으로 기능하고 있다는 비판의 목소리가 있다. 이에 따라 지방교육자치의 취지에 부응하기 위해서는 부교육감을 교육감이 임명하거나 교육감처럼 주민들이 선출해야 한다는 주장이 강력하게 제기되고 있다.

　넷째, 광역은 물론 기초 단위에서 실시되고 있는 일반자치와는 달리 지방교육자치가 광역 시·도 단위에만 실시되고 있어 균형이 맞지 않는다는 주장도 있다. 지역 실정과 주민에게 직접적으로 와닿는 교육자치를 위해서는 풀뿌리 민주주의의 시작점인 기초 시·군·구에도 실시될 필요가 있다.

　다섯째, 지방교육자치가 실질적으로 운영되기 위해서는 지방교육재정의 자립이 필요하다. 그러나 현재 지방교육재정의 상당수가 중앙정부에서 내려 주는 지방교육교부금에 의존하고 있어 과연 지방교육자치가 구현되고 있느냐는 비판이 있다.

　여섯째, 교육감과 교육부장관, 교육감과 시·도지사 간 법적 의무와 권한 범위, 갈등 해결 경로 등을 명확히 정비할 필요가 있다. 교육감 등 교육행정 주체 간의 법적 의무와 권한 범위가 불분명하기 때문에 무상급식, 무상보육, 자사고 재지정, 학생인권조례 등 다방면에서 많은 갈등이 나타나 교육행정 및 재정상의 비효율과 비능률이 발생하였기 때문이다.

제3절 • 단위학교 교육행정조직

　중앙교육행정조직(교육부)과 지방교육행정조직(시·도 교육청)에서 아무리 좋은 교육정책을 만든다 하더라도 결국 정책의 효과를 거두기 위해서는 단위학교 차원까지 전달되어야 한다. 또한 학교야말로 학생들을 직접 상대하며 해당 학생들의 상황이나 지역 사정이 맞는 교육을 실현하기 위해서는 단위학교의 역량이 중요할 것이다. 이처럼 단위학교 교육행정조직은 중앙 및 지방교육행정조직이 준비한 교육정책이 효과를 거두기 위해, 단위학교의 특수성과 자율성을 살려 교육 목적을 달성하기 위해 가장 중요한 조직이라고 할 수 있다. 이러한 단위학교 교육행정조직 중 학교의 특수성과 자율성을 살려 교육하기 위해 설치한 대표적인 조직으로 학교운영위원회와 학부모회를 들 수 있다.

1. 학교운영위원회

학교운영위원회는 단위 학교 운영의 자율성을 높이고 지역의 실정과 특성에 맞는 다양하고도 창의적인 교육을 할 수 있도록 초등학교·중학교·고등학교 및 특수학교에 설치 운영되고 있다(「초·중등교육법」 제31조 제1항). 학교운영위원회는 국공립학교에서는 1996년부터, 사립학교에서는 2000년부터 설치가 의무화되어 현재 모든 학교에서 운영되고 있다.

1) 도입 배경

학교운영위원회는 1995년 김영삼 정부의 5·31 교육개혁의 일환으로 도입되었다. 당시 교육개혁위원회에서는 학교운영위원회의 도입 취지에 대해 "교육의 주민자치 정신을 구현하고 학교 단위의 자율성을 확대하여 학교교육의 효과를 극대화하고자 교직원, 학부모, 지역사회 인사 등이 자발적으로 책임지고 학교를 운영하는 학교공동체의 구축이 절실하다. 학교 단위의 교육자치를 활성화하고, 지역의 실정과 특성에 맞는 교육을 창의적으로 실시할 수 있도록 학교단위별 학교운영위원회를 구성, 운영하도록 한다."라고 밝히고 있다. 따라서 학교운영위원회는 학부모, 교원, 지역인사가 함께 참여하여 민주적이고 합리적인 방법으로 학교정책 및 학교운영에 관한 의사결정을 진행함으로써 학교 교육목표를 달성하기 위한 집단적 의사결정 기구라고 할 수 있다.

2) 구성

학교운영위원회는 그 학교의 교원 대표, 학부모 대표 및 지역사회 인사로 구성하며, 학교운영위원회의 위원 수는 5명 이상 15명 이하의 범위에서 학교의 규모 등을 고려하여 다음과 같이 정한다(「초·중등교육법」 제31조 제2~3항, 「초·중등교육법」 시행령 제58조 제1항).

- 학생 수가 200명 미만인 학교: 5인 이상 8인 이내
- 학생 수가 200명 이상 1천 명 미만인 학교: 9인 이상 12인 이내

- 학생 수가 1천 명 이상인 학교: 13인 이상 15인 이내

또한 국·공립학교에 두는 운영위원회 위원의 구성 비율은 다음의 범위 내에서 위원회 규정으로 정한다.

- 학부모위원: 100분의 40 내지 100분의 50
- 교원위원: 100분의 30 내지 100분의 40
- 지역위원: 100분의 10 내지 100분의 30

한편, 사립학교에 두는 운영위원회 위원의 구성 비율도 위 조항을 준용한다(동법 시행령 제63조 제2항).

3) 자격 및 선출

민주적 대의절차에 따라 학부모 전체회의 또는 학급별 대표로 구성된 학부모대표회의를 통하여 학부모 중에서 투표로 선출한다. 이 경우 학부모 전체회의에 직접 참석할 수 없는 학부모는 학부모 전체회의 개최 전까지 가정통신문에 대한 회신, 우편투표, 전자투표 등 위원회규정으로 정하는 방법 및 절차에 따라 후보자에게 투표할 수 있다.

국·공립학교 교원위원의 경우 국·공립학교의 장은 운영위원회의 당연직 교원위원이 되며, 그 외 교원위원은 현재 재직 중인 교원 중에서 선출하되, 교직원 전체회의에서 무기명투표로 선출한다. 사립학교의 경우 당연직 교원위원을 제외한 교원위원은 정관으로 정한 절차에 따라 교직원 전체회의에서 추천한 사람 중에서 학교의 장이 위촉한다.

지역위원은 당해 학교가 소재하는 지역을 생활근거지로 하는 자로서 예산·회계·감사·법률 등에 관한 전문가 또는 교육행정에 관한 업무를 수행하는 공무원, 당해 학교가 소재하는 지역을 사업활동의 근거지로 하는 사업자, 당해 학교를 졸업한 자 기타 학교운영에 이바지하고자 하는 자 중에서 학부모위원 또는 교원위원의 추천을 받아 학부모위원 및 교원위원이 무기명투표로 선출한다.

운영위원회에는 위원장 및 부위원장 각 1인을 두되, 교원위원이 아닌 위원 중에서 무기명투표로 선출한다.

4) 회의 소집

학교운영위원회의 회의는 위원장이 소집한다. 또한 위원장이 회의를 소집하려면 회의 일시, 장소 및 안건을 정하여 회의 개최 7일 전까지 각 위원에게 알리고, 회의 개최 전까지 학교 홈페이지에 공개하여야 한다. 다만, 긴급한 사유가 있는 경우에는 그러하지 아니하다. 그리고 학교운영위원회의 위원장이 회의 일시를 정할 때에는 일과 후, 주말 등 위원들이 참석하기 편리한 시간으로 정하여야 한다.

또한 학교운영위원회의 회의를 개최하였을 때에는 회의 일시, 장소, 참석자, 안건, 발언 요지, 결정사항 등이 포함된 회의록을 작성하여야 하며, 작성한 회의록은 학교 홈페이지 등을 통해 공개하여야 한다. 다만, 다음 각 호의 어느 하나에 해당하는 사항은 운영위원회의 의결로 공개하지 아니할 수 있다.

1. 회의록에 포함되어 있는 이름, 주민등록번호 등 개인에 관한 사항으로서 공개될 경우 개인의 사생활의 비밀 또는 자유를 침해할 우려가 있다고 인정하는 사항
2. 공개될 경우 운영위원회 심의의 공정성을 크게 저해할 우려가 있다고 인정하는 사항
3. 학생 교육 또는 교권 보호를 위하여 공개하기에 적당하지 아니하다고 인정하는 사항

5) 권한과 의무

학교운영위원회 위원들은 학교운영 참여권, 학교 운영에 관한 중요 사항 심의·의결권이 있다. 즉, 학교운영위원회 위원들은 학부모, 교직원, 지역사회의 다양한 요구를 수렴하여 학교운영위원회에 제안하고 건의할 수 있다. 또한 학교운영위원회 위원들은 다음 각 호의 사항을 심의한다(「초·중등교육법」 제32조).

1. 학교헌장과 학칙의 제정 또는 개정
2. 학교의 예산안과 결산
3. 학교교육과정의 운영방법
4. 교과용 도서와 교육 자료의 선정
5. 교복·체육복·졸업앨범 등 학부모 경비 부담 사항
6. 정규학습시간 종료 후 또는 방학기간 중의 교육활동 및 수련활동

7. 「교육공무원법」 제29조의3 제8항에 따른 공모 교장의 공모 방법, 임용, 평가 등

8. 「교육공무원법」 제31조 제2항에 따른 초빙교사의 추천

9. 학교운영지원비의 조성·운용 및 사용

10. 학교급식

11. 대학입학 특별전형 중 학교장 추천

12. 학교운동부의 구성·운영

13. 학교운영에 대한 제안 및 건의 사항

14. 그 밖에 대통령령이나 시·도의 조례로 정하는 사항

15. 학교발전기금의 조성·운용 및 사용에 관한 사항

학교운영위원회 위원들은 지위 남용 금지의 의무가 있다. 즉, 학교운영위원회 위원이 그 지위를 남용하여 해당 학교와의 거래 등을 통하여 재산상의 권리·이익을 취득하거나 다른 사람을 위하여 그 취득을 알선한 경우에는 운영위원회의 의결로 그 자격을 상실하게 할 수 있다.

또한 운영위원회 위원들은 제척의 의무가 있다. 다음 각 호의 어느 하나에 해당하는 경우에는 해당 안건의 심의·의결에서 제척되어야 한다.

1. 운영위원회 위원이나 그 배우자 또는 배우자였던 사람이 해당 안건의 당사자이거나 그 안건의 당사자와 공동권리자 또는 공동의무자인 경우

2. 운영위원회 위원이 해당 안건의 당사자와 친족인 경우

3. 운영위원회 위원이 해당 안건에 관하여 증언, 진술, 자문, 연구, 용역 또는 감정을 한 경우

4. 운영위원회 위원이나 운영위원회 위원이 속한 법인·단체 등이 해당 안건 당사자의 대리인이거나 대리인이었던 경우

국·공·사립학교의 장은 운영위원회의 심의결과를 최대한 존중하여야 하며, 그 심의결과와 다르게 시행하고자 하는 경우에는 이를 운영위원회와 관할청에 서면으로 보고하여야 한다. 또, 국·공·사립학교의 장은 운영위원회의 심의를 거치는 경우 교육활동 및 학교운영에 중대한 차질이 발생할 우려가 있거나 천재·지변, 그 밖의 불가항력의 사유로 운영위원회를 소집할 여유가 없는 때에는 운영위원회의 심의를 거치지 않고 이를 시행할 수 있다.

아울러 국·공·사립학교의 장은 제2항의 규정에 의하여 운영위원회의 심의를 거치지 아니하고 시행한 때에는 관련사항과 그 사유를 지체 없이 운영위원회와 관할청에 서면으로 보고하여야 한다(「초·중등교육법 시행령」 제60조, 제63조).

이와 관련하여 관할청은 국·공·사립학교의 장이 정당한 사유 없이 운영위원회의 심의·의결결과와 다르게 시행하거나 심의·의결결과를 시행하지 아니하는 경우 또는 사유 없이 심의를 거쳐야 할 사항을 심의를 거치지 아니하고 시행하는 경우에는 시정을 명할 수 있다(동법 시행령 제61조, 제63조).

종합하면, 학교운영위원회는 교직원, 학생, 학부모 및 지역사회의 요구를 학교교육에 적극 반영함으로써 학교운영에 대한 정책 결정의 민주성·합리성·투명성을 제고하고, 학교의 자율성과 책무성을 강화하는 제도라고 할 수 있다.

2. 학부모회

> **? 핵심 질문 9)** 학부모의 권리와 의무는 무엇이며, 단위학교 학부모회의 역할은 무엇인가?

학부모는 아동의 교육권을 대리하는 사람으로서 자녀를 보호하고 교육받을 권리와 의무를 실정법으로 인정받고 있다. 우선 「민법」 제913조에 의하면, "친권자는 자(子)를 보호하고 교양할 의무가 있다."고 규정하고 있으며, 「교육기본법」 제13조 제1항에서 "부모 등 그 보호자는 그 보호하는 자녀 또는 아동이 바른 인성을 가지고 건강하게 성장하도록 교육할 권리와 책임을 가진다."고 하여 부모의 자녀 교육권과 의무를 규정하고 있다. 또한 「교육기본법」 제13조 제2항에서 "부모 등 보호자는 그 보호하는 자녀 또는 아동의 교육에 관하여 학교에 의견을 제시할 수 있으며, 학교는 이를 존중해야 한다."고 하여 학부모는 학교교육에 대해 적극적 요구권과 발언권을 갖고 있다.

현재 단위학교에서는 학부모의 학교 교육활동에 대한 폭넓은 의견제시와 학교 교육에의 참여를 위해 학교운영위원회 이외에 학부모회가 조직, 운영되고 있다. 단위학교 학부모회는 학교 상황에 따라 전체 학부모회, 학년별 학부모회, 학급별 학부모회 등으로 나누어 운영되고 있다. 학부모회가 수행해야 할 역할은 다음과 같다(주삼환 외, 2018).

① 학부모회는 정부가 펼쳐 나가는 교육개혁을 감시하고 비판 및 협력할 수 있는 기능을 수행해야 한다.

② 학부모회는 보다 다양한 단체와 네트워크를 형성하여 교육개혁의 과제를 수행할 수 있어야 한다.

③ 학부모회는 학교교육 활동에 적극적으로 참여하고 도움을 줄 수 있도록 노력해야 한다.

④ 학부모회는 지역사회의 교육환경 개선에 관심을 가져야 한다.

⑤ 학부모회는 학부모 활동을 조직적이고 효과적으로 할 수 있도록 학부모 교육에 관심을 가져야 한다.

〈표 9-3〉은 학교운영위원회와 학부모회의 차이점을 정리한 것이다.

〈표 9-3〉 학교운영위원회와 학부모회의 차이점

구분	학교운영위원회	학부모회
설치근거	초·중등교육법	학부모회 규약(자율조직)
성격	심의 및 의결기구	의결 및 집행기구
권한	중요한 학교운영사항 심의·자문	학부모회 활동에 관한 의결
구성원	학부모위원, 교원위원, 지역위원	학부모
목적	학교운영에 필요한 정책 결정의 민주성, 투명성, 타당성 제고	학교교육활동을 위한 지원활동, 상호 친목 도모

출처: 주삼환 외(2018)를 재구성.

제4절 • 요약 및 적용

1. 요약

- 우리나라의 중앙교육행정은 대통령-국무회의(국무총리)-교육부장관으로 이어지는 체계를 갖고 있으며, 교육부장관은 교육행정 전반에 걸쳐 중심 역할을 맡고 있다.
- 지방교육자치란 교육행정에 있어서 지방분권의 원칙 아래 교육행정을 일반행정으로부

터 분리, 독립시켜 교육의 자주성, 전문성, 정치적 중립성을 보장하고 주민 참여를 통해 지역교육의 특수성을 살리려는 데 그 목적이 있다.

• 현재 우리나라의 지방교육자치제도는 광역(시·도) 단위 지방의회의 교육위원회라는 의결기관과, 교육감이라는 집행기관으로 구성되어 있다. 특히 교육감은 4년마다 주민 직선제로 선출하고 있는데, 교육감에 입후보하기 위해서는 과거 1년간 정당의 당원이 아니고, 교육경력 또는 교육행정경력이 각각 3년 이상이거나 양 경력을 합쳐서 3년 이상이 되어야 한다.

• 학교운영위원회는 학교운영의 자율성을 높이고 지역의 실정과 특성에 맞는 다양하고도 창의적인 교육을 할 수 있도록 모든 초·중·고등학교 및 특수학교의 교직원, 학부모, 지역사회 등이 참여하여 학교교육의 주요 사항을 심의하는 기구이다.

2. 적용

1) 서술형 문제

• 우리나라 교육행정조직이 어떤 단계별로 구성되어 있는지 서술하시오.
• 지방교육자치제도란 무엇이며, 그 운영 원리에는 무엇이 있는지 설명하시오.
• 우리나라 지방교육자치제도는 교육위원회와 교육감을 중심으로 운영되고 있다. 양자는 어떻게 선출되고 있으며, 각각의 권한은 무엇인지 설명하시오.
• 우리나라 지방교육자치제도의 문제점을 설명하고 이에 대한 개선책을 서술하시오.
• 학교 구성원들이 교육공동체의 일원으로 학교교육 활동에 참여하고 단위학교의 특수성과 자율성을 살려 학교교육 활동을 발전시키기 위한 조직에는 무엇이 있으며, 그 조직은 어떻게 구성되고, 또 어떤 권한을 갖고 있는지 서술하시오.
• 학교운영위원회의 법적 구성 위원 3주체, 이러한 3주체 위원 구성의 의의 한 가지와 위원으로 학생 참여의 순기능과 역기능을 각각 한 가지 서술해 보시오. (교원임용시험 기출문제)

2) 토론 문제

• 내가 거주하고 있는 시·도의 교육청과 그 하급기관인 교육지원청의 조직구조를 알아

보고, 이들이 현재 어떤 기능을 담당하고 있는지, 앞으로 어떤 역할을 담당해야 하는지 토론해 보시오.

• 현재 우리나라 지방교육자치제도의 문제점은 무엇인지 살펴보고, 이에 대한 개선책을 토론해 보시오.

• 현재 우리나라 교육감은 어떻게 선출되고 있으며, 이 과정에서 어떤 문제점이 지적되고 있는지 조사해 보시오. 또한 교육감 직선제, 교육감 간선제, 정당 공천제, 러닝메이트 제도 등 여러 방안 중에서 어떤 것이 가장 바람직하다고 생각하는지 토론해 보시오.

• 현직 교사, 학부모를 면담하여 학교운영위원회의 필요성과 문제점을 조사해 보고, 이에 대한 개선책에는 무엇이 있을지 논해 보시오.

제**10**장

교원인사행정

미래 교육환경 변화에 따라 다양한 교육 혁신이 추진되고 있다. 이에 따라 교원에게 새로운 역할과 역량이 요구되고 있다. 과거 단순한 지식 전달자에서 벗어나 교육과정 코디네이터 및 코치, 학습 관리자, 교과 개발자 등의 역할이 요구되며, 새로운 역할에 따른 지능역량, 융합적·통합적 교육과정 재구성 역량, 협업 및 의사소통 역량, 네트워크 역량, 공동체 역량, 감성 역량이 중요하게 인식되고 있다(손찬희 외, 2017; 임종헌, 유경훈, 김병찬, 2017).

교원인사행정이란 교육의 목적을 달성하기 위해 유능한 교원을 확보하고, 확보된 교원의 근무 의욕을 높이며, 지속적인 능력개발을 통해 역량을 최대한 발휘할 수 있도록 지원하는 일련의 과정이라고 할 수 있다. 이를 통해 교원은 지속적으로 새로운 역할에 적응하고, 전문적 역량을 함양할 수 있다. 이 장에서는 교원인사행정을 체계적으로 이해하기 위해 교원인사행정의 기초, 인적자원의 확보, 교원 능력개발, 교원의 사기관리 등을 살펴볼 것이다.

교원인사행정과 관련된 핵심 질문 열 가지는 다음과 같다.

핵심 질문 1. 교원인사행정의 개념, 영역, 원리는 무엇인가?
핵심 질문 2. 각 교직관의 핵심 내용과 우리나라 교직의 주요 특징은 무엇인가?
핵심 질문 3. 우리나라 교원 자격제도의 구조 및 특징은 무엇인가?
핵심 질문 4. 교원의 수급과 공급에 영향을 미치는 요인은 무엇인가?
핵심 질문 5. 교원의 양성과 선발·신규임용은 어떻게 이루어지는가?
핵심 질문 6. 교원의 능력개발을 위한 법정연수의 종류와 특징은 무엇인가?
핵심 질문 7. 교원의 전문적 학습공동체의 개념과 특징은 무엇인가?
핵심 질문 8. 교원 평가의 목적과 종류는 무엇인가?
핵심 질문 9. 교원 승진의 의미와 특징은 무엇인가?
핵심 질문 10. 교원의 권리와 의무는 무엇인가?

이제부터 각 질문에 대한 답을 차례대로 살펴보고자 한다.

제1절 • 교원인사행정의 기초

? 핵심 질문 1) 교원인사행정의 개념, 영역, 원리는 무엇인가?

1. 교원인사행정의 개념

1) 교원의 개념

교원은 국·공립, 사립의 각급 학교에서 원아, 학생을 직접 지도·교육하는 자를 말한다.

- 유치원: 원장, 원감, 교사
- 초·중등학교: 교장, 교감, 수석교사, 교사
- 대학·전문대학: 총장, 부총장, 학장, 교수, 부교수, 조교수, 전임강사, 조교

특별히, 이 책에서 다루는 인사행정의 대상은 유·초·중등 교원이라고 할 수 있다. 사립 교원을 제외한 국·공립 교원은 교육공무원에 속한다. 교육공무원은 국·공립 각 학교에 근무하는 교원과 교육행정기관, 교육연구기관에 근무하는 교육전문직(장학사, 장학관, 교육연구사, 교육연구관)을 의미한다. 공무원은 경력직 공무원(일반직, 특정직, 기능직)과 특수경력직 공무원(정무직, 별정직, 계약직)으로 나뉘는데, 교육공무원은 경력직 공무원 중 특정직에 속한다. 특정직은 담당업무가 특수하여 자격, 신분보장, 복무 등에서 특별법이 우선 적용되는 공무원이다(예: 교육공무원, 법관, 검사, 외무공무원, 경찰공무원, 소방공무원 등). 교육공무원의 경우에는 「교육공무원법」이 특별 적용된다. 이상의 내용을 포함 관계로 나타내면 [그림 10-1]과 같다.

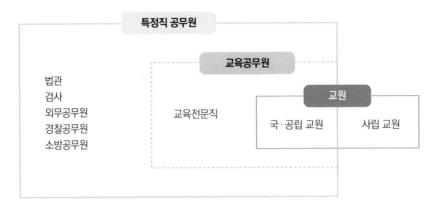

[그림 10-1] 교원-교육공무원-특정직 공무원의 포함 관계

2) 교원인사행정의 개념과 원리

교원인사행정이란 교육의 목적을 달성하기 위해 유능한 인적자원을 확보(선발, 임용)하고, 확보된 인적자원의 근무 의욕을 높이며(보수, 근무조건), 지속적인 능력개발(근무성적평정, 교원능력개발평가, 승진 및 전보)을 통해 역량을 최대한 발휘할 수 있도록 지원하는 일련의 과정이라고 할 수 있다. 교원인사행정의 영역은 크게 [그림 10-2]와 같이 인적자원 확보 영역, 능력개발 영역, 사기관리 영역으로 구분할 수 있다.

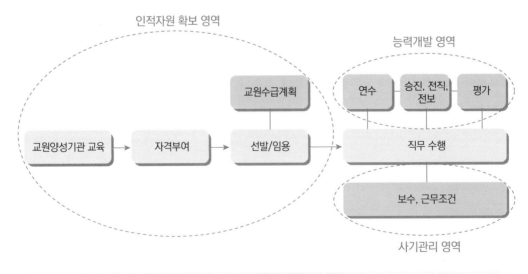

[그림 10-2] 교원인사행정의 영역

교원인사행정의 주요활동에는 일반적으로 따라야 할 지침이자 준거인 원리가 있다(김희규 외, 2019; 신현석 외, 2015; 주삼환 외, 2018).

(1) 학습 우선의 원리

교원의 존재 목적은 학생의 성장에 있으며, 학생의 성장은 학습을 통해 일어난다. 교원인사행정은 이러한 학습을 지원, 촉진, 관리하는 데 효과적으로 기여해야 한다.

(2) 전문성 확립의 원리

교원들은 높은 전문성을 갖추고, 학생들의 미래 역량을 효과적으로 함양할 수 있도록 적극적으로 지원하는 역할을 수행해야 한다. 이에 따라 교원에게 자율성과 책무성을 동시에 부여하면서, 평생학습자로서 지속적인 자기 계발을 통해 전문성을 신장할 수 있도록 적절한 환경을 구축해야 한다.

(3) 직무의욕 제고의 원리

교육목표를 효과적으로 달성하기 위해서는 교원이 직무만족을 느끼면서 자신의 업무에 헌신할 수 있도록 하는 것이 중요하다. 이를 위해서는 근무조건의 개선, 보상의 적정화를 통해 교원의 직무의욕을 높일 수 있는 다양한 제도적 지원책을 마련해야 한다.

(4) 실적주의와 연공주의의 적정 배합의 원리

실적주의는 개인의 노력, 능력, 근무 성과에 따라서 인사가 이루어지는 제도이며, 연공주의는 근무연수, 경력, 학력 등의 기준을 중시하는 제도이다. 실적주의는 조직에 기여하는 유능한 사람을 발굴, 우대하는 장점이 있으나, 성실한 근무를 통한 성과의 내실화보다는 점수 획득에만 관심을 갖게 하며, 지나친 경쟁적 조직문화가 형성되는 부작용이 나타날 수 있다. 반면, 연공주의는 명백한 기준으로 객관성을 유지할 수 있으나, 유능한 인재가 사장되고, 성취동기가 저해되어 조직 혁신에 부정적 영향을 미칠 수 있다. 따라서 장단점을 고려하여 실적주의와 연공주의가 적절히 조화될 수 있도록 해야 한다.

(5) 공정성 확보의 원리

교원은 학교급별, 지역별, 성별, 종교 등의 이유로 차별을 받지 않으며, 누구나 자신의 능력과 노력에 따라 동등하게 대우받을 수 있는 기회가 균등하게 주어져야 한다. 이를 위해서는 공정하고 체계적인 임용, 평가, 승진 제도를 구축할 필요가 있다.

(6) 적재적소 배치의 원리

교원은 혈연, 지연, 학연이 아닌 개인의 자격, 능력, 적성, 희망, 흥미 등을 고려하여 적절하게 배치해야 한다. 이를 통해 학교의 교육력 제고, 교원의 성취동기 및 직무만족이 높아질 수 있다.

(7) 적정 수급의 원리

교원의 질을 유지하고 필요한 교원을 확보하기 위해서는 교원의 수요와 공급에 적절한 균형이 필요하다. 이를 위해서는 외부 환경 및 학생 수 변화를 고려한 데이터 기반 교원 수급 중장기 계획이 수립되어야 하며, 이를 기반으로 한 교원양성기관의 자격부여, 신규채용 등이 체계적으로 운영되도록 해야 한다.

? 핵심 질문 2) 각 교직관의 핵심 내용과 우리나라 교직의 주요 특징은 무엇인가?

2. 교직관과 교직의 특징

1) 교직관

교직관이란 교사가 어떠해야 하며, 교사가 어떠한 역할을 해야 하는지에 대한 일종의 '역할기대'라고 할 수 있다. 우리나라에서는 일반적으로 성직관, 공직관, 노동직관, 전문직관 등이 논의된다.

성직관은 교직을 학생의 인격 형성과 성장, 행복한 삶을 위해 헌신하는 고도의 봉사활동이라고 인식한다(홍은숙, 2011). 다른 일반 직업이 추구하는 돈, 명예, 권력 등과는 거리가 먼 고귀한 직업이며, 교사는 성직자처럼 인간의 인격 형성을 돕는 성스러운 존재이므로, 단순한 지식과 기술을 전달하는 기술에 앞서 참다운 인격을 갖추어야 한다는 점을 강조한다(고전, 2000; 황기우, 2005). 성직관을 구성하는 요소는 청빈 사상, 엄격한 도덕성, 자기희생과 헌신, 학생에 대한 무한한 애정이라고 할 수 있다(김달효, 2011). 교사는 성직자처럼 인간의 인격 형성을 돕는 성스러운 존재이므로, 단순한 지식과 기술을 전달하는 기술에 앞서 참다운 인격을 갖추어야 한다는 점을 강조한다(황기우, 2005).

공직관은 '교육의 공공성'과 밀접한 관련을 맺는다. 공직이란 국가기관으로부터 임금을 받고 일하는 직업을 의미하며, 교직의 목적은 국민의 교육기본권을 보장하는 것이다(고전, 2000). 공직관을 구성하는 요소로서는 국민에 대한 봉사, 공무적 사명감, 교육의 공공성, 엄격한 자기반성 등이 거론된다(김달효, 2011). 특별히, 공직으로서의 교직은 공공적 기능으로 인해 교원의 권리와 의무가 법령으로 규정되고 있다. 교사는 교육의 자주권, 생활보장권, 신분보장권, 청구권 등의 권리가 있는 반면에 공무원으로서 선서의 의무, 성실의 의무, 복종의 의무, 친절공정의 의무, 비밀엄수의 의무, 청렴의 의무, 품위유지의 의무가 있으며, 신분상 직장이탈 금지, 정치운동의 금지, 집단행위 금지, 영리업무의 금지, 겸직 금지 등의 의무가 있다(주삼환 외, 2018).

노동직관은 성직관과 대조되는 관점이다. 성직관에서의 교직은 다른 직업과는 다른 고귀한 것이지만 노동직관하에서의 교직은 다른 직업과 하등의 차이가 없는 직업이다. 교원은 학교라는 직장에 고용되어 정신적·육체적 노동을 제공한 대가로 보수를 받는다는 점에서 노동자로 볼 수 있으며, 교원도 노동자이기 때문에 법에서 보장하고 있는 노동자로서의 제반 권리를 누릴 수 있어야 한다는 것이다(한유경 외, 2018). 1999년 「교원의 노동조합 설립 및 운영에 관한 법률」의 제정은 노동직관이 반영된 결과라고 할 수 있다. 노동직관을 구성하는 요소는 정치활동, 권익강화, 지위향상 등이라고 할 수 있다(김달효, 2011).

전문직관은 교직의 특수성과 전문성을 강조하여, 전통적 전문직인 의사와 변호사와 같은 직업으로 인식하는 관점이다(황기우, 2005). 전문직관을 이루는 구성요소로는 교직의 특수성, 교직의 전문성, 전문 지식 및 기술, 자율성 등이 있다(김달효, 2011). 교직을 전문직으로 보는 관점은 1966년 유네스코에서 '교사의 지위에 관한 권고안(Recommendation concerning the Status of Teachers)'이 채택되면서 본격적으로 부상하였다(UNESCO, 1966). 이 권고안에서는 명시적으로 "교육은 전문직으로 간주되어야 한다. 그것은 엄격하고도 계속적인 연구를 통하여 습득 유지되는 전문적 지식과 전문화된 기술을 필요로 하는 공공적 업무의 하나이다. 또한 그것은 교원들에 대하여 그들이 담당하고 있는 학생들의 교육과 복지를 위하여 개인적, 집단적인 책임감을 요구한다."라고 규정함으로써 교직의 전문직관을 확고히 했다.

2) 우리나라 교직의 특징

많은 국가에서 교사 수급에 어려움을 겪고 있다. 교직은 선호되는 직업이 아니며, 경험 많고, 전문성 있는 교사들이 교직을 떠나고 있다. 반면, 우리나라에서 교사는 인기 있는 직업 중 하나이다. 학업성취도가 높은 학생들이 교원양성대학에 입학하고 있으며, 교사로 입직한 이후에는 평생직장으로 여기며, 정년에 근접한 연령까지 교직에 종사하는 경우가 많다.

OECD(2005)가 제시한 교사 임용 모형을 통해 이러한 현상을 잘 이해할 수 있다. 모형은 크게 '경력 중심(career-based) 행정관리 모형'과 '직위 중심(position-based) 시장관리 모형'으로 나눌 수 있다. 경력 중심 행정관리 모형에서 교사들은 재직기간 동안 공무원의 지위를 갖는다. 교직의 입문은 젊은 연령에 이루어지며, 학위나 공무원 시험 통과 등을 근거로 결정되는데, 진입 기준이 엄격한 편이다. 임용 직후의 봉급은 높지 않으나, 더 높은 봉급을 받을 수 있는 승진 경로가 명확하고, 연금 혜택을 받을 수 있다. 이러한 임용 모형을 가지고 있는 국가는 교사 수급에 어려움을 겪지 않는다. 즉, 자격 요건을 갖춘 교직 지원자의 수가 학교 현장에서 필요한 교사의 수를 초과한다. 그러나 이 모형의 단점은 교사 양성 과정이 학교 현장의 필요성과 효과적으로 연결되지 않고, 선발 기준이 교수활동에 필요한 능력들을 충분히 고려하지 않으며, 일단 정년이 보장된 후에는 전문성 개발을 지속하려는 동기 유발 기제가 없다는 점이다.

한편, 직위 중심 시장관리 모형에서는 교사가 충원되어야 할 곳에 가장 적합한 자를 선발하는 데 초점이 맞추어져 있다. 일반적으로 교직은 다양한 배경과 연령층의 사람들이 접근할 수 있는 개방적인 특징을 가지며, 타 직종에서 교직으로 진입하는 경우, 반대로 교직에서 다른 직종으로 이직하는 경우가 빈번하다. 입직 초기의 급여가 높은 경우도 있으나, 일반적으로 경력 초기의 급여 수준에서 크게 상승하지 않는다. 인력 선발 및 관리의 권한은 학교나 지역 교육청으로 분권화되어 있다. 이 모형에서는 교사 충원의 문제와 경험 많은 교사들이 이직하는 문제 등이 빈번하게 발생한다. 또한 교사의 자격과 경험 등에서 학교 간 격차가 상대적으로 심하다.

우리나라는 전형적으로 경력 중심 행정관리 모형을 가지고 있다. 이로 인해 교원 수급에 큰 어려움은 없지만, 학교 현장의 필요에 적극적으로 대응하지 못하는 현장적합성 문제, 전문성 개발 동기 유발 기제 부족 등이 인사행정의 주요 문제로 나타나고 있다. 교사가 지속적인 전문성 개발을 통해 학교 현장의 혁신을 선도하는 전문가로서 성장하고, 교직이 전문직으로서 사회적 인정을 받기 위해서는 이러한 문제를 시급하게 해결할 필요가 있다.

경력 중심(career-based) 행정관리 모형	직위 중심(position-based) 시장관리 모형
• 젊은 연령 때 엄격한 시험을 통해 교직에 입문 (공무원 신분) • 입직 직후의 봉급은 상대적으로 낮으나 더 높은 봉급을 받을 수 있는 경로가 명확, 연금혜택 • 교사 수급에 어려움이 없음 • 교사양성 과정이 현장의 필요성과 효과적으로 연결되지 않음 • 입직 시점의 선발 기준이 우수한 교육활동에 필요한 능력을 반드시 강조하는 것이 아님 • 전문성 개발 동기 유발 기제 없음	• 교사가 충원되어야 할 각각의 빈자리에 가장 적합한 후보자를 선발하는 데 초점 • 교직이 다양한 연령층, 경력자에 대해 개방적 • 인력 선발 및 관리의 권한이 학교 지역 교육청으로 분권화 • 교사 충원의 문제와 경험 많은 교사들이 이직하는 문제 발생 • 교사의 자격과 경험 등에서 학교 간 격차가 상대적으로 심함

[그림 10-3] 교원 임용 모형 분류

?▶ 핵심 질문 3) 우리나라 교원 자격제도의 구조 및 특징은 무엇인가?

3. 교원 자격제도

자격이란 "어떤 직무를 수행하는 데 필요한 특정한 능력과 자질을 제도적으로 규정한 것"이다(김혜숙 외, 2000). 교원의 전문성은 자격으로 대표된다고 할 수 있다.

우리나라 교사 자격의 단계는 법적으로 2급 정교사, 1급 정교사, 수석교사로 구성된다. 2급 정교사를 가지고 임용된 교사는 3년 후 교육·연수 등을 통해 1급 정교사 자격증 획득이 가능하다. 수석교사의 경우 교사 자격증을 소지한 사람으로서 15년 이상의 교육경력을 가지고, 교수·연구에 우수한 자질과 능력을 가진 사람 중에서 법에서 정한 연수 이수 결과를 바탕으로 수석교사 자격증이 부여된다. 이상의 자격제도가 엄밀한 의미에서 교사 자격제도라고 할 수 있다.

한편, 교사 자격제도 외에 관리자 자격제도가 존재한다. 교(원)감 자격증의 경우 정교사 자격(1급) 자격증을 가지고 3년 이상의 교육경력과 일정한 재교육을 받은 사람이 획득 가능하며, 교(원)장 자격증은 교(원)감 자격증을 가지고 3년 이상의 교육경력과 일정한 재교육을 받은 사람이 받을 수 있다. 그러나 이러한 조건은 법령상의 규정일 뿐이고, 실제로 관리자 자격제도는 승진제도와 연동되어 작동되기 때문에 교육공무원승진규정상의 승진 평정점수가 높은 극소수의 교사들에게만 교감 및 교장 자격을 획득할 수 있는 기회가 부여된다. 우리나라 교원 자격제도는 [그림 10-4]와 같다.

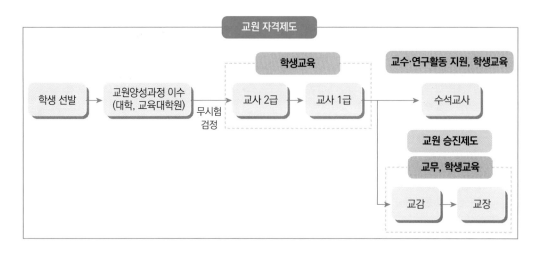

[그림 10-4] 우리나라 교원 자격제도

1) 2급 정교사 자격

교직을 희망하는 학생은 교원양성기관에 입학해서 법적으로 정해진 교육과정을 이수하면, 2급 정교사 자격증을 무시험 검정을 통해 받게 된다. 교원양성 교육과정은 [그림 10-5]와 같이 크게 전공과목과 교직과목으로 구분된다.

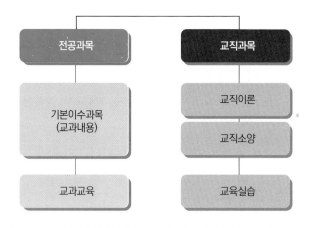

[그림 10-5] 교원양성 교육과정 구성

전공과목은 기본이수과목(교과내용)과 교과교육으로 구분되며, 교직과목은 교직이론, 교직소양, 교육실습으로 구분된다. 전자의 경우 교과 내용 및 교과를 교육하는 방법을 함양하는 것에 목적이 있다면, 후자를 통해서는 교육에 대한 지식, 태도, 가치관을 기를 수 있다(정미경 외, 2010). 교원양성 교육과정의 의의는 〈표 10-1〉과 같다.

〈표 10-1〉 교원양성 교육과정의 의의

구분	의의
기본이수과목 (교과내용)	• 전공교과(교과내용)에 대한 지식은 교사가 알아야 할 핵심 지식으로 교원양성 교육과정의 핵심적인 구성요소 • 기본이수과목은 표시과목별(또는 자격종별)로 반드시 이수하여야 할 전공과목을 의미
교과교육	• 교원양성 교육과정의 한 영역으로서 교과교육(pedagogical content knowledge)은 교수 방법론 강좌와 교수에 관한 연구를 통해 생성된 지식에 기초를 둔 강좌를 의미 • 교과교육과목을 배움으로써 예비 교사는 자신이 소유하고 있는 내용 지식을 학생들에게 가르칠 수 있는 능력과 환경에 따라 교육학적으로 적합한 형태로 변화시킬 수 있는 역량을 기를 수 있음
교직이론	• 교직과목은 '교육현상에 대한 이론적인 이해', '교직을 보는 눈', '교사가 자신이 하고 있는 일의 의미를 무엇으로 보는가'와 관련되는 과목임 • 교육에 관한 포괄적 이해를 증진시키고 교직에 대한 올바르고 균형 있는 태도와 가치를 함양
교육실습	• 교육실습은 교원교육의 구성요소로서 가장 선호됨 • 모든 교원교육 프로그램에는 실습과목이 포함되어 있으며, 교육실습은 예비교사들의 교수에 관한 불안을 감소시키고 실제적인 교수 기술을 기르는 데 도움을 줌
교직소양	• 교직소양은 교사로서의 됨됨이, 합당한 태도(교사의 투철한 교직관, 헌신, 봉사정신)의 측면을 의미함 • 담당 교과에 대한 전문적 지식은 기본이고 교사는 학생을 대하기 때문에 됨됨이, 태도가 무엇보다도 중요함

출처: 정미경 외(2010), pp. 24-33.

한편, 이수 과목은 아니지만, 2급 정교사 자격증을 발급받기 위해서는 교직 적성 및 인성검사 적격판정, 응급처치 및 심폐소생술 실습 등이 추가적으로 요구된다.

2) 1급 정교사 자격

1급 정교사 자격증의 경우에는 일반적으로 학교 현장에서는 3년 이상 교육 경력을 가진 자에게 자격연수 기회가 주어지고, 이 연수를 이수한 자에게 1급 자격증이 부여되고 있다. 이에 따라 대부분의 교원은 입직 후 3~5년 사이에 1급 정교사 자격증을 취득한다.

1급 정교사 자격 연수의 기간은 15일 이상, 90시간 이상이며, 기본 역량 및 전문 역량에 대한 연수를 받게 된다. 기본역량은 교원으로서 요구되는 교육관, 교직관 등 기본적인 소양 및 자질을 의미하며, 전문역량은 정교사(1급)로서 전문적인 직무 수행에 필요한 지식이나 기술을 나타낸다.

〈표 10-2〉 1급 정교사 자격 기준

학교별	자격
중등학교	• 중등학교의 정교사(2급) 자격증을 가진 사람으로서 3년 이상의 교육경력을 가지고 일정한 재교육을 받은 사람 • 중등학교의 정교사(2급) 자격증을 가지고 교육대학원 또는 교육부장관이 지정하는 대학원 교육과에서 석사학위를 받은 사람으로서 1년 이상의 교육경력이 있는 사람 • 중등학교 정교사 자격증을 가지지 아니하고 교육대학원 또는 교육부장관이 지정하는 대학원 교육과에서 석사학위를 받은 후 교육부장관으로부터 중등학교 정교사(2급) 자격증을 받은 사람으로서 3년 이상의 교육경력이 있는 사람 • 교육대학 · 전문대학의 교수 · 부교수로서 3년 이상의 교육경력이 있는 사람
초등학교	• 초등학교 정교사(2급) 자격증을 가진 사람으로서 3년 이상의 교육경력을 가지고 일정한 재교육을 받은 사람 • 초등학교 정교사(2급) 자격증을 가지고 교육대학원 또는 교육부장관이 지정하는 대학원의 교육과에서 초등교육과정을 전공하여 석사학위를 받은 사람으로서 1년 이상의 교육경력이 있는 사람

3) 수석교사 자격

교수 · 학습에 대한 전문성을 공식적으로 인정받은 교사에게 수석교사 자격이 부여된다. 과거 교수 · 학습의 전문성과 관련된 교사 자격증은 2급 정교사 및 1급 정교사 자격이 전부였다. 이를 개선하여 일반 교사로서 교수 · 학습의 전문성을 지속적으로 성장시키고, 학교

현장에 혁신을 주도할 목적으로 수석교사 자격제도가 도입되었다. 이를 통해 '교육행정 전문가(교장, 교감)'와 '교수·학습 전문가(교사, 수석교사)'라는 교원 자격체제의 이원화를 이루고자 하였다.

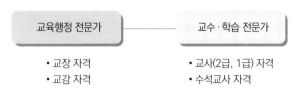

[그림 10-6] 교원 자격체제의 이원화

수석교사의 임무는 "교사의 교수·연구 활동을 지원하며, 학생을 교육한다."(「초·중등교육법」 제20조 제3항)라고 규정되어 있다. 이는 수석교사의 가장 핵심적인 업무가 동료 교사에 대한 수업 지원임을 나타내는 것이다. 한편, 수석교사의 자격에 대해서는 "수석교사는 15년 이상의 교육경력(교육전문직원으로 근무한 경력을 포함)을 가지고 교수·연구에 우수한 자질과 능력을 가진 사람 중에서 대통령령으로 정하는 바에 따라 교육부장관이 정하는 연수 이수 결과를 바탕으로 검정·수여하는 자격증을 받은 사람이어야 한다."(「초·중등교육법」 제21조 제3항)라고 규정하고 있다.

수석교사의 자격은 영구적인 것이 아니다. "수석교사는 최초로 임용된 때부터 4년마다 대통령령으로 정하는 업적평가 및 연수실적 등을 반영한 재심사를 받아야 하며, 심사기준을 충족하지 못한 경우 대통령령으로 정하는 바에 따라 수석교사로서의 직무 및 수당 등을 제한할 수 있다."(「교육공무원법」 제29조의4) 한편, "수석교사는 임기 중에 교장·원장 또는 교감·원감 자격을 취득할 수 없다."(「교육공무원법」 제29조의4)라고 규정되어 있다. 이는 수석교사제가 승진을 위한 도구로 이용되는 것을 사전에 차단한 것이다.

수석교사에 대한 우대 규정이 명시화되어 있는데 "학교의 장은 수석교사의 원활한 활동을 지원하기 위하여 수석교사의 수업시간 수를 해당 학교별 교사 1인당 평균수업시간 수의 2분의 1로 경감하되, 학교 여건 등을 고려하여 조정할 수 있으며, 수석교사에게는 예산의 범위에서 연구활동비를 지급할 수 있다."(「교육공무원임용령」 제9조의8)라고 규정되어 있다.

수석교사제는 2011년 법제화를 통해 현장의 안착을 시도하였으나, 현재까지는 매우 극소수의 인원만이 수석교사로 임용되고 있으며, 도입 당시에 기대했던 긍정적 효과가 뚜렷하게 나타나지는 않고 있다.

4) 관리자(교장·교감) 자격

교감 자격증의 경우 정교사 자격(1급) 자격증을 가지고 3년 이상의 교육경력과 일정한 재교육을 받은 사람이 획득 가능하며, 교장 자격증은 교감 자격증을 가지고 3년 이상의 교육경력과 일정한 재교육을 받은 사람이 획득할 수 있다. 그러나 이러한 조건은 법령상의 규정일 뿐이고, 실제로 교감 및 교장 자격제도는 승진제도와 연동되기 때문에 교육공무원승진규정상의 승진 평정 점수의 합산(경력평정점+근무성적평정점+연수성적평정점+가산점)이 높은 극소수의 교사들에게만 교감 및 교장 자격 획득의 기회가 부여된다.

제2절 • 인적자원의 확보

?▶핵심 질문 4) 교원의 수급과 공급에 영향을 미치는 요인은 무엇인가?

1. 교원의 수급과 양성

1) 교원 수급계획

'교원 수급'이란 교원의 수요와 공급을 의미한다. 학교 교육의 질을 보장하기 위해서는 적정 규모의 교원 수를 유지해야 한다. 이를 위해 교육부에서는 주기적으로 교원 수급계획을 제시하고 있다. 교원의 수요는 교육 내적·외적 요인에 의해 영향을 받는다. 내적 요인으로는 취학률, 진급과 진학률, 학생의 주당 수업 시간, 교원의 주당 수업 시간과 업무량, 교과목 구성, 교사의 담당 학생 수, 교원의 법정 정원 충족률, 교원의 이직 및 퇴직률 등을 들 수 있다. 외적 요인으로는 인구의 변화, 출생률, 교육 예산, 타 직종의 취업 상황과 봉급 상황 등이 있다. 반면, 교원의 공급도 다양한 변인에 의해 영향을 받게 된다. 교원 양성 기관의 체제와 정원, 교원자격증 소지자 비율, 임용자 비율, 퇴직 및 이직자 수, 임용 기피자 비율, 임용을 위한 예산 등이 영향 요인이라고 할 수 있다(박영숙 외, 2019; 서정화 외, 2011; 윤정일 외, 2021). 교원 수급 결정 요인을 종합하면 〈표 10-3〉과 같다.

〈표 10-3〉 교원 수급 결정 요인

수급 영역		수급 결정 요인
수요 측면	인력규모	교사 1인당 학생 수 감축 목표 교육기관별 교원 수, 학생 수, 교원 1인당 학생 수
	인력 수용 공간	학급 및 학교 규모 개선 정책 • 학급 수, 학교 수, 신설 학교 수 • 통·폐합 학교 수, 학급당 학생 수
	인력 활용	교육기관의 교육과정 및 종사자 특성 • 교사당 학생 수 • 교사의 주당 수업 시수 및 법정근무시간 수 • 학생의 학교 급별 및 교과별 주당 수업 시수
	인력구조	• 관리자 수(교장, 교감, 원장, 원감) • 교사 수(담임교사, 교과담당교사) • 비교과 교사 수(상담교사, 사서교사, 보건교사, 영양교사) • 교육전문직 수 • 사무직원 수
공급 측면	인력 충원 요구 규모	명예퇴직 희망 교사 수, 정년퇴직 예정자 수, 이직자 수
	인력 양성 규모	양성기관 정원 수, 졸업예정자 수
	인력 공급 가능 규모	임용시험 합격자 수, 임용경쟁률, 임용시험 준비자 수

출처: 박영숙 외(2007), p. 24.

　최근에는 OECD와의 비교가 교원 수급계획에 중요한 자료가 되고 있다. 예를 들어, 〈표 10-4〉와 같이 초등학교와 중학교의 학급당 학생 수에 있어서 우리나라와 OECD의 격차가 점차 줄어드는 경향이 나타나고 있다. 이는 출생률의 가파른 저하, 2000년 이후로 증가한 교원 수와 학급 수가 복합적으로 영향을 미친 것으로 보인다. 그러나 여전히 OECD 평균에는 미치지 못하고 있다는 점, 학령인구 감소로 인한 교원 수 감축이 필요하지만, 동시에 미래 교육환경 변화에 따른 개별화 맞춤형 학습이나 고교학점제로 인하여 교원 수 증가가 요구되는 점 등이 교원 수급계획을 수립함에 있어서 종합적으로 검토되어야 한다.

〈표 10-4〉 초 · 중등교육단계별 학급당 학생 수(한국, OECD 평균)(2000~2019)

구분	초등학교		중학교	
	한국	OECD 평균	한국	OECD 평균
2019	23.0	20.4	26.1	22.5
2018	23.1	21.1	26.7	23.3
2017	23.1	21.2	27.4	22.9
2016	23.2	21.3	28.4	22.9
2015	23.4	21.1	30.0	23.3
2014	23.6	21.1	31.6	23.1
2013	24.0	21.2	32.8	23.6
2012	25.2	21.3	33.4	23.5
2011	26.3	21.2	34.0	23.3
2010	27.5	21.2	34.7	23.4
2009	28.6	21.4	35.1	23.7
2008	30.0	21.6	35.3	23.9
2007	31.0	21.4	35.6	23.9
2006	31.6	21.5	35.8	24.0
2005	32.6	21.5	35.7	24.1
2004	33.6	21.4	35.5	24.1
2003	34.7	21.6	35.2	23.9
2002	35.7	21.8	37.1	23.7
2001	36.3	22.0	37.7	24.0
2000	36.5	21.9	38.5	23.6

출처: 교육부, 한국교육개발원(2023), p. 49.

? ▶ 핵심 질문 5) 교원의 양성과 선발·신규임용은 어떻게 이루어지는가?

2) 교원양성과 선발

(1) 교원양성제도 분류

교원양성제도는 〈표 10-5〉와 같이 크게 '동시적 교원양성프로그램'과 '순차적 교원양성프로그램'으로 구분된다.

〈표 10-5〉 교원양성프로그램의 종류

구분	특징	양성기관 예
동시적 교원양성프로그램	• 교과지식(전공), 교육학, 교직 관련 수업을 대학에서 동시에 제공하는 프로그램	• 사범대학, 교육대학, 교직과정
순차적 교원양성프로그램	• 대학에서 교과지식(전공)을 이수한 이후, 교육학 및 교직 관련 수업을 이후에 제공하는 프로그램	• 교육대학원, 교육전문대학원

주요 선진국들은 순차적 교원양성프로그램을 운영하고 있으며, 특별히 교육현장 실습이 강조되는 주요국으로 언급되는 영국, 프랑스, 캐나다 등은 모두 순차적 교원양성프로그램이 주를 이룬다(이동엽 외, 2019; OECD, 2019). 핀란드와 독일의 경우에는 동시적 양성프로그램을 가지고 있으나, 교원양성과정이 학부에서 석사 과정으로 이어지기 때문에 수업 연한이 우리보다 길다고 할 수 있다. 반면, 우리나라는 동시적 교원양성프로그램이 주를 이루는 국가이다. 우리나라 예비 교원들은 4년의 기간 안에 전공과목(교과내용, 교과교육), 교직과목(교직이론, 교직소양, 교육실습)을 수강하게 되며, 이 밖에도 응급처치 및 심폐소생술, 성인지 교육 등을 모두 이수해야 하는 부담을 가지고 있다.

(2) 우리나라 교원양성제도의 특징

우리나라 교원양성제도의 특징은, 첫째, 기본적으로 학사과정 수준에서 양성하고 있다. 학사과정 수준인 사범대, 일반대학 교육과, 교직과정, 교육대학교에서 대부분의 교원이 양성되고 있다. 둘째, 초등교사와 중등교사의 양성기관이 분리되어 있다. 초등교사는 대부분 국립교육대학교에서 양성하고 있으며, 중등교사는 국립대학교와 사립대학교의 사범대학, 교직과정, 교육대학원 등 여러 경로를 통해 양성하고 있다. 셋째, 교원양성기관 졸업 시 교사 자격증을 무시험 발급한다. 법적으로 규정된 교육과정을 이수하면 특별한 시험 없이 자격증을 부여받는다.

우리나라 교원양성제도에 대해 제기되고 있는 가장 큰 비판 중 하나는 교사 양성 교육과정이 현장과 괴리되어 현직 교사 입직 후 적절하게 활용되지 못한다는 것이다. 이러한 문제들은 전공 교육의 피상적 교육, 현장 실습 경험 부족, 이론 교육의 과중함 등으로 표현되고 있다(김병찬 외, 2018; 박선형 외, 2023). 현장 적합성의 문제를 선발, 교육과정, 거버넌스, 지속적인 교육혁신의 측면에서 〈표 10-6〉과 같이 분석할 수 있다.

〈표 10-6〉 교원양성제도의 현장적합성의 문제

구분	문제점
선발	학교 현장에 적합한 적성과 인성을 갖춘 인재를 선발하지 못함
교육과정	학교 현장에서 필요로 하는 역량을 함양할 수 있는 교육과정을 제공하지 못함
거버넌스	교원양성기관과 학교 현장과의 연계·협력 시스템 부족
지속적 교육혁신	현장 연구의 부족으로 과학적 교육 실천 부족

(3) 교원의 선발

우리나라에서 교원의 선발 방식은 교사 자격증을 소유한 자를 대상으로 하는 공개 경쟁 채용의 방식이다(교사 자격증 보유자 → 임용시험 응시 → 합격). 선발의 주체는 17개 시도교육청이다. 합격자 결정은 1차 시험은 고득점 순이며, 최종 합격자는 1차 성적과 2차 성적을 각각 50%씩 합산하여 결정한다.

〈표 10-7〉 교원 임용시험(1, 2차) 구성

초등교사 임용시험	1차 시험	교직논술(논술형)		교육과정(단답형·서술형)	
	2차 시험	교직적성 심층면접	교수·학습 과정안 작성	수업실연	영어면접 및 영어수업 실연
중등교사 임용시험	1차 시험	교육학(논술형)		전공 (단답형·서술형)	
	2차 시험	교직적성 심층면접	교수·학습과정안 작성	수업능력평가 (수업실연, 실기·실험)	

교원의 선발과 관련하여 제기되는 문제점은 다음과 같다(권동택, 2017; 김희규, 2013; 정미경 외, 2011a; 박영숙 외, 2017).

첫째, 교원 수급 예측의 어려움이다. 학교급 및 지역마다 학생 수 감소 추이가 다르고 지역적 특수성으로 인해 신규교사를 선발할 수 없는 경우도 발생할 수 있기 때문에 선발 인원을 정확히 예측하기 힘들다. 또한 향후 급격한 인구감소로 교원의 공급이 수요를 크게 초과할 것으로 예상되기 때문에 이에 대한 대비가 필요한 상황이다.

둘째, 교원양성 교육과정과 임용시험 간의 괴리이다. 교원양성 교육과정의 결과는 거의 무시된 상태에서 일회적인 지필고사와 면접을 토대로 임용시험이 실시되고 있다. 이로 인해 예비 교원들이 교원양성 대학에서의 교육을 소홀하게 취급하는 경향이 있으며, 사교육에 의존하여 임용시험을 준비하는 부작용이 발생하고 있다.

셋째, 교원 임용시험 방식 및 문항의 적합성이 부족하다. 현재 임용시험은 수업 전문성, 교직에 대한 사명감, 헌신, 인성 등을 종합적으로 평가하기에 한계가 있기 때문에 교직 적격자를 선발하는 데 한계가 있다.

제3절 · 교원 능력개발

? 핵심 질문 6) 교원의 능력개발을 위한 법정연수의 종류와 특징은 무엇인가?

1. 교원 연수

교원 연수는 현직교원을 대상으로 전문적 능력과 일반적 자질을 배양하기 위해 교직 생활 전 기간 중에 다양한 장소에서 여러 가지 방법을 통해, 공식적·비공식적으로, 의무적·자발적으로 이루어지는 모든 교육훈련을 의미한다(김희규 외, 2019; 이윤식, 강원근, 2000).

우리나라는 「교육기본법」(제14조 제2항)에서 "교원은 교육자로서 갖추어야 할 품성과 자질을 향상시키기 위하여 노력하여야 한다."라고 규정하고 있으며, 「교육공무원법」(제38조 제1항)에서는 "교육공무원은 그 직책을 수행하기 위하여 끊임없이 연구와 수양에 힘써야 한다."라고 되어 있다. 이처럼 교원의 전문성 개발을 법적 의무 규정으로 규정함으로써 '교원의 질'에 대한 중요성을 대외적으로 선언하고 있다.

빠르게 변화하는 환경과 지식에 대응하기 위해서는 현직 교사 연수가 필수적이라고 할 수 있다. 교사 현직 연수는 양성교육의 부족함을 보완, 새로운 지식과 교수 방법 학습, 업무 수행 능력 향상, 교사로서의 바른 태도를 습득, 전문가로서의 지속적인 자기 개발 기회를 제공한다(김희규 외, 2019; 한유경 외, 2018). 이를 활용하여 교사는 학생의 지속적인 성장을 도울 수 있으며, 연수를 통한 교사의 전문성 신장은 교사의 사회적 권위를 회복시킬 수 있는 가장 효과적인 방법이다.

우리나라 교사 연수 체제는 [그림 10-7]과 같다. 법정연수는 연수기관 중심의 연수로서 「교원 등의 연수에 관한 규정」에 명시된 자격연수, 직무연수, 특별연수가 있다. 이러한 연수기관 중심의 연수는 불확실한 연수 목적, 경직된 연수 기회와 여건, 현실성이 부족한 연수 내용, 획일적인 연수 방법, 비합리적인 연수 일정과 운영 등이 문제로 지적되고 있다 (주삼환 외, 2018).

이에 최근 들어 비법정연수로서 단위학교 및 개인 중심 연수가 각광받고 있다. 특별히, 단위학교 교사들을 주축으로 운영되는 '전문적 학습공동체'는 교사의 전문성 개발과 성장에 실질적 효과가 있는 것으로 밝혀지고 있다(김성천 외, 2019; 현성혜, 2018).

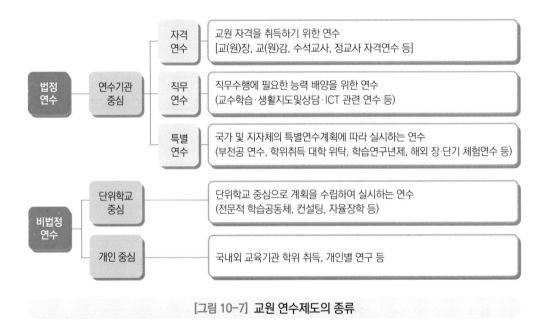

[그림 10-7] 교원 연수제도의 종류

자격연수, 직무연수, 특별연수의 구체적 내용은 다음과 같다.

1) 자격연수

교원들이 상위자격이나 새로운 자격을 취득하기 위한 연수이다. 자격연수는 타 연수에 비해 많은 시간과 노력, 경비가 필요하며 주로 상위자격 취득을 위한 것으로 교원 현직교육의 핵심이 된다고 할 수 있다. 2급 정교사에서 1급 정교사 자격을 획득, 1급 정교사에서 교

(원)감 자격을 획득, 교감에서 교(원)장 자격을 획득하기 위해서는 자격연수를 필수적으로 받아야 한다.

자격연수의 연수기간 및 이수시간은 「교원 등의 연수에 관한 규정」에 법적으로 정해져 있다. 정교사(1급) 및 교(원)감 등은 15일 이상, 90시간 이상이며, 교(원)장은 25일 이상, 180시간 이상으로 규정되어 있다. 정교사 자격연수는 교육부에서 제시하는 표준교육과정(교육부 고시 제2019-179호)에 따라 운영되고 있다. 예를 들면, 정교사 자격연수 표준교육과정은 영역(기본역량, 전문역량)에 따른 핵심역량, 역량 요소 등으로 제시되어 있다. 특별히 사회적 중요성이 인정되는 아동학대 예방 및 신고의무자 교육, 장애 이해교육(장애인학대 예방 및 신고 교육 포함), 안전교육은 필수과목으로 편성하고 있다.

〈표 10-8〉 정교사 자격연수 표준교육과정

영역	핵심역량	정의 및 역량 요소	주제(예시)	비율(%)
기본 역량	성찰	• 교원으로서 가져야 할 기본소양과 자질을 이해하고, 자신의 교육활동에 대해 성찰하는 역량 - 교육 철학, 교직 윤리, 자기관리, 교직 생애 관리, 교직관	• 인문학 소양 • 교육관, 사회관, 교직관 • 생애주기 자기관리 *성희롱·성폭력 예방교육	5~15
	교사 리더십	• 미래 사회 비전 및 국가 교육정책을 이해하고, 교사로서 교육 환경 변화에 대응하는 역량 - 세계 교육 동향, 교육정책, 교육 현안, 사회 및 환경 변화 대응	• 미래 사회 및 환경변화와 교육 • 세계 주요국 교육 동향 • 교육정책 및 교육 현안 • 교육 혁신 사례 • 민주시민교육 • 문제 해결을 위한 소통	10~15
	(자율)		• 연수기관 자율 편성	15~20
		영역 소계		30~50
전문 역량	수업	• 효과적인 교수-학습을 위해 교육과정을 재구성하고 수업을 개선하는 역량 - 교육과정 이해, 교수-학습 설계, 학습자 특성 이해, 수업 설계, 학생 평가(「교원자격검정령」 제4조에 따라 자격증에 표시할 담당과목의 전공내용 포함)	• 교육과정 재구성 • 학습자 중심 수업 설계 • 과정 중심 평가 • 수업 혁신 • 학습부진학생 지도	15~20

영역	핵심역량	정의 및 역량 요소	주제(예시)	비율(%)
전문 역량	생활지도	• 학생의 성장발달을 촉진할 수 있도록 학교 생활 적응을 유도하고 소질과 적성에 맞는 진로 탐색을 위하여 상담·지도하는 역량 - 학생 상담, 생활지도, 진로지도, 학생 공감	• 학생 상담 • 진학·진로 지도 • 학교폭력 예방 • 학생자살 예방 • 학교 부적응학생 지도 *아동학대 예방 및 신고의무자 교육 *장애이해교육(장애인학대 예방 및 신고 교육 포함) *안전교육	10~15
	교육공동체 참여	• 민주적 학교 공동체 운영에 참여하고, 학부모 및 지역 사회와 적절한 관계를 형성하는 역량 - 학부모 상담, 학급 운영, 학교 업무, 지역사회 참여	• 학급 담임 업무 • 학부모 상담 및 민원 대응 • 교육활동 침해 예방과 대응 • 학생 인권 존중 • 교육 법규 이해	10~15
	(자율)		• 연수기관 자율 편성	15~20
		영역 소계		50~70

* 필수 과목
출처: 교(원)장·교(원)감·수석교사·정교사 자격연수 표준교육과정 [교육부고시 제2019-179호, 2019. 4. 1., 전부개정]

2) 직무연수

직무연수란 수업 및 생활지도 역량, 전문지식과 기술을 함양하기 위한 연수라고 할 수 있다. 최근에는 생애단계별 직무연수가 각광받고 있다. 예를 들어, [그림 10-8]과 같이 입직기(5년 미만), 성장기(5~15년 미만), 발전기(15~25년 미만), 심화기(25년 이상)와 같은 각 단계에 따라 요구되는 핵심역량을 함양하기 위한 연수 프로그램 운영이 활성화되고 있다(홍후조 외, 2017).

핵심역량	수업 역량	자기관리 역량	진로지도 역량	진로지도 역량
	진로지도 역량	진로지도 역량	교육과정 역량	변화 대응 역량
	교육과정 역량	교육과정 역량	자기관리 역량	자기관리 역량
	자기관리 역량	수업 역량	수업 역량	생활지도 역량
	생활지도 역량	생활지도 역량	생활지도 역량	교육과정 역량
	입직기	성장기	발전기	심화기
	5년 미만	5~15년 미만	15~25년 미만	25년 이상

[그림 10-8] 교원 생애단계별 핵심역량

　직무연수 이수 결과는 직무연수 이수학점으로 인정되어 관리되는데 15시간 연수가 1학점으로 산정된다.

　한편, 다양한 법(「학교안전법」, 「다문화가족지원법」, 「초·중등교육법」, 「장애인 복지법」, 「아동복지법」, 「학교폭력 예방법」 등)에서 의무 교육을 규정한 경우도 있다. 이러한 법정의무 교육 연수가 20여 개나 되며, 점차 증가하고 있는 추세이다. 교원이 가지고 있는 사회적 책무성 차원에서 필요한 연수라고 할 수 있으나, 대부분 온라인으로 진행되고, 매년 반복되는 내용들이 많기 때문에 형식적이고, 시간적으로 많은 부담이 된다는 부정적 의견도 존재한다.

> (예) 안전교육, 다문화 교육, 학습부진아 등의 학습능력 향상을 위한 연수, 장애인식 개선 교육, 장애인학대·성범죄 예방 및 신고 의무 교육, 아동학대예방 및 신고의무 교육, 학교폭력예방교육, 성희롱·성폭력·성매매·가정폭력 예방교육, 심폐소생술 등 응급처치에 관한 교육, 부정청탁 및 금품 등 수수의 금지에 관한 교육/부패방지교육, 긴급지원대상자의 신고의무 관련 교육, 교육활동 침해행위 예방교육, 정보공개에 관한 교육, 통일교육, 흡연·음주 등 약물 오남용 예방교육, 개인정보보호교육, 인성교육 등

　한편, 법적인 강제 사항은 아니지만 직무연수 참여를 유도하기 위한 제도가 있다. 먼저, 교사의 직무 연수 이수 결과가 이후에 교감 승진 시 평가 자료로 활용되고 있다. 「교육공무

원 승진규정」(제32조)에 의하면 교감 승진 자격을 얻으려면 60시간 단위의 직무연수를 3개 받아야 한다. 3개 중 1개는 연수 성적이 반영되고, 나머지 2개는 성적이 아닌 이수 실적이 반영되고 있다. 또한 교사의 승진 및 성과급 지급에 활용하기 위해 매년 실시되는 교원업적 평가에 '전문성 개발'이라는 평가 요소가 있다는 점도 교사의 연수 참여를 독려하는 기제라 고 할 수 있다.

3) 특별연수

특별연수는 교육부나 시·도교육청의 정책적 필요에 의하여 예외적으로 실시되는 연수 라고 할 수 있다. 특별연수자의 선발은 매우 제한적으로 이루어지고 있는데,「교원 등의 연수에 관한 규정」(제13조 제1항)에 따라 근무실적이 우수하고 필요한 학력 및 경력을 갖춘 사람 중에서 선발하고 있다. 부전공 연수를 비롯하여 전문적인 지식 습득을 위한 학습연구년 제, 학위취득 대학위탁, 국내외의 특별연수 프로그램 참여가 주를 이룬다.

> **? 핵심 질문 7) 교원의 전문적 학습공동체의 개념과 특징은 무엇인가?**

4) 교원의 전문적 학습공동체

그동안의 우리나라 교원 전문성 개발은 국가주도의 기관중심(연수원)으로 이루어졌으며, 교원 개개인의 전문성 개발에 중점을 두었다. 이러한 국가 중심적이고, 개인주의적 접근은 미래의 복잡한 환경 변화에 효과적으로 대응하는 데 한계를 가진다. 동료 교사와 협업하지 않고 교사 혼자서 자신의 지식과 기술을 발전시키는 속도로는 급변하는 사회, 경제, 정치, 문화 및 교육적 요구에 적절히 대응할 수 없다. 따라서 '협업적 전문성' 개발이 필요하다고 할 수 있다.

이러한 관점에서 교원의 전문적 학습공동체가 지속적으로 큰 주목을 받고 있다. 교원의 전문적 학습공동체란 교사의 전문성 신장과 학생의 학습 증진을 위해 교사들 스스로 협력 적으로 배우고, 이를 실천하며, 실천의 과정과 결과에 대해 공동으로 반성하는 교사 집단이 라고 할 수 있다(Sergiovanni, 1994). 교원의 전문적 학습공동체 형성을 위해서는 학교의 인 프라 구축이 필요한데, 핵심적 요건으로 비전의 공유, 리더십의 공유, 협력적 학교 문화, 민 주적 자치, 학부모 및 지역사회 파트너십 등을 들 수 있다. 이러한 인프라 토대 위에 형성된 교원의 전문적 학습공동체는 〈표 10-9〉와 같이 집단 전문성 개발, 협력학습, 비판적 탐구와 지속적 혁신, 학생의 학습 보장이라는 특징을 가지게 된다. 전문적 학습공동체를 통해 교사들은 복잡하고, 혼란스러운 교실 및 학습 상황에 대한 공유된 이해를 갖게 되고, 학교와 지역의 맥락하에서 동료 교사들과의 협력을 통해 학교가 당면한 공동의 문제를 해결하며, 일상적인 업무와 직접적으로 관계된 전문성 개발 활동에 참여할 수 있다.

〈표 10-9〉 교원의 전문적 학습공동체의 특징

특성	내용
집단 전문성 개발	• 교사 개인의 전문성 신장뿐 아니라 동료 집단의 전문성 신장을 목적으로 하며, 궁극적으로는 학생의 학습 증진을 목적으로 함
협력학습	• 서로 자유롭게 교류, 공유하며 협력적으로 학습 • 다양한 경력과 능력을 가진 교사들이 서로 동등한 관계에서 전문성을 자유롭게 공유하며, 서로 가르치고 배움
비판적 탐구와 지속적 혁신	• 전문성의 흡수, 축적 방식이 아닌 비판적 탐구를 통해 전문성을 개발 • 동료의 교육실천에 대해 비판적으로 탐구하고, 기존 교육실천을 분석·평가하여, 이를 토대로 지속적 혁신을 추구
학생의 학습 보장	• 교사(학교)의 책무는 학생들을 가르치는 것으로 끝나는 것이 아닌 학생들이 배우는 것까지 책임져야 한다는 가정에 기초 • 학생의 학습 증진을 최우선으로 하며, 한 명의 낙오자도 없이 학생 개개인에게 적절한 교육적 지원을 제공

? 핵심 질문 8) 교원 평가의 목적과 종류는 무엇인가?

2. 교원 평가

현직 교원을 대상으로 하는 평가는 관리중심평가와 성장중심평가로 구분할 수 있다(김이경, 박상완, 2005).

첫째, 관리중심평가는 학교조직의 효과성을 증대하기 위한 평가로 크게 승진 평정을 위한 평가와 부적격 교원 판별 평가로 구성된다. 승진 평정을 위한 평가는 일반 교원에서 학교 경영자와 같이 리더십 지위로 승진할 적합한 대상자를 가려내기 위한 평가이다. 우리나라의 교원 근무성적평정이 이에 해당된다고 할 수 있다. 한편, 부적격 교원 판별을 위한 평가란 교원으로서 기본적 자질이나 능력이 부족하다고 생각되는 소수의 부적격 교원을 판별하는 평가이다. 부적격 교원 판별 후, 이를 개선하기 위해 연수나 치료 등과 같은 노력이 수반되나, 개선의 가능성이 없다고 판단되는 경우 해고와 같은 추가 조치가 필요할 수 있다. 과거 교원능력개발평가에서 동료교원평가 2.5점 미만 또는 학부모만족도조사 2.5점 미만을 받은 교원에게 능력향상연수의 의무를 부과했던 것은 부적격 교원 판별 평가의 특징이었다고 할 수 있다.

둘째, 성장중심평가란 교원 개개인의 전문적 성장과 발전을 위하여, 직무 수행 과정 및 결과를 평가하는 제도이다. 성장중심평가는 전문성 신장 평가와 우수 교원 인정평가로 구분할 수 있다. 전문성 신장 평가란 교원이 자신의 자질과 전문성을 스스로 평가하고 개선하는 것을 목적으로 하고 있으며, 평가결과를 바탕으로 연수 참여와 같은 개선 조치가 이루어진다. 우리나라의 교원능력개발평가가 전문성 신장 평가에 해당한다. 한편, 우수 교원 인정평가는 업무적으로 우수한 교원의 능력에 대한 인정과 보상을 제공하기 위한 평가로, 이를 통해 교원의 직무 수행 동기를 유발할 수 있다. 현재 우리나라의 교원성과상여금 제도가 이에 해당한다고 할 수 있다.

〈표 10-10〉 관리중심평가와 성장중심평가의 종류 및 특성

구분	관리중심평가		성장중심평가	
평가목표	리더십 발굴	책무성 확보	전문성 개발	동기 유발
평가목적	승진 평정을 위한 평가 유능한 관리직 후보자 선정	부적격 교원 판별 평가 문제 교원과 무능력 교원 판별	전문성 신장 평가 교원의 자기 계발 및 전문적 학습공동체 형성	우수 교원 인정평가 능력과 실적이 뛰어난 우수 교원 발굴
평가결과	승진 가부 결정	연수 및 교정 명령, 해고	연수 요구 파악 및 연수 프로그램 배치	인정 및 보상
우리나라 사례	근무성적 평정	교원능력개발평가 (능력향상 연수 부과)	교원능력개발평가	교원성과상여금

출처: 김이경(2006); 김이경, 박상완(2005); 전제상(2020) 내용 재구성.

1) 교원업적평가(근무성적 평정 + 다면평가)

교원업적평가는 근무성적 평정과 다면평가로 구성된다. 이 점수의 총합은 [그림 10-9]와 같이 승진 및 전보와 같은 인사 업무에 활용되고, 다면평가의 경우에는 교원성과급 지급에 활용된다. 매년 12월 31일을 기준으로 하여 교사의 근무수행태도, 근무실적 및 근무수행 능력에 관하여 근무성적 평정과 동료교사에 의한 다면평가가 실시된다.

근무성적 평정의 내용은 교사용, 교감용, 장학사·교육연구사용으로 구분되어 있다. 교사에 대한 평정자 및 확인자는 교감과 교장이 된다. 교사에 대한 다면평가자는 교장이 구성하되, 평가대상자의 근무수행태도, 근무실적 및 근무수행 능력을 잘 아는 동료교사 중에서 3인 이상으로 구성한다.

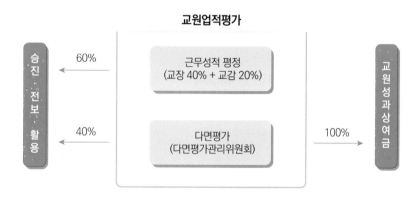

[그림 10-9] 교원업적평가의 활용

교사에 대한 근무성적의 평정점은 교감이 평정자가 되어 100점 만점으로 평정한 점수를 20%로, 교장이 확인자가 되어 100점 만점으로 평정한 점수를 40점으로 환산한 후, 그 환산된 점수를 합하여 60점 만점으로 산출한다. 다면평가점은 100점 만점으로 평정한 점수를 40%로 환산하여 40점 만점으로 산출한다. 근무성적 평정점과 다면평가점의 합산점이 수(95점 이상) 30%, 우(90점 이상 95점 미만) 40%, 미(85점 이상 90점 미만) 20%, 양(85점 미만) 10% 비율로 분포되도록 하는 상대평가를 실시하고 있다. 단, '양'에 해당하는 교사가 없거나 해당 비율 이하일 때는 '미'를 가산할 수 있다. 교사의 근무성적 평정과 다면평가의 평가항목 및 평가요소는 〈표 10-11〉과 같다.

〈표 10-11〉 **교원업적평가**(근무성적 평정, 다면평가) **평가 항목 및 요소**

구분	평가항목	
	근무수행태도	근무실적 및 근무수행 능력
근무성적 평정 평가요소	교육공무원으로서의 태도(10점)	학습지도(40점) 생활지도(30점) 전문성 개발(5점) 담당업무(15점)
다면평가 평가요소	–	학습지도(30점) 생활지도(30점) 전문성 개발(10점) 담당업무(30점)

2) 교원능력개발평가

교원능력개발평가는 2010년부터 모든 학교에 전면적으로 도입되었다. 그것의 도입 목적은 그동안의 교원평가제가 가지고 있던 교사의 전문성을 지속적으로 유지·개발하는 것에 대한 한계를 극복하고, 단순히 평가에 머무르는 것이 아니라, 교사 개인의 전문성(수업 및 학생지도 역량)을 진단하고 그 결과에 따라 전문성 개발을 지원하여 교육의 질적 수월성을 높이는 것이었다(이수정, 이광현, 2020; 전제상, 2020). 근무성적 평정이 인사 승진을 위한 활용 자료가 되는 것과 달리 교원능력개발평가는 교원의 직무수행 전반에 관한 자기 성찰, 3주체인 교원, 학생, 학부모가 참여하는 다면평가, 교직 전문성에 대한 절대평가, 교육주체들 간의 상호 소통기제 등과 같은 특징들을 가진다(전제상, 2020). 그러나 숨은 의도로서 부적격 교원의 퇴출 자료로 활용될 수 있다는 인식도 존재한다(이수정, 이광현, 2020). 평가결과는 교사 개인에게 공개될 뿐만 아니라 직무연수 대상자의 선정, 각종 연수프로그램의 개발 및 제공, 연수비의 지원 등에 활용된다. 과거 교원능력개발평가에서 동료교원평가 2.5점 미만 또는 학부모만족도조사 2.5점 미만을 받은 교원을 대상으로 능력향상연수를 의무적으로 부과하였으나, 실효성과 부작용이 문제되어 현재는 실행이 중지된 상황이다. 교원능력개발 평가의 주요 내용은 〈표 10-12〉와 같다.

〈표 10-12〉 교원능력개발 평가의 주요 내용

구분	내용
평가항목	• 관리자(교장, 원장, 교감 및 원감): 학교 경영에 관한 능력 • 수석교사: 학습지도 및 생활지도 등에 관한 능력, 교사의 교수·연구 활동 지원 능력 • 일반교사: 학습지도 및 생활지도 등에 관한 능력
평가의 원칙	• 평가대상 및 평가참여자의 범위: 평가의 공정성 및 신뢰성이 확보될 수 있도록 기준을 정할 것 • 평가방법: 계량화할 수 있는 측정방법과 서술형 평가방법 등을 함께 사용 → 평가의 객관성 및 타당성을 확보 • 평가에 참여하는 교원, 학생 및 학부모의 익명성을 보장 • 평가에 관한 학교의 자율성을 최대한 보장
평가결과의 통보 및 활용	• 교육부장관 및 교육감은 교원능력개발평가를 하였을 때에는 그 평가결과를 해당 교원과 해당 교원이 근무하는 학교의 장에게 통보 • 교육부장관, 교육감 및 학교의 장은 교원능력개발평가의 결과를 직무연수 대상자의 선정, 각종 연수프로그램의 개발 및 제공, 연수비의 지원 등에 활용할 수 있음
교원능력개발평가 관리위원회 구성·운영	• 학교의 장은 교원능력개발평가에 필요한 사항을 심의하기 위하여 교원능력개발평가 관리위원회를 구성·운영 • 위원회는 교원, 학부모 및 외부 전문가 등을 포함하여 5명 이상 11명 이하의 위원으로 구성

출처: 교원 등의 연수에 관한 규정.

「교원능력개발평가 실시에 관한 훈령」을 통해 규정된 일반 교사의 평가요소는 〈표 10-13〉과 같다.

〈표 10-13〉 **교원능력 개발평가 평가요소(일반교사)**

평가영역	평가요소	평가(조사) 지표	
학습지도 (3요소, 8개 지표)	수업 준비	● 교과내용 분석	● 수업계획 수립
	수업 실행	● 학습환경 조성 ● 교사 · 학생 상호작용	● 교사 발문 ● 학습자료 및 매체 활용
	평가 및 활용	● 평가내용 및 방법	● 평가결과의 활용
생활지도 (3요소, 7개 지표)	상담 및 정보 제공	● 개별학생 특성 파악 ● 진로 · 진학 지도	● 심리상담
	문제행동 예방 및 지도	● 학교생활적응 지도	● 건강 · 안전지도
	생활습관 및 인성지도	● 기본생활습관 지도	● 인성지도

출처: 「교원능력개발평가 실시에 관한 훈령」 별표 1.

3) 교원성과상여금

교원성과급제는 2001년에 도입된 제도로서 교원들의 성과를 평가해 상여금을 3등급(S, A, B)으로 나누어 차등지급하는 제도이다(박균열, 2021). 최초 도입 목적은 성과급의 차등지급을 통해 경직된 교직 사회를 경쟁적 분위기로 전환하여 교육의 질을 개선하는 것이었다(변기용, 2018). 과거 성과상여금 지급을 위한 별도의 평가가 존재하였으나, 평가의 효율화를 위해 승진 및 인사 업무에 활용되는 근무성적 평정에서의 다면평가 부분을 활용하여 성과상여금평가를 시행하는 것으로 개선되었다.

교원성과급제가 조직 목표달성과 개인 동기유발에 긍정적인 효과가 있으며, 기피 업무 수행에 따른 보상 차원에서 필요하다는 의견도 존재한다. 그러나 시행된 지 20여 년이 지났으나, 여전히 현장에 안착하지 못하고 여러 가지 갈등과 논란을 발생시키고 있으며, 교원단체들은 성과급제 폐지를 지속적으로 주장하고 있다. 주요 문제점으로 현장 자율성을 무시한 획일적 시행 방식, 기득권 위주의 비민주적 운영, 교사 간 위화감과 갈등 유발, 교사 양극화로 인한 공동체 의식 붕괴 등이 언급되고 있다(김달효, 2013; 노길명, 이재덕, 2021; 변기용 외, 2018).

? 핵심 질문 9) 교원 승진의 의미와 특징은 무엇인가?

3. 승진, 전보와 전직

1) 승진

승진이란 특정한 직책에 가장 적합한 자를 선별하여, 책임 수준이 높은 직위로 이동하는 것을 말한다. 승진의 조직 차원에서의 기능은 개인의 능력을 적절하게 평가해서 적재적소에 배치함으로써 효율적인 인력 활용을 가능하게 하며, 근로자의 사기 앙양을 통한 효율적 목표 달성에 기여한다. 한편, 개인 차원에서는 보상의 기능을 가진다. 이는 특별한 성과에 대한 보상 혹은 상대적으로 선호도가 낮은 직무에 근무한 자의 희생에 대한 보상이다. 또한 승진은 근로자가 승진을 위해 능력 개발을 하도록 하는 유인을 제공한다(김창걸 외, 2005; 이종수 외, 2014). 승진의 기준으로는 대표적으로 '경력'과 '실적'이 고려된다. 경력에는 근무 연한, 학력, 경험 등이 중시되는 반면에 실적에서는 근무성적 평점, 교육훈련 성적, 시험성적 및 상벌의 기록 등이 중요하게 고려된다.

교원에게 승진은 학생을 직접 가르치는 교사에서 학교 관리자로 신분이 바뀌는 것을 의미하며, 교사가 교감으로, 교감이 교장이 되는 두 가지 경우로만 한정되고 있다. 승진을 위해서는 교육 공무원 승진 규정에 따른 승진 평점 점수가 높아야 한다.

승진 평정 점수는 기본적으로 경력 평정점, 근무성적 평정점, 연수성적 평정점, 공통 가산점 및 선택 가산점의 합산으로 산출된다. 공통 가산점에는 교육부 지정 연구학교 근무, 재외국민 교육기관 파견 근무, 직무연수, 학교폭력 예방 및 대응 관련 실적 등이 있으며, 선택 가산점에는 도서벽지 교육기관 근무, 농어촌교육 진흥을 위해 특별히 지정된 학교 근무 등이 있다. 경력 평정점이나 근무성적 평정점, 연수성적 평정점은 변별력이 없기 때문에 실질적으로 가산점에 의해서 승진이 결정된다고 볼 수 있다. 이처럼 여러 점수의 합산 결과 높은 순서대로 승진이 되기 때문에 승진에 관심 있는 교사들의 경우에는 높은 점수를 획득하기 위해 치열하게 경쟁할 수밖에 없는 구조이다. 그러나 최근 신규 교사들을 중심으로 승진에 대한 관심이 급격히 줄어들고 있어서 향후 역량 있는 학교 관리자가 부족할 수도 있다는 우려도 나타나고 있다. 한편, 현행 승진 제도의 부작용을 해소하고, 학교 혁신을 도모하기 위해 교장 공모제가 도입되어 시행 중에 있다.

교장 공모제

교장 공모제란 학교 구성원이 직접 일정한 자격과 능력을 갖춘 교장을 직접 선발하는 제도를 말한다. 도입 배경은 초·중등 교육 분야의 교육자치를 강화하고, 단위학교의 자율 운영 지원, 승진위주의 교직 문화 개선 및 교장 임용 방식 다양화를 통해 교직사회의 활력을 제고하는 것이다.

교장 공모제의 유형은 초빙형과 내부형, 개방형이 있는데, 내부형과 개방형의 경우 교장 자격증이 없는 자도 지원이 가능하다는 측면에서 '승진위주의 교직 문화 개선' 및 '교장 임용 방식 다양화'를 지향하는 교장 공모제의 기본 취지에 가장 부합하는 유형이라고 할 수 있다.

-교장 공모제 유형별 운영 근거 및 자격기준-

유형	자격 기준		대상학교
초빙형	• 교장자격증 소지자(교육공무원)		일반학교
내부형	교장자격 요구	• 교장자격증 소지자(교육공무원)	자율학교, 자율형공립고
	교장자격 미요구(50% 이내)	• 교장자격증 소지자(교육공무원) 또는 • 초중등학교 교육경력 15년 이상인 교육공무원 또는 사립학교 교원	
개방형	• 교장자격증 소지자(교육공무원) 또는 • 해당학교 교육과정에 관련된 기관 또는 단체에서 3년 이상 종사한 경력이 있는 자(교장자격증 미소지자)		자율학교로 지정된 특성화중·고, 특목고, 예·체능계고

출처: 교육부(2023. 10.), p. 1.

2) 전보와 전직

전직과 전보는 인적 자원을 효율적으로 활용하는 데 필요한 수단이지만, 이것이 남용되면 징계를 갈음하는 수단으로 활용, 사임을 강요, 파벌 조성, 빈번한 업무 중단이라는 부작용을 초래할 수 있다(오석홍, 2001).

선보란 같은 직위 및 자격에서 근무기관이나 부서를 달리하여 임용하는 것을 말한다. 교원의 경우에는 순환전보제를 실시하고 있으며, 이는 시·도교육청별로 4~5년을 주기로 학교를 옮겨 다니며 근무하는 제도이다. 이 제도는 법규상으로는 교원들이 학교에 장기 근무함에 따라 나타나는 침체를 방지하기 위함이라고 규정되어 있으나(「교육공무원 인사관리규정」 제5장 제18조 제1항), 실질적으로는 교원의 생활안정 및 지역에 따라 학생들이 공평하게 교육받을 기회를 제공받아야 한다는 논리로 실시되고 있다(김순남 외, 2016). 교원 순환전보의 원리와 특징은 〈표 10-14〉와 같다.

〈표 10-14〉 교원 순환전보의 원리와 특징

원리		특징
법규적 차원	합법성	교원 순환전보 관련 법규와 지침 등을 준수해야 한다.
	평등성	교원 순환전보의 대상, 적용, 시기 및 방법 등은 모든 교사에게 공평하게 적용되며 차별이 없어야 한다.
	분권성	지역 및 단위학교의 여건과 형편에 따라 자율적으로 운영할 수 있어야 한다.
	공공성	모든 교사의 이익을 도모하고 정해진 기준이나 방법은 사전 또는 상시 공개되어야 한다.
운영적 차원	민주성	교원 순환전보 대상자의 요구와 의견을 다양하게 수렴하고, 전보 기준이나 방법 결정에 최대한의 참여를 보장해야 하며, 관련 정보와 기준을 투명하게 사전 공개해야 한다
	효율성	교육청 및 학교의 조직효과성과 구성원의 사기 및 만족도를 제고할 수 있어야 한다.
	안정성	전보 관련 원리와 기준 등은 사전 예측이나 대응이 가능하도록 일관적이고 지속적으로 유지해야 한다.
	적응성	정책, 운영기관 및 개인의 변화에 유연하게 대처할 수 있어야 한다.
	균형성	실적주의와 업적주의의 균형이나 교과별, 경력별, 성별 교원의 적정성을 도모해야 한다.
	전문성	단위학교의 발전이나 교사 개인의 전문성 신장을 보장할 수 있어야 한다.

출처: 김순남 외(2016), p. 40.

순환전보제의 단점으로는 특정 교원의 특정 학교 쏠림 현상 초래, 잦은 전보로 인한 수업 및 생활지도의 안정성 및 계속성 저하, 전보 결과에 따른 교원의 사기 저하 및 교장과의 갈등 초래 등이 있다. 이러한 단점을 보완하고, 학교 교육력 제고를 위해 초빙교사제가 도입되어 운영 중이다.

 초빙교사제

　순환전보제의 한계를 극복하고, 교육의 질을 높이고자 공립 초·중·고교의 학교장이 각학교에 필요한 유능한 교사를 확보하기 위하여 교사를 초빙하는 제도인 초빙교사제도가운영되고 있다. 초빙교사제는 2009년 교육과학기술부(현 교육부)의 「학교단위 책임경영을위한 학교자율화 추진방안」중 하나로 발표되었다. 이는 학교별로 여건에 따라 특색 있는교육과정이 운영될 수 있도록 하고, 학교장의 책임경영을 뒷받침할 수 있도록 단위학교의인사권을 강화하기 위해 추진되었다.

　현재 일반 초·중·고교는 교사 정원의 20%, 자율학교는 50%까지 교사를 초빙할 수 있다.학교장은 학교운영에 필요한 교원을 공고를 통하여 초빙할 수 있으며, 기피지역 학교 초빙교사에게는 근평가산점 부여, 정기전보 시 선호 학교 전보 우선권, 포상·연수 시 우대 등의인센티브 제도도 마련되었다.

　전직은 동일한 직급하에서 직무의 내용이 다른 직위로의 이동으로서, 직렬이 달라지는횡적 이동을 말한다. 교육공무원의 전직은 교원의 학교급별 전직, 교원의 교육전문직으로서의 전직, 교육전문직의 교원으로서의 전직, 교육전문직 간의 전직 등으로 〈표 10-15〉와같이 구분할 수 있다. 학교 현장에서 교원이 교육전문직으로 전직하고자 노력하는 경우를발견할 수 있다. 새로운 분야의 전문성을 함양하고자 하는 이유도 있으나, 교육전문직 경력이 관리자로 승진하는 데 유리하게 작용한다는 점이 가장 실질적인 이유라고 할 수 있다.

〈표 10-15〉 교육공무원의 전직 유형

전직 유형	내용
학교급별 전직	초등학교 ↔ 교원 중등학교 교원
교원의 교육전문직으로서의 전직	교원 → 교육연구사(관) 장학사(관)
교육전문직의 교원으로서의 전직	교육연구사(관) 장학사(관) → 교원
교육전문직 간의 전직	교육연구사(관) ↔ 장학사(관)

제4절 • 교원의 사기관리

> ❓ 핵심 질문 10) 교원의 권리와 의무는 무엇인가?

1. 권리와 의무

1) 권리

교원은 법규상으로 규정된 권리와 의무가 있다. 이는 교육의 목표를 효율적으로 달성하기 위한 사회적 합의가 법령의 형태로 존재하는 것이라 할 수 있다. 교원의 권리는 〈표 10-16〉에서 보는 것처럼 교육자주권, 생활보장권, 신분보장권, 노동에 대한 권리로 구분해 볼 수 있다. 교원 역시 근로자로서 노동 3권(단결권, 단체교섭권, 단체행동권)을 보장받아야 한다. 그러나 공무원이라는 신분의 특성상 「국가공무원법」 제66조(집단행위의 금지)에서 "공무원은 노동운동이나 그 밖에 공무 외의 일을 위한 집단 행위를 하여서는 아니 된다."라고 규정하여 교원의 단체 행동권에 제한을 가하고 있다.

특별히 다음과 같은 법률을 통해 교원의 권리를 다른 공무원에 비해 두텁게 보호하고 있다는 점이 특징이다.

- 학교 교육에서 교원의 전문성은 존중되며, 교원의 경제적·사회적 지위는 우대되고 그 신분은 보장된다(「교육기본법」 제14조).
- 교원은 현행범인인 경우 외에는 소속 학교의 장의 동의 없이 학원 안에서 체포되지 아니한다(「교원의 지위 향상 및 교육활동 보호를 위한 특별법」 제4조).

〈표 10-16〉 교원의 권리

구분	내용	관련 권리	
교육자주권	교원이 교육활동에서 고도의 전문성과 자율성을 가지고 교육의 목적을 효과적으로 달성	• 수업할 권리 • 교육과정 편성권	• 교재선택권 • 교육방법 결정권 • 평가권
생활보장권	교원의 경제적, 사회적 지위의 우대	• 보수청구권 • 연금청구권	• 실비변상 청구권

구분	내용	관련 권리
신분보장권	공무원인 교원의 신분은 법이 정한 이유와 절차에 의하지 않고서는 함부로 박탈당하지 않으며, 불이익 처분 시 심사를 청구할 수 있음	• 신분 및 직위 보유권 • 권고사직을 당하지 않을 권리 • 후임자보충발령 유예권 • 여교원의 동등 신분 보장권 • 불체포 특권 • 재심 청구 및 행정 소송권
노동에 관한 권리	교원은 근로자로서 근로조건 향상을 위해 노력할 수 있는 권리를 가짐	• 단체결성권 • 교섭협의권 • 노동조합결성권

2) 의무

교원은 교육공무원으로서 「국가공무원법」, 「교육공무원법」, 「국가공무원 복무규정」을 통해 다양한 의무가 규정되어 있으며, 사립학교 교원의 경우에도 교육공무원은 아니나 이와 같은 의무 규정을 준용하도록 되어 있다. 교원의 의무는 〈표 10-17〉과 같이 무엇인가를 해야 하는 적극적 의무와 하지 말아야 하는 소극적 의무로 구분된다.

〈표 10-17〉 교원의 의무

구분	세부 항목	내용
적극적 의무	법령준수의 의무	법령을 준수하여 업무를 수행해야 함
	선서의 의무	국가의 봉사자로서 법령 및 직무상의 명령에 준수·복종하여 창의와 성실로써 맡은 바 책무를 다할 것을 소속 기관장 앞에서 선서해야 함
	성실의 의무	교원은 자신의 직무를 진심·전력으로 수행해야 함
	복종의 의무	직무를 수행함에 있어 소속 상관의 직무상 명령에 복종해야 함
	친절·공정의 의무	국민 전체의 봉사자로서 친절하고, 공정하게 직무를 수행해야 함
	종교중립의 의무	종교에 따른 차별 없이 직무를 수행해야 함
	비밀엄수의 의무	재직 중은 물론 퇴직 후에도 직무상 알게 된 비밀을 엄수해야 함
	청렴의 의무	직무와 관련하여 직간접적 사례·증여 또는 향응을 주거나 받을 수 없음

구분	세부 항목	내용
적극적 의무	품위유지의 의무	직무의 내외를 불문하고, 그 품위를 유지하기 위해 노력해야 함
	연찬의 의무	직무 수행을 위한 부단한 연구와 전문성 개발에 힘써야 함
소극적 의무	직장이탈 금지	소속 상관의 허가 또는 정당한 사유 없이 근무 시간 중 직장을 이탈하지 못함
	영리업무 및 겸직 금지	영리를 목적으로 다른 업무에 종사하지 못하고, 기관장 허가 없이 다른 직무를 겸할 수 없음
	정치활동 금지	정당, 정치단체의 결정에 관여하거나 가입할 수 없으며, 선거에서 특정 정당 및 특정인을 지지 혹은 반대하는 행위를 할 수 없음
	집단행동 금지	노동운동이나 그 밖에 공무 외의 일을 위한 집단 행위를 할 수 없음

2. 보수

보수는 근무의 대가로 지불되는 재정적 보상을 말한다. 보수는 고용관계의 대가이며, 생활 유지의 수단이 되는 소득인 동시에 근로자가 조직 목적 달성에 헌신하는 것을 유도하기 위한 보상 체제의 일부라고 할 수 있다(오석홍, 2001).

우리나라 교원의 보수체계는 봉급과 각종 수당으로 운영되고 있다. '봉급'이란 직무의 곤란성과 책임의 정도에 따라 직책별로 지급되는 기본급여 또는 직무의 곤란성과 책임의 정도 및 재직기간 등에 따라 계급(직무등급, 직위)별, 호봉별로 지급되는 기본급여를 말한다.

교원은 고도의 전문성을 갖는 직업이기 때문에 직위별로 직무와 능률이 다르다고 볼 수 없다는 관점에서 학력과 자격, 경력에 의한 보수지급을 원칙으로 하는 단일호봉제를 채택하고 있다. 이에 따라 동일 학력·자격·경력이면 동일 호봉에 의한 동일 기본급여를 받는다. 단일호봉제는 교원의 경력에 따라 업무의 성과 및 능률이 증가할 것이라고 전제하는 경력지향적 보수제도라고 할 수 있다(이동엽 외, 2023).

단일호봉제는 승진의 기회가 매우 제한적인 교원들의 장기근속을 유도할 수 있다는 점, 근속기간이 길어지고 나이가 많아짐에 따라 생계비를 올려 주는 데 편리하다는 점, 승진과 승급을 분리할 수 있으므로 승진 제도를 둘러싼 문제들을 회피 또는 해소할 수 있다는 점에서 효용을 가진 제도이다. 그러나 근무성과보다는 근속기간만을 강조하는 분위기를 조장하여, 전문성을 개발하고자 하는 의지와 직무에 대한 열의를 감소시키는 문제도 있다(김창걸 외, 2005).

'수당'이란 직무여건 및 생활여건 등에 따라 지급되는 부가급여를 말한다. 수당은 지급 기준, 지급 범위, 지급액 등을 비교적 자유롭게 정할 수 있다는 점에서 운영상 융통성이 높다는 특징을 지닌다(이재선, 2022). 우리나라는 교육의 목적을 달성하기 위해 봉급의 인상보다는 각종 수당을 다양하게 만들어서 지급하고 있다. 교원보전수당, 교직수당, 원로교사수당, 보직교사수당, 담임 수당, 교원연구비 등이 대표적이다.

한편, 〈표 10-18〉에서와 같이 교육부(2023. 9. 12.)가 최근 발표한 「경제협력개발기구(OECD) 교육지표 2023」에서 2022년 우리나라 국공립학교 초임 교사의 법정 급여는 OECD 평균보다 적었으나, 15년 차 교사의 법정 급여는 OECD 평균보다 많았다. 이는 연공서열적 봉급체계에 따른 완만한 임금 상승의 결과라고 할 수 있다.

〈표 10-18〉 국·공립학교 교사의 법정 급여   단위: $(PPP)

기준 연도	구분	초등학교		중학교		고등학교	
		초임	15년 차	초임	15년 차	초임	15년 차
2022년	한국	33,615	59,346	33,675	59,406	33,675	59,406
	OECD 평균	36,367	49,968	37,628	51,613	39,274	53,456

※ 사적소비에 대한 구매력평가지수(PPP): (2022년) 995.28원/$
※ 구매력평가지수(Purchasing Power Parity: PPP): 동일한 재화·서비스를 구매하는 데 필요한 비용을 특정 통화로 환산하여 표현하는 '상대가격비율'

이와 같은 국제 비교 결과를 근거로 현재의 우리나라 교원의 보수 수준이 적정하다는 결론을 내릴 수는 없다. 보수는 생활 유지의 수단의 되는 소득인 동시에 근로자가 조직 목적 달성에 헌신하는 것을 유도하는 보상체제라고 할 수 있다(오석홍, 2001). 보수에 대한 만족 여하가 일에 매력을 느끼게 하고, 동기를 부여하며, 더 나은 성과를 유도한다(이종수 외, 2014). 보수가 만족스럽지 못할 때 근로 의욕의 상실로 인해 성과가 저하되거나, 더 나은 보수를 주는 곳으로 이직하는 현상이 나타날 수 있다.

제5절 • 요약 및 적용

1. 요약

- 교원은 국·공립, 사립의 각급 학교에서 원아, 학생을 직접 지도·교육하는 자를 말한다. 사립 교원을 제외한 국·공립 교원은 교육공무원에 속한다. 교육공무원은 국·공립 각 학교에 근무하는 교원과 교육행정기관, 교육연구기관에 근무하는 교육전문직(장학사, 장학관, 교육연구사, 교육연구관)을 의미한다. 교육공무원은 특정직으로서 담당업무가 특수하여 자격, 신분보장, 복무 등에서 특별법인「교육공무원법」을 우선 적용받는다.

- 교원인사행정이란 교육의 목적을 달성하기 위해 유능한 인적자원을 확보(선발, 임용)하고, 확보된 인적자원의 근무 의욕을 높이고(보수, 근무조건) 지속적인 능력개발(근무성적평정, 교원능력개발평가, 승진 및 전보)을 통해 역량을 최대한 발휘할 수 있도록 지원하는 일련의 과정이라고 할 수 있다.

- 교원인사행정의 원리에는 학습 우선의 원리, 전문성 확립의 원리, 직무의욕 제고의 원리, 실적주의와 연공주의와의 적정 배합의 원리, 공정성 확보의 원리, 적재적소 배치의 원리, 적정 수급의 원리가 있다.

- 교직관으로 성직관(교직을 학생의 인격 형성과 성장, 행복한 삶을 위해 헌신하는 고도의 봉사활동이라고 인식), 공직관(교직은 국가기관으로부터 임금을 받고 일하는 직업이며, 교직의 목적은 국민의 교육기본권을 보장하는 것으로 인식), 노동직관(교원도 노동자이기 때문에 법에서 보장하고 있는 노동자로서의 제반 권리를 누릴 수 있어야 한다고 인식), 전문직관(교직의 특수성과 전문성을 강조하여, 교직을 전통적 전문직인 의사와 변호사와 같은 직업으로 인식)이 있다.

- '자격'이란 어떤 직무를 수행하는 데 필요한 특정한 능력과 자질을 제도적으로 규정한 것이며, 우리나라 교원 자격제도는 크게 교사 자격제도(2급 정교사, 1급 정교사, 수석교사)와 관리자 자격제도(교감, 교장)가 있다. 관리자 자격제도는 승진제도와 연동되어 작동되기 때문에 교육공무원승진규정상의 승진 평정 점수가 높은 극소수의 교사들에게만 교감 및 교장 자격을 획득할 수 있는 기회가 부여된다.

- '교원 수급'이란 교원의 수요와 공급을 의미한다. 학교교육의 질을 보장하기 위해서는 적정 규모의 교원 수를 유지해야 한다. 이를 위해 교육부에서는 주기적으로 교원 수급 계획을 제시하고 있다. 교원의 수요에 영향을 미치는 요인으로는 취학률, 진급과 진학

률, 학생의 주당 수업 시간, 교원의 주당 수업 시간과 업무량, 교과목 구성, 교사의 담당 학생 수, 교원의 법정 정원 충족률, 교원의 이직 및 퇴직률, 인구의 변화, 출생률 등이 있다. '공급'의 경우에는 교원양성기관의 체제와 정원, 교원자격증 소지자 비율, 임용자 비율, 퇴직 및 이직자 수, 임용 기피자 비율, 임용을 위한 예산 등이 영향 요인이라고 할 수 있다.

- 교원양성제도는 동시적 교원양성프로그램[교과지식(전공), 교육학, 교직 관련 수업을 대학에서 동시에 제공], 순차적 교원양성프로그램[대학에서 교과지식(전공)을 이수한 이후, 교육학 및 교직 관련 수업을 이후에 제공]으로 구분된다. 우리나라는 동시적 교원양성프로그램인 사범대학 및 교직과정 중심의 양성제도를 운영하고 있다.

- 우리나라에서 교원의 선발 방식은 교사 자격증을 소유한 자를 대상으로 하는 공개 경쟁 채용의 방식이다. 교원 선발과 관련하여, 교원 수급 예측의 어려움, 교원양성 교육과정과 임용시험 간의 괴리, 임용시험 방식 및 문항의 적합성 부족 등이 문제로 언급되고 있다.

- 교원 연수는 현직교원을 대상으로 전문적 능력과 일반적 자질을 배양하기 위해 교직 생활 전 기간 중에 다양한 장소에서 여러 가지 방법을 통해, 공식적 혹은 비공식적으로, 의무적 혹은 자발적으로 이루어지는 모든 교육훈련을 말한다. 교사 현직 연수는 양성교육의 부족함 보완, 새로운 지식과 교수 방법 학습, 업무 수행 능력 향상, 교사로서의 바른 태도 습득, 전문가로서의 지속적인 자기 개발 기회를 제공한다.

- 교사 연수 체제는 법정연수와 비법정연수로 구분된다. 법정연수는 연수기관 중심의 연수로서 '교원 등의 연수에 관한 규정'에 명시된 자격연수, 직무연수, 특별연수가 있다. 최근 들어 비법정연수로서 단위학교 및 개인 중심 연수가 각광을 받고 있다. 특별히, 단위학교 교사들을 주축으로 운영되는 전문적 학습공동체의 경우에는 교사의 전문성 개발과 성장에 실질적 효과가 있는 것으로 밝혀지고 있으며, 연수기관 중심 연수의 문제를 극복할 수 있는 주요 대안으로 인식되고 있다.

- 교원을 대상으로 하는 평가는 관리중심평가와 성장중심평가로 구분할 수 있다. 관리중심평가는 학교조직의 효과성을 증대하기 위한 평가로 크게 승진 평정을 위한 평가와 부적격 교원 판별 평가로 구성된다. 성장중심평가란 교원 개개인의 전문적 성장과 발전을 위하여, 전문성 신장이 필요한 교원의 교직 수행 관련 분야를 평가하는 제도이다. 성장중심평가는 전문성 신장 평가와 우수 교원 인정평가로 구분할 수 있다.

- 교원에게 승진은 학생을 직접 가르치는 교사에서 학교 관리자(교감, 교장)로 신분이 바

뀌는 것을 의미한다. 여러 점수(경력 평정점, 근무성적 평정점, 연수성적 평정점, 공통 가산점, 추가 가산점)의 합산 결과가 높은 순서대로 승진이 되기 때문에 높은 점수를 획득하기 위해 교사 간 치열하게 경쟁할 수밖에 없는 구조이다. 최근에는 승진 제도의 부작용을 완화하고, 교육자치를 강화하기 위해 학교 구성원이 일정한 자격과 능력을 갖춘 교장을 직접 선발하는 교장 공모제가 시행되고 있다.

• 교원을 대상으로 순환전보제(시·도교육청별로 4~5년을 주기로 학교를 옮겨 다니며 근무하는 제도)를 실시하고 있다. 이 제도는 교원들이 학교에 장기 근무함에 따라 나타나는 침체 방지, 교원의 생활안정, 학생의 교육받을 기회의 공평한 제공 등을 목적으로 한다. 한편, 순환전보제의 한계를 극복하고, 교육의 질을 높이고자 각 학교에 필요한 유능한 교사를 학교장이 직접 확보할 수 있도록 하는 초빙교사제도가 운영되고 있다.

• 교원은 법규상으로 규정된 권리와 의무가 있다. 주요한 권리로는 교육자주권, 생활보장권, 신분보장권, 노동에 관한 권리가 있으며, 의무로는 해야 하는 적극적 의무(법령준수의 의무, 선서의 의무, 성실의 의무, 복종의 의무, 친절·공정의 의무, 종교중립의 의무, 비밀엄수의 의무, 청렴의 의무, 품위유지의 의무, 연찬의 의무)와 하지 말아야 하는 소극적 의무(직장이탈 금지, 영리업무 및 겸직 금지, 정치활동 금지, 집단행동 금지)가 있다.

• 우리나라는 교원이 고도의 전문성을 갖는 직업이기 때문에 직위별로 직무와 능률이 다르다고 볼 수 없다는 관점에서 학력과 자격, 경력에 의한 보수지급을 원칙으로 하는 단일 호봉제를 채택하고 있다. 이에 따라 동일 학력·자격·경력이면 동일 호봉에 의한 동일 기본급여를 받는다. 이와 같은 연공서열적 봉급체계는 직무수행 노력이나 성과를 반영하지 못하고 교사의 직무동기를 고취시키는 데 한계가 있다는 비판이 제기되고 있다.

2. 적용

1) 서술형 문제

• 교원인사행정의 주요 원리에 대해 기술하시오.
• 교직관(성직관, 공직관, 노동직관, 전문직관)의 특징과 강조점에 대해 기술하시오.
• 교사 임용의 기본 모형인 '경력 중심(career-based) 행정관리 모형'과 '직위 중심 (position-based) 시장관리 모형'의 특징에 대해 기술하시오.

- 수석교사 자격의 도입 배경과 목적에 대해 기술하시오.
- 교원의 수요와 공급에 영향을 미치는 요인에 대해 기술하시오.
- 우리나라 교원양성제도의 현장적합성 문제를 선발, 교육과정, 거버넌스, 지속적 교육혁신의 측면에서 기술하시오.
- 교원의 전문적 학습공동체의 특징 및 필요성에 대해 기술하시오.
- 현재의 교원평가제도를 평가의 유형(관리중심평가, 성장중심평가)에 따라 분류하고, 특징을 기술하시오.
- 우리나라 승진제도의 문제점과 개선 방안을 기술하시오.
- 교원의 노동에 관한 권리에는 어떠한 것이 있는지 기술하시오.
- 교원의 적극적 의무와 소극적 의무의 종류와 내용에 대해 기술하시오.
- 학교 내 교사 간 활발한 정보 공유를 통한 교육의 내실화를 위해 학교에서 시행할 수 있는 연수의 종류 한 가지와 학교 중심 연수를 활성화하기 위해 학교 차원에서 지원할 수 있는 구체적인 방안 두 가지를 쓰시오. (교원임용시험 기출문제)

2) 토론 문제

- 교직을 '성직관'으로 인식하는 사람들이 점차 사라지고 있는 상황이 초래할 수 있는 문제점과 '전문직관'이 주류를 이루고 있는 현재의 상황을 비판적으로 분석하시오.
- 우리나라 교원 인사제도에서는 교원의 지속적인 전문성 개발을 유도할 수 있는 동기유발 기제가 부족하다는 점이 문제로 지적되고 있다. 이를 개선할 수 있는 방안에 대해 논의하시오.
- 교원의 전문적 학습공동체가 활성화되기 위한 지원 방안에 대해 논의하시오.
- 현재의 교원 임금 체계와 수준을 '공정성'의 관점에서 논의하시오.

제 **11** 장

교육재정

우리가 살아가는 사회는 교육을 통해 도약하고 발전한다. 그러므로 교육은 개인적 관점에서뿐만 아니라 국가·사회적으로도 유용한 가치를 갖는다. 그러나 이와 같은 가치 창출을 위해서는 교육활동에 대한 일정 비용의 투입을 전제해야 한다. 즉, 교육목적 달성을 위해 필요한 경비를 확보하고, 확보한 경비를 인적·물적 조건을 정비하는 데 배분하며, 그 일련의 과정을 관리하는 활동은 교육을 통한 국가적·사회적·개인적 가치 창출에 필수적이다.

이 장에서는 교육재정에 대한 개념, 특징 및 체계에 대해 살펴본 후, 교육재정이 추구하는 가치에 대해 논하게 될 것이다. 또한 교육재정학에서 논의되는 교육비의 개념과 유형에 대해 살펴보고, 교육비용을 발생함으로써 얻기를 기대하는 교육효과와 교육수익의 개념과 의의에 대해 논의할 예정이다. 마지막으로 우리나라의 국가, 지방, 단위학교 교육재정의 구조를 개괄적으로 제시하고, 그 구조 속에서 세입과 세출 운영의 실제를 살펴볼 예정이다.

교육재정과 관련된 핵심 질문 다섯 가지는 다음과 같다.

핵심 질문 1. 교육재정의 개념은 무엇이며, 교육행정학, 교육경제학과는 어떠한 관계인가?
핵심 질문 2. 교육재정은 어떠한 정책적 가치를 추구하는가?
핵심 질문 3. 교육비란 무엇이며, 어떠한 분류체계를 갖는가?
핵심 질문 4. 교육효과와 교육수익의 개념은 무엇인가?
핵심 질문 5. 우리나라 국가, 지방, 단위학교 교육재정의 구조는 어떠한가?

이제부터 각 질문에 대한 답을 차례대로 살펴보고자 한다.

제1절 • 교육재정의 개념 및 가치

교육재정학은 경제학, 행정학, 정치학, 교육학 등 여러 관점이 융합된 학문이다. 그러나 그렇다고 하여 이 모든 개별학문을 교육재정학으로 종합하는 것은 불가능하며, 교육의 목적에 따라 어떠한 방향으로 균형 있는 통합을 이루느냐가 교육재정학이 갖는 고유의 정체성일 것이다. 이 절에서는 교육재정의 개념과 특징, 인접 학문과의 관계, 분류체계 등을 탐색하고, 교육재정이 추구하는 정책적 가치에 대해 살펴봄으로써 교육재정이 학문적으로 갖는 정체성을 논의하고자 한다.

> **? 핵심 질문 1)** 교육재정의 개념은 무엇이며, 교육행정학, 교육경제학과는 어떠한
> 관계인가?

1. 교육재정의 정체성

1) 교육재정의 개념

교육재정은 일반적으로 교육에 필요한 비용을 조달, 배분하는 국가 또는 공공단체의 행정적 행위로 정의되어 왔다(주삼환 외, 2023, p. 283). 이 정의에서 우리가 좀 더 관심 있게 살펴보아야 할 부분은 '국가 또는 공공단체의 행정적 행위'로 기술된 교육재정의 공공성이다.

재정(finance)은 좀 더 넓은 범위에서 경제(economy)에 포함되는 개념이며, 경제활동은 주체에 따라 공공경제(public economy)와 민간경제(private economy)로 구분할 수 있다. 이러한 구분은 경제적 재화, 즉 경제재(economic goods)의 성격에 따라 이루어지는데, 공공경제란 경제주체들이 재화를 생산하고 소비하는 데 상대적으로 낮은 수준의 경쟁을 하는 공공재(public goods)를 대상으로 하는 활동이며, 민간경제란 재화의 생산과 소비에 있어 경제주체 간 높은 수준의 경쟁, 그리고 경쟁과 수반되는 일부 집단의 소외 등의 현상을 포함하는 민간재(private goods)를 대상으로 하는 활동이다. 따라서 공공경제는 자연발생적인 경제활동이라기보다는 국가 또는 공공단체가 공공의 욕구 충족을 위해 정치적으로 개입하는 경제영역이라고 볼 수 있고, 이러한 공공의 역할이 강조되는 정부의 경제영역을 '재정'이라고 부른다.

교육에 관한 경제활동을 일반적으로 '교육재정'이라고 일컫는 이유는 교육의 목적에서 찾을 수 있다. 교육은 본질적으로 모든 개인의 자아실현 및 인격완성을 위해 이루어지는 활동이다. 그러나 교육은 이와 같은 개인적 욕구 충족을 위해서뿐만 아니라 각 국가의 경제, 정치, 사회, 문화 발전을 위한 주요한 수단으로서도 기능한다. 따라서 교육은 정부의 계획적, 정치적 과정을 필수적으로 수반하는 경제활동이며, 교육재정이란 교육활동에 대한 생산과 소비를 공공재로 규정하고, 민간보다는 정부 또는 공공단체의 재원확보, 배분, 집행 및 평가에 대한 적극적 역할을 강조하는 경제활동을 의미한다. 즉, 교육재정학은 이러한 교육재정 활동에 대한 이해를 도모하는 학문이라고 정의할 수 있다.

그렇다면 「사립학교법」에 따라 설립된 학교[1]의 예산은 교육 분야의 공공재로서 인정할 수 있을지에 관해 의문을 제기할 수 있다. 「사립학교법」 제2조(정의) 제1항에 따르면 사립학교는 '학교법인, 공공단체 외 법인 또는 사인(私人)이 설치'하도록 되어 있다. 이와 같은 조항에만 의거하자면 사립학교의 경우 앞서 논의한 공공경제의 주체(국가 또는 공공단체)와 일치하지 않으므로 사립학교에서 이루어지는 경제활동의 경우 민간경제로 구분하는 것이 적절하다. 또한 공립학교의 회계 중에서도 「초·중등교육법」 제31조(학교운영위원회의 설치), 제32조(기능), 제33조(학교발전기금)에 따라 학교운영위원회가 학교발전기금을 조성·운용 및 사용에 관한 사항을 심의·의결할 수 있으나, '학교발전기금회계'의 경우 정부가 지원하지 않는 예산이므로 완전한 의미의 공공재로서 인정하기는 어렵다. 즉, 교육재정의 개념을 공공경제의 주체와 재원으로만 구분하여 정의하게 되면 그 범위가 협소해진다.

그러나 주체와 재원이 정부가 아닐지라도 재정 조성 및 운영의 제 원칙이 공공성에 부합하고, 정부의 관리감독의 범위에 포함된다면 이것은 공공경제 맥락에서 논의할 수도 있다. 실제로 「지방교육재정교부금법」에 따라 정부 재정을 지원받을 수 있는 '교부금산정기준학교'의 범위에 공립학교 이외의 사립 중학교, 고등학교, 특수학교가 포함되어 있고, 실제로 사립학교의 경우 일부 학교(자율형 사립고등학교, 과학고·외고 등의 일부 특수목적고등학교 등)를 제외하고 교직원 인건비, 교육과정운영비 등을 정부로부터 지원받고 있다. 또한 대학·전문대학과 같은 고등교육기관의 경우에도 「고등교육법」 제7조(교육재정), 제7조의2(재정지원에 관한 계획 및 협의·조정)에 따라 중앙행정기관 및 지방자치단체가 수립하는 정부의 고등교육 재정지원 계획의 범위 내에 사립학교가 포함되어 있다.

종합하자면 교육재정이란 공·사립학교를 막론하고 정부의 주도적인 계획하에 수립된 모든 교육활동을 광범위하게 포함하여 정의해야 하며, 좀 더 구체적으로는 '교육활동의 근본적 목적 달성을 위해 공공재와 민간재가 조화로운 균형을 이룰 수 있도록 정부 또는 공공단체가 확보, 배분, 운용 및 관리하는 재정의 총체'라고 정의할 수 있다.

2) 교육재정학과 인접 학문과의 관계

교육재정학이란 앞서 논의한 바와 같이 교육의 생산과 소비활동에 대한 이론과 실제를

---

[1] 「사립학교법」 제3조(학교법인이 아니면 설립할 수 없는 사립학교 등)에 의하면 초등학교, 중학교, 고등학교, 특수학교, 대학, 전문대학, 각종학교 등이 '학교'의 개념에 포함된다.

공공경제학적 관점에서 연구하는 학문이다. 교육재정학은 교육이라는 분야 특수성을 기반으로 경제학, 행정학 등의 학문이 융합된 대표적인 간학문적(interdisciplinarity) 연구 분야 중 하나이다. 따라서 교육재정학의 정체성을 논의하기 위해서는 인접 학문과 교육재정학의 관계를 규명하는 것이 필수적이다.

이 절에서는 대표적 인접 학문인 교육행정학, 교육경제학과 교육재정학의 관계를 살펴보고자 한다. 우선 이 책 제1장 '교육행정의 개념과 성격'에서 기술한 바와 같이 교육행정학은 교육의 핵심요소인 교수-학습 활동을 지원하기 위한 필수적 활동이며, 이러한 활동은 대표적으로 인적·물적·재정적 지원을 기반으로 이루어진다. 즉, 교육재정은 교육행정 분류체계상 교육행정의 한 영역이다(윤정일 외, 2015, pp. 53-54). 그러나 인적·물적 지원 역시 교육재정의 지원여부 또는 규모에 영향을 받을 수밖에 없으며, 때로는 교육재정이 다른 교육행정 하위영역의 활동방향 및 질적 수준을 결정하기도 한다. 이처럼 교육재정학은 개념상 교육행정학의 하위영역이기는 하지만, 교육행정의 실제에 있어서는 그 존재감 및 파급효과가 다른 하위영역에 비해 상대적으로 크다. 그럼에도 우리가 교육행정학의 범위 안에서 교육재정학을 논의하고자 하는 이유는 교육행정학이 갖는 정체성 때문이다. 교육행정은 교육목표 달성에 필요한 활동을 지원하기 위한 수단으로서 기능한다. 그렇기 때문에 교육행정이 교육의 수단이 아닌 목적으로 기능하는 본말전도(本末顚倒) 현상은 교육행정가로서 늘 경계해야 하는 역기능이며, 교육목적에 부합하는 교육활동이 무엇인지 논의한 후, 해당 활동을 원활하게 지원하기 위한 교육행정의 범위를 결정한 뒤, 이를 적절하게 수행하기 위한 교육재정의 규모와 운용 방법이 정해져야 한다. 즉, 교육행정학 안에서 교육재정학을 논의한다는 것은 교육재정이 교육목적 달성을 위한 수단으로서의 역할을 하는 것이 바람직한 것이라는 방향성을 내포한다.

또 하나의 인접 학문인 교육경제학은 교육재정학과 가장 긴밀하게 연결된 학문이다. 교육경제학은 '교육재의 생산과 분배를 위해 교육 분야에서 이루어지는 일체의 경제 행위를 연구하는 학문'으로 정의되며, 여기에서 언급하는 '일체의 경제 행위'는 의사결정 시 최소의 비용으로 최대의 효과를 얻으려는 노력을 의미한다(백일우, 2007, p. 20). 교육경제학이 하나의 학문으로서 정립된 것은 인적 자본론(human capital theory)이 등장한 이후이다(반상진 외, 2014, p. 21). 애덤 스미스(Adam Smith, 1776)는 『The Wealth of Nations』를 통해 국부(national wealth)를 이끄는 주요 자원 중 하나인 인적자원은 교육을 통해 획득된 재능이 인간의 몸속에 고정자본으로서 축적되는 과정을 통해 형성되며, 자본이 체화된 인간은 국가가 확보한 물적자원을 활용하여 더 큰 국가적 이익을 가져올 수 있다고 주장했다. 이와 같이 생산자본으로서 인간을 바라보기 시작한 관점은 1950년대 시카고 경제학파라고 일컬어지는 제이콥 민서(Jacob Mincer), 시어도어 슐츠(Theodre Shultz), 개리 베커(Gary Becker) 등의 학자에 의해 인적 자본론으로 확립되었다. 그러나 인간에 대한 교육을 사회적·개인적 생산관점의 수단으로서만 강조한 이 관점은 이후 많은 논란을 가져왔으며, 특히 공공경제학을 지향하는 교육재정학 분야에서는 교육경제학이 주요 관심사로 꼽는 교육 수익률, 교육투자와 경제성장, 교육비 효과성 분석 등의 거시적 이슈에서만 교육재정을 논하기 어려워졌다. 왜냐하면 공공경제학에서는 사회의 공적욕구(公的慾求)가 또 하나의 주요한 관심 이슈였기 때문이다. 따라서 교육경제학과 교육재정학은 동일한 이론적 체계를 근간으로 하지만 각자의 주요 관심 연구 분야를 세분화하면서 상호보완 관계를 정립하였다. 특히 교육경제학은 교육재정의 효율적 배분 및 운용의 측면에서 최적 재정지원 규모산출, 교육재정 투입의 효과분석 등의 역할을 지원하는 것으로 교육재정학에 기여하고 있다.

> **? 핵심 질문 2) 교육재정은 어떠한 정책적 가치를 추구하는가?**

2. 교육재정의 정책적 가치

모든 정책은 사회 구성원들에게 어떠한 방향으로 행동하여야 하고, 어떠한 방식으로 타인을 대해야 하는가에 대해 안내한다. 그리고 대부분의 사회 정책은 기술적(technical), 문화적(cultural), 정치적(political) 관점에서 어떠한 가치를 선호하느냐에 따라 그 색깔이 달라진다. 그리고 이 과정에서 일반적으로 핵심가치로 중시되어 온 것은 평등(equality) 또는 공정(equity), 효율(efficiency) 그리고 자유(liberty)이다(Guthrie et al., 2007, p. 263). 교육재정에서도 역시 이 세 가지 핵심가치를 중요하게 고려해 왔고, 2000년대 이후로는 적정성(adequacy)에 관한 관심도 높아지고 있다(반상진 외, 2014). 따라서 이 절에서는 공평성, 효율성, 자율성 그리고 적정성에 대해 논의하고자 한다.

교육재정 정책 수립 시 주의를 기울여야 하는 부분은 바로 이러한 가치 간의 조화이다. 교육재정은 궁극적으로 이와 같은 가치를 교육 현장에서 실현하기 위한 주요 수단으로 활용되는 것이므로 하나의 가치를 추구함으로 인해 다른 가치가 크게 희생되지 않도록 교육재정 정책을 수립해야만 한다.

1) 공평성

교육재정에서 공평성(equity)이란 자원, 기회, 서비스 등의 배분이 공정하게 이루어지는 것을 의미한다. 오덴과 피커스(Odden & Picus, 2000)에 따르면 공평성은 배분의 관점에 따라 수평적 공평성과 수직적 공평성으로 구분할 수 있다(반상진 외, 2014, pp. 37-38).

수평적 공평성(horizontal equity)은 우리가 평등(equality)의 개념을 이야기할 때 일반적으로 떠올리는 개념이다. 이 관점에서 모든 인간은 평등하게 존중받을 권리를 동등하게 갖고 태어났기 때문에 다른 사람과 비교하여 동일한 자원이나 기회 등을 제공받아야 한다. 즉, 수평적 공평성은 어떤 것이 양적으로 균등하게 배분되어있는가에 대한 상대적 개념이라고 볼 수 있다. 이에 반해 수직적 공평성(vertical equity)은 질적인 수준까지 고려한 평등의 개념이다. 어떠한 기준으로 자원과 기회를 분배하는 것이 올바른지에 대한 규범적 개념이 포함되어 있고, 상대적이기보다는 절대적 기준에 대한 충족을 중요한 가치로 여긴다. 교육재정에서는 양적인 평등보다는 질적인 수준까지 고려하는 평등의 개념인 수직적 공평성에 좀 더 관심을 두고 이를 실현하기 위한 다양한 정책을 구상하고 있다.

실제 교육현장에서 재정 측면의 수평적 공평성과 수직적 공평성이 어느 정도 충족되었는지 살펴보기 위해 다양한 분석방법을 활용한다. 우선 수평적 공평성을 분석하기 위한 방법으로 사용되는 대표적인 지수는 로렌츠 곡선 불평등지수, 지니계수, 맥룬지수 등이다. 로렌츠 곡선(Lorenz curve)은 미국 통계학자 로렌츠(M. O. Rorenz)가 창안한 것으로 교육재정 영역뿐만 아니라 일반재정의 영역에서도 소득불평등을 측정하는 지수로 가장 널리 활용되고 있다. 로렌츠 곡선이란 전체 사회 구성원을 소득 순으로 배열하고, 하위 소득군에 해당하는 사람들의 총소득이 사회 전체 총소득에서 차지하는 비율을 선으로 나타낸 것이다. [그림 11-1]에서 제시한 로렌츠 곡선을 보면 도표의 가로축에 누적된 소득 인원을, 세로축에 누적된 소득 금액을 표시하였다. 로렌츠 곡선에서 대각선은 완전평등이 이루어진 상태로 대각선에서 멀어지는 곡선이 될수록 더욱 불평등한 상태라는 것을 의미한다. 로렌츠 곡선은 집단별로 측정될 수 있으며, 불평등 면적의 크기 비교를 통해 한 집단이 다른 집단에 비해 어느 정도의 평등수준을 갖고 있는지 비교하는 데 용이하다.

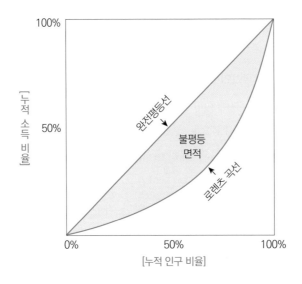

[그림 11-1] 로렌츠 곡선

지니계수(Gini's Coefficient) 역시 소득분포에 관한 통계적 법칙을 제시하는 방법 중 하나로 이탈리아의 인구 통계학자 지니(Corrado Gini)가 발견한 개념이다. 이것은 개인 간 소득격차를 측정하기 위한 수치로서 소득분포의 불균형을 평가하는 데 주로 활용한다. [그림 11-2]에서 제시한 것과 같이 기존의 로렌츠 곡선에서 대각선으로 그어지는 완전평등선과 도표의 가로, 세로 축으로 이루어지는 삼각형의 총 면적 중 불평등 면적이 차지하는 비율이 바로 지니계수이다. 즉, 만약 어떠한 사회에서 모든 구성원의 소득이 완전히 균등하게 배분되는 완전평등선 상태에 이르면 지니계수는 0이 되며, 한 구성원이 사회의 모든 소득을 독차지하는 삼각형 꼭지점의 상태가 되면 완전 불평등을 이루게 된다. 이는 지니계수는 1인 상태로, 지니계수가 커질수록 그 사회는 더 불평등하며, 일반적으로 지니계수가 0.4 이상이면 높은 불균등 상태, 0.2 미만이면 낮은 불균등 상태에 있다고 할 수 있다(나민주, 2001, p. 678).

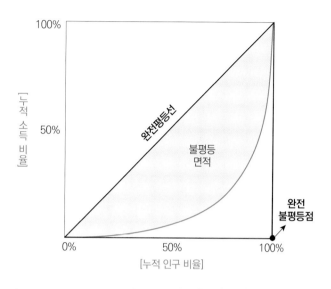

[그림 11-2] 지니계수

　마지막으로 맥룬지수(McLoone index)의 경우 교육재정분야에 특화하여 사용되고 있는 불평등지수로서 전체 사례의 지출액 중앙치(median)를 산출하고 중앙치 이하에 있는 사례들의 총 지출액이 해당 사례가 모두 중앙치에 있다고 가정했을 때의 총 지출액에서 차지하는 비율을 지수로 나타낸 값이다. 즉, 맥룬지수는 중앙치 값이 기본적 교육목표를 달성하는 데 소요되는 충분한 예산이라고 가정하고, 중앙치 이하 집단의 교육비를 중앙치 수준까지 높이게 되면 교육비 평등이 이루어진다고 주장한다. 또한 이 과정에서 중앙치 이하 집단의 추가적 재정확보를 위해 중앙치 이상 집단의 교육비 삭감을 전제하지 않기 때문에 결국 중앙치 이하 집단의 교육비 상승을 통해 총 교육비는 증가하게 된다. 이와 같은 맥룬지수는 앞서 논의한 로렌츠 곡선, 지니계수와는 달리 교육비 평등을 이루기 위한 기준값과 대상을 제시하고, 이에 대한 구체적인 정책적 논의를 가능하게 한다는 점에서 차별화된다.

　다음으로 수직적 공평성을 분석하기 위한 방법으로 사용되는 대표적인 지수는 가중학생지수, 가중가격지수이다. 수직적 공평성은 교육재정을 개인 또는 집단이 갖고 있는 여건을 고려하여 배분하는 것을 지향하는 개념이기 때문에 각 지수는 이를 위한 기준을 정하고 그에 따라 재정을 배분하는 방식을 택한다.

　우선 가중학생지수(weighted pupil units)는 학생의 교육적 필요도에 부합하도록 교육자원을 분배하는 것으로 학생 수 대비 예산분배 방식이 아닌 학생 특성에 따른 교육비 차이도를 산출하여 이 값을 기반으로 교육비를 차등 편성하는 것을 의미한다. 반면, 가중가격지수

(price difference index)는 학교 또는 집단의 특성에 따라 소요비용을 다르게 산정하는 것으로 학교가 소재한 지역의 물가, 생활비, 임금수준 등을 고려하여 각 학교의 소요비용을 산정하고, 이 비용의 차이를 지수로 환산한다.

교육재정의 공평성을 측정하는 다양한 방법과 지수를 활용할 때에는 분석하고자 하는 사회적 쟁점이 무엇이냐에 따라 신중하게 선택해야 한다. 왜냐하면 공평성 분석에서는 어떤 분석방법을 선택했는가에 따라 그 계량적 수치가 달라질 수 있기 때문에 현재 어떠한 사항에 대해 문제의식을 갖고 있으며, 그 문제를 해결하기 위한 최적의 방법이 무엇인지에 대한 진지한 고민이 수반되어야만 궁극적으로 공평성이 지향하는 가치를 확보할 수 있기 때문이다.

2) 효율성

효율성(efficiency)이란 능률성과 효과성을 합친 개념으로서 투입 대비 산출 비율에 관심이 있는 능률성과 투입, 산출 비율과 상관없이 최대 목표 달성에 관심이 있는 효과성을 동시에 추구한다. 이와 같은 효율성 개념은 산출을 명확하게 정량화하기 어려운 공공행정의 영역에서 좀 더 보편적으로 활용된다. 즉, 교육재정에서 효율성의 개념은 투입과 산출의 관계를 양적 측면에서뿐만 아니라 질적 측면에서도 초점을 맞추고 있다고 볼 수 있다.

전통적 효율성 분석방법으로는 회귀분석(regression analysis), 생산성지수(productivity index), 비율분석(ratio analysis) 등이 있고, 최근에 많이 활용되는 분석방법으로는 자료포락분석(data envelopment analysis) 등이 있다(반상진 외, 2014, p. 49). 이와 같은 효율성 분석방법에 대해 간략하게 살펴보면 다음과 같다.

첫째, 회귀분석의 경우 통계적으로 변수들 사이의 관계를 추정하는 분석방법이다. 독립변수와 종속변수의 선형모델을 설정하게 되면 독립변수가 한 단위 증가할 때 이에 대응하여 종속변수 역시 어느 정도 변화할지에 대한 예상이 가능하다. 이 예상치를 기대 산출물이라고 정의하였을 때, 기대수준의 산출이 이루어지지 않는 사례에 대해 낮은 효율성을 나타낸다고 간주한다. 회귀분석은 투입, 산출 관계가 명확하지 않은 경우의 생산관계를 추정하는 데 많이 활용하는 효율성 분석방법 중 하나이다.

둘째, 생산성은 생산 과정에서 얼마나 효율적으로 투입요소들을 결합하여 산출을 이루어 냈는가를 의미하며, 생산성 지수는 투입 대비 산출 또는 부가가치의 양이 어느 정도인가를 대변하는 수치이다. 그러므로 상대적으로 적은 투입을 통해 많은 산출을 얻게 되는 경우 생산성 지수가 높다고 할 수 있다. 이러한 계산 방식은 적용하기 쉽고, 지수 변화에 따른 예측이 가능하며, 상대적 비교가 용이하다는 장점이 있다. 다만 투입, 산출요소를 금액으로 환산하여 분석하기 때문에 금액추정의 오류가 발생할 경우 효율성 정보가 왜곡될 수 있으며(반상진 외, 2014, p. 50), 어떠한 부분이 비효율의 원인이 되고, 그 정도는 어느 수준인지에 대한 통합적 분석이 어려운 방법이기에 정책적 시사점을 제공하기에는 한계가 있다.

셋째, 비율분석은 기업의 재무제표와 같이 정량적으로 수치화된 자료를 활용하여 항목 간 재무비율 산출 후 과거실적 또는 타 기업과의 비교를 통해 효율성을 분석 및 평가하는 경영기법이다. 효율성 분석 관점에서는 재무비율분석, 비용편익분석, 비용효과분석의 형태를 많이 사용한다. 재무비율분석의 경우 투자수익률, 자산수익률, 자기자본이익률 등의 재무비율을 자체 기준이나 타 기업과의 상대적 비교를 통해 효율성을 평가한다. 비용편익분석의 경우 문제해결을 위해 제시되는 대안별로 비용대비 편익을 평가하여 최적의 대안을 결정하려는 의사결정 방법으로 활용된다. 마지막으로 비용효과분석의 경우 비용편익분석과는 달리 비금전적 효율성을 평가하는 데 주로 활용되며, 목표달성도, 성취수준 등이 평가 대상이다. 이와 같이 비율분석은 적용과 이해가 쉬워 예비분석 시 많이 활용되고 있으나, 이에 반해 각종 비율지표의 분석만으로는 장기적 성과를 예측하기 어렵다는 단점이 있다(반상진 외, 2014, pp. 51-52).

넷째, 자료포락분석은 차르네스 등(Charnes, Cooper, & Rhodes, 1978)에 의해 고안된 방법으로서 의사결정단위(decision-making unit)의 상대적 효율성을 비교하는 방법이다. 자료포락분석방법은 특정 함수형태를 가정하지 않고, 특정 조직이 경험적으로 추정하는 효율성 프론티어(efficiency frontier)를 도출하여 대상 간 상호비교를 통해 효율성을 측정하는 방법이다. 자료포락분석방법은 투입물과 산출물의 다수이고, 산출물의 시장가격이 정확하게 존재하지 않는 비영리조직의 효율성을 분석하는 데 유용하다(정대범, 2011, p. 48). 그러나 어떠한 변수를 포함하느냐에 따라 각 변수별 상대적 효율치가 달라질 수 있기 때문에 절대적 효율성을 판단하기 어렵다는 단점이 있다.

3) 적정성

교육재정 영역에서 적정성(adequacy)은 교육목적 달성을 위해 필요한 자원이 적절하게 확보되어 있는가를 의미한다. 교육목적이란 교육활동 자체로서의 목표뿐만 아니라 교육활동에 직간접적으로 영향을 미치는 사회적 기대까지 포괄할 수 있다. 즉, 적정성은 공교육을 위해 투입되는 재정에 대한 효과를 확인하고, 이에 대한 교육적 책무성(educational accountability) 요구에 대응하는 과정에서 중요하게 다루어지기 시작했다.

적정성 개념을 좀 더 상세하게 이해하기 위해서는 앞서 논의한 수직적 공평성 개념과의 비교가 필요하다. 수직적 공평성은 어떠한 기준으로 자원과 기회를 분배하는 것이 올바른지에 대한 규범적 개념이 포함된 절대적 기준의 충족을 중시한다. 즉, 학습자 또는 기관의 특성에 따라 요구되는 자원과 기회의 양이 달라질 수 있고, 이를 충족시켜 주는 것이 진정한 의미의 평등이라고 주장한다. 이 관점에서 모든 학생과 기관은 서로 상이한 교육적 요구를 갖고 있기 때문에 각기의 교육목표 달성을 위해 적정한 투입의 양은 달라질 수밖에 없으며 이는 적정성의 개념과도 자연스럽게 연결된다. 다만 일반적으로 수직적 공평성은 투입관점에서의 여건 차이에 주요 관심을 갖고, 적정성은 최종 산출이나 성과의 차이에 근거하여 재정투입의 수준을 판단한다는 점에서 일부 차별화된다. 그러나 "수직적 공평성은 교육적 적정성과 같다."라고 언더우드(Underwood, 1995)가 밝힌 것과 같이 사실상 매우 유사한 개념이라고 볼 수 있다.

그럼에도 적정성의 개념을 공평성과 구분하여 논의하는 가장 핵심적인 이유는 재정의 공평한 배분을 넘어서서 목표달성을 위한 절대적 재정지원 수준을 강조하고 있기 때문이다. 즉, 모든 학생이 각 학교급에서 필수적으로 습득하여야 하는 지식을 학습하기 위해 투입되어야 하는 최소한의 교육비를 절대적 기준에 근거하여 설정할 수 있게 하는 것이 교육의 적정성이다. 여기서 절대적 기준이란 두 가지 측면에서 논의될 수 있는데 하나는 학생들이 교육활동을 통해 어떠한 내용을 어느 정도의 수준까지 성취해야 하는가이며, 다른 하나는 이러한 것을 가능하게 하는 교육재정의 규모는 어느 정도의 수준까지 투입해야 하는가이다. 교육활동의 내용과 수준에 대한 논의는 국가 수준의 교육과정을 통해 구체화되며, 교육재정에 대한 논의는 표준교육비, 적정교육비, 최저소요교육비 등의 개념으로 설명된다(최준렬, 2013, p. 6). 표준교육비란 적정한 교육활동을 수행하는 데 필수적으로 필요한 교육조건을 표준화하고, 이를 기반으로 최소한의 교육원가를 산출한 것을 의미한다.

오덴과 피커스(Odden & Picus, 2020)에 따르면 교육재정의 적정성 분석방법은 우수사례 벤치마킹법(successful-district approach), 전문가 판단법(professional judgement approach), 비용함수법(cost function approach), 증거기반 접근법(evidence-based approach) 등이 있으며, 반상진 외(2014)에 따르면 비교모형, 합의모형, 함수모형, 원가모형, 혼합모형 등이 있다.

이러한 분석방법을 통합적으로 살펴보면 세 가지 관점에서 교육적정성 분석이 가능하다.

첫째, 타 우수사례를 벤치마킹하면서 적정수준을 판단하는 방법이다. 예를 들어, 높은 수준의 성취수준을 달성하고 있는 학교 또는 교육구와의 비교를 통해 기준이 되는 학교 또는 교육구의 적정수준 재정규모를 산정하는 것이다. 구체적인 절차는 우수성과를 내는 집단의 특성이 비교대상과 유사한 경우 그 집단의 교육재정 규모, 집행항목 등을 적정하다고 판단하고 이를 목표로 삼는 것이다. 이 분석방법의 강점은 실제 성과사례를 기반으로 적정교육비를 산출한 것이기 때문에 재정투입 효과의 예측이 좀 더 구체적으로 이루어질 수 있다는 점이다.

둘째, 전문가 또는 이해당사자의 의견에 기반을 두어 적정수준을 판단하는 방법이다. 구체적으로는 전문가 또는 이해당사자가 교육목표 달성을 위해 요구되는 여건, 환경 등에 대해 의견을 모으고, 이를 기초로 적정교육비를 산출한다. 이 분석방법은 교육재정이 본질적으로 추구하고 있는 교육목표 달성을 기준으로 하여 전문성 또는 높은 수준의 이해관계를 갖는 주체가 교육재정의 적정성을 정의한다는 점에서 강점이 있다. 그러나 이 분석방법은 개별 전문가 간의 교육적 견해는 다를 수 있고, 각 집단 간의 이해관계 역시 합의하기 어렵다는 점에서 한계가 있다.

셋째, 계량적인 함수모형을 적용하여 적정교육비를 산출하는 방식이다. 예를 들어, 비용함수접근법(cost function approach)에서는 목표 수준의 학업성취도 달성을 위해 소요되는 비용을 산출한다(백일우, 2007, p. 353). 이는 회귀분석을 통해 비용함수를 추정하는 방식이므로 교육비 결정요인과 요인별 영향 정도를 탐색할 수 있다는 장점이 있다. 그러나 일반화된 함수모형을 설정하기 위해서는 수많은 사례와 데이터에 기반을 두어야 한다는 전제가 있고, 이것이 충분하지 않으면 집단별 상이한 특성들을 하나의 일반화된 모형으로 설명하기 쉽지 않다는 단점이 있다.

제2절 • 교육비용의 개념과 유형

교육재정학에서 논의되는 교육비는 교육활동을 위해 사용하는 비용을 의미한다. 우리는 교육비라고 하면 현물로서의 금전적 비용을 연상하기 쉬운데 교육재정학에서는 표면적으로 드러나지 않는 비용 또는 비금전적 형태의 비용까지 개념을 확장한다. 또한 교육비 부담의 주체, 투입목적 등에 따라서도 다양한 유형의 비용에 대해 논의하며, 교육비 투입대비 산출 및 성과측정에도 관심을 둔다. 이 절에서는 우선 교육비의 개념과 유형에 대해 살펴본 뒤 이러한 교육비 지출을 통해 얻게 되는 교육효과와 수익의 개념과 유형에 대해서도 고찰하고자 한다.

? 핵심 질문 3) 교육비란 무엇이며, 어떠한 분류체계를 갖는가?

1. 교육비용의 개념과 유형

1) 교육비용 개념

교육비용이란 교육을 위해 사용되는 비용을 의미한다. 그러나 학교교육 이외에도 사교육기관, 개인, 평생교육기관 등에서 이루어지는 교육까지 확대하다 보면 범위가 워낙 방대하기 때문에 오히려 교육비용의 개념이 모호해질 수 있다. 또한 금전적 비용 이외에 학생들의 노력, 교사의 헌신 등과 같이 비금전적 형태의 비용도 있으나 이는 금전적 형태로 변환하기가 쉽지 않다. 따라서 일반적으로 교육비용이라고 할 때에는 '공교육 체제 속의 학교교육 활동에 투입된 경비 중 금전적으로 표시된 경비'로 한정하여 사용하고 있다(주삼환 외, 2023, p. 284).

2) 교육비용의 유형

교육을 위해 사용되는 비용은 각 기준에 따라 다양하게 분류된다. 대표적으로는 교육비 투입방식에 따라 직접교육비와 간접교육비로, 공공절차에서 교육비 확보 및 배분의 과정이 이루어지는지 아닌지에 따라 공교육비와 사교육비로, 교육비 투입목적에 따라 자본비와 경상비로, 생산량과 총비용의 관계에 따라 고정비와 가변비로 나눌 수 있다.

(1) 직접교육비 vs 간접교육비

교육활동을 함에 있어 비용이 직접 투입되는가에 따라 직접비(direct costs)와 간접비(indirect costs)로 구분할 수 있다. 직접비는 명시적 비용(explicit costs)이라고도 하며, 교육재 생산을 위해 직접적 비용지출을 하는 등록비, 교보재비, 학교 운영비 등을 의미한다. 반면에 간접비 또는 암묵적 비용(implicit costs)은 교육재 생산을 위해 금전으로 직접 지출하지는 않지만 비용으로 간주될 수 있는 항목을 의미하는데, 예를 들어 교육비로 지출하지 않았다면 얻게 될 수 있는 이자소득, 건물 감가상각비 등과 같은 기회비용(opportunity costs)이 이에 속한다. 직접비는 회계점검을 통해 전체 규모 파악에 용이하지만, 간접비의 경우 회계에서 잘 드러나지 않기 때문에 교육비 계산에 있어서 놓치기 쉬운 비용이다. 콘(Cohn, 1975)에 따르면 대표적인 교육의 기회비용은 세 가지로 요약할 수 있다. 첫째, 학생이 포기한 소득이다. 교육을 받기 위해 결심하고 학생 자신의 시간을 투자하기로 결심한다는 것은 교육을 받지 않는 경우 획득할 수 있는 경제적 소득을 포기한 것이라고 볼 수 있다. 이 기회경비는 일반적으로 초등학교 수준에서 가장 낮고, 대학 이상의 수준에서 높게 나타난다. 둘째, 교육기관이 받는 면세혜택에 대한 기회비용이다. 교육기관은 비영리기관으로서 재산세 부과 대상에서 제외된다. 정부가 교육기관에 이와 같은 혜택을 제공하는 것은 세금을 부여함으로써 받을 수 있는 이익에 비해 이 기회비용이 더 크다고 판단했기 때문일 가능성이 높다. 즉, 교육활동에 대한 정부의 투자적 성격과 규모로서 기회비용을 이해해야 한다. 셋째, 기타 각종 전가비용이다. 학생들이 학교교육을 받는 데 필요하여 구입하는 각종 교재, 학용품 구입비, 설비 감가삼각비 및 교육투자로 인해 포기된 잠재적 이자, 학생 교육활동을 지원하기 위해 시간을 할애하는 보호자의 포기된 소득 등이 여기에 속한다.

일반적으로 교육재정학에서는 직접교육비 중심의 예산편성 및 운용에 관심이 있고, 교육경제학에서는 교육기관이 어떤 식으로 교육재화의 생산량과 교육가격을 결정하는지에 관심이 있으므로 직접교육비와 간접교육비 모두를 분석 대상으로 삼는다(백일우, 2007, p. 144).

(2) 공교육비 vs 사교육비

공교육비와 사교육비는 해당 비용이 공공회계를 통해 집행되느냐 여부에 따라 구분된다. 즉, 교육비의 확보 및 배분이 공공회계에서 이루어지는 경우 교육비 재원을 누가 부담하는가와 상관없이 공교육비로 분리되며, 개인 또는 집단이 개별적으로 수행하는 교육활동 지출비용은 사교육비로 분리된다.

공교육비가 공공회계를 통해 교육비 확보 및 배분이 이루어진다고 정의하는 것은 모든 학생에게 궁극적으로 사회적 형평성을 보장하는 서비스를 제공한다는 의미이다. 따라서 공교육비로 집행되는 교육활동의 질은 모든 학생에게 기본적으로 동일한 수준으로 제공되어야 하며, 개인여건에 따라 수업료를 면제해 주거나 추가적인 장학혜택을 제공하는 것도 재정부담 능력에 대한 사회적 형평성 보장 측면에서 동일한 수준의 교육활동의 질을 담보하기 위함이라고 이해해야 한다. 공교육비는 공부담 공교육비와 사부담 공교육비로 구분되는데 공부담 공교육비는 공적으로 확보된 재정으로 운영하는 교육비를 말하며, 국가교부금, 지방자치단체 교육비 등이 대표적이다. 이에 반해 사부담 공교육비는 공공회계를 통해 집행되는 교육비 중 개인이 부담하는 비용으로 교육비 특별회계(수업료 등)와 학교회계(방과후학교활동비 등)가 이에 속한다.

사교육비는 개인이 공교육 이외에 추가적인 교육서비스를 원하는 경우 자신의 재정적 능력, 집행 우선순위 등에 따라 다르게 책정될 수 있는 경비이다. 공교육에 대한 만족도가 낮은 경우, 경쟁이 치열하여 공교육만으로는 비교우위를 갖기 어려운 경우, 개인적 자아실현 및 여가활동이 공교육 교육범위에 포함되지 않는 경우 등이 사교육비를 지출하는 주요 원인이며, 이 비용이 전체 국가 수준에서 지나치게 높을 경우 사회적 문제로 다루어지기도 한다.

앞서 논의한 직접교육비 vs 간접교육비, 공교육비 vs 사교육비 분류체계를 이해를 돕기 위해 정리하면 〈표 11-1〉과 같다.

〈표 11-1〉 교육비 분류체계

직접교육비	**공교육비**	공부담 공교육비	정부교부금, 지방자치단체보조금, 법인전입금 등
		사부담 공교육비	입학금, 수업료, 방과후학교활동비 등
	사교육비	사부담 사교육비	교재대, 학용품비, 과외비, 교통비 등
간접교육비	**교육기회경비**	공부담 교육기회경비	비영리 교육기관 면세비용의 가치
		사부담 교육기회경비	학생(또는 보호자)의 교육(지원)을 위해 포기된 근로소득의 가치

(3) 자본비 vs 경상비

교육비 투입목적에 따라 자본비(capital costs)와 경상비(operating costs)로 분류한다. 자본비는 토지, 건물 등과 같이 장기간에 걸쳐 내구적으로 사용되는 자본에 투입되는 비용이며, 경상비는 전기세, 수도세, 학교교육활동비, 교원연수비 등과 같이 학교 운영에 필요한 단기적 소비에 투입되는 비용이다. 경상비는 일반적으로 매 회계연도마다 반복해서 지출하게 되므로 경상비의 고정비율이 높아지면 장기적으로 전체적 재정운영에 부담으로 작용할 수 있다.

(4) 고정비 vs 가변비

생산량의 변화에 따라 총비용이 변하느냐 변하지 않느냐에 따라 고정비와 가변비로 분류한다. 예를 들어, 고정비의 경우 1,000명을 수용할 수 있는 학교체육관을 신축하는 비용이 포함될 수 있다. 1,000명의 학생을 수용하는 것으로 충분한 학교의 경우 이 체육관 건립비용은 1,000명 이내에서 몇 명의 학생이 얼마나 사용하는 것과 상관없이 비용이 고정된다. 그러나 이 체육관에서 착용해야 할 체육복을 제작하는 비용은 가변비이다. 체육관을 활용하는 학생 수가 늘어날수록 비용이 증가하며, 학생 수가 줄어들면 비용은 감소한다. 또한 고정비가 변하지 않는 기간, 즉 체육관에 새로운 시설 설비를 하거나 재건축하는 비용이 요구되지 않는 기간 동안 소요되는 비용을 단기비용, 고정비용까지 변하는 것을 고려한 소요비용을 장기비용이라고 한다.

? 핵심 질문 4) 교육효과와 교육수익의 개념은 무엇인가?

2. 교육효과와 교육수익

1) 교육효과 개념 및 유형

교육효과란 교육을 통해 나타나는 가치 있는 변화, 예를 들어 새로운 지식함양, 취업, 높은 임금 등을 의미한다. 교육효과는 뒤에 언급할 교육수익과는 달리 교육투자로 인한 금전적 요인 이외에도 다양하게 나타날 수 있는 비금전적 효과까지 모두 포괄하는 개념이다(강경석, 2001, p. 246).

교육효과는 기준에 따라 다양하게 구분할 수 있지만 가장 대표적인 분류유형은 내부효과(internal effects)와 외부효과(external effects)이다. 교육적 내부효과는 교육받은 개인과 개인이 속한 집단 내부에만 미치는 효과이다. 좋은 교육을 받으면, 받은 교육에 부합하는 직업을 가질 확률이 높고, 그에 따른 경제적 소득도 얻을 수 있다. 이와 같은 직접적인 혜택은 교육을 받은 사람이 속한 가족 구성원과도 나누어질 수 있고, 소속된 집단에게도 기여될 수 있다.

이에 반해 교육적 외부효과는 교육을 받은 개인과 개인이 속한 집단을 넘어서서 외부에까지 미치는 효과를 의미한다. 한 사회에 일정 수준 이상의 교육을 받은 사람의 비율이 높아지면 진학률, 취업률 등도 올라갈 가능성이 높고, 이러한 사회는 유기적으로 기능하게 되며 그에 따라 투표율은 올라가고, 사회범죄율은 낮아질 수 있다. 즉, 개인의 사회참여, 범죄예방에 등에 투입해야 하는 사회적 비용의 절감을 가능케 한다. 이러한 것을 바로 외부효과 또는 유출효과(spillover effects)라고 하며(김홍주, 2001, p. 384), 이를 통해 원래 기대하지 않았거나 또는 기대보다 높은 수준의 효과를 얻을 수 있다.

2) 교육수익 개념 및 유형

교육문제에 대한 보다 정확한 의사결정을 위해 교육수익을 정의하고 측정하려는 기존 연구자들의 많은 시도가 있었다(윤정일 외, 2021, p. 391). 그중 가장 일반적으로 사용되고 있는 교육수익의 개념은 교육을 통해 얻을 수 있는 투자적 관점의 효과이다. 그러므로 교육수익은 앞서 논의한 교육효과의 일부분이라고 볼 수 있으며, 다만 교육투자의 경제적 효과에 좀 더 관심을 갖는 개념이라고 볼 수 있다.

교육수익은 금전적 수익과 비금전적 수익, 사적 수익과 사회적 수익, 투자적 수익과 소비적 수익으로 분류할 수 있다. 우선 금전적 수익과 비금전적 수익에 대해 살펴보자면 금전적 수익은 교육의 효과를 금전적으로 환산할 수 있는 경우를 의미하며, 비금전적 수익은 금전으로는 환산할 수 없는 효과를 의미한다. 앞에서 논의한 외부효과 또는 교육을 통해 얻게 되는 정서적 감정 등이 대표적인 예이다.

다음으로 사적 수익과 사회적 수익을 살펴보면 사적 수익의 경우 교육으로 인한 혜택이 교육수혜자에게 돌아가는 것을 의미하며, 사회적 수익은 그 수혜자가 속한 사회로 돌아가는 것을 말한다. 개인이 갖게 되는 사적 수익의 대표적인 예는 임금, 직무만족도, 고용안정성 등이며, 사회적 수익의 예는 경제성장, 범죄율 감소, 기술진보 등이 있다.

마지막으로 투자적 수익과 소비적 수익에 대해 살펴보면 투자적 수익은 교육비용이 미래의 투자금으로 활용되어 더 높은 수준의 수익으로 이어지는 것을 의미하며, 소비적 수익은 미래 생산성 향상을 위해서라기보다는 교육활동 그 자체가 갖는 의미를 가치 있게 여길 때 발생하는 비금전적 수익이라고 볼 수 있다.

제3절 • 교육재정의 구조

교육재정의 구조를 이해하기 위해서는 재원확보 차원의 세입구조와 배분 차원의 세출구조로 구분하여 살펴보아야 하며, 이는 각각 국가, 지방, 단위학교에서 세분화된다. 국가와 지방의 교육재정은 모두 공교육재정이며, 단위학교는 재원부담 주체에 따라 공교육 또는 사학교육재정으로 구분될 수 있다.

유·초·중등 교육재정의 재원규모는 법령으로 정해져 있다. 공교육재정의 경우 「지방교육재정교부금법」, 「교육세법」, 「초·중등교육법」 등에서, 사학교육재정의 경우 「사립학교법」, 「고등학교 이하 각급 학교설립 · 운영규정」 등의 법령에 기반을 두어 교육재원을 확보한다. 반면, 고등교육, 평생교육 및 직업교육의 경우 예산 협상과정을 통해 매년 재원의 규모가 결정된다.

이 절에서는 국가, 지방, 단위학교로 재정운영 주체를 구분하고, 각 주체별 재정구조가 어떠한 형태로 설계되어 있으며, 재정의 확보와 분배는 어떻게 이루어지는지 제시하고자 한다.

❓ 핵심 질문 5) 우리나라 국가, 지방, 단위학교 교육재정의 구조는 어떠한가?

1. 국가교육재정의 구조

국가교육재정은 국가 총 세입에서 교육부 소관으로 연간 배분되는 일반예산과 교육재정 확충에 필요한 재원의 안정적 확보를 위해 목적세로 부가되는 교육세, 지방교육재정교부금 그리고 국립학교 교육비로 구분되어 확보된다. 지방교육재정교부금을 제외한 교육부 소관 일반회계 재원의 경우 별도의 확보 제도를 갖고 있지 않고, 매년 국가 총 세입에서 정부와의 협상을 통해 증감이 결정된다.

2024년 기준, 교육부 소관 세출예산 구조는 다음과 같다. 교육부 세출예산은 크게 일반회계, 특별회계, 기금으로 구분되고, 일반회계 총 예산의 90% 이상은 지방교육재정교부금으로 배분되며, 이는 교육부 소관 일반회계 세출에 총액이 편성되나 곧바로 지방교육자치단체로 이전된다. 다음으로 특별회계는 지역균형발전특별회계, 유아교육지원특별회계, 그리고 고등 · 평생교육지원특별회계로 구분된다. 이 중 유아교육지원특별회계는 유아교육 및 보육을 통합한 공통의 교육 · 보육과정 정책의 안정적인 추진을 위하여 2017년 설치되었으며, 2025년까지 운영하기로 되어 있으나 필요시 연장 가능하다. 또한 고등 · 평생교육지원특별회계의 경우 대학의 미래 인재양성 역량을 강화하고, 교육 · 연구, 운영 여건 개선 등을 지원하기 위하여 2023년에 한시적으로 설치되었다. 마지막으로 기금은 사학진흥기금과 사학연금기금으로 구분된다(공무원 연금기금과 국민건강보험기금은 인사혁신처와 보건복지부 소관).

국가교육재정 중 교육부가 직접 집행하는 예산은 대부분 고등교육 관련 예산이며, 해당 예산은 희망하는 고등교육기관을 대상으로 선정평가 등을 거쳐 배부되거나, 고등교육에 참여하는 대학생에게 국가장학금 형태로 직접 지원된다.

2. 지방교육재정의 구조

지방교육재정은 시·도교육청의 교육활동 지원에 들어가는 재원을 의미하며, 각 지방자치단체가 설치 및 운영하는 국·공립 유·초·중등학교와 특수학교를 대상으로 한다. 또한 사립유·초·중등학교 및 특수학교의 경우 지방자치단체가 아닌 별도의 법인이 설치 및 운영하는 형태이지만 학생 구성원이 보통교육 및 의무교육 대상자에 포함되어 있고, 기관 운영 방향성이 정부 및 지방자치단체 정책과 긴밀하게 연결되어 있다는 점에서 지방교육재정의 지원 대상이 된다. 고등교육기관은 일반적으로 지방교육재정 지원범위에 속하지 않으나, 2025년부터 시행예정인 지역혁신중심 대학지원체계(Regional Innovation System & Education: RISE)에서는 교육부 대학재정지원사업 일부예산의 집행권한을 지자체로 이양할 예정이다. 이에 따라 고등교육기관은 지자체로 이양된 재원을 선정평가 결과에 따라 차등 지원받게 된다.

지방교육재정은 특별회계로서 지방자치단체의 일반회계와는 구분되며, 시·도 교육청의 교육감이 예산편성, 배분 및 집행과 관련한 최종의사결정 권한을 갖게 된다. 즉, 우리나라는 '교육'을 다른 일반분야와 구분하여 특별한 사회적 목적으로서 위치하며, 그 목적 달성을 위해 지방자치단체에 별도의 특별회계를 설치하여 재정확보와 운용의 안정성을 높이고자하고 있다.

1) 세입구조

지방교육재정의 세입은 국가교육재정에서 확보한 지방교육재정교부금을 시·도교육비 특별회계로 이전한 재원과 지방자치단체 일반회계에서 전입한 재원으로 대부분 구성되며, 지방교육채, 일부 자체수입 및 기타수입으로 구성된다.

(1) 중앙정부 이전수입

중앙정부 이전수입은 지방교육재정교부금, 특별회계 전입금 그리고 약간의 국고보조금으로 구성된다. 여기서는 지방교육재정교부금과 특별회계 전입금 중심으로 살펴보고자 한다.

「지방교육재정교부금법」 제1조에 따르면 지방자치단체가 교육기관 및 교육행정기관을 설치 및 경영하는 데 필요한 재원의 전부 또는 일부를 국가가 교부함으로써 교육의 균형발전을 도모하기 위한 목적으로 지방교육재정교부금을 확보하여 배분한다. 교부금의 재원은 해당연도 내국세(목적세, 종합부동산세, 담배에 부과하는 개별소비세 총액의 0.45% 및 다른 법률에 따라 특별회계 재원으로 자용되는 세목의 해당금액은 제외)의 20.79%에 해당하는 금액과 「교육세법」에 따른 교육세 세입액 총합으로 확보된다. 교육세는 우리나라 공교육의 질적 향상을 도모하기 위하여 필요한 교육재정 확충을 위해 부과되는 목적세이다. 1958년 의무교육제 시행을 위해 신설되었고, 1961년 폐지되었다가 1980년대에 교육수요 급증에 따른 재원마련을 위해 한시적 목적세로 교육세를 다시 부활시켰다. 그리고 1990년 「교육세법」 개정으로 교육세는 영구세로 전환되었다. 교육세는 대체로 부가세 형태를 취하며, 금융·보험업자, 특별소비세·교통세·주세 등의 납세의무자 등을 대상으로 부과한다. 지방교육재정교부금은 다시 보통교부금, 특별교부금 그리고 특별회계로 분류될 수 있다. 보통교부금은 기본적 교육활동에 사용되는 고정비 성격의 재원이다. 시·도교육청별로 기준재정수요액(교직원 인건비, 교육과정 운영비 등 지방교육 및 행정운영에 관한 기본적 재정수요)이 기준재정수입액(지방자치단체가 법령에 의해 시·도교육청 교육비특별회계로 전입시키는 교육 및 학예에 관한 수입예상액)에 미달하는 경우 그 부족분만큼 보통교부금으로 배분하게 된다. 보통교부금 재원은 내국세 20.79%에 해당하는 금액의 97%와 교육세 일부를 합하여 필요분만큼 확보한다. 반면에 특별교부금은 보통교부금으로 대응하기 어려운 특별한 재정지원 수요를 위한 재원으로서 「지방재정법」 제58조에 따른 국가시책사업에 60%, 지역교육현안사업에 30%, 재해대책사업에 10%를 배정할 수 있다. 시·도 교육감은 특별교부금을 항목별 목적에 부합하게 사용하여야 하며, 조건이나 용도를 변경하기 위해서는 사전에 교육부장관의 승인을 득해야 한다. 또한 특별교부금은 보통교부금과 달리 지방교육행정 및 지방교육재정의 운용실적이 우수한 지방자치단체에 우선적으로 지급된다. 다음으로 특별회계의 경우 국가에서 특정한 목적의 사업을 운영하고자 할 때, 일반회계와 구분하여 회계처리하는 것을 의미하며 현재 국가교육재정에는 「유아교육지원특별회계법」과 「고등·평생교육지원특별회계법」에 따른 특별회계가 설치되어 있다. 유아교육지원 특별회계는 유아교육 및 보육정책의 안정성과 지역별 형평성을 보장하기 위한 목적으로 설치되었으며, 고등·평생교육지원 특별회계는 대학의 미래 인재양성 역량을 강화하고, 교육·연구 및 운영여건 개선 등을 지원하기 위한 목적으로 설치되었다. 특별회계의 재원은 「교육세법」에 따른 교육세와 정부 일반회계 추가 전입금으로 구성된다.

(2) 지방자치단체 전입금

지방자치단체 재정은 일반지방자치단체 일반회계와 교육지방자치단체 특별회계로 구분된다. 시·도 교육청이 주관하는 교육지방자치단체 특별회계를 일반적으로 지방교육재정이라 부르며, 매년 지방자치단체 일반회계의 일정비율과 일부세목을 교육지방자치단체 특별회계로 전출한다. 이는 「지방교육재정교부금법」 제11조에 법령으로 명시하고 있으며, 각 지방자치단체가 지역의 교육에 대한 책무성을 갖고, 그 책무를 실현하기 위한 수단으로서 지방교육재정의 일부분을 분담하게 하기 위한 목적을 띤다.

지방자치단체 일반회계 전입금은 법정전입금과 비법정전입금으로 다시 구분되는데, 법정전입금은 법령으로 재원규모와 의무를 구체적으로 정하는 데 반해 비법정전입금은 이에 대한 별도의 규제가 없다. 구체적으로 법정전입금은 시·도세 전입금, 담배소비세전입금, 지방교육세 전입금, 지방교육재정 교부금보전금, 교육급여보조금 전입금, 무상교육경비 전입금, 학교용지 구입비 부담전입금으로 구분된다. 시·도세 전입금의 경우 1995년 문민정부의 '5·31 교육개혁안' 실현을 위한 재원마련 목적으로 도입되었고, 현재 서울시 10%, 경기도 및 광역시 5%, 나머지 지역 3.6%를 시·도 교육비 특별회계로 이전하고 있다. 담배소비세 전입금은 기존 담배, 휘발유, 경유 등에 부과되던 교육세가 지방세로 전환하면서 발생한 결손에 대한 보존 목적으로 부과되며 담배소비세의 45%가 교육비 특별회계로 이전된다. 지방교육세 전입금은 「지방세법」에 규정되어 있으며, 기존에 중앙정부가 관할하던 지방세분 교육세가 지방교육세라는 명목으로 지방자치단체 일반회계에 편성되어 이를 다시 지방교육자치단체 특별회계로 이전하는 항목이다. 지방교육재정교부금 보전금은 지방소비세율 인상에 따라 내국세 총액이 감소함으로써 발생하는 교부금 감소분과 시·도세 전입금 증가분을 보전하기 위한 제도이며, 교육급여보조금 전입금은 보건복지부가 담당해 오던 교육급여사업이 교육부로 이관됨에 따라 교육급여사업비에 대한 해당 지방자치단체 대응투자비(서울 50%, 그 외 20%)를 지방교육자치단체 특별회계로 전입시키는 제도이다. 무상교육경비 전입금은 무상교육에 필요한 비용의 5%에 해당하는 규모를 지방자치단체 일반회계에서 전출하는 것을 의미하며, 이는 지방자치단체 일반회계가 기존부터 부담하던 고교학비를 이전하는 재원이다. 마지막으로 학교용지구입비 부담전입금은 지방자치단체의 택지개발 사업계획에 의해 학교신설비용이 발생하는 경우 전체 매입비용의 50%를 교육비 특별회계로 이전하게 하는 부담금이다. 비법정전입금은 지방자치단체가 해당 지역의 교육·학예 발전을 위해 필요하다고 판단되는 경우 자발적으로 지원하고 있는 경비를 일컫는다. 예를 들어, 공공도서관 운영, 학교무상급식 지원, 특수교육지원 등이 이에 속한다.

(3) 기타 전입금

앞서 논의한 전입금 이외에도 교육비 특별회계 부담수입금, 지방교육채, 민간이전수입

등이 있다. 교육비 특별회계 부담수입금은 교수학습 활동수입(입학금 및 수업료)과 잡수입, 이자수입과 같은 기타 자체수입으로 구분된다. 지방교육채는 지방교육자치단체가 세입부족 대응을 위해 조세수입을 담보로 채무를 발생시키는 것을 의미하며, 이는 전전년도의 세입결산액 10% 범위 내에서 한도액을 설정할 수 있다. 마지막으로 민간이전수입의 대부분은 기부금으로 구성된다.

이상의 지방교육재정 세입구조를 요약하면 [그림 11-3]과 같다.

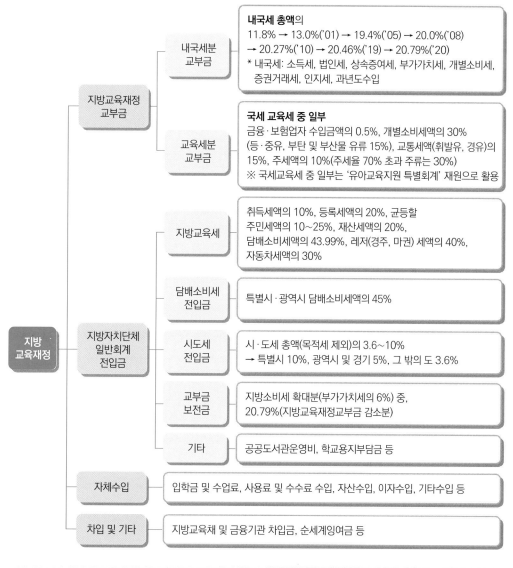

[그림 11-3] **지방교육재정 세입구조**

주) 지방교육재정알리미(https://eduinfo.go.kr)에서 발췌.

2) 세출구조

지방교육재정의 세출은 「지방자치단체 교육비특별회계 예산편성 운영기준」에 의거하여 편성되고 지출된다. 이 규정 제5조에 따르면 세출예산의 분야·부문은 기능별로 분류한 뒤 정책사업, 단위사업, 세부사업으로 설정하게 되어 있으며, 세출예산의 성질별 분류는 목그룹, 목, 세목, 원가통계목별로 분류하도록 한다.

이 규정에 따르면 2024년 기준, 세출사업은 3개 분야, 5개 부문, 11개 사업, 48개 단위사업으로 구분하며, 성질별 세출과목 목그룹은 총 8개(인건비, 물건비, 이전지출, 자본지출, 상환지출, 전출금 등, 예비비 및 기타, 내부거래)로 구분한다. 이 중 지방교육재정 세출사업 구조를 구체적으로 제시하면 〈표 11-2〉와 같다.

〈표 11-2〉 지방교육재정 세출사업 구조

분야	부문	정책사업	단위사업	세부사업
[050] 교육	[051] 유아 및 초중등 교육	[01]인적자원 운용	[03]교직원 역량 강화	[01]교원연수운영, [03]지방공무원연수운영, [04]근로자연수운영
			[05]교직원인사	[01]교원인사관리, [03]순회교사제운영, [04]지방공무원인사관리, [05]근로자인사관리
			[08]교직원복지	[01]교직원복지지원
		[02]교수학습 활동지원	[01]교육과정운영	[01]교육과정운영지원, [03]교육자료개발보급, [05]특색교육과정운영, [06]교육과정운영여건개선
			[02]학력신장 및 평가	[01]교실수업개선, [02]학력향상지원, [03]학력평가관리
			[03]장학및연구	[01]현장중심장학지원, [03]연구시범학교운영, [04]교육연구운영지원, [05]교수학습지원센터운영
			[06]유아교육	[01]유아교육운영, [02]유치원방과후과정운영, [03]유치원교육여건개선, [04]사립유치원지원
			[07]특수교육	[01]특수교육운영, [03]특수교육복지, [04]특수교육여건개선

분야	부문	정책사업	단위사업	세부사업
[050] 교육	[051] 유아 및 초중등 교육	[02]교수학습 활동지원	[08]영재교육	[01]영재교육운영
			[09]독서교육	[01]독서논술교육운영, [02]학교도서관운영
			[13]직업교육	[01]직업교육운영, [04]취업역량강화, [05]직업교육환경개선
			[14]학교정보화	[01]학교정보화여건개선, [03]ICT활용교육지원
			[17]특별활동지원	[01]문화예술교육활동, [03]각종체육활동, [04]학생단체활동
			[19]학생생활지도	[01]학생생활지도지원, [02]성폭력예방교육등, [03]학교폭력예방및교육, [04]학생상담활동, [05]학생안전관리
			[20]대안교육	[01]대안교육운영
			[22]진로진학교육	[01]진로진학교육운영
			[25]학생선발배정	[01]진학시험및입학전형관리, [02]대학수학능력시험
		[03]교육복지	[01]학비지원	[01]교육비지원, [04]교육급여지원
			[02]방과후학교 및 돌봄교실	[01]방과후학교운영, [03]방과후자유수강권지원, [04]돌봄교실운영
			[05]농어촌학교 교육여건개선	[01]농어촌학교교육활성화, [02]기숙형학교운영
			[09]교육복지지원	[01]교육복지우선지원, [02]급식비지원, [03]정보화지원, [04]누리과정지원, [05]교과서지원, [06]다문화 및 북한이탈주민등 자녀교육지원, [07]기타교육복지지원
		[04]보건급식	[01]보건관리	[01]학교보건관리, [02]학교환경위생관리, [03]산업안전보건관리
			[02]급식관리	[01]학교급식운영, [03]학교급식환경개선
		[05] 학교재정 지원관리	[01]학교운영비지원	[01]학교운영비지원
			[02]학교시설개선	[01]학교시설확충, [02]학교시설환경개선
	[053] 평생 교육	[01]평생교육	[01]평생교육운영	[01]평생교육시설및운영, [02]평생학습운영, [03]방송통신중고운영, [04]검정고시운영
			[02]독서문화	[01]도서관운영

분야	부문	정책사업	단위사업	세부사업
[050] 교육	[054] 교육 일반	[01]교육행정 일반	[01]정책기획및 비상계획	[01]교육정책기획관리, [03]교육정책홍보, [04]비상대비계획운영
			[03]감사법무관리	[01]감사관리, [02]법무관리
			[04]기관평가및 조직관리	[01]기관및학교평가관리, [02]조직및성과관리, [03]행정개선활동지원
			[07]의회협력및 선거관리	[01]의회협력, [02]선거관리
			[09]교육행정정보화 및 행정서비스	[01]교육행정정보시스템운영, [02]정보보안관리, [03]교육행정기록물관리, [04]민원행정서비스관리
			[13]예결산관리	[01]예산관리, [02]결산관리
			[14]재무관리	[01]재무회계관리, [02]공유재산및물품관리
			[15]학생배치계획	[01]학생배치계획관리, [02]적정규모학교육성
			[16]사학기관관리	[01]사학기관지도지원
			[17]교육협력	[01]학부모및주민참여확대, [02]교육협력관리, [03]국제교육문화교류협력지원
			[18]시설사업관리	[01]시설사업운영
			[20]특별교육재정수요	[01]특별교육재정수요지원
			[21]교직원단체관리	[01]교직원단체관리
		[02]기관운영	[01]기본운영비	[01]기관기본운영비
			[02]교육행정기관시설	[01]기관시설유지관리
		[03]재무활동	[01]지방채상환및 리스료	[01]지방채상환, [02]민간투자사업상환, [03]일시차입금관리
			[04]내부거래지출	[01]교육비특별회계전출금, [02]기금전출금, [03]예탁금, [04]예수금원리금상환
			[05]예치금	[01]예치금
[160] 예비비	[161] 예비비	[01]예비비및 기타	[01]예비비및기타	[01]예비비, [02]제지출금등, [03]내부유보금

분야	부문	정책사업	단위사업	세부사업
[900] 기타	[901] 인건비	[01]인건비	[01]공무원인건비	[01]교원인건비, [02]지방공무원인건비, [03]교육전문직원인건비
			[02]근로자인건비	[01]계약제교원인건비, [02]계약제근로자인건비, [03]교육공무직원인건비

출처: 「지방자치단체 교육비특별회계 예산편성 운영기준」 '별표 3-세출예산 사업별 분류' 자료를 재구성함.

3. 단위학교재정의 구조

단위학교는 설립주체를 기준으로 국립, 공립, 사립학교, 학교급에 따라 유치원, 초등학교, 중·고등학교, 대학으로 구분된다. 단위학교의 재정구조는 설립주체와 학교급에 따라 각기 다른 법적 근거로 설명되는데, 크게 ① 국·공립 유·초·중·고등학교 및 특수학교 학교회계, ② 사립 유·초·중·고등·전문대학·대학 교비회계, ③ 국·공립 전문대학·대학 대학회계, ④ 국·공·사립 전문대학·대학 산학협력단 회계로 분류할 수 있다. 단위학교가 각 설립취지와 목적에 맞게 주체적으로 재정계획을 수립하고 집행할 수 있도록 효과적으로 지원하는 것이 단위학교재정 구조의 기본 사항이라 할 수 있다. 이 절에서는 ① 국·공립 유·초·중·고등학교 및 특수학교에 해당하는 '학교회계'를 중심으로 하여 단위학교의 재정구조를 제시하고자 한다.

학교회계란 단위학교가 한 회계연도 동안 교육과정 등 학교운영을 해 나가는 데 필요한 활동을 세입과 세출로 나타낸 학교예산 관리체제라고 할 수 있다. 「초·중등교육법」 제30조의2와 「유아교육법」 제19조의7에 근거하여 국·공립 유·초·중·고등학교 및 특수학교에는 학교회계가 설치된다. 2001년 3월, 「초·중등교육법」 개정과 함께 학교회계 제도가 도입되기 이전에는 교직원인건비, 정부 및 지자체 보조금, 일반운영비, 학교운영지원비 등의 경비가 각기 별도의 법규에 의해 분절되어 관리·운영되었고, 단위학교가 예산편성권을 갖지 못해 주도적으로 교육계획을 수립하기 어려웠다. 그러나 학교회계 제도 도입 이후 여러 경비를 하나의 회계로 통합하여 운영할 수 있게 되었고, 회계연도 개시 전 예산총계주의에 근거하여 학교 총 예산을 총액으로 배분함으로써 단위학교가 개별 상황에 맞게 재정계획을 수립하고, 학교운영 목적에 부합하는 형태로 세출예산을 편성 및 집행하게 되었다. 이와 같이 학교회계 제도는 단위학교 교직원으로 자율성을 확대하는 정책임과 동시에 단위학교 교육 효과성을 최대화하기 위한 방법으로 합리성을 지향하는 정책이라고 볼 수 있다.

1) 세입구조

국·공립 유·초·중·고등학교 및 특수학교 학교회계는 국가의 일반회계나 지방자치단체의 교육비 특별회계로부터 받은 전입금, 학부모 부담경비, 학교발전기금으로부터 받은 전입금, 국가나 지방자치단체의 보조금 및 지원금, 사용료 및 수수료, 이월금, 물품매각대금, 그 밖의 수입을 세입으로 한다. 학교의 세입예산은 장, 관, 항, 목의 과목구조를 갖는다.

학교회계는 교육비특별회계와 달리 학교 학사일정과 일치하는 매년 3월 1일에 시작하여 다음 해 2월 말일에 종료하고, 각 시·도교육청별 학교회계 교육규칙에 근거하여 운영되며, 학교운영위원회의 심의·자문을 거쳐 예산을 집행한다. 학교회계는 회계연도 최초 예산인 본 예산을 기준으로 운영되지만, 본 예산 편성 후 발생하는 변수에 대응하기 위해 기존 예산을 변경하여 추가경정 예산을 편성할 수 있다. 구체적인 학교예산의 편성절차는 [그림 11-4]에 제시한 것과 같다.

2) 세출구조

학교회계 세출예산은 세입예산과 달리 사업별 또는 성질별로 정책사업·단위사업·세부사업·목으로 구분한다. 정책사업은 전략목표에 해당하는 것으로서 교육활동 수행을 위한 최상의 사업분류이다(예: 인적자원운용, 학생복지/교육격차 해소 등). 단위사업은 성과목표 수준의 사업으로서 정책사업 목표 달성을 위한 구체적 사업이 여기에 속한다(예: 교직원보수, 교과활동, 창의적 체험활동 등). 세부사업의 경우 지표관리를 위한 목적으로 수립되며, 예산서 체계 및 사업관리의 최소단위이다(예: 교직원대체인건비, 학교운영지원수당, 교직원복지 등). 정책사업, 단위사업, 세부사업의 경우 교육부가 설정하게 되며, 세부항목은 단위학교가 사업에 필요한 지출사항을 구체적으로 기재할 수 있는 정산기능의 업무항목이라고 볼 수 있다.

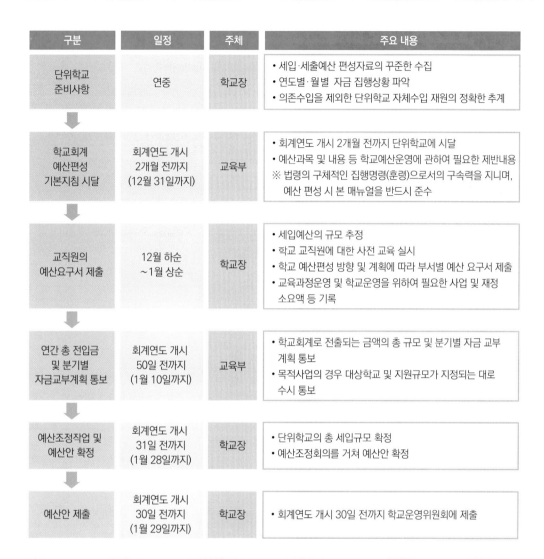

구분	일정	주체	주요 내용
단위학교 준비사항	연중	학교장	• 세입·세출예산 편성자료의 꾸준한 수집 • 연도별·월별 자금 집행상황 파악 • 의존수입을 제외한 단위학교 자체수입 재원의 정확한 추계
학교회계 예산편성 기본지침 시달	회계연도 개시 2개월 전까지 (12월 31일까지)	교육부	• 회계연도 개시 2개월 전까지 단위학교에 시달 • 예산과목 및 내용 등 학교예산운영에 관하여 필요한 제반내용 ※ 법령의 구체적인 집행명령(훈령)으로서의 구속력을 지니며, 예산 편성 시 본 매뉴얼을 반드시 준수
교직원의 예산요구서 제출	12월 하순 ~1월 상순	학교장	• 세입예산의 규모 추정 • 학교 교직원에 대한 사전 교육 실시 • 학교 예산편성 방향 및 계획에 따라 부서별 예산 요구서 제출 • 교육과정운영 및 학교운영을 위하여 필요한 사업 및 재정 소요액 등 기록
연간 총 전입금 및 분기별 자금교부계획 통보	회계연도 개시 50일 전까지 (1월 10일까지)	교육부	• 학교회계로 전출되는 금액의 총 규모 및 분기별 자금 교부 계획 통보 • 목적사업의 경우 대상학교 및 지원규모가 지정되는 대로 수시 통보
예산조정작업 및 예산안 확정	회계연도 개시 31일 전까지 (1월 28일까지)	학교장	• 단위학교의 총 세입규모 확정 • 예산조정회의를 거쳐 예산안 확정
예산안 제출	회계연도 개시 30일 전까지 (1월 29일까지)	학교장	• 회계연도 개시 30일 전까지 학교운영위원회에 제출

[그림 11-4] 학교회계 예산편성 절차

출처: 교육부(2024). 2024학년도 국립 유·초·중·고·특수학교 학교회계 예산편성 매뉴얼, p. 5 발췌.

학교회계 출납폐쇄기한은 회계연도 종료 후 20일까지이며, 학교장은 각 회계연도 세입·세출계산서를 학교운영위원회에 제출해야 한다. 학교운영위원회는 절차에 따라 학교회계를 심의한 후 결산심의결과를 회계연도 종료 후 4개월 안에 학교장에게 통보하여야 하며, 학교장은 이 내용을 공개해야 할 의무를 갖는다. 구체적인 학교예산의 결산 절차는 [그림 11-5]에 제시한 것과 같다.

구분	일정	주요 내용
회계연도 종료	매년 2월 말일	• 당해 회계연도의 징수행위 및 지출원인행위 종료
출납폐쇄정리	회계연도 종료 후 20일 (3월 20일)	• 회계연도 종료 후 20일이 되는 날 • 당해 회계연도에 징수행위 및 지출원인행위가 된 사항의 세입금 수납 및 세출금 지출 마감
결산서 작성	결산서 제출 전	• 제 장부 마감 및 세입·세출 결산서 작성 • 예산의 이·전용 내역, 이월경비내역, 예비비사용내역 ※ 예비비사용명세서, 세출예산 이·전용명세서, 이월경비내역, 계속비 조서, 기타 심의에 필요한 자료
결산서 제출	회계연도 종료 후 2개월 이내 (4월 말까지)	• 학교운영위원회에 제출 • 학교운영위원들에게 회의개시 7일 전까지 결산서 개별 통지
결산 심의·확정	회계연도 종료 후 4개월 이내 (6월 말까지)	• 학교장이 결산 내용 설명 • 학교운영위원회 위원장은 회계연도 종료 후 4개월 이내에 결산심의 결과를 학교장에게 통보
결산 공개	심의 결과 통보 후 10일 이내	• 학교 홈페이지 게시 등을 통한 결산서 공개

[그림 11-5] 학교회계 예산 결산 절차

출처: 교육부(2024). 2024학년도 국립 유·초·중·고·특수학교 학교회계 예산편성 매뉴얼, p. 14 발췌.

제4절 • 요약 및 적용

1. 요약

• 교육재정이란 '교육활동의 근본적 목적 달성을 위해 공공재와 민간재가 조화로운 균형을 이룰 수 있도록 정부 또는 공공단체가 확보, 배분, 운용 및 관리하는 재정의 총체'라고 정의할 수 있다.

• 교육재정의 공평성이란 자원, 기회, 서비스 등의 배분이 공정하게 이루어지는 것을 의

미하며, 배분의 관점에 따라 수평적 공평성과 수직적 공평성으로 구분할 수 있다.

- 교육재정의 효율성이란 능률성과 효과성을 합친 개념으로 투입 대비 산출 비율에 관심이 있는 능률성과 투입, 산출 비율과 상관없이 최대 목표 달성에 관심이 있는 효과성을 동시에 추구한다.

- 교육재정의 적정성이란 교육목적 달성을 위해 필요한 자원이 적절하게 확보되어 있는가를 의미한다.

- 교육비용이란 일반적으로 공교육 체제 속 학교교육 활동에 투입된 경비 중 금전적으로 표시된 경비를 의미한다. 교육비는 직접교육비와 간접교육비로 구분할 수 있고, 직접교육비는 다시 공교육비와 사교육비로 분류된다. 간접교육비는 교육기회경비라고 볼 수 있다.

- 교육효과란 교육을 통해 나타나는 가치 있는 변화, 예를 들어 새로운 지식함양, 취업, 높은 임금 등을 의미한다. 이는 교육투자로 인한 금전적 요인 이외에도 다양하게 나타날 수 있는 비금전적 효과까지 모두 포괄하는 개념이다.

- 교육수익이란 교육효과의 일부분으로 교육투자의 경제적 효과에 관심을 갖는 개념이다. 교육수익은 금전적 수익과 비금전적 수익, 사적수익과 사회적 수익, 투자적 수익과 소비적 수익으로 분류할 수 있다.

- 유·초·중등 교육재정의 재원규모는 법령으로 정해져 있다. 공교육재정의 경우 「지방교육재정교부금법」, 「교육세법」, 「초·중등교육법」 등에서, 사학교육재정의 경우 「사립학교법」, 「고등학교 이하 각급 학교설립·운영규정」 등의 법령에 기반을 두어 교육재원을 확보한다.

- 지방교육재정은 시·도교육청의 교육활동 지원에 들어가는 재원을 의미하며, 각 지방자치단체가 설치 및 운영하는 국·공립 유·초·중등학교와 특수학교를 대상으로 한다. 지방교육재정은 특별회계로서 지방자치단체의 일반회계와는 구분되며, 시·도 교육청의 교육감이 예산편성, 배분 및 집행과 관련한 최종의사결정 권한을 갖게 된다.

- 학교회계란 단위학교가 한 회계연도 동안 교육과정 등 학교운영을 해 나가는 데 필요한 활동을 세입과 세출로 나타낸 학교예산을 관리하는 체제라고 할 수 있다. 「초·중등교육법」 제30조의2와 「유아교육법」 제19조의7에 근거하여 국·공립 유·초·중·고등학교 및 특수학교에는 학교회계가 설치된다.

2. 적용

1) 서술형 문제

- 교육재정의 개념에 대해 정의하고, 왜 교육재정학을 교육행정학 범위에서 논의하는 것이 적절한지에 대한 이유를 근거를 들어 제시하시오.
- 교육재정이 '공평성(equity)' 가치를 추구한다는 것이 어떠한 의미인지 수평적 공평성과 수직적 공평성 관점에서 설명하시오.
- 표준교육비, 적정교육비, 최저소요교육비 등의 개념이 갖는 의미를 교육재정이 추구하는 가치 측면에서 기술하시오.
- 교육비용의 개념을 제시하고, 어떠한 유형으로 분류될 수 있는지 제시하시오.
- 지방교육재정의 세입구조에 대해 기술하시오.
- 지방교육재정교부금 제도의 법적 근거와 주요 내용에 대해 기술하시오.
- 학교회계의 회계연도와 예산편성 및 결산 절차에 대해 설명하시오.

2) 토론 문제

- 교육에 관한 경제활동을 일반적으로 '교육재정'이라 일컫는 이유를 기술하고, 이러한 논의가 우리 사회에서 갖는 의의에 대해 논하시오.
- 우리 사회에서의 사교육비 증가가 전체 교육비용 측면에서 어떠한 긍정적 효과와 부정적 효과가 있는지 논하시오.
- 지방교육재정교부금을 지방자치단체 일반회계와 구분하여 시·도교육비 특별회계로 관리하는 제도가 갖는 의의에 대해 논하시오.
- 급격한 학령인구 감소함에도 불구하고 지방교육재정교부금 재원규모를 법률로 정하는 것의 타당성 여부를 논하고, 향후 발전방향에 대한 자신의 견해를 제시하시오.

제**12**장

장학

교사의 전문성 향상을 통한 학교교육 목표의 효과적 달성을 추구하며 학생들의 학습과 성장을 위해 이루어지는 지도 · 조언 활동인 장학은 교육행정의 핵심요소라고 할 수 있다. 장학은 관료적 성격과 전문적 성격을 동시에 지니며 발전해 왔으며, 점차 '누가'보다는 '어떻게'에 초점을 맞추고 권위주의적 · 통제적인 방식에서 민주적 · 자율적인 방식으로 변화해 왔다. 그러나 교육현장에서 행해지고 있는 장학이 항상 교사의 수업 개선에 긍정적인 영향을 미치는 것은 아니다. 따라서 장학의 실제를 파악하고 앞으로 장학이 교사의 성장에 실질적인 도움을 주기 위해 나아가야 할 방향을 모색하는 것이 중요하다.

이 장에서는 장학의 의미와 기능을 설명하고, 장학의 개념과 성격이 시대에 따라 어떻게 달라졌는지 살펴본다. 그리고 장학의 유형을 국가 및 지방 수준의 장학과 학교 수준의 장학으로 구분하여 알아본다. 끝으로 오늘날 장학이 교사의 전문성 향상과 수업 개선에 얼마나 효과적인지 장학의 허와 실에 대해 살펴본 후, 이를 통해 앞으로 장학의 발전 방향을 제시한다.

장학과 관련된 핵심 질문 세 가지는 다음과 같다.

핵심 질문 1. 장학의 뜻은 무엇이며, 장학에 대한 접근은 어떻게 발달해 왔는가?
핵심 질문 2. 국가 및 지방 수준의 장학과 학교 수준의 장학에는 어떤 종류의 장학이 있는가?
핵심 질문 3. 장학의 허와 실은 무엇이며, 어떠한 방향으로 나아가야 하는가?

이제부터 각 질문에 대한 답을 차례대로 살펴보고자 한다.

제1절 • 장학의 개념

? 핵심 질문 1) 장학의 뜻은 무엇이며, 장학에 대한 접근은 어떻게 발달해 왔는가?

1. 장학의 정의

교육행정에서 장학은 매우 중핵적인 부분으로 '교육행정의 꽃'으로 불리기도 한다. 교육행정이 국가 차원의 교육목표 구현을 위한 일련의 관리와 경영 행위라면, 장학은 교육목표가 잘 구현되도록 학교와 교사를 지원하고 지도하는 활동이기 때문이다(이종태, 2004).

장학(獎學)은 '배움(學)을 권하다, 돕다(獎)'의 의미로 다른 사람을 통해 성장하는 것을 의미한다. 여기서의 성장은 '수업 개선'을 뜻하며, 교사의 전문성 신장을 통한 학교교육목표의 효과적 달성을 위해 장학은 교육행정의 핵심요소라고 할 수 있다. 한편, 영어로 'supervision'인 장학은 라틴어의 'super(위에서)'와 'videre(보다)'의 합성어에서 유래하여 '위에서 보다, 감시하다, 통제하다'의 의미로 시학(inspection)에 가깝게 출발하였으나 오늘날은 지도·조언에 중점을 두고 이루어지고 있다.

[그림 12-1] 장학의 어원

장학에 대한 정의는 학자마다 다르며 그 개념은 시대에 따라 변화되어 왔다. 백현기(1964)는 장학을 "학습과 아동의 성장 발달에 관한 모든 여건을 향상시키는 전문적 기술 봉사"라고 정의하였으며, 김종철(1982)은 이를 확대하여 법규적 측면, 기능적 측면, 이념적 측면의 세 가지로 장학을 정의하였다. 법규적 측면의 장학은 "계선조직의 행정 활동에 대한 전문적·기술적 조언을 통한 참모 활동"으로 정의되며 행정의 일환으로 이루어지는 장학을 의미한다. 기능적 측면의 장학은 "교사의 전문적 성장, 교육운영의 합리화, 학생의 학습환경 개선을 위한 전문적·기술적·보조 활동"을 의미한다. 또한 이념적 측면의 장학은 "교수의 개선을 위해 제공하는 지도·조언 활동"을 뜻한다. 주삼환 외(2018)는 장학을 "학교조직이 학생의 학습을 촉진시키기 위해 교사의 행위에 영향을 미치는 행위"로 정의하였다.

한편, 장학에 대한 연구의 시초인 버튼과 브루케너(Burton & Brueckener, 1955)는 장학의 목적을 "교수·학습의 개선을 통한 학생성장"이라고 말하였으며, 와일즈와 러벨(Wiles & Lovell, 1983), 알폰소 등(Alfonso et al., 1981)도 공통적으로 장학을 "학생들의 학습과 성장을 촉진하기 위해 수업과정 및 교사의 행위에 직접적으로 영향력을 행사하는 것"으로 정의하고 있다. 또한 해리스(Harris, 1985)는 [그림12-2]와 같이 학교운영의 주요 기능을 교사의 수업 관련성과 학생의 학습 관계성을 기준으로 관리 기능, 장학 기능, 일반행정 기능, 교수 기능, 특별봉사 기능의 다섯 가지 기능으로 제시하였다. 이를 통해 장학을 행정이나 관리 기능과 구별하며 교사를 통해 학생들에게 간접적으로 영향을 미치지만 수업에 직접 관련되는 활동으로 개념화하였다. 장학에 대한 정의를 종합적으로 분석한 와일즈와 본디(Wiles & Bondi, 2004)는 장학의 개념을 교육행정, 경영, 인간관계, 교육과정, 수업, 지도성의 여섯 가지 측면에서 정리하며 장학의 궁극적인 목적이 수업 개선에 있음을 확인하였다.

[그림 12-2] 학교운영의 주요 기능

이와 같은 장학에 대한 정의는 공통적으로 수업 개선에 초점을 두고 있으며 교사에 대한 지도·조언의 기능을 강조하고 있음을 알 수 있다. 이 장에서는 장학을 "학생의 학습과 성장을 위해 교사의 전문성 향상에 영향을 미치는 행위"로 정의 내리고자 한다.

2. 장학의 발달

장학의 개념과 성격이 시대에 따라 어떻게 발달되었는지 살펴봄으로써 장학의 본질을 파악하고 앞으로 장학이 나아가야 할 방향의 단초를 제공하고자 한다. 장학은 관료적 성격과 전문적 성격을 동시에 지니며 발전해 왔으며, 권위주의적·통제적인 방식에서 민주적·자율적인 방식으로 변화해 왔다. 초기 장학의 내용은 교사의 근무실태 평정 위주였으나 점차 교과지도나 생활지도와 같이 학생의 학습에 관한 것에 초점을 맞추었으며, 장학담당자도 비전문가 집단에서 교육행정 전문가 집단으로 변화되었다(이병환, 장기풍, 2018).

설리번과 글란츠(Sullivan & Glanz, 2013)는 장학에 대한 접근 방식의 변화를 [그림 12-3]과 같이 이야기하였으며, 이윤식(1999)은 장학에 대한 관점 변화를 '역할(role)로서의 장학'과 '과정(process)으로서의 장학'으로 구분하며 설명하고 있다. 역할로서의 장학은 '누가 하는가?'에 초점을 두고 상하관계를 전제로 상급 행정기관으로부터의 수동적인 장학을 의미하는 반면, 과정으로서의 장학은 '어떻게 하는가?'에 초점을 두고 상호협동을 기반으로 학교 현장 주도의 능동적이고 적극적인 장학을 뜻한다.

[그림 12-3] 장학에 대한 접근

이와 같은 장학의 발달은 교육행정 이론과 그 궤를 같이하며 이루어졌으며, 이를 시기별로 정리하면 〈표 12-1〉과 같다.

〈표 12-1〉 장학의 발달과정

장학형태	관리장학		협동장학	수업장학	발달장학
시기	1620~1910	1910~1930	1930~1950	1950~1975	1975~현재
장학방법	시학과 강제 권위주의적 장학	과학적 장학 관료적 장학	민주적 장학 협동적 장학 방임적 장학	교육과정개발 임상장학	수정주의 장학 인간자원 장학 지도성으로서의 장학 선택적 장학
교육행정 관련 이론	과학적 관리론		인간관계론	행동과학론	일반체제론 인간자원론

공교육제도의 확립과 더불어 시작된 장학은 관리장학, 협동장학, 수업장학, 발달장학의 순으로 변화되어 왔으며 각 장학형태에 따른 장학방법의 변화를 구체적으로 살펴보고자 한다.

1) 관리장학

관리장학은 관료성을 기반으로 시학 또는 독학을 위주로 하는 장학을 의미한다. 20세기 이전까지 장학은 주로 학교 외부로부터 학교의 교육활동에 대한 평가를 통한 통제 중심의 장학이 이루어져 왔다. 이후 20세기 초 보빗(Bobbitt, 1912)은 테일러(Taylor, 1911)의 '과학적 관리의 원리'를 학교장학에 도입·적용하였다. 이를 통해 교사들의 교육활동의 효율성을 측정·평가하고 그 수행성과에 따라 봉급이나 보너스 등을 결정하였다. 관리장학은 관료제적 특성을 기반으로 장학의 능률을 제고하고자 하였으나, 이는 과학적이고 전문적인 장학이 아니라 과학적이고 관료적인 장학에 그치는 결과를 낳았다.

2) 협동장학

관리장학이 가지는 한계를 지적하며 인간의 사회·심리적 요인에 초점을 둔 인간관계론이 대두되면서 교육에서도 자율성과 전문성을 기반으로 한 민주적 장학으로의 변화가 일어났다. 협동장학에서는 장학담당자가 협력자 또는 조력자의 역할을 하였으며, 교사들의 수업 개선을 지원하는 전문성을 가지는 장학을 추구하였다. 이는 기존의 장학담당관과 결과 중심의 장학에서 벗어나 교사와 과정 중심의 장학으로 나아가게 함으로써 현대적 장학의 토대가 되었다. 그러나 진보주의 영향을 받은 협동장학은 최소한의 장학이 최선이라는 기조 아래 학교의 효과성 제고를 위한 교사들의 만족도 향상을 추구하면서 방임적 장학이 이루어졌다는 비판을 받았다.

3) 수업장학

1950년대 이후 행동과학론의 영향으로 인한 장학 연구의 과학화, 스푸트니크 쇼크(1957)로 인한 학문 중심 교육으로의 전환, 리더십 강조와 함께 기존 장학의 대안으로 제시된 임상장학 등은 장학의 주된 목표를 교육과정 개발과 수업효과 증진에 두었다. 수업장학에서 장학은 교실에서의 수업 활동에 초점을 맞추어 교사의 행동변화를 통해 학생의 학습을 촉진시키는 것을 의미하며, 장학담당자는 교육과정개발자의 역할을 담당하였다.

4) 발달장학

발달장학은 1970년대부터 현재까지 영향을 주고 있으며, 과학적 관리론의 조직효율성과 인간관계론의 직무만족의 절충을 시도한 결과 수정주의 장학과 인간자원 장학이 나타났다. 인간관계론보다는 과학적 관리론에 무게를 둔 수정주의 장학은 경영으로서의 장학을 내세우며 교사의 능력개발, 직무수행 분석, 비용-효과 분석을 강조하고 교사 개인보다는 학교경영에 주목한다. 반면, 인간관계론에 기반한 협동장학에 대한 새로운 대안으로 인간의 가능성과 자아실현 욕구에 초점을 두는 인간자원 장학은 교사들의 자발적인 참여를 통해 학교효과성을 증진시킨다. 또한 이로 인한 교사의 직무성취를 통해 만족도 향상을 추구한다.[1]

제2절 • **장학의 유형**

장학은 그 주체와 목적, 대상, 방법 등에 따라 여러 유형으로 구분된다. 여기서는 교육부와 시·도교육청, 지역교육청에 의한 국가 및 지방 수준의 장학과 교내에서 이루어지는 학교 수준의 장학으로 나누어 장학유형을 살펴보고자 한다.

> **?** 핵심 질문 2) 국가 및 지방 수준의 장학과 학교 수준의 장학에는 어떤 종류의 장학이 있는가?

1. 국가 및 지방 수준의 장학

장학의 초기에는 교육부에 의한 중앙장학과 시·도교육청 및 교육지원청의 종합장학이

---

1) 협동장학은 교사의 참여가 교사의 직무만족도 향상을 높이고 이를 통해 학교효과성의 증대를 목표로 하는 반면, 인간자원 장학은 교사의 참여로 학교효과성이 증대되고 그 결과 교사의 직무만족도가 높아지는 것을 추구한다. 즉, 인간자원 장학은 궁극적으로 조직이 아닌 개인의 만족에 주안점을 둔다는 점에서 인본주의적 특징을 보인다.

나 담임장학과 같이 장학관(사)이나 연구관(사)에 의한 행정적 장학이 주를 이루었다.[2] 중앙장학은 교육부에서 이루어지는 모든 장학행정을 말하며, 중앙의 교육행정을 보좌하기 위해 이루어지는 교육활동의 전반적인 기획, 연구, 관리, 지도 등의 참모 활동을 의미한다(이병환, 장기풍, 2018). 종합장학은 교육개혁 및 교육정책 구현과 관련하여 학교경영 전반에 대해 파악하고 이와 관련한 협의 및 지원을 수행한다. 담임장학은 장학사가 담당하고 있는 학교를 수시로 방문하여 교육계획 추진상황을 비롯한 학교운영 전반에 대해 점검·지도·조언하는 장학을 말한다.

그러나 2012년 「초·중등교육법」의 개정으로 교육부장관의 장학지도권이 교육감에게 이양됨에 따라 교육부의 장학권한은 대부분 시·도교육청으로 이관되었으며, 현재는 국가 수준 교육정책과 관련된 장학 활동을 담당하고 있다. 지방 수준 장학의 경우, 2010년 기존의 학교운영에 대한 지도·감독을 담당했던 행정적 성격의 담임장학을 폐지하고 학교나 교사의 요청에 의한 컨설팅을 제공하는 '컨설팅장학'으로 전환되었다. 이에 교육행정기관에 의한 장학은 컨설팅장학을 중심으로 이루어지고 있으며, 교육지원청은 컨설팅장학 지원단을 구성·운영하고 컨설팅을 직접 제공하거나 전문가를 연결해 주는 방식으로 장학 활동을 수행하고 있다.

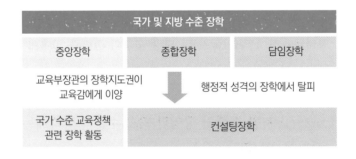

[그림 12-4] 국가 및 지방 수준의 장학

컨설팅장학은 '컨설팅'과 '장학'의 합성어로 학교컨설팅의 개념과 방법을 장학에 적용한 것이다. 컨설팅장학에서 시행하는 학교컨설팅은 "학교 교육을 개선하기 위해서 일정한 전문성을 갖춘 사람들이 학교와 학교구성원들의 요청에 따라 제공하는 독립적인 자문 활동

---

2) 강영삼(1994)은 교육부(구 문교부)에 의한 장학을 문교장학, 시·도교육청 및 교육지원청을 중심으로 이루어지는 장학을 지방장학(학무장학)으로 구분하였다.

으로서, 경영과 교육의 문제를 진단하고, 대안을 마련하며, 문제 해결 과정을 지원하고, 교육·훈련을 실시하며, 문제 해결에 필요한 인적·물적 자원들을 발굴하여 조직화하는 일"(진동섭, 2003)을 의미한다. 이에 장학의 의미를 가미한 컨설팅장학은 "교원의 자발적 의뢰를 바탕으로 교수-학습과 관련된 전문성을 계발하기 위해 교내외의 전문성을 갖춘 사람들이 제공하는 조언 활동"(진동섭, 김도기, 2005)으로 정의 내릴 수 있다. 즉, 컨설팅장학은 기존의 교육행정기관에 의한 담임장학의 한계를 극복하기 위하여 장학담당자와 교사 간의 수평적 관계를 확보하고 교사의 자발성을 최대한 보장하는 새로운 형태의 대안적 장학이라고 할 수 있다.

컨설팅장학의 목적은 교사의 전문성 제고를 통한 학교교육의 질 향상에 있으며, 다음의 여섯 가지 원리를 기반으로 한다. 특히 의뢰인의 자율적이고 주도적인 요청(자발성)에 따른 컨설턴트의 전문적인 컨설팅(전문성)이 강조된다(진동섭, 김도기, 2005; 진동섭 외, 2009).

① 자발성의 원리: 컨설팅장학은 교사가 스스로 문제나 과제 해결의 필요성을 느끼고 자발적으로 장학을 의뢰하는 것으로 의뢰인의 요청에 의해 시작된다. 장학 의뢰부터 컨설팅장학이 시작된다는 점에서 이는 매우 핵심적인 원리이다.

② 전문성의 원리: 장학에 대한 의뢰가 들어오면 정확한 진단과 해결을 위해 전문성을 가진 컨설턴트가 필요하다. 해당 분야의 전문성을 지닌 컨설턴트의 확보는 컨설팅장학의 성패를 가르는 중요한 요소이다.

③ 자문성의 원리: 컨설턴트는 의뢰인 대신 문제를 해결해 주는 사람이 아니라 교사가 스스로 문제를 해결할 수 있도록 도와주는 역할을 수행한다. 즉, 직접 물고기를 잡아 주는 것이 아니라 잡는 방법을 알려 주는 것이다.

④ 독립성의 원리: 컨설팅장학에서는 의뢰인인 교사, 전문가인 컨설턴트, 그리고 컨설팅 관리자가 평등한 관계에 있으며 서로 독립적이다.

⑤ 일시성의 원리: 컨설팅장학은 의뢰했던 과제가 해결되면 종료된다. 즉, 과제 해결을 위한 일시적인 관계에 해당한다.

⑥ 교육성의 원리: 컨설팅장학의 전 과정은 문제 해결을 위한 정보 제공을 비롯하여 교사에게 학습의 과정이 되어야 한다. 컨설턴트 또한 장학과정에서 새로운 방법이나 사례 등을 배우고 실천할 수 있어야 한다.

컨설팅장학은 일반적으로 밀란 모형(Milan Model)[3]에 따라 [그림 12-5]와 같이 '착수 → 진단 → 실행계획 수립 → 실행 → 종료'의 다섯 단계 절차를 통해 이루어진다.

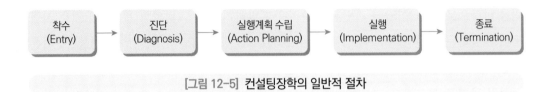

[그림 12-5] 컨설팅장학의 일반적 절차

착수 단계에서는 의뢰인의 컨설팅 요청, 예비 진단(컨설팅장학 진행 여부 결정), 컨설턴트 배정 및 협약이 이루어진다. 진단 단계에서는 자료수집과 분석을 통해 문제 상황을 파악한다. 실행계획 수립 단계에서 컨설턴트는 문제 해결을 위한 다양한 방안을 구안하며, 최종 대안을 의뢰인에게 제안한다. 이 단계에서 컨설팅장학이 종료될 수 있으며, 다음의 실행 단계에서 컨설턴트가 의뢰인 실행과정을 모니터링하며 조언해 줄 수도 있다. 그리고 종료 단계는 컨설팅의 종료와 함께 컨설팅에 대한 평가나 피드백, 보고서 등을 포함한다.

최근 학교현장에서는 교육청이 컨설팅장학의 특정 영역을 제시하고 학교와 교사의 신청을 받아 전문 컨설턴트를 연결해 주는 장학 활동이 활발히 이루어지고 있다. 또한 수석교사나 교내외 교원학습공동체 등을 활용한 컨설팅장학이 확대되고 있으며 보다 전문성 있는 컨설팅을 위해 다양한 외부 전문가를 컨설턴트로 위촉하고 있다.

2. 학교 수준의 장학

최근에는 학교의 특성과 교직원의 요구를 반영한 학교 수준의 장학이 강조되고 있다. 학교 수준의 장학은 학교에서 학교교육의 질 제고를 목표로 전 교직원이 협력하여 수업 개선을 위한 지도·조언을 자율적으로 수행하는 장학으로 자율장학이라고도 한다. 한편, 단위학교 또는 인접한 학교들이 자발적으로 수행하는 장학 활동으로 자율장학이라는 개념을 도입한 이윤식(1993)은 학교 수준의 장학을 단위학교별 교내 자율장학과 인근 학교들 간의 지구별 자율장학으로 구분하였다. 학교 수준의 장학은 목적과 내용에 따라 〈표 12-2〉

---

3) 국제노동기구(International Labor Organization: ILO)에 의해 제시된 컨설팅 절차로 제반 이론들을 포괄적으로 정리하였다.

와 같이 교사의 전문적 발달(professional development) 영역, 교사의 개인적 발달(personal development) 영역, 학교의 조직적 발달(organizational development) 영역의 세 영역으로 나눌 수 있으며, 주로 교사의 전문적 발달에 중점을 두고 이루어진다.

〈표 12-2〉 학교 수준 장학의 세 영역

영역	교사의 전문적 발달	교사의 개인적 발달	학교의 조직적 발달
초점	교육과정 운영	교사 개인	학교조직
목적	교사들이 교과지도와 교과 외 지도를 포함하는 교육활동 전반에 있어서 안정·숙달·성장을 도모하도록 도와주는 것	교사들이 개인적·심리적·정서적·신체적·가정적·사회적 영역에서 안정·만족·성장을 도모하도록 도와주는 것	학교의 조직환경 및 조직풍토를 긍정적으로 변화시켜 학교 내에서 교사들의 삶의 질을 높이고 학교조직의 목표를 효과적으로 달성하도록 하는 것
내용	<ul><li>교육철학 및 교직관</li><li>교육목표 및 교육계획</li><li>교과지도 및 생활지도</li><li>특별활동지도</li><li>학급관리 및 학급경영</li><li>학부모 및 지역사회 관계</li><li>교육정보 및 기자재 활용</li></ul>	<ul><li>교사의 신체적·정신적 건강</li><li>교사의 성격</li><li>교사의 취미 및 흥미</li><li>교사의 가정·사회생활</li></ul>	<ul><li>학교경영계획 및 평가</li><li>학교경영조직</li><li>교직원 인사관리 및 인간관계</li><li>의사소통 및 의사결정</li><li>학교조직 풍토 및 문화</li></ul>

출처: 임연기, 최준렬(2021)의 내용을 정리·재구성함.

학교 수준의 자율장학은 다양한 형태로 실시되고 있으며, 세부적인 유형으로는 전통적 장학, 동료장학, 자기장학, 임상장학, 마이크로티칭, 선택적 장학 등이 있다. 각 장학유형별 구체적인 내용은 다음과 같다.

1) 전통적 장학

전통적 장학은 약식장학(일상장학)이라고도 하며, 일상에서 교장이나 교감이 비공식적으로 잠깐(5~10분) 교실에 들러 교사의 수업을 관찰하고 이에 대해 지도·조언하는 장학을 말한다. 학교행정가에 의한 비공식적인 방문으로 관찰 계획이나 사후 협의가 이루어지지 않으며, 교사의 수업을 기록·분석할 만한 시간도 충분하지 않아 장학담당자와 교사들은 비효과적인 장학방법이라 보고 있다(이병환, 장기풍, 2018). 또한 교사들에게는 교장과 교감의 예고 없는 교실 방문이 조력이기보다는 시찰과 감독으로 인식되어 거부감을 야기하기도 한다.

그러나 오랫동안 지속되어 온 전통적 장학은 학교관리자가 평상시의 자연스러운 수업 및 학급경영 모습을 보고 교사에게 적절한 피드백과 도움을 줄 수 있다는 긍정적인 측면도 있다. 또한 학교관리자의 시간적 제약으로 인해 다른 장학형태를 보완하는 의미를 가진다. 단, 학교관리자와 교사들 간의 관계 형성 및 소통방식이 장학의 효과에 중요한 영향을 미친다는 점을 유념해야 한다.

2) 동료장학

동료장학은 둘 이상의 교사들이 서로의 성장 및 교육활동 개선을 위해 협력하고 노력하는 과정으로, 수업에 대한 관찰과 피드백 제공을 통한 전문성 제고를 도모한다. 동료장학은 학교 수준의 장학에서 많이 활용되는 장학방법으로 같은 학년이나 같은 교과, 또는 공통의 전문적 관심사를 가지고 있는 교사들끼리 팀을 이루어 수업전문성을 향상하거나 협동적으로 문제를 해결한다.

이와 같은 동료장학은 공동체의식을 바탕으로 교사들의 협동성, 자율성, 능동성이 발휘된다면 교사의 전문성 활용을 극대화할 수 있다. 또한 수평적인 동료관계 속에서 이루어지기 때문에 자유로운 의견 공유와 소통이 가능하며 동료관계 증진에도 효과적이다. 즉, 동료장학은 교사의 전문적·개인적 발달과 함께 학교의 조직적 발달도 함께 도모할 수 있다는 장점이 있다.

그러나 민주적 장학의 표본으로 가장 보편적으로 실천되고 있는 동료장학은 적극적으로 참여하는 교사와 대조적으로 무관심 교사나 비참여 교사를 만들어 내기도 한다. 이는 형식적인 수업 참관과 협의회 참석으로 이어져 방임적인 장학을 낳는다. 따라서 효과적인 동료장학을 위해서는 체계적인 제도적 뒷받침과 함께 개인적 동기화 및 능동적 참여가 필수적이다.

3) 자기장학

자기장학은 교사 스스로 자신의 전문성 신장을 위해 목표를 설정하고 계획을 수립하여 이를 실천하고 성찰하는 장학이다. 외부의 지도나 관여 없이 교사 본인의 의지와 필요에 의해 수업을 개선하고 전문성을 함양시키려 노력하는 과정으로 교사의 자발성이 가장 큰 특징이다.

　자기장학 활동에서 교사는 자신의 수업을 녹화 또는 녹음하여 수업분석을 실시하고, 수업일지 등을 작성하거나 자신의 수업지도나 생활지도 등과 관련하여 학생이나 학부모의 의견을 조사할 수도 있다. 또한 관련 전문서적 탐독, 연수 및 세미나 참석, 대학원 진학, 전문가에의 자문 요청 등 다양한 방법을 활용할 수 있다.

　자기장학은 다른 장학과는 다르게 교사가 언제든지 수시로 자신을 평가·반성하는 기회를 가지고 제반 전문 영역에서 자신의 성장과 발달을 도모할 수 있다는 점에서 최선의 장학이 될 수도 있으나, 모든 교사가 자율적으로 자기장학을 위한 동기화가 되기 어렵다는 한계를 지닌다.

4) 임상장학

　임상장학은 교실에서 교사와 장학담당자가 1 대 1의 친밀한 관계를 구축하고 교사의 수업전문성 향상을 위해 수업을 관찰하고 분석하는 교사 중심 장학이다. 장학담당자는 교사의 성장과 발달을 위한 전문적 동료이며, 교사와의 협동적 인간관계를 중시한다. 이에 장학담당자와 교사는 수업계획에 대해 함께 충분히 협의한 후, 수업을 관찰하고 분석·평가한다. 특히 임상장학에서는 교실수업에 초점을 두고 교사와 학생 간의 상호작용 및 교사의 수업을 중심으로 객관적인 피드백을 제공한다.

　임상장학에서는 교사와 장학담당자 간의 쌍방향적 동료관계를 기반으로 교사의 수업 개선을 위한 자발적 노력과 더불어 장학담당자의 기획, 자료수집 및 분석 능력이 중요하다. 특히 장학담당자는 ① 교사에게 객관적인 피드백을 제공해 주어 교사가 이를 활용하게 하고, ② 수업상의 문제점을 진단하고 해결하며, ③ 교사가 스스로 수업전략을 세울 수 있도록 하고, ④ 평가가 필요하다면 객관적인 평가를 할 수 있으나 가급적 평가를 하지 않도록 권고하고 있으며, ⑤ 계속적인 전문적 성장에 긍정적 태도를 갖도록 해야 한다(주삼환 외, 2018).

　처음으로 임상장학을 제안한 코간(Cogan, 1973)은 [그림 12-6]과 같이 8단계의 임상장학 과정을 제시하였으며, 필요에 따라 단계를 추가하거나 삭제할 수 있다고 하였다. 이후 '관찰 전 협의회-수업관찰-분석 및 전략-관찰 후 협의회-관찰 후 협의회 분석'의 5단계로 압축하였으며, 학교현장에서는 이를 더 단순화하여 '계획 협의회-수업관찰-피드백 협의회'의

3단계로 실시하고 있다. 계획 협의회 단계에서는 장학담당자와 교사 간의 친밀한 관계 확립을 위한 대화가 이루어지며, 구체적인 수업계획을 함께 수립한다. 다음으로 수업관찰 단계에서 교사는 수업계획에 따라 수업을 실시하고 장학담당자는 객관적인 자료수집을 위해 교사의 수업을 관찰하고 기록한다. 끝으로 피드백 협의회 단계에서는 분석된 자료를 해석하며 향후 수업 개선 전략을 모색한다.

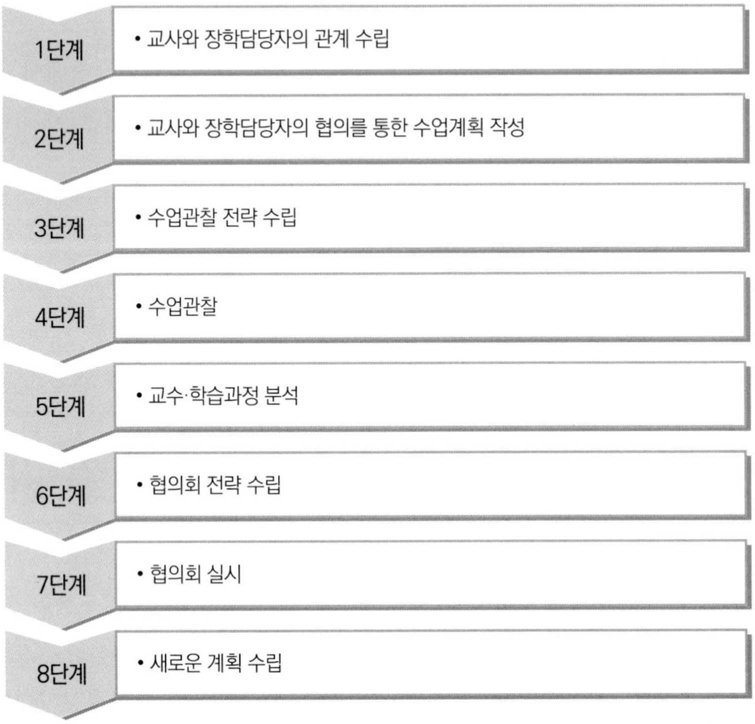

1단계	• 교사와 장학담당자의 관계 수립
2단계	• 교사와 장학담당자의 협의를 통한 수업계획 작성
3단계	• 수업관찰 전략 수립
4단계	• 수업관찰
5단계	• 교수·학습과정 분석
6단계	• 협의회 전략 수립
7단계	• 협의회 실시
8단계	• 새로운 계획 수립

[그림 12-6] 임상장학의 8단계

교사의 수업전문성 향상에 효과적인 임상장학이 이루어지기 위해서는 수업을 중심으로 하여 교사와 장학담당자 간의 수평적 관계를 형성하고 교사에 대한 평가를 지양해야 한다. 또한 교사 스스로 본인의 문제 및 임상장학의 필요성을 인식해야 하며 상호 신뢰와 객관적인 자료를 바탕으로 한 장학 활동이 이루어져야 한다.

5) 마이크로티칭

마이크로티칭(micro-teaching)은 실제 수업을 참관하는 것이 아니라 축소된 연습수업을 가지고 장학 활동을 수행한다. 학생 수, 수업시간, 수업내용 등을 모두 축소하여 한두 가지 수업기술의 향상에 목적을 두고 이루어진다. 교사는 모의된 수업을 계획하고 실행하여 녹화한 후 이를 장학담당자와 함께 분석하면서 피드백을 받는다. 그리고 이 피드백에 따라 재계획을 세워 재수업을 하고 다시 녹화하여 재평가를 받는 과정을 반복하면서 교수방법과 내용을 수정해 나간다.

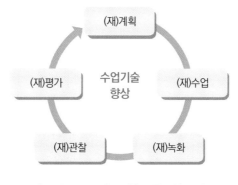

[그림 12-7] 마이크로티칭의 절차

마이크로티칭은 [그림 12-7]과 같은 순환과정을 통해 수업기술의 향상을 도모한다. 특히 녹화된 수업에 대한 관찰을 통해 자기평가와 타인평가가 함께 이루어진다는 장점이 있다.

6) 선택적 장학

선택적 장학은 교사의 개인차와 필요를 고려하여 교사가 스스로 여러 장학유형 중 자신에게 가장 적합한 장학 방식을 판단·선택하여 실시하는 장학을 말한다. 즉, 장학의 개별화를 통해 교사들의 각기 다른 발달수준과 성장욕구에 맞는 맞춤 장학을 실시하는 것이다.[4]

---

4) 이와 비슷한 관점에서 선택적 장학 이전에 글릭먼(Glickman, 1981)의 발달적 장학이 제시되었다. 발달적 장학에서는 교사를 추상수준과 전념수준에 따라 전문가 교사, 분석적 관찰교사, 산만한 교사, 부적격 교사의 네 가지 유형으로 구분하여 이 유형에 따라 비지시적 장학, 협동적 장학, 지시적 장학을 제안하였다. 발달적 장학은 선택적 장학과는 다르게 교사 스스로 자신에게 적합한 장학을 선택하는 것이 아니라 학교관리자가 교사수준을 파악하고 그에 맞는 장학을 제공한다.

교사의 발달수준에 적합한 장학형태와 관련하여 캐츠(Katz, 1972)는 교사의 발달단계를 생존단계(survival stage), 강화단계(consolidation stage), 갱신단계(renewal stage), 성숙단계(maturity stage)로 나누었다. 생존단계는 초임 1년의 기간을 의미하며 본인이 잘할 수 있을지 등 생존에 관련된 여러 문제를 우려한다. 생존단계의 교사들에게는 이해, 격려, 지도와 더불어 수업기술에 대한 지원이 필요하다. 강화단계의 교사는 1~3년 차에 해당하며 안정감과 자신감을 가지고 새로운 문제에 관심을 갖기 시작한다. 강화단계의 교사들에게는 동료교사나 전문가에 의한 조력이 요구된다. 갱신단계는 3~5년 차에 해당하며 같은 일을 반복하는 것에 회의를 느끼기 시작하여 새로운 시도를 한다. 이 단계에서는 전문적 학회를 비롯하여 다양한 외부 모임이나 프로그램에 참가하거나 다른 학교나 교실 방문, 전문가와 상담 등 새로운 정보와 자극을 받는 것이 필요하다. 성숙단계는 5년 차 이상에 해당하며 자신감과 통찰력을 가지게 된다. 성숙단계의 교사들에게는 대학원 진학이나 세미나 참석, 전문서적 탐독 등 전문성을 제고할 수 있는 활동을 제안한다.

선택적 장학에서는 장학의 선택대안으로 임상장학, 동료장학, 자기장학, 전통적 장학 등 보편적인 장학형태를 제시하였으나 이는 상황에 따라 수정할 수 있다. 또한 글래트혼(Glathorn, 1984)은 50명의 교사를 기준으로 5명은 임상장학, 10명은 동료장학, 5명은 자기장학, 30명은 전통적 장학을 적용할 것을 제안하였으며, 교사들의 선택에만 맡기는 것보다는 〈표 12-3〉과 같은 장학체제를 권장하고 있다.

〈표 12-3〉 선택적 장학체제

선택적 장학형태	대상교사
임상장학	초임교사(생존단계) 처음 3년, 경력교사(갱신단계) 3년마다, 특별한 문제나 과제를 갖고 있는 교사
동료장학	동료의식이 강하고 유능한 교사(강화단계)
자기장학	혼자 일하기를 좋아하고 동기유발이 잘 된 유능한 교사(성숙단계)
전통적 장학	모든 교사 또는 위의 세 가지 장학을 선택하지 않은 교사(모든 단계의 교사)

7) 그 외의 장학

앞에서 언급한 장학형태 외에도 과학적 장학, 예술적 장학, 멘토링(mentoring) 장학, 사이버(cyber) 장학 등 다양한 장학이 있다. 과학적 장학은 헌터(Hunter, 1984)의 과학적 학습 과정에 따른 장학으로 학습단계마다 교사의 수업내용을 명확히 제시하고 있으며, '사전 협의회-수업관찰-사후 협의회'의 과정으로 이루어진다. 한편, 예술적 장학은 수업도 음악이나 미술처럼 감상하고 비평할 수 있다는 수업비평의 관점에서 출발한다. 따라서 전통적인 관점에서 표준화된 방법으로 수업을 평가하는 것에서 벗어나 비평적 관점에서 새롭게 수업을 이해하고자 한다. 멘토링 장학은 신규교사와 경력교사가 멘토-멘티의 관계 속에서 신규교사의 교직생활 적응을 위해 수업지도, 생활지도, 학급경영, 학생 및 학부모 관계 등 다양한 분야의 활동을 지원하는 장학 활동이다. 사이버 장학은 장학담당자와 교사가 컴퓨터 등의 원격장비를 통해 사이버 공간에서 실시하는 장학을 말한다.

제3절 • 장학의 실제와 발전 방향

? 핵심 질문 3) 장학의 허와 실은 무엇이며, 어떠한 방향으로 나아가야 하는가?

1. 장학의 허와 실

실제 학교현장에서 장학은 다양한 형태와 방법으로 이루어지고 있으며, 각종 교육활동 및 교원평가 등과도 연계되어 있다. 대부분의 학교에서 공통적으로 이루어지고 있는 장학으로는 학교특색 및 필요에 의해 실시하는 컨설팅장학, 동료교사 간 수업을 관찰하고 의견을 나누는 동료장학, 주로 신규교사를 대상으로 이루어지는 임상장학, 그리고 연중 교사 스스로 실시하는 자기장학 등이 있다. 이와 같은 장학 활동이 교사의 전문성 향상과 수업 개선에 얼마나 효과적인지 장학의 허와 실에 대해 살펴보고자 한다.

성장과 발전의 기회
스스로에 대한 반성과 성찰
교사 전문성 신장에의 동기 부여

같은 날, 같은 수업
매년 반복되는 형식적인 업무
일회적인 행사

수업 아이디어
사전·사후 협의회, 멘토링 등을 통한
아이디어 공유

헛된 시간과 노력
너무 다양한 수업평가 기준과 관점
자칫 비판으로 상처만 남는 장학

[그림 12-8] 장학의 허와 실

교사가 장학으로 얻을 수 있는 최선의 것은 다양한 피드백을 통한 자기 자신에 대한 반성과 성찰을 통한 성장과 발전의 기회 부여이다. 매년 또는 매일 대동소이하게 반복되는 학교생활과 수업 속에서 교사는 자신이 익숙한 방법으로 수업을 계획하고 교재를 연구하게 된다. 그리고 교사의 자율성과 전문성이 중시되는 교실 수업에서 상대적으로 자기 수업을 다른 사람에게 공개하거나 다른 사람의 수업을 참관할 기회가 많지 않다. 이러한 상황에 새로운 자극과 피드백의 역할을 하는 것이 바로 장학이다. 동일한 수업목표를 가지고 수업을 할지라도 누가 수업을 하느냐에 따라 그 수업내용과 방법은 끊임없이 다양해질 수 있다. 교사는 장학을 위한 교수·학습과정안을 작성하며 보다 체계적으로 수업을 계획하고, 기존의 수업에 대해 고민하며 새로운 접근을 시도해 볼 수 있다. 또한 사전·사후 협의회를 통해 다른 교사들과 수업에 대해 심층적·다각적으로 고민하고 여러 가지 수업 아이디어를 공유할 수 있다. 이와 같은 일련의 과정에서 다른 사람의 수업을 참관하고 피드백을 주고받으며 자기 수업에 대한 반성과 성찰이 이루어지게 되고, 이는 향후 수업 개선의 밑바탕이 된다.

뿐만 아니라, 장학의 범위를 교수·학습에만 국한하지 않고 멘토링을 활용하여 학급경영, 생활지도, 교실환경, 학교업무, 학부모 및 지역사회와의 관계, 자기개발 및 진로 등 다양한 분야에 걸쳐 선배교사의 경험과 지혜, 지식을 배울 수 있다. 그리고 이는 교사 간의 친밀감과 이해를 높이고, 관료제를 기반으로 움직이는 교직사회에서 세대 간의 거리를 좁혀 소통과 신뢰의 학교문화를 형성하는 데 기여할 수 있다. 이와 같은 장학의 긍정적 영향은 교사의 교사효능감 및 전문성 신장과 동시에 궁극적으로는 수업 및 학교문화 개선을 통한 학교효과성 증진으로 이어진다.

반면, 학교에서 장학은 이상적으로만 작동하지 않는다. 교사들에게 장학은 배움과 성장의 발판이 아니라 바쁜 일과 속에서 처리해야 할 또 다른 업무로 인식되기도 한다. 장학을 매년 반복되는 일회적인 행사로 여기며, 비슷한 시기에 실시되는 장학 활동에 동일한 또는 유사한 지도안을 제출하는 경우도 있다. 실제 동료교사의 수업 참관에 있어 10분 내외의 짧은 시간만 참관하는 것이 불문율처럼 여겨지기도 하고, 같은 시간에 많은 교사의 수업을 참관해야 하는 관리자의 경우 시간을 쪼개서 잠깐씩 각 교실을 방문하기도 한다. 그리고 상호 간 양질의 아이디어를 공유하고 소통할 수 있는 협의회는 회의록을 작성하기 위해 각자 한두 마디의 소감을 적고 끝나는 등 형식적인 장학에 그치는 경우도 적지 않다.

이는 장학의 목적과 필요성에 대한 교사들의 인식 및 동기화 부족의 문제뿐만 아니라 체계적인 장학 시스템 구축의 결여와도 관계된다. 장학을 '언제, 어디서, 누가' 실시할 것인지에 대해서는 각종 공문과 학교교육과정을 통해 명시하고 있지만, '무엇을, 어떻게, 왜' 실시하는지에 대한 안내와 설명은 부재하다. 즉, 수업평가에 대한 너무 다양한 기준과 관점, 객관적이고 구체적인 매뉴얼 부재 등으로 인해 다기망양(多岐亡羊)과 같은 장학이 되기도 한다. 그리고 이를 남용하는 경우 자칫 개선이 아니라 평가에 비중을 두어 날카로운 비판으로 인해 갈등과 상처만 남기는 경우도 있다. 한편, 이와 같은 상황을 과도하게 경계하며 정작 필요한 지도나 조언을 최대한 아끼며 상호 소극적이고 폐쇄적인 장학을 만들어 내기도 한다. 결국 의례적인 업무에 그치는 유명무실한 장학이 되어 실제적인 수업 개선으로 연결되지 못하는 결과를 낳는다.

2. 장학의 발전 방향

학교현장에서 행해지고 있는 장학 활동의 실제에 대한 여러 연구가 이루어져 왔으며, 장학의 내실화를 위한 논의가 계속되고 있다. 보다 효과적인 장학을 위해 이윤식(1999)은 다음의 여섯 가지 원리를 주장하였다.

① 학교중심성 존중의 원리: 장학은 교육활동이 실제로 전개되는 학교현장의 인적 · 물적 조건 및 조직적 · 사회적 특성을 존중해야 한다.
② 자율성 존중의 원리: 장학은 교육기관으로서 학교의 자율성과 교내 구성원으로서 교직원들의 자율성을 존중해야 한다.
③ 협력성 존중의 원리: 장학은 장학담당자, 학교관리자, 교직원, 관련 외부 인사 모두의 협력과 참여에 기반한 공동의 노력을 조성 · 유도해야 한다.
④ 다양성 존중의 원리: 장학은 학교현장의 조건과 특성 및 교직원들의 필요와 요구에 기초하여 다양한 내용과 방법을 활용해야 한다.
⑤ 계속성 존중의 원리: 장학은 교육활동의 개선을 위해 수행된다는 점에서 일시적이고 단기적으로 수행하는 활동이 아니다. 즉, 장학은 계속적이고 장기적으로 이루어져야 한다.
⑥ 자기발전성 존중의 원리: 장학은 기관으로서 학교의 발전뿐만 아니라 교내 구성원으로서 교직원 개인의 발전, 나아가 장학담당자의 발전도 함께 도모해야 한다.

또한 주삼환 외(2018)는 [그림 12-9]와 같이 장학의 과업으로 교육과정의 질적 관리, 교수효과성 제고, 교사의 능력개발, 효과적인 학교로의 개선, 학습환경 개선과 학생성취도 평가를 제시하였다.

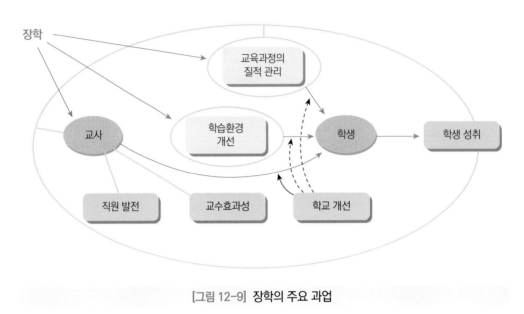

[그림 12-9] 장학의 주요 과업

출처: 주삼환 외(2018), p. 342.

　한편, 최근 장학의 새로운 동향은 교사의 자발성과 자율성 강조, 교육의 질 향상을 위한 수업 개선 강화, 장학형태 및 방법의 다양화와 개별화, 교사와 장학담당자 간의 원만한 인간관계 강조 등으로 정리할 수 있다(이병환, 장기풍, 2018). 이와 궤를 같이하며 우리나라의 장학의 변화 동향은 ① 장학의 초점면에서 지도·감독적 초점에서 학교교육 개선과 교사 전문성 신장 및 수업 개선에 초점을 두는 방향, ② 장학의 주체 면에서 관주도적 장학에서 학교가 주체가 되는 자율장학과 교육청이 지원하는 컨설팅장학을 혼합 활용하는 방향, ③ 장학을 보는 관점 면에서 주어지는 장학에서 함께하는 장학으로서 장학을 역할로 보는 관점에서 협동적 조언의 과정으로 보는 방향, ④ 장학을 원리 면에서 학교중심성, 자율성, 협력성, 다양성, 자기발전성 등의 원리와 교육청의 책무성이 강조되는 방향, ⑤ 장학 결과의 활용 면에서 교육청 및 학교의 책무성 제고와 교사평가 및 수업 개선에 활용되는 방향으로 변화하였다(이윤식, 유양승, 2016).

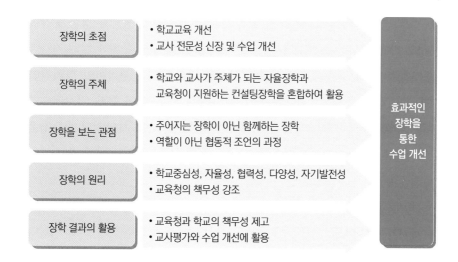

장학의 초점	• 학교교육 개선 • 교사 전문성 신장 및 수업 개선
장학의 주체	• 학교와 교사가 주체가 되는 자율장학과 교육청이 지원하는 컨설팅장학을 혼합하여 활용
장학을 보는 관점	• 주어지는 장학이 아닌 함께하는 장학 • 역할이 아닌 협동적 조언의 과정
장학의 원리	• 학교중심성, 자율성, 협력성, 다양성, 자기발전성 • 교육청의 책무성 강조
장학 결과의 활용	• 교육청과 학교의 책무성 제고 • 교사평가와 수업 개선에 활용

효과적인 장학을 통한 수업 개선

[그림 12-10] 우리나라 장학의 변화 동향

이와 같은 효과적인 장학을 위한 민주적인 방향으로의 변화가 자칫 자유방임적인 장학이 되지 않기 위해서는 교사 스스로 본인의 전문성 향상과 수업 개선을 위한 노력에 대한 동기화가 필수적이다. 교육행정에 있어서 장학의 중요성에 비해 교사 개인에게 장학은 임용이나 승진처럼 강한 유인가가 제공되는 것이 아니며 즉각적이고 가시적인 효과가 나타나 자기만족을 할 수 있는 것도 아니다. 오히려 교사로서의 소명의식을 가지고 자신의 수업을 다른 누군가에게 보여 주는 것에 대한 부담을 뒤로 한 채, 부단히 노력하는 과정인 것이다. 따라서 실제 교사가 자발적이고 적극적으로 장학에 참여하기 위해서는 체계적인 장학 시스템 및 구체적인 매뉴얼 마련과 더불어 수업을 공개하고 나누는 개방적 조직풍토 조성, 상호 신뢰와 수평적 관계에 근거한 의사소통, 수업을 하는 것뿐만 아니라 수업을 보는 것에 대한 전문성 함양 및 연수 제공 등이 필요하다.

나아가 오늘날의 장학이 국가 및 지방 수준의 행정적 장학에서 학교 중심의 전문적 장학으로 변화함에 따라 장학 활동은 학교관리자의 자질과 역할에 매우 큰 영향을 받고 있다. 이에 단위학교의 내실화된 장학을 위해서는 교장의 수업지도성(instructional leadership)[5]

---

5) 수업지도성은 수업 개선을 통한 학교효과성의 극대화를 목표로 학교를 개선하는 리더십을 일컫는다. 이인수, 윤기현(2017)은 수업지도성을 "교사의 교수-학습 활동에 국한하지 않고 수업 개선 활동을 위해 학교목적을 위한 조직과 의사소통, 수업장학과 평가, 교육과정 조정, 높은 학문적 규준과 기대의 개발, 학생 진전도 감독, 교사의 전문성 발달 증진, 교수시간 확보, 목표 설정, 장학과 평가, 교직원 개발, 학교분위기, 학교-지역 사회관계 등 학교제반 여건의 개선 활동"으로 정의하고 있다.

강화가 요구된다. 교장은 학교교육의 질 관리를 위해 교사들과 생각과 경험을 공유하고 공감대를 형성해 가는 리더십을 발휘해야 한다. 교사들 또한 장학 활동에 대해 적극적으로 교사리더십을 발휘하며 교사들의 자율성과 전문성을 바탕으로 민주적이고 합리적인 교육공동체 문화를 형성하고 주체적으로 영향력을 행사해야 한다. 이를 통해 거시적으로는 상호신뢰와 존중에 기반한 열린 학교문화로의 변화가 이루어진다면, 자발성과 전문성을 바탕으로 교학상장(教學相長)을 실천하는 장학으로 거듭날 수 있을 것이다.

제4절 • 요약 및 적용

1. 요약

- 장학은 "학생의 학습과 성장을 위해 교사의 전문성 향상에 영향을 미치는 행위"를 말하며, 궁극적인 목적은 '수업 개선'이다.
- 장학은 관료적 성격과 전문적 성격을 동시에 지니며 발전해 왔으며 권위주의적이고 통제적인 방식에서 민주적이고 자율적인 방식으로 변화해 왔다. 교육행정 이론의 발달과 더불어 장학의 형태는 '관리장학-협동장학-수업장학-발달장학'의 순으로 발달해 왔다.
- 장학의 유형은 그 목적과 방법, 대상 등에 따라 중앙장학, 종합장학, 담임장학, 컨설팅장학, 전통적 장학, 동료장학, 자기장학, 임상장학, 마이크로티칭, 선택적 장학 등으로 구분된다.
- 실제 학교현장에서 장학 활동은 다양한 수업 아이디어 공유 및 성장과 발전의 발판이 되는 반면, 장학에 대한 거부감 형성 및 매년 반복되는 일회적이고 형식적인 행사로 남기도 한다.
- 장학을 통해 교사의 전문성을 효과적으로 신장시키고 수업을 개선하기 위해서는 장학의 내실화가 선행되어야 한다. 이를 위해서는 전문성 신장 및 수업 개선에 대한 교사들의 동기화와 학교관리자의 수업지도성 및 교사의 교사리더십 강화가 필요하며, 장기적으로는 상호 신뢰와 존중에 기반한 열린 학교문화로 나아가야 한다.

2. 적용

1) 서술형 문제

- 교사가 수업의 효과성을 높이기 위해 선택할 수 있는 장학 활동에 대해 서술해 보시오. (교원임용시험 기출문제)
- 교사가 동료교사들과 경험을 공유하고 협력하여 피드백을 주고받는 교내 장학 유형의 명칭과 개념, 그 활성화 방안 두 가지를 쓰시오. (교원임용시험 기출문제)
- 선택적 장학에서 초임교사를 대상으로 이루어지는 장학으로, 장학담당자와 교사가 1:1 관계를 맺고 교사에게 학급의 수업에 대한 객관적인 피드백을 제공함으로써 교사의 전문적 성장과 교실수업의 개선을 돕는 장학의 명칭과 그 과정을 쓰시오.

2) 토론 문제

- 본인이 생각하는 장학의 개념과 성격에 대해 자신의 경험에 비추어 설명하시오.
- 여러 장학의 유형 중 자신에게 가장 적합하다고 또는 필요하다고 생각되는 장학의 유형과 그 이유를 논하시오.
- 학교조직의 장학에 대해 다양한 측면에서 SWOT(Strength-Weakness-Opportunity-Threat) 분석을 하시오.
- 수석교사제, 교원평가제 등 장학과 연관된 여러 제도를 찾아보고, 이러한 제도들과 함께 앞으로 장학이 나아가야 할 방향에 대해 논하시오.

강경석(2001). 교육비용-수익분석. 한국교육재정경제학회 편. 교육재정경제학 백과사전. 서울: 하우동설.

강근복(2021). 정책분석론(제4판). 경기: 대영문화사.

강상진, 장원섭, 김주아, 장지현, 김양분, 윤종혁, 류한구, 남궁지영, 남명호(2005). 고교 평준화 정책 효과의 실증 분석 연구. 충북: 한국교육개발원.

강영삼(1994). 장학론. 서울: 세영사.

강영혜(2003). 교육관련 주체들의 이념적 좌표분석 연구. 서울: 한국교육개발원.

강호수, 구남욱, 김한나(2018). 분산적 리더십 효과 분석-교사효능감과 교사만족도에 미치는 영향을 중심으로. 경기도교육연구원.

강호수, 김한나, 구남욱(2021). 분산적 리더십이 교사의 자기 효능감 및 직무 만족도에 미치는 영향. 인문사회 21, 12(1), 1571-1583.

강호수, 백병부, 장덕호, 오재길, 김한나(2018). A 교육청 조직문화에 대한 구성원 인식 탐색 연구: Bolman과 Deal의 조직 프레임을 중심으로. 교육문화연구, 24(4), 53-77.

고전(2000). 교직관의 법제적 수용과 과제. 교육행정학연구, 18(3), 209-242.

고전, 허종렬, 정필운, 강기홍 외(2022). 교육법의 이해와 실제. 경기: 교육과학사.

교육부(2021. 9. 16). 「경제협력개발기구(OECD) 교육지표 2021」 보도자료.

교육부(2023. 9. 12). 「경제협력개발기구(OECD) 교육지표 2023」 보도자료.

교육부(2023. 10.). 2024학년도 교장공모제 추진 계획.

교육부(2024). 2024학년도 국립 유·초·중·고·특수학교 학교회계 예산편성 매뉴얼.

교육부(2024. 5. 28.). 교육데이터 개방·활용 확대방안.

교육부, 한국교육개발원(2023). 한국의 교육지표 2023.

교육희망(2024. 6. 24.). 331개 교육·시민사회단체, "수능점수 공개방침 철회" 요구. https://news.eduhope.net/26217 (2024. 7. 16. 인출)

국회교육위원회(2020). 교육분야 주요정책현안. 국회교육위원회 수석전문위원실.

권동택(2017). 임용고시 운영의 문제와 개선방향. 2017 한국교육학회 교육정책포럼: 교원양성제도의 문제점과 개선 방향. 한국교육학회, 53-75.

권동택(2020). 제5장 국가 수준 교육 거버넌스의 정치학. 정일환, 이일용, 김혜숙, 김병주, 권동택, 정제영(공저), 교육정치학: 이론과 적용(pp. 123-147). 서울: 학지사.

권영성(2006). 헌법학원론. 서울: 법문사.

금종예, 모영민(2022). 교육 분야 데이터의 통계적 매칭 적용 가능성 탐색-사교육 변수를 중심으로. 교육연구논총, 43(4), 43-76.

김경회(2013). 제18대 대통령선거 교육정책공약 비교, 분석. 한국교육학연구, 19(3), 153-180.

김규태, 강유정, 강성복(2014). 교육행정 및 교육경영. 경기: 양서원.

김규태, 김창우(2016). 교육감론. 경기: 양서원.

김남현 역(2018). 리더십 이론과 실제(7판). Northouse, P. G. (2015). *Leadership: Theory and practice*. 서울: 한빛아카데미.

김달효(2011). 교원양성기관 학생들의 교직관 분석. 코기토, (70), 427-451.

김달효(2013). 교원성과급의 효용성에 관한 교사의 인식 분석. 인문사회과학연구, 14(1), 277-298.

김달효(2015). 사례연구를 통해 본 자유학기제의 가능성과 한계. 교육문화연구, 21(5), 179-202.

김리나, 엄문영(2024). 자유학기제가 진로성숙도에 미치는 단기·장기효과 분석. 교육학연구, 62(1), 31-61.

김민희, 김민조, 김정현, 박상완, 박소영(2018). 한국의 지방교육자치. 서울: 학지사.

김병찬, 김갑성, 박상완, 송경오, 이기영(2018). 교원 양성 및 임용 체제 개편 방안. 국가교육회의.

김성열(1987). 학교조직에서 교사의 행동유형 분석을 위한 연구. 청주사대 논문집, 제19집.

김성천, 김요섭, 김인엽, 김진화, 김혁동, 오수정, 이경아, 이영희, 임재일, 홍섭근(2019). 학교자치. 2, 교육공동체가 함께 만들어가는 학교민주주의. 서울: 테크빌교육.

김순남, 박영숙, 허주, 손희권, 이기용, 김규태, 김승희, 구윤지(2016). 교원 순환전보제 운영 실태 및 개선 방안 연구. 한국교육개발원.

김용일(2009). 지방교육자치제도의 현실과 '이상'. 서울: 문음사.

김윤섭(1985). 우리나라 교육법의 기본원리에 관한 연구. 성균관대학교 교육대학원 석사학위논문.

김윤태(1994). 교육행정·경영신론. 서울: 배영사.

김이경(2006). 교사 평가 시스템 분석 및 향후 개선 방향. 교육비평, 20, 14-32.

김이경, 민수빈(2015). 자유학기제의 도입에 따른 교사들의 직무부담 분석. 한국교원교육연구, 32(2), 181-203.

김이경, 박상완(2005). 성장 중심 교사평가제 탐색: 교원의 인식을 중심으로. 교육학연구, 43(3), 157-183.

김재춘(2017). 자유학기제 정책의 회고와 성찰. 국어교육학연구, 52(3), 5-35.

김종철(1982). 교육행정의 이론과 실제(3판). 서울: 교육과학사.

김종철(1985). 교육행정신강. 서울: 세영사.

김종철(1989). 한국교육정책연구. 서울: 교육과학사.

김준형(2019). PISA 자료 분석을 통한 평준화 정책의 재평가. 교육사회학연구, 29(2), 93-129.

김창걸(1992). 교육행정학신론-교육행정 및 교육경영-. 서울: 형설출판사.

김창걸, 이봉우, 김창수, 배상만(2005). 교육인사행정의 이론과 실제. 서울: 형설출판사.

김현, 강경석(2016). 초등학교 교사가 인식한 분산적 리더십, 교사학습공동체, 교사수업활동 간의 구조적 관계. 학습자중심교과교육연구, 16(7), 137-162.

김현진, 김영재(2017). 중앙과 지방교육행정기관 간 교육정책 갈등 과정 분석. 교육정치학연구, 24(1), 1-27.

김혜숙(1981). 우리나라 교육자치제에 관한 이론적 고찰: 조직, 인사 측면의 문제점을 중심으로. 연세대학교 대학원 석사학위논문.

김혜숙(2018). 교육행정. 성태제, 강대중, 강이철, 곽덕주, 김계현, 김천기, 김혜숙, 송해덕, 유재봉, 이윤미, 이윤식, 임웅, 홍후조(공저), 최신교육학개론(pp. 415-457). 서울: 학지사.

김혜숙(2020a). 제6장 지방 수준 교육 거버넌스의 정치학. 정일환, 이일용, 김혜숙, 김병주, 권동택, 정제영(공저), 교육정치학: 이론과 적용(pp. 149-181). 서울: 학지사.

김혜숙(2020b). 제9장 교육과 이익집단의 정치학. 정일환, 이일용, 김혜숙, 김병주, 권동택, 정제영(공저), 교육정치학: 이론과 적용(pp. 229-260). 서울: 학지사.

김혜숙, 권도희, 이세웅 외 4인 공역(2012). 교육조직행동론: 리더십과 학교 개혁. Owens, R. G., & Valesky, T. C. (2011). *Organizational behavior in education: Leadership and school reform* (10th ed.). 서울: 학지사.

김혜숙, 김종성, 장덕호, 조석훈, 홍준현(2011). 지방교육자치제도 개선방안 연구: 교육감 및 교육위원회 위원 선출제도를 중심으로. 한국교육행정학회 지방교육자치제도 정책연구팀.

김혜숙, 양승실, 김안나(2000). 교원 직급 및 자격 체제 개편 연구. 서울: 한국교육개발원.

김홍주(2001). 교육의 외부효과와 유출효과. 교육재정경제학 백과사전. 서울: 하우동설.

김희규(2013). 교원임용제도의 문제점과 대안 모색. 2013 한국교원교육학회 연차학술대회, 29, 3-16.

김희규, 김순미, 김효숙, 안성주, 최상영(2019). 교육행정 및 교육경영. 서울: 학지사.

김희규, 류춘근(2015). 홀리스틱교육 관점에서 학교장의 분산적 리더십이 전문가학습공동체에 미치는 영향. 홀리스틱융합교육연구, 19(3), 17-40.

나민주(2001). 불평등지수. 한국교육재정경제학회 편. 교육재정경제학 백과사전. 서울: 하우동설.

나민주, 고전, 김병주, 김성기, 김용, 박수정, 송기창(2018). 한국지방교육자치론. 서울: 학지사.

나민주, 김민희, 이정미(2018). 한국 교육의 효율성 분석(DEA 이론과 실제). 서울: 학지사.

남궁근, 이희선, 김선호, 김지원 공역(2018). 정책분석론: 통합적 접근(제6판). Dunn, W. N. (2017). *Public policy analysis*. 경기: 법문사.

남정걸(1997). 교육행정 및 교육경영. 서울: 교육과학사.

노길명, 이재덕(2021). 교원성과급제의 패러독스: 초등학교 교사들의 인식을 중심으로. 교원교육, 37(4), 391-418.

노종희(1994). 교육행정학: 이론과 연구. 서울: 문음사.

노화준(2006). 정책평가론(제4판). 경기: 법문사.

모영민(2019). 신제도주의적 관점에서의 자유학기제 정책 확산 분석: 제도적 동형화, 디커플링 현상을 중심으로. 제13회 한국교육종단연구 학술대회, 서울대학교. 서울: 대한민국. (Poster session).

모영민(2023). 포스트코로나 시대 증거기반 교육정책을 위한 교육정치학적 쟁점과 과제. 교육정치학연구, 30(2), 27-60.

모영민, 이한결, 김은수(2019). Kingdon의 다중흐름모형을 활용한 국가수준 학업성취도 평가 정책 변동 분석: 2012~2018년을 중심으로. 교육정치학연구, 26(2), 131-160.

문윤미, 김희규(2023). 교사가 인식한 분산적 리더십, 전문가 학습공동체, 학교조직효과성의 구조적 관계. 홀리스틱융합교육연구, 27(1), 23-46.

박균열(2021). 다중흐름모형을 적용한 교원성과급제의 정책변동 분석. 교육정치학연구, 28(3), 211-238.

박병량, 주철안(2012). 교육행정 및 교육경영-학교, 학급경영 중심. 서울: 학지사.

박선형(2018). 분산적 지도성: 학문토대와 개념정의 및 국내 연구동향 분석. 교육행정학연구, 36(3), 1-35.

박선형(2021). AI와 Big Data 쟁점 분석 및 교육정치학의 발전 과제. 교육정치학연구, 28(3), 65-99.

박선형, 김갑성, 김병찬, 김이경, 주영효, 주현준, 전제상, 황준성(2023). 교원양성 고도화 지원 사업 추진 기초 연구. 한국교육개발원.

박성식(2011). 교육행정학. 서울: 학지사.

박수정(2013). 지방교육자치. 한국교육행정학 편. 한국 교육행정학 연구 핸드북(pp. 397-416). 서울: 학지사.

박수정(2014). 한국 지방교육자치 연구. 서울: 박영사.

박영숙, 양승실, 황은희, 허은정, 김갑성, 김이경, 전제상, 정바울(2017). 교직환경 변화에 따른 교원 정책 혁신 과제(I): 교원 양성 및 채용 정책의 혁신 과제. 연구보고 RR 2017-06. 충북: 한국교육개발원.

박영숙, 정광희, 조동섭, 김수영, 전제상, 조영하(2007). 교육 서비스업 인력의 중·장기 수급 계획을 위한 기초 연구. 한국교육개발원.

박영숙, 허주, 손희권, 이기용, 김규태(2016). 교원 순환전보제 운영 실태 및 개선 방안 연구. 한국교육개발원.

박영숙, 허주, 이동엽, 김혜진, 이승호, 김갑성, 김이경(2019). 교직환경 변화에 따른 교원 정책 혁신 과제(III): 교원 인사제도 혁신 방안 연구. 연구보고 RR 2019-03. 충북: 한국교육개발원.

박종렬, 신상명(2004). 신교육행정학개론. 서울: 형설출판사.

박희진, 이문수(2019). 중학교 교사의 입직 동기에 따른 교직 만족도와 효능감이 교사의 헌신에 미치는 영향. 한국교원교육연구, 36, 304-330.

반상진(2013). 교육정책 추진에서 나타난 중앙정부의 리더십과 거버넌스 분석: 이명박 정부의 교육정책 갈등 사례를 중심으로. 교육행정학연구, 20(4), 263-287.

반상진, 김민희, 김병주, 나민주, 송기창, 우명숙, 주철안, 천세영, 최준렬, 하봉운, 한유경(2014). 교육재정학. 서울: 학지사.

배소연(2019). 헌법상 교육의 정치적 중립성에 관한 연구. 연세대학교 대학원 박사학위논문.

백일우(2007). 교육경제학. 서울: 학지사.

백현기(1964). 장학론. 서울: 을유문화사.

법제처(2009). 법령해석 실무 및 법령해석 사례. 경상남도청.

법제처(2011). 「교육기본법」의 해설서.

법제처, 한국법제연구원(2011). 교육기본법해설.

변기용, 정양순, 신범철, 윤지희, 이예슬(2018). 교원성과급 제도의 이론적·실천적 문제점과 발전방향 탐색: 3개 초등학교 사례 분석. 교육정치학연구, 25(2), 111-140.

서정화, 박세훈, 박영숙, 전제상, 조동섭, 황준성(2011). 교육인사행정론. 한국교육행정학회 편. 교육행정학전문 서. 경기: 교육과학사.

성태제, 강대중, 강이철, 곽덕주, 김계현, 김천기, 김혜숙, 송해덕, 유재봉, 이윤미, 이윤식, 임웅, 홍후조(2018). 최신교육학개론. 서울: 학지사.

손찬희, 정광희, 박경호, 최수진, 양희준, 전제상, 류호섭(2017). 학생 맞춤형 선택학습 실현을 위한 고등학교

학점제 도입 방안 연구. 충북: 한국교육개발원.

송관재(2003). 생활 속의 심리. 서울: 학지사.

신정철, 송경오, 정지선(2007). 초·중등 신임교사의 교직 선택 동기 및 그 영향 요인에 대한 연구. 한국교육, 34(2), 51-72.

신중식(1994). 학교조직발전론. 서울: 국민대학교 출판부.

신중식, 강영삼(2009). 교육행정·경영론. 서울: 교육출판사.

신현석(2000). 장학의 개념적 성격에 관한 고찰. 안암교육학연구, 6(1), 21-39.

신현석(2010). 교육거버넌스 갈등의 쟁점과 과제. 교육행정학연구, 28(4), 351-380.

신현석, 안선회, 김동석, 김보엽, 박균열, 박정주, 반상진, 변기용, 양성관, 엄준용, 이강, 이경호, 이일권, 이정진, 전상훈, 조홍순(2015). 학습사회의 교육행정 및 교육경영(제2판). 서울: 학지사.

안경전(2012). 환단고기 역주본. 서울: 상생출판.

안병환, 신재흡, 이기용(2012). 교육행정 및 교육경영. 서울: 청목출판사.

안영은, 김준수, 강대용, 신정철(2017). 교육정책연구의 동향 분석: 2011년-2015년 주요 학술지 논문을 중심으로. 교육행정학연구, 35(2), 253-274.

안해균(1984). 정책학원론. 서울: 다산출판사.

안희진, 김병찬(2016). 자유학기제를 경험한 학생들의 일반학기 학교생활 모습에 관한 질적 사례 연구. 교육행정학연구, 34(4), 129-154.

양희준(2020). 자유학기제 정책의 구체화 과정 분석: 정책 목표를 중심으로. 한국콘텐츠학회논문지, 20(12), 441-453.

연세대학교 교육학과 교수진(2019). 미래를 여는 교육학. 서울: 박영story.

오기형 편(1981). 교육의 정의와 제 차원, 인문교육논문집, 인간교육학연구자료 학술논문 No. 81-12-8. 인간교육학회, pp. 1-11.

오석홍(2001). 행정학. 서울: 나남출판.

오석홍(2005). 조직이론(제5판). 서울: 박영사.

오영환, 이로운, 이선엽 외(2022). 법과 사회의 이해. 서울: MJ미디어.

오철호(2015). 정책결정, 증거 그리고 활용-연구경향과 제언. 한국정책학회보, 24(1), 53-76.

유평수, 박진희(2020). 초등학교 교사가 인식한 분산적 리더십이 교사효능감을 매개로 교직헌신에 미치는 효과. 교육종합연구, 18(1), 15-42.

윤정일, 송기창, 김병주, 나민주(2015). 신교육재정학. 서울: 학지사.

윤정일, 송기창, 조동섭, 김병주(2015). 교육행정학 원론. 서울: 학지사.

윤정일, 송기창, 조동섭, 김병주(2021). 교육행정학 원론(7판). 서울: 학지사.

이기우(2001). 지방교육행정기관과 일반교육행정기관의 관계에 대한 비판적 검토. 한국지방자치학보, 13(2), 67-81.

이덕난, 유지연(2022). 국가교육위원회 출범의 의미와 과제. NARS 현안분석 제265호.

이동엽, 김혜진, 이승호, 강호수, 박희진(2021). 학교자치 관점에서 본 교원정책의 쟁점과 과제. 충북: 한국교육개발원.

이동엽, 김혜진, 이주연, 박효원, 김랑(2023). 수업 혁신 지원을 위한 교원인사제도 개선 방안 연구. 한국교육개발원.

이동엽, 박영숙, 박희진, 최수진, 김혜진, 이승호, 김보미(2020). 미래교육환경 변화에 따른 교사자격제도 개선 방안 연구. 충북: 한국교육개발원.

이동엽, 허주, 박영숙, 김혜진, 이승호, 최원석, 함승환, 함은혜(2019). 교원 및 교직환경 국제비교 연구: TALIS 2018 결과를 중심으로(I). 충북: 한국교육개발원.

이병환, 장기풍(2018). 교육행정 및 교육경영의 이론과 실제(개정판). 서울: 태영출판사.

이상기, 옥장흠(2000). 교육행정 및 교육경영. 서울: 형설출판사.

이석열(1997). 학교조직문화·교장의 수업지도성·교사의 전문적 수용권 간의 관계. 충남대학교 대학원 박사학위논문.

이수정, 이광현(2020). 교원능력개발평가와 근무성적평정, 교원성과상여금평가의 평가결과 비교 분석. 교육정치학연구, 27(2), 189-210.

이승재(2022). 교육행정과 법. 서울: 법우사.

이쌍철, 김혜영, 홍창남(2012). 초등학교 교사의 교직 선택 동기가 직무수행 및 교사만족에 주는 영향 분석. 초등교육연구, 25, 239-260.

이윤식(1993). 장학론 논고: 교내 자율 장학론. 서울: 과학과 예술.

이윤식(1999). 장학론: 유치원·초등·중등 자율장학론. 서울: 교육과학사.

이윤식(2014). 정책평가론. 서울: 대영문화사.

이윤식(2015). 미국과 한국의 장학 변화 동향 분석과 시사점. 교육행정학연구, 33(1), 229-256.

이윤식, 강원근(2000). 교원의 전문성 심화를 위한 연수·연구실적학점화. 한국교원교육연구, 17(2), 25-58.

이윤식, 유양승(2016). 2000년대 우리나라 장학의 변화 동향과 교육적 함의. 교육행정학연구, 34(1), 287-310.

이인수, 윤기현(2017). 수업지도성 연구동향 분석: 최근 20년(1996-2016)간 연구를 중심으로. 한국교원교육연구, 34(2), 57-84.

이인회, 고수형(2014). 한국과 미국의 지방교육자치 구조 비교. 한국콘텐츠학회논문지, 14(4), 148-159.

이재선(2022). 초·중등 교원 보수정책 변동과정 분석: 형태발생론적 접근과 역사적 제도주의의 통합적 접근을 중심으로. 고려대학교 대학원 박사학위논문.

이종근(2007). 한국의 교육헌법 연구 20년의 성과와 과제. 교육법학연구동향.

이종수, 윤영진, 곽채기, 이재원, 서재호, 윤주철, 윤태범, 이민창, 이민호, 이혁우, 전주상, 정진우, 조선일, 하정봉(2014). (새)행정학. 서울: 대영문화사.

이종재, 이차영, 김용, 송경오(2012). 한국교육행정론. 경기: 교육과학사.

이종태(2004). '교육의 질 관리 기제'로서의 장학개념 탐색. 한국교육, 31(4), 93-122.

이형행(1986). 교육행정론. 서울: 문음사.

이형행(1988). 교육행정: 이론적 접근. 서울: 문음사.

이형행(1992). 교육행정학. 서울: 문음사.

이형행, 고전(2006). 교육행정론: 이론·법제·실제. 경기: 양서원.

임동진, 김홍주(2018). 교육정책 갈등의 원인과 해결방안 연구-교육부와 시·도교육청 간의 갈등을 중심으로. 한국정책학회보, 27(1), 61-89.

임연기, 최준렬(2010). 교육행정 및 경영 탐구. 경기: 공동체.

임연기, 최준렬(2021). 교육행정 및 경영 탐구(4판). 경기: 공동체.

임종헌, 유경훈, 김병찬(2017). 4차 산업혁명사회에서 교육의 방향과 교원의 역량에 관한 탐색적 연구. 한국교육, 44(2), 5-32.

임창희(1995). 조직행동의 이해. 서울: 학현사.

장덕호, 백선희, 김한나(2015). 교원들이 인식하는 수석교사제의 문제점, 원인 및 개선 방향: Bolman & Deal의 조직 프레임을 활용한 분석. 한국교원교육연구, 32(3), 247-276.

전수빈, 이동엽, 김진원(2019). 학교장의 분산적 리더십이 교사의 직무만족에 미치는 영향. 교육행정학연구, 37(2), 249-269.

전제상(2016). 신규교사의 임용시험 선발관리의 한계와 개선방향. 교육논총, 53(2), 1-22.

전제상(2020). 교원평가시스템 운영 실태 비교 분석. 한국교원교육연구, 37(1), 211-232.

정대범(2011). 우리나라 전문대학의 효율성 평가 연구: Delphi/AHP/DEA 혼합모형을 이용한 상대적 효율성을 중심으로. 연세대학교 대학원 박사학위논문.

정미경, 김갑성, 류성창, 김병찬, 박상완(2010). 교원양성 교육과정 개선 방안 연구. 충북: 한국교육개발원.

정미경, 김정원, 류성창, 박인심(2011a). 교사 선발방식 개선방안 연구. 연구보고 RR 2011-05. 서울: 한국교육개발원.

정미경, 김갑성, 류성창, 김병찬, 박상완(2011b). 교원양성 교육과정에 대한 초·중등 교원의 요구분석. 한국교원교육연구, 28(3), 287-306.

정일환(2000). 교육정책론: 이론과 적용. 서울: 원미사.

정일환, 김혜숙, 이혜미 외 11인 공역(2016). 미국교육정치학. Spring, J. (2011). *The politics of american education*. 경기: 교육과학사.

정일환, 주철안, 김재웅(2016). 교육정책학: 이론과 사례. 서울: 동문사.

정정길, 이시원, 정준금, 권혁주, 김성수, 문명재, 정광호(2019). 정책학원론. 서울: 대명출판사.

정제영(2020). 제7장 단위학교 수준 교육 거버넌스의 정치학. 정일환, 이일용, 김혜숙, 김병주, 권동택, 정제영(공저), 교육정치학: 이론과 적용(pp. 183-200). 서울: 학지사.

정진환(1986). 교육행정조직의 개념. 배종근, 정태범(편), 교육행정·교육경영. 서울: 정민사.

조석훈, 김용(2007). 학교와 교육법. 경기: 교육과학사.

조항로, 김병찬(2013). 학교자율경영제 관점에서 본 자율형 사립고 운영과정에서의 동형화와 디커플링 현상 분석. 교육행정학연구, 31(4), 227-258.

주삼환(1999). 교육행정강독. 서울: 원미사.

주삼환, 신붕섭, 이석열, 정일화, 김용남(2023). 교육행정 및 교육경영. 서울: 학지사.

주삼환, 천세영, 김택균, 신붕섭, 이석열, 김용남, 이미라, 이선호, 정일화, 김미정, 조성만(2018). 교육행정 및 교육경영. 서울: 학지사.

주철안, 홍창남, 박병량(2021). 교육행정 및 교육경영. 서울: 학지사.

진동섭(2003). 학교 컨설팅. 서울: 학지사.

진동섭, 김도기(2005). 컨설팅 장학의 개념 탐색. 교육행정학연구, 23(1), 1-25.

진동섭, 김정현, 신철균, 이혜나, 이주희, 민윤경(2009). 학교컨설팅에 대한 초등 예비교사의 인식 연구. 초등교육연구, 22(3), 245-269.

차배근(1991). 커뮤니케이션학 개론(上). 서울: 세영사.

최종진, 박균달, 심은석, 박경수, 구병두(2013). 교육행정·교육경영론. 경기: 공동체.

최종진, 박균달, 심은석, 박경수, 문진철, 하경표(2021). 교육행정 및 교육경영론. 경기: 동문사.

최준렬(2013). 교육재정 배분의 공평성, 적절성의 개념과 측정방법의 적용 가능성 탐색. 교육재정경제연구, 22(4), 1-24.

최향순(1997). 행정조직론. 서울: 동성출판사.

최희선(2006). 교육정책의 탐구논리. 서울: 교육과학사.

표시열(2008). 교육법. 서울: 박영사.

한국교육행정학회(1996). 교육정책론. 서울: 도서출판 하우.

한국헌법학회(2013). 헌법주석 I. 서울: 박영사.

한근태 역(2006). 기업의 인간적 측면. McGregor, D. (1960). *The human side of enterprise.* 서울: 미래의 창.

한승훈, 안혜선(2021). 증거기반 정책의 쟁점과 한국적 맥락에서의 적용 가능성. 한국정책학회보, 30(1), 289-314.

한유경, 임현식, 김병찬, 김성기, 정제영, 이희숙, 임소현, 김은영, 윤수경, 이윤희, 김화영, 김경애, 정현주(2018). 교육행정 및 교육경영. 서울: 학지사.

허만형(2009). 방법론적 관점에서의 한국정책학 연구경향에 관한 연구. 한국정책학회보, 18(1), 29-46.

허병기(1998). 교육의 가치와 실천. 서울: 교육과학사.

허주, 이동엽, 김소아, 이상은, 최원석, 이희현, 김갑성, 김민규(2018). 교직환경 변화에 따른 교원 정책 혁신 과제(II): 교사전문성 개발 지원 체제 구축 방안 연구.

헌법재판소 결정 1991. 7. 22. 89헌가106

헌법재판소 결정 2014. 3. 27. 2011헌바42

현성혜(2018). 학교교육과정 개발 사례에 나타난 교사학습공동체의 전문적 자본 구축에 대한 연구. 이화여자대학교 대학원 박사학위논문.

홍은숙(2011). 교직관에 따른 전문직 교원윤리의 성격 재음미. 교육철학연구, 33(3), 187-212.

홍형득(2015). 최근 한국 정책학 연구의 경향과 특징의 네트워크 분석-10년(2003-2012)간 정책학회보 게재논문을 중심으로. 한국정책학회보, 24(1), 27-51.

홍후조, 강익수, 조호제, 민부자, 임유나, 조동헌(2017). 지능정보사회 대비 교원의 핵심역량 도출 및 교원 연수 분류 체계 개발. 연수논총, 35, 202-226.

황기우(2005). 현대 교직관의 분석적 연구. 총신대논총, 25, 414-435.

황준성, 박균열, 이희현, 유경훈, 주영효, 윤선인, 김홍주, 김순남, 윤혜신(2017). 교육정책의 현장 실행과정 및 개선과제. 충북: 한국교육개발원(RR 2017-05).

교육공무원법 [시행 2021. 12. 25.] [법률 제18455호, 2021. 9. 24., 일부개정]

국가공무원법 [시행 2022. 1. 21.] [법률 제18308호, 2021. 7. 20., 타법개정]

Adams, J. S. (1963). Towards an understanding of inequity. *The Journal of Abnormal and Social Psychology, 67*(5), 422-436.

Alderfer, C. P. (1969). An empirical test of a new theory of human needs. *Organizational Behavior and Human Performance, 4*(2), 142-175.

Alderfer, C. P. (1972). *Existence, relatedness, and growth: Human needs in organizational settings.* New York: Free Press.

Alfonso, R. J., Firth, G. R., & Neville, R. F. (1981). *Instructional supervision: A behavior system.* Boston: Allyn & Bacon.

Argyris, C. (1962). *Interpersonal competence and organizational effectiveness.* Homewood, IL: Irwin Press.

Barnard, C. I. (1938). *Functions of an Executive.* Cambridge, MA: Harvard University Press.

Barnard, C. I. (1940). Comments on the job of the executive. *Harvard Business Review, 18*(3), 295-308.

Barnard, C. I. (1962). *The function of executive.* Cambridge, Mass: Harvard University Press.

Bass, B. M., & Bass Bernard, M. (1985). Leadership and performance beyond expectations.

Bass, B. M. (1999). Two decades of research and development in transformational leadership. *European Journal of Work and Organizational Psychology, 8*(1), 9-32.

Bass, B. M., & Avolio, B. J. (1990). Developing transformational leadership: 1992 and beyond. *Journal of European Industrial Training, 14*(5).

Bassett-Jones, N., & Lloyd, G. C. (2005). Does Herzberg's motivation theory have staying power? *Journal of Management Development, 24*(10), 929-943.

Bidwell, C. E. (1965). The School as a Formal Organization. In J. G. March (Ed.), *Handbook of organizations* (pp. 972-1022). Chicago, IL: Rand McNally.

Bjork, L. G., & Kowalski, T. J. (2005). *The contemporary superintendent: Preparation, practice, and development.* Thousand Oaks, CA: Corwin Press.

Blau, P. M., & Scott, R. (1962). *Normal organization: A comparative approach.* San Francisco: Chandler Publishing Co.

Bobbitt, J. F. (1912). The elimination of waste in education. *The Elementary School Teacher, 12*(6), 259-271.

Bolman, L., & Deal, T. (2013). *Reframing organizations* (5th ed.). San Francisco: Jossey-Bass.

Braun, A., Ball, S. J., Maguire, M., & Hoskins, K. (2011). Taking context seriously: Towards explaining policy enactments in the secondary school. *Discourse (Abingdon): Studies in the Cultural Politics of Education, 32*(4), 585-596.

Bridges, E. M. (1967). A Model for Shared Decision Making in the School Principalship. *Educational Administration Quarterly, 3*(1), 49-61.

Burns, J. M. (1978). *Leadership.* New York: Harper & Row.

Burton, W. H., & Brueckener, L. J. (1955). *Supervision: A social process* (3rd ed.). New York: Appleton-Century-Crofts.

Byun, S. Y., Kim, K. K., & Park, H. (2012). School choice and educational inequality in South Korea. *Journal of School Choice, 6*(2), 158-183.

Campbell, R. F., Corbally, J. E., & Nystrand, R, O. (1983). *Introduction to educational administration* (6th ed.). Boston, MA: Allyn & Bacon.

Campbell, R. F., Cunningham, L. L., Nystrand, R. O., & Usdan, M. D. (1985). *The organization and control of American schools* (4th ed.). Columbus, OH: Charles E. Merrill, A Bell & Howell.

Carlson, R. O. (1964). *Environment constraints and organizational consequences: The public school and its clients.* Behavioral Science and Educational Administration, The 63th Yearbook of NSSE, Part II. Chicago, IL: University of Chicago Press.

Charnes, A., Cooper W. W., & Rhodes E. (1978). Measuring Efficiency of Decision Making Units. *European Journal of Operational Research, 2*(6), 429-444.

Cherry, K. (2020). The great man theory of leadership. *Verywell Mind.*

Cobb, R., & Elder, C. (1972) *Participation in American politics: The dynamics of agenda building.* Boston, MA: Allyn & Bacon.

Cobb, R., Ross, J. K., & Ross, M. H. (1976). Agenda building as a comparative political process. *American Political Science Review, 70*(1), 126-138.

Cogan, M. L. (1973). *Clinical supervision.* Boston: Houghton Mifflin.

Cohen, M. D., & March, J. G. (1974). *Leadership and ambiguity: The American college president.* New York: McGraw-Hill.

Cohen, M. D., March, J. G., & Olsen, J. P. (1972). A garbage can model of organizational choice. *Administrative Science Quarterly, 17*(1), 1-25.

Cohn, E. (1975). *The economics of education.* Cambridge, Mass: Ballinger Publishing Company.

Compbell, R. F., Cunningham, L. L., Nystrand, R. O., & Usdan, M. D. (1985). *The organization and control of American schools* (5th ed.). Ohio: C. E. Merrill Pub. Co.

Culbertson, J. (1983). Theory in educational administration: Echoes from critical thinkers. *Educational Researcher, 12*(10), 15-22.

Culbertson, J. (1988). A century's quest for a knowledge base. In N. J. Boyan (Ed.), *Handbook of research on educational administration* (pp. 3-26). New York, NY: Longman.

Dorsey Jr, J. T. (1957). A communication model for administration. *Administrative Science Quarterly, 2*(3), 307-324.

Etzioni, A. (1967). Mixed scanning: A "third" approach to decision-making. *Public Administration Review, 27*(5), 385-392.

Etzioni, A. A. (1961). *A comparative analysis of complex organizations.* New York: Free Press.

Etzioni, A. A. (1964). *Modern organization.* Englewood Cliffs, NJ: Prentice-Hall Inc.

Etzioni, A. A. (1967). Mixed-Scanning: A third approach to decision-making. *Public Administration Review, 27*(5), 385-392.

Fayol, H. (1949). *General and industrial management.* London: Pitman.

Fiedler, F. E. (1964). A contingency model of leadership effectiveness. *Advanced Experimental Social Psychology, 1*, 149-190.

Fiedler, F. E. (1967). *A theory of leadership effectiveness.* New York: McGraw-Hill.

Follet, M. P. (1930). *Creative experience.* London: Longmans & Green.

Fowler, F. C. (2013). *Policy studies for educational leaders* (4th ed.). Upper Saddle River, NJ: Pearson Education.

French, J. R., Jr., & Raven, B. (1962). The bases of social power. In D. Cartwright (Ed.), *Group dynamics: Research and theory* (pp. 259-269). New York: Harper & Row.

Getzels, J. W., & Guba, E. G. (1957). Social behavior and the administrative process. *The School Review, 65*(4), 423-441.

Getzels, J. W., & Thelen, H. A. (1960). The classroom group as a unique social system. In Henry, N. B. (Ed.), *The dynamics of instructional group, The 59th yearbook of NSSE* (pp. 53-82). Chicago, IL: University of Chicago Press.

Glathorn, A. A. (1984). *Differentiated supervision.* Virginia: Association for Supervision and Curriculum Development.

Glickman, C. D. (1981). *Developmental supervision: Alternative practices for helping teachers improve instruction.* Virginia: Association for Supervision and Curriculum Development.

Gokce, F. (2010). Assessment of teacher motivation. *School Leadership and Management, 30*(5), 487-499.

Grace, G. (2001). Contemporary school leadership: Reflections on Morrison. *British Journal of Educational Studies, 49*(4), 386-391.

Gregg, R. T. (1957). The administrative process. In R. F. Campbell & R. T. Gregg (Eds.), *Administrative behavior in education* (pp. 269-317). New York: Harper & Brothers.

Greiner, L. E. (1972). Evolution and revolution as organizations grow. *Harvard Business Review, July-Aug.* 322-329.

Griffith, F. J. (1979). *Administrative theory in education: Text and readings.* Midland, MI: Pendell Publishing Company.

Griffiths, D. E. (1956). *Human relations in school administration.* New York, NY: Appleton-Century-Crofts.

Gronn, P. (2002). Distributed leadership. *Second International Handbook of Educational Leadership and Administration*, 653-696.

Gronn, A. K. (2012). Distributed leadership in organizations: A review of theory and research. *International Journal of Management Reviews, 14*(3), 251-269.

Gruenberg, B. C. (1912). Some economic obstacles to educational progress. *The American Teacher, 1*(7), 89-92.

Gulick, L. (1937). Notes on the theory of organization. In L. Gulick & L. Urwick (Eds.), *Papers on the science of administration* (pp. 1-46). New York, NY: Institute of Public Administration, Columbia University.

Gulick, L., & Urwick, L. (1937). *Papers on the science of administration.* New York, NY: Institute of Public Administration, Columbia University.

Guthrie, J. W., & Reed, R. J. (1991). *Educational administration and policy: Effective leadership for American* (2nd ed.). Boston, MA: Allyn and Bacon.

Guthrie, J. W., Springer, M. G., Rolle, R. A., & Houck, E. A. (2007). *Modern education finance and policy.* NJ: Pearson Education.

Halpin, A. W. (1970). Administrative theory: The fumbled torch. In A. M. Kroll (Ed.), *Issues in American education* (pp. 156-183). New York, NY: Oxford University Press.

Halpin, A. W., & Croft, D. B. (1962). *The organizational climate of schools.* Washington, D. C.: US Office of Education, Research Project.

Harris, A. (2008). Distributed leadership: According to the evidence. *Journal of Educational Administration, 46*(2), 172-188.

Harris, B. M. (1985). *Supervisory behavior in education* (3rd ed.). Englewood Cliffs, New Jersey: Prentice-Hall.

Hersey, P., & Blanchard, K. H. (1969). *Management of organizational behavior.* Utilizing human resources.

Herzberg, F. (1968). One more time: How do you motivate employees (Vol. 65). *Harvard Business Review, 46,* 53-62.

Hovland, C. I., Janis, I. L., & Kelley, H. H. (1953). *Communication and persuasion.* New Haven, CT: Yale University Press.

Hoy, W. K., & Clover, S. I. (1986). Elementary school climate: A revision of the OCDQ. *Educational Administration Quarterly, 22*(1), 93-110.

Hoy, W. K., & Miskel, C. G. (1996). *Educational administration: Theory, research and practice.* New York: Random House.

Hoy, W. K., & Miskel, C. G. (2005). *Educational administration: Theory, research, and practice* (7th ed.). New York, NY: McGraw-Hill.

Hoy, W. K., & Miskel, C. G. (2013). *Educational administration: Theory, research, and practice* (9th ed.). New York: McGraw-Hill.

Hoy, W. K., & Tarter, C. J. (2003). *Administrators solving the problems of practice: Decision-making concepts, cases, and consequences.* Boston: Allyn and Bacon.

Hunter, M. (1984). Knowing, teaching, and supervising. In P. L. Hosford (Ed.), *Using what we know about teaching* (pp. 169-192). Alexandria, VA: Association for Supervision and Curriculum Development.

Jones, S. (2014). Distributed leadership: A critical analysis. *Leadership, 10*(2), 129-141.

Judge, T. A., & Piccolo, R. F. (2004). Transformational and transactional leadership: A meta-analytic test of their relative validity. *The Journal of Applied Psychology, 89*(5), 755-768.

Katz, D., & Kahn, R. L. (1978). *The social psychology of organizations* (2nd ed.). NY: John Wiley & Sons Inc.

Katz, R. L. (1972). Developmental stages of preschool teachers. *Elementary School Journal, 73*(1), 50-54.

Kilmann, R. H., Saxton, M. L., & Serpa, R. (Eds.) (1985). *Gaining control of the corporate culture.* San Francisco, CA: Jossey-Bass.

Koopman, G. R., Miel, A., & Misner, P. J. (1943). *Democracy in school administration.* New York, NY: Appleton-Century-Crofts.

Langton, N., Robbins, S. P., & Judge, T. A. (2013). *Organizational behaviour: Concepts, controversies, applications* (6th Canadian ed.). Don Mills, Ontario: Pearson Canada Inc.

Lasswell, H. D. (1948). The structure and function of communication in society. In L. Bryson (Ed.), *The communication of ideas: Religion and civilization series* (pp. 37-51). New York: Harper & Row.

Lasswell, H. D. (1951). The policy orientation. In D. Lerner & H. D. Lasswell (Eds.), *The policy sciences: Recent developments in scope and method.* Stanford: Stanford Univ. Press.

Lewis, P. V. (1975). *Organizational communications: The essence of effective management.* Columbus, OH: Grid.

Lindblom, C. E. (1959). The science of "muddling through". *Public Administration Review, 19*(2), 79-88.

Locke, E. A., & Latham, G. P. (1990). *A theory of goal setting & task performance.* Hoboken, NJ: Prentice-Hall, Inc.

Lord, R. G., De Vader, C. L., & Alliger, G. M. (1986). A meta-analysis of the relation between personality traits and leadership perceptions: An application of validity generalization procedures. *Journal of Applied Psychology, 71*(3), 402.

Lowi, T. J. (1972). Four systems of policy, politics, and choice. *Public Administration Review, 32*(4), 298-310.

Malone, T. W., & Crowston, K. (1994). The interdisciplinary study of coordination. *ACM Computing Surveys (CSUR), 26*(1), 87-119.

Mann, R. D. (1959). A review of the relationships between personality and performance in small groups. *Psychological Bulletin, 56*(4), 241.

March, J. G., & Simon, H. A. (1958). *Organization.* New York: John Wiley & Sons.

Maslow, A. H. (1943). A theory of human motivation. *Psychological Review, 50*(4), 370.

Maslow, A. H. (1954). The instinctoid nature of basic needs. *Journal of Personality, 22*(3), 326-347.

Maslow, A. H. (1955). Deficiency motivation and growth motivation. In M. R. Jones (Ed.), *Nebraska symposium on motivation: 1955* (pp. 1-30). University of Nebraska Press.

Maslow, A. H. (1962). *Toward a psychology of being.* Van Nostrand.

Maslow, A. H. (1964). *Religions, values, and peak-experiences.* Ohio State University Press.

McGregor, D. (1957). The human side of enterprise. *The Management Review, 46*(11), 22-28.

McGregor, D. (1960). *The human side of enterprise.* New York: Harper.

Metcalf, H. C., & Urwick, L. F. (1957). *Dynamic administration: The collected papers of Mary Parker Follet.* New York, NY: Harper.

Meyer, J. W., & Rowan, B. (1977). Institutionalized organizations: Formal structure as myth and ceremony. *American Journal of Sociology, 83*(2), 340-363.

Meyer, J. W., & Rowan, B. (1983). The structure of educational organizations. In J. W. Meyer & R. Scott (Eds.), *Organizational environments.* Thousand Oaks, CA: Sage Publications, Inc.

Miles, M. B. (1965). *Planned change and organizational health: Figure and ground, change process in the public school.* Eugene, Oregon: The university of Oregon.

Moehlman, A. B. (1951). *School administration.* Boston, MA: Houghton Mifflin co.

Nakamura, R. T., & Smallwood, F. (1980). *The politics of policy implementation.* New York: St. Martin's Press.

Odden, A. R., & Picus, L. O. (2020). *School finance: A policy perspective.* NY: McGraw-Hills.

OECD. (2005). *Teachers matter: Attracting, developing and retaining effective teachers.* OECD Publishing, Paris.

OECD. (2019). *TALIS 2018 results (Volume 1): Teachers and school leaders: Lifelong learners.* OECD Publishing.

OECD. (2019). *TALIS 2018 technical report.* Paris: OECD.

Ouchi, W. G. (1981). *Theory Z: How American business can meet the Japan challenge.* Cambridge, MA: Addison-Wesley.

Owens, R. G. (1987). *Organizational behavior in education* (3rd ed.). Englewood Cliffs, NJ: Prenctice-Hall.

Owens, R. G., & Steinoff, C. R. (1976). *Administrative change in schools.* Englewood Cliffs, NJ: Prentice-Hall.

Pajak, E. F. (1979, November). Schools as loosely coupled organizations. *The Educational Forum, 44*(1), 83-96. Taylor & Francis Group.

Peters, R. S. (1970). *Ethics and education.* London: George Allen & Unwin LTD.

Pondy, L. R. (1967). Organizational conflict: Concepts and models. *ASQ, 12*(2), 296-320.

Rahim, M. A. (1985). A strategy for managing conflict in complex organizations. *Human Relations, 38*(1), 81-89.

Redfield, C. E. (1958). *Communication in management.* (rev, ed.). Chicago: University of Chicago Press.

Reece, B. L., & Reece, M. E. (2017). *Effective human relations: Interpersonal and organizational applications* (13th ed.). Cengage Learning.

Reeve, J. (2018). *Understanding motivation and emotion* (7th ed.). Hoboken, NY: John Wiley & Sons Inc.

Roethlisberger, F., & Dickson, W. (1939). *Management and the worker: An account of a research program conducted by the western electric company, Hawthorne works.* Chicago. Cambridge, MA: Havard University Press.

Ryan, R. M., & Deci, E. L. (2000). Intrinsic and extrinsic motivations: Classic definitions and new directions. *Contemporary Educational Psychology, 25*(1), 54-67.

Ryan, R. M., & Deci, E. L. (2004). An overview of self-determination theory: An organismic-dialectical perspective. In Deci, E. L., & Ryan, R. M. (Eds.), *Handbook of self-determination research* (pp. 3-33). Rochester, NY: University Rochester Press.

Schramm, W. (1971). The nature of communication between humans. In W. Schramm & D. F. Roberts (Eds.), *The process and effects of mass communication* (pp. 3-53). Urbana: University of Illinois Press.

Scott, W. G. (1962). *Human relations in management: A behavioral science approach*. Homewood, Illinois: Richard D. Irwin.

Sears, J. B. (1950). *The nature of the administrative process*. New York, NY: McGraw-Hill.

Senge, P. (2006). *The fifth discipline: The art and practice of the learning organization*. London, England: Random House Books.

Senge, P., & Cambron-McCabe, N. L. T., Smith, B., Dutton, J., & Kleiner, A. (2000). *Schools that learn: A fifth discipline fieldbook for educators, parents, and everyone who cares about education*. New York: Doubleday.

Sergiovanni, T. J. (1994). Organizations or communities? Changing the metaphor changes the theory. *Educational Administration Quarterly, 30*(2), 214-226.

Sergiovanni, T. J., Kelleher, P., McCarthy, M. M., & Wirt, F. M. (2004). *Educational governance and administration* (5th ed.). Boston: Allyn and Bacon.

Sethia, N. K., & Glinow, M. A. (1985). Arriving at four cultures by managing the reward systems. In R. H. Kilmann et al. (Eds.), *Gaining control of the corporate culture*. San Francisco, CA: Jossey-Bass.

Silver, P. (1983). *Educational administration: Theoretical perspectives in practice and research*. New York: Harper & Row.

Simon, H. A. (1947). *Administrative behavior: A study of decision-making processes in administrative Organizations*. New York: Macmillan.

Smith, K. K. (1989). The movement of conflict in organizations: The joint dynamics of splitting and triangulation. *Administrative Science Quarterly, 34*(1), 1-20.

Spillane, J. P. (2012). *Distributed leadership*. NY: John Wiley & Sons Inc.

Spillane, J. P., Halverson, R., & Diamond, J. B. (2001). Investigating school leadership practice: A distributed perspective. *Educational Researcher, 30*(3), 23-28.

Spillane, J. P., Halverson, R., & Diamond, J. B. (2004). Towards a theory of leadership practice: A distributed perspective. *Journal of Curriculum Studies, 36*(1), 3-34.

Steinhoff, C. R., & Owens, R. G. (1976). The organizational culture and assessment inventory: A metaphorical analysis of organizational culture in educational setting. *Journal of Educational Administration, 27*(3), 17-23.

Stevens, S. S. (1950). Introduction: A definition of communication. *Journal of Acoustical Society of America, 22*(6), 680-690.

Sullivan, S., & Glanz, J. (2013). *Supervision that improves teaching and learning* (4th ed.). California: Corwin Press.

Tagiuri, R. (1968). The concept of organizational climate. In R. Tagiuri, & G. H. Litwin (Eds.), *Organizational climate: Exploration of a concept* (pp. 11-32). Boston: Harvard University Press.

Taylor, F. W. (1911). *The principles of scientific management*. New York, NY: Harper & Brothers.

Thomas, K. (1976). Conflict and conflict management. In M. D, Dunnette (Ed.), *Handbook of industrial and organizational psychology*. Chicago, IL: Rand McNally.

Underwood, J. (1995). School finance litigation: Legal theories, judical activism, and social neglect. *Journal of Education Finance, 20*(2), 143-162.

UNESCO (1966). Recommendation concerning the Status of Teachers.

Vecchio, R. P. (1987). Situational leadership theory: An examination of a prescriptive theory. *Journal of Applied Psychology, 72*(3), 444-451.

Von Bertalanffy, L. (1950). An outline of general system theory. *British Journal for the Philosophy of Science, 1*(2), 134-165.

Vroom, V. H. (1964). *Work and motivation*. New York: Wiley.

Weber, M. (1946). Bureaucracy. In M. Weber (Ed.), *Essay in sociology*. translated by H. H. Gerth & C. W. Mills. New York: The Press.

Weber, M. (1947). *The theory of social and economic organization*. Edited and translated by A. M. Henderson & T. Parsons. New York: The Press.

Weick, K. E. (1976). Educational organizations as loosely coupled systems. *Administrative Science Quarterly, 21*(1), 1-19.

Wiles, J., & Bondi, J. (2004). *Supervision: A guide to practice* (6th ed.). London, UK: Pearson.

Wiles, K., & Lovell, J. (1983). *Supervision for better school* (5th ed.). Englewood Cliffs, New Jersey: Prentice-Hall.

Willower, D. J., Eidell, T. L., & Hoy, W. K. (1967). *The school and pupil control ideology*. University Park, PA: Penn State University.

Zaccaro, S. J., Kemp, C., & Bader, P. (2004). Leader traits and attributes. *The Nature of Leadership, 101*, 124.

찾아보기

저자 소개

김혜숙(Kim, Hye Sook)
미국 유타대학교(University of Utah) 박사
전 연세대학교 교육학부 교수
현 연세대학교 명예특임교수

강호수(Kang, Ho Soo)
미국 위스콘신대학교(University of Wisconsin) 박사
전 경기도교육연구원 부연구위원
현 경북대학교 교육학과 교수

권도희(Kwon, Dohee)
연세대학교 박사
전 한국교총 한국교육정책연구소 연구원
현 연성대학교 유아교육과 교수

김민아(Kim, Minah)
연세대학교 박사
전 연세대학교 교육학부 객원교수
현 서울중곡초등학교 교사

김유원(Kim, Yuwon)
연세대학교 박사
전 한국교육개발원 연구원
현 연세대학교 교육연구소 전문연구원

김진원(Kim, Jin Won)
연세대학교 박사
전 연세대학교 교육연구소 전문연구원
현 경기도교육연구원 부연구위원

모영민(Mo, Youngmin)
연세대학교 박사
전 연세대학교 교육연구소 전문연구원
현 한국교육개발원 부연구위원

심연식(Shim, Yonshik)
연세대학교 박사
전 강남대성학원 별관원장
현 연세대학교 교육학부 객원교수

유동훈(Yoo, Donghoon)
연세대학교 박사
전 연세대학교 교육학부 객원교수
현 하나고등학교 교사

이동엽(Lee, Dongyup)
연세대학교 박사
전 연세대학교 교육학부 객원교수
현 한국교육개발원 연구위원

이혜미(Lee, Hyemi)
미국 미시간주립대학교(Michigan State University) 박사
전 한국공학교육인증원 연구원
현 국가평생교육진흥원 정책책임역

전수빈(Jeon, Sue Bin)
미국 펜실베이니아주립대학교(Pennsylvania State University) 박사
전 동국대학교 교원정책중점연구소 연구교수
현 성균관대학교 교육과미래 연구소 연구교수

예비교사 및 현직교사를 위한

교육행정 및 교육경영
Educational Administration and Management

2024년 10월 10일 1판 1쇄 인쇄
2024년 10월 15일 1판 1쇄 발행

지은이 • 김혜숙 · 강호수 · 권도희 · 김민아 · 김유원 · 김진원
　　　　모영민 · 심연식 · 유동훈 · 이동엽 · 이혜미 · 전수빈
펴낸이 • 김진환
펴낸곳 • ㈜ 학지사

　　　　04031 서울특별시 마포구 양화로 15길 20 마인드월드빌딩
대표전화 • 02)330-5114　　　팩스 • 02)324-2345
등록번호 • 제313-2006-000265호

홈페이지 • http://www.hakjisa.co.kr
인스타그램 • https://www.instagram.com/hakjisabook

ISBN 978-89-997-3236-2 93370

정가 24,000원

출판미디어기업 **학지사**
간호보건의학출판 **학지사메디컬** www.hakjisamd.co.kr
심리검사연구소 **인싸이트** www.inpsyt.co.kr
학술논문서비스 **뉴논문** www.newnonmun.com
교육연수원 **카운피아** www.counpia.com
대학교재전자책플랫폼 **캠퍼스북** www.campusbook.co.kr